내부회계관리제도

INTERNAL CONTROL OVER FINANCIAL REPORTING

김이배 · 정운섭 · 유석원

머리말

우리나라에서는 「주식회사 등의 외부감사에 관한 법률」 개정 이후, 내부회계관리제도에 대한 관심과 요구 수준이 급격히 높아지고 있다. 이제 내부회계는 단순한 재무보고의 보조수단이 아니라, 경영의 건전성과 투명성을 담보하는 실질적 시스템으로 기능해야 한다.

우리나라 기업들의 회계역량을 높이려면 외부 규제보다는 기업들의 자발적인 참여가 필요하며, 기업을 제대로 알고 이를 이해관계자들에게 제대로 알리는 것이 중요하다. 이를 위해 내부회계관리제도가 중요한 역할을 하여야 하나, 아직까지 전문성을 갖춘 인력들이 부족하고, 모범규준에 우리 기업들의 경영환경과 실제 사정이 적극적으로 반영되지 못한 아쉬움이 있다.

우리나라 내부회계관리제도 정착을 위하여는 법률적인 규제라서 받아들여야 한다는 수동적 자세에서 벗어나 제도의 본질적인 취지를 살려 이를 기업에 내재화시켜야 한다. 이를 위한 가장 중요한 출발점은 내부회계관리제도에 대한 전문성을 갖춘 인력을 양성하고 이 전문인력들이 기업의 내부회계관리제도를 운영하는데 참여하여야 한다.

본서는 이러한 상황인식을 바탕으로 내부회계관리제도의 이론적 체계와 실무적 적용을 다루는 실용적 지침서로서 제도의 설계부터 운영, 평가, 그리고 감사 대응에 이르기까지 전 과정을 다루고 있다.

특히 본서는 내부회계 실무 경험이 없는 학부 수준의 학생들이 내부회계관리제도의 기초 개념과 실무 전반을 이해할 수 있도록 집필되었다. 동시에 실제 현장에서 내부회계관리제도의 설계 · 운영과 평가 · 감사 업무를 수행하는 감사인 및 내부회계 담당자들에게도 실무 지침서로 활용될 수 있도록 다양한 규정과 절차를 상세히 담았다.

내부회계관리제도 관련 교재가 마땅히 없는 상황에서 필자들은 감사인, 기업 내부통제 실무자, 내부감사자, 준법지원인, 감사위원, 대학교 등 다양한 실무 현장에서 이 제도를 마주하는 독자들이 실질적인 기준과 해석, 그리고 실행 가능성을 갖춘 통찰을 얻을 수 있기를 바라는 마음으로 본서를 집필하였다.

또한 본서는 다음과 같은 내부회계관리제도와 관련된 주요 제 · 개정 지침과 기준, 공시자료, 감리사례, 감사기준서, 감사원 및 금감원 가이드라인, 그리고 필자들의 실무 경험을 폭넓게 반영하여, 이론과 실제가 유기적으로 연결되도록 구성하였다. 특히 최근 강조되고 있는 IT 통제, 연결내부통제 등의 영역에 대한 대응방안도 다루어 실무적용에 의미가 있다고 할 수 있을 것이다.

- 내부회계관리제도 운영위원회: 내부회계관리제도 설계 및 운영 개념체계, 설계 및 운영 적용기법, 관련 FAQ
- 금융위원회/금융감독원: 내부회계관리제도 평가 및 보고기준, 평가 및 보고 가이드라인, 연결 내부회계관리제도 평가보고 대상 범위 선정 가이드라인
- 한국공인회계사회: 내부회계관리제도 감사기준서, 관련 감사 FAQ
- COSO: 내부통제 및 전사적 리스크 관리(ERM) 관련 이론과 프레임워크
- PCAOB: 미국 내부회계관리제도 감리 관련 사례
- 각 회계법인: 내부회계관리제도 관련 다양한 실무 사례
- 국내외 연구보고서 및 학술논문

본서를 통해 독자들은 단순한 이론적 학습을 넘어, 실제 실무에서 요구되는 내부통제 설계 및 운영 방법, 내부통제 평가 · 보고 절차, 감사 대응 방안까지 종합적으로 이해할 수 있을 것이다.

내부회계관리제도는 단순히 법적 요건을 충족하기 위한 시스템이 아니라, 기업이 스스로의 투명성을 확보하고 지속가능한 성장을 이루기 위한 경영 인프라이다.

본서가 학부 학생들에게는 내부회계관리제도의 입문서로, 실무 담당자들에게는 실질적인 지침서로 활용되어, 나아가 기업의 투명한 재무보고와 건전한 지배구조 확립에 기여할 수 있기를 기대한다.

2025년 8월

저자 일동

CONTENTS

CHAPTER
8 내부회계관리제도 설계 및 운영평가

CHAPTER
9 미비점의 평가 및 평가결론

Chapter 01

내부통제 개요

1 내부통제 개요

제1절 내부통제의 필요성

2001년 말 엔론, 월드컴 등 회계부정 사건 등의 주요 원인으로 취약한 내부통제가 이슈가 되어 미국 증권 관련법과 관련하여 가장 큰 변화를 가져온 법으로 평가되고 있는 2002년 사베인즈 옥슬리법(Sarbanes-Oxley Act)의 핵심 또한 내부통제라고 할 수 있다. 이 법은 기업 내 공시통제절차(DC&P: Disclosure Controls and Procedures) 및 재무보고 내부통제(ICFR: Internal Control over Financial Reporting)에 대해 최고경영진(CEO/CFO)에게 인증(Certification) 책임을 부여함과 동시에 재무보고 내부통제에 대해서는 외부감사인으로 하여금 별도의 감사보고서(Attestation)를 요구하고 있다. 우리나라도 1997년 이후 초래된 경제위기를 겪으면서 경영 투명성 결여와 회계정보의 신뢰성 부족이 경제위기에 대한 주요 요인으로 부상되면서 기업 내 건전한 지배구조 체제 확립과 더불어 선진수준의 내부통제 구축의 필요성에 대한 인식이 확산되어 내부통제와 관련된 다각적 제도적 장치가 마련되었고 2017년 외부감사법 개정을 통해 보다 강화된 제도들이 도입되었다.

기업의 내부통제의 필요성은 매출증대, 수익성 확보를 위한 영업 활동에 못지않게 비중 있고 우선적으로 다루어져야 되는 주제가 되었다. 기업경영의 목적은 가치창출과 실현에 의한 주주가치의 극대화에 있으며 이 주주가치에 영향을 주는 주요한 변수로는 기업의 성장성, 수익성, 위험을 들 수 있다. 이러한 관점에서 주주가치 극대화를 위해서는 기업이 성장성과 수익성을 관리하는 것과 마찬가지로 노출된 위험을 적절히 관리하여야 한다. 한편 내부통제는 통합적이고 전사적인 위험관리의 틀에서 이해되어야 하고 효과적인 위험관리를 위해서는 효과적인 내부통제가 필수적인 요소가 된다. 결국 기업의 입장에서 '효과적인 내부통제'를 보유한다는 것은 '효과적인 위험관리'의 필수요건을 구비하게 되는 것이고, 이는 다시 기업의 궁극적 목표라 할 수 있는 '주주가치의 극대화 (Maximize Shareholder Value)'를 위한 것이라 볼 수 있다. 이를 함수로 표시하면 다음과 같다.

기업의 가치 = f ([성장성 × 수익성] / 위험)

제2절 내부통제 실패 사례

오늘날 기업들은 부정을 근절하고 기업의 청렴도를 높이기 위한 많은 활동들을 수행하고 있다. 하지만 기업들의 이런 노력에도 불구하고, 부정사고는 좀처럼 줄어들지 않고 있다.

부정관련 ACFE 및 금감원의 서베이[1]

ACFE (Association of Certified Fraud Examiner)의 "2024년도 부정사기와 남용에 관한 보고서 (2024 Report to the Nation on Occupational Fraud & Abuse)" 에 따르면 138개국에서 발생한 1,921건의 실제 부정 사례를 분석했는데, 분석 대상 전 세계 조직들은 총 31억 달러의 손실을 입었으며, 사례당 평균 손실액은 150만 달러였다고 보고하고 있다. 부정 행위의 43%가 내부 제보를 통해 발견되었으며, 부정 행위자의 74%가 남성이었으며, 31세에서 50세 사이의 연령대가 69%를 차지하였다고 보고하고 있다. 우리나라의 경우 금융감독원에서 발표한 연도별 금융사고 통계를 보면 최근 들어 금융기관들의 금융사고 금액이 증가하고 있는 것을 알 수 있으며, 최근 금융기관의 책무구조도 (Accountability Framework) 도입은 금융사고 예방을 위한 핵심적인 내부통제 강화방안이다.

• 연도별 금융사고 발생 건수 및 금액

연도	사고 건수	사고 금액(억 원)
2018	89건	936억
2019	60건	424.4억
2020	74건	281.5억
2021	60건	728.3억
2022	60건	1,488.2억
2023	62건	1,422.2억
2024 (1~8월)	58건	1,336.5억

오스템임플란트 횡령 사건은 대한민국 기업 역사상 최대 규모의 횡령 사건 중 하나로, 기업의 내부통제 운영 등이 실패했을 때 발생할 수 있는 대표적인 사례이다. 이 사건 분석을 통해 기업 내부통제의 필요성과 중요성을 다시금 확인할 수 있다.

(1) 사건 요약[2]

〈표 1-1〉 오스템임플란트 횡령 사건일지

시기	발생한 일
2018년	횡령범은 재무관리팀 부장으로 입사
2020년 4분기	법인계좌에서 235억원을 인출 후, 반환(기말 회계감사전)
2021년 3월~12월	[횡령] - 3월, 50억원씩 두 차례에 걸쳐 총 100억원을 인출 후, 반환
	- 이후 법인계좌에서 5차례 걸쳐 총 480억원을 개인계좌로 인출 - 10월, 일시에 약 1,400억원 인출
	[유용] - 10월 1일 : 동진쎄미켐주식 391만주 약 1,429억원에 매수 - 11월 18일~12월 20일 : 336만주 약 1,112억원에 매도 - 12월 18일~12월 30일 : 금거래소에서 6차례에 걸쳐 금괴 약 680억원어치 매수
2021년 12월 30일	무단결근 후 잠적
2021년 12월 31일	오스템임플란트, 고소장 접수

1) ACFE 보고서 및 금융감독원의 국내 금융업권 금융사고 발생현황(2024)
2) 한국공인회계사회, 전문가 간담회 자료(2022)

(2) 횡령 수법[3)]

1) 출금 수단

- 재무팀장이 법인공인인증서 및 OTP를 모두 사용하여 인출

2) 횡령 은폐

- 출금 내역, 자금 수지, 잔액증명서를 위조함
  - 재무팀 총 직원은 5명임. 재무팀장이 이중 일부에게 '윗선의 지시가 있었으니 잔액증명서 파일을 위조하라'고 지시함
  - PDF 편집 프로그램으로 잔액증명서를 위조한 뒤, 이를 첨부하여 자금일보 결재 상신
  - 재무본부장(CFO)은 '서면으로 보고를 받아 위조사실을 알 수 없었다'라고 진술
- 2020년에는 은행조회서 조회기준일 전(12월 31일), 인출액을 다시 반환하여 회계감사 시 횡령사실 은폐

〈표 1-2〉 사건 당시의 오스템임플란트 자금통제 추정[4)]

<u>**자금이체 시 승인절차**</u>

- 통상적으로 대부분의 대기업처럼 다음과 같이 설계되었을 가능성이 높음
- 예를 들어, (재무팀 출납담당) 자금이체 등록(ERP에서 이체 파일 전송) 및 상신 → (재무팀장) 검토 → (재무 담당 임원) 최종승인 및 이체

→ 법인공인인증서는 관리목적(유효기간 갱신 등)으로 재무팀장과 공유했을 가능성이 높고, OTP는 업무 편의상 재무팀장에게 공유하게 했거나 재무담당 임원 몰래 사용했을 가능성. 법인공인인증서와 OTP가 있으면 ERP에서 이체파일이 전송되지 않아도 무전표 자금이체가 가능한 뱅킹시스템의 한계를 노린 것으로 추정

<u>**익일 자금일보 승인 절차**</u>

- 통상적으로 대부분의 대기업처럼 다음과 같이 설계되었을 가능성이 높음
- 예를 들어, (재무팀 출납 담당) : 자금일보작성 및 CMS 등을 통한 은행계좌별 잔고조회 첨부 → (재무팀장) 검토 → 결재선 상 임원들의 전자결재 검토 및 최종승인

→ 재무팀장이 재무팀 출납담당에게 "윗선의 지시가 있었으니" 잔액증명서 파일을 PDF 편집프로그램으로 위조하게 한 후, 이를 첨부하여 자금일보 결재상신하여 사후적인 통제를 우회

(참고) CMS: Cash Mgt. Service, 은행이 기업에게 제공하는 서비스로 '펌 뱅킹' 서비스로도 불리며, 기업이 보유한 타행의 여러 계좌 정보를 한 곳에서 조회 등이 가능하고, 은행별 제공하는 서비스 방식에 차이가 있음

3) 시사점[5)]

- **[통제 운영 실패]** 내부회계관리제도 설계에는 큰 문제가 없을 것으로 보임. 설계를 무시한 운영이 문제였을 것으로 추측됨

---

3) 한국공인회계사회, 전문가 간담회 자료(2022)
4) 저자들은 관련 기사와 간담회 자료를 참고해 일반적인 기업 환경을 가정하고 통제를 가설적으로 도출하였으므로, 실제 상황과 차이가 있을 수 있음
5) 한국공인회계사회, 전문가 간담회 자료(2022)

- 내부회계관리제도는 공모, 위조, 부적절한 통제 무력화에 취약한 근본적인 한계가 있음. 이번 사건은 공모, 위조, 통제 무력화가 한꺼번에 발생한 사건임
- 담당 임원이 법인공인인증서는 관리목적(유효기간 갱신 등)으로 재무팀장과 공유했을 가능성이 높고, OTP는 업무 편의상 재무팀장에게 공유하게 했거나 재무담당임원 몰래 사용했을 가능성이 있는 것은 통제 설계를 우회한 통제 무력화였을 것으로 추정됨
- '윗선의 지시니 잔고증명서를 위조하라'는 재무팀장의 지시에 재무팀 직원 누구도 문제 제기를 하거나 내부 고발을 하지 않은 것으로 보아 경영진이 내부통제를 경시하는 분위기가 있었고, 이에 따라 통제 무력화가 용이하였을 것으로 보임
- 아무리 잘 설계된 내부회계관리제도라고 할지라도 통제환경이 부실하고 통제 무력화를 용인하는 분위기에서 공모와 위조가 함께 수반된다면 실패할 수밖에 없음

• **[외부감사의 한계]** "감사는 수사가 아님". 공모, 위조, 통제 우회를 적발하는 데 한계가 있음
- 외부감사인이 회사가 통제를 수행하는 과정을 직접 관찰하는 데에는 한계가 있으며 내부회계관리제도 감사는 통제를 수행했다는 사후 증거인 문서 증거를 확인하는 절차 위주로 수행됨
- 회사가 위조된 문서를 제시하거나 통제를 제대로 수행하지 않고 형식적으로 작성한 문서를 제시했을 때 이를 통제 미비점으로 판단하기 어려움
- 특히 이번 사건은 회사 내부 사정을 잘 아는 경영진의 운영실태평가나 감사의 운영평가에서도 적발되지 않아 외부감사인이 이를 적발하기는 매우 어려웠을 것으로 보임

제3절 내부통제의 정의 및 효과, 한계

1 내부통제의 정의

내부통제제도는 다음의 세 가지 목표달성에 대한 합리적 확신을 제공하기 위하여 조직의 이사회, 경영진 및 여타 구성원에 의해 지속적으로 실행되는 일련의 과정이다(설계 및 개념체계, 5).

• 기업운영의 효율성 및 효과성 확보(운영목적)
- 회사가 업무를 수행함에 있어 자원을 효과적이고 효율적으로 사용하고 있다.

• 보고 정보의 신뢰성 확보(보고목적)
- 회사는 내부 및 외부 보고를 위해 정확하고 신뢰할 수 있는 재무정보와 비재무정보의 작성 및 보고체계를 유지하고 있다.

• 관련 법규 및 정책의 준수(법규준수목적)
- 회사의 모든 활동은 관련 법규, 감독규정, 내부정책 및 절차를 준수하고 있다.

내부통제의 정의에 대한 의미를 해석하면 다음과 같다.[6]

6) COSO Internal Control - Integrated Framework : Framework and Appendix(2012) 문단 19~32

(1) 목표 관련

- 내부통제는 여러 목표 영역(운영, 보고 및 준수)을 동시에 고려하며, 각 범주는 서로 구분되지만 상호 중첩(overlapping categories)되어 있다. 예를 들어, 5일 이내 재무보고 마감이라는 목표는 단순히 업무 효율성(운영 목적)뿐만 아니라, 규제기관에 적시에 보고서를 제출하는 것(보고 또는 준법 목적)도 포함될 수 있다. 따라서, 내부통제를 설계할 때는 각 목표가 여러 범주에 어떻게 영향을 미치는지를 이해하고, 중복되거나 연결되는 부분을 고려해 통합적 접근을 해야 할 필요가 있다.
- 외부보고 및 법규 준수 관련 목표는 법률, 규정 등 외부 기준에 의해 정해지며, 해당 목표 달성 여부는 조직 내 업무 수행 방식에 크게 좌우된다. 반면, 내부보고는 외부 기준에 의해 정해지는 것이 아니기 때문에, 경영진과 이사회가 자율적으로 설정할 수 있는 영역이다. 그러나 많은 조직들은 내부보고가 외부보고를 효과적으로 뒷받침하도록 하기 위해, 두 가지 목표를 일치시키는 방향으로 내부통제 설계를 선택하기도 한다.
- 외부 기준에 따라 운영될 때, 특히 품질이나 정보처리 같은 표준을 따를 경우, 운영 효율성과 효과성에 대한 목표는 일정 부분 달성 가능하며, 내부통제를 통해 합리적인 보장을 받을 수 있다. 하지만 투자 수익률, 시장 점유율 확대, 신제품 진입과 같은 운영 목표는 외부 요인(경쟁 환경, 경기상황 등)의 영향을 받기 때문에 조직의 통제 밖에 있을 수 있다. 따라서 내부통제는 잘못된 경영 판단이나 외부 사건을 막을 수 없으며, 이러한 상황에서 내부통제가 할 수 있는 것은 조직이 목표에 얼마나 근접하고 있는지를 경영진과 이사회가 제때 파악할 수 있도록 하는 것이다. 즉 내부통제는 성과 자체를 보장하는 것이 아니라, 위험 감지와 정보 제공 측면에서 경영 판단을 도와주는 도구로 작동한다.

(2) 프로세스(a process)

- 내부통제는 내부통제 자체가 목적이 아니라, 조직의 목표(운영, 보고, 준수)를 달성하기 위한 지속적이고 반복적인 프로세스의 일부분을 구성하는 것이다.
- 사업 프로세스는 조직의 운영 단위나 기능 부서 간에 이루어지며, 경영의 기본 활동인 계획, 실행, 점검을 통해 관리된다. 내부통제는 이 프로세스들 안에 통합되어 있어야 하며, 별도로 동떨어져 존재하는 것이 아니라는 것이다.
- 내부통제가 업무 흐름 속에 자연스럽게 내재되어 있을수록, 일상적인 활동과 함께 작동할수록 더 효과적이고 효율적이라는 의미이다.

(3) 조직구성원에 의한 영향(effected by people)

- 내부통제는 문서화된 제도, 절차 보다 사람의 행동이 더 중요하다는 점을 강조한다. 조직 구성원의 태도, 책임감, 실천력 등이 내부통제의 핵심이다.
- 이사회와 고위 경영진은 내부통제의 중요성을 강조하고, 조직의 윤리 기준과 기대 행동을 설정함으로써 조직 문화 전반에 영향을 미친다(Tone at the Top).

- 사람들은 각기 다른 배경과 생각을 가지고 있으며, 이는 조직에 다양성과 창의성을 가져다줄 수 있지만, 조직 목표와 정렬되지 않으면 혼란과 비효율을 초래할 수 있다.
- 따라서 모든 구성원은 자신의 책임과 권한을 명확히 인지해야 하며, 그들의 역할은 조직의 목표와 명확하게 연계되어야 한다.

(4) 합리적인 확신(reasonable assurance)

- 내부통제는 완벽한 오류 방지 시스템이 아니라, 합리적인 범위내에서 위험을 관리하고 조직의 목표 달성을 도울 수 있는 장치이다.
- 아무리 정교한 내부통제를 갖추었더라도, 외부의 충격이나 내부의 예외 상황(예: 경영진의 부정행위, 공모 등)까지 완벽하게 막을 수는 없다. 내부통제는 목표 달성을 확실히 보장하는 것이 아니라, 달성 가능성을 높이는 수단이지, 완전무결한 보장은 아니라는 점을 분명히 한다. 따라서 내부통제를 갖추고 있어도 실패 가능성은 항상 존재한다.

(5) 조직에 맞게 유연하게 적용

- 내부통제는 일률적인 규칙이 아니라, 각 조직의 특성이나 규모에 맞춰 조정 가능한 유연한(adaptable to the entity structure - flexible in application) 시스템이라는 점을 강조한다.
- 내부통제는 단순히 조직 전체에 일률적으로 적용되는 것이 아니라, 경영 운영 구조(예: 사업부, 제품 라인)나 법적 조직 구조(예: 자회사, 법인 단위)에 따라 달리 적용될 수 있다.
- 적용 기준은 경영진의 판단과 외부 규제 요건이다. 경영진이 조직의 특성 및 위험을 고려해 통제 범위나 수준을 결정하며, 법률이나 규제에서 요구하는 수준도 중요한 고려 요소가 된다.
- 따라서 내부통제는 유연하고 맞춤형으로 설계될 수 있다. 조직 구조에 따라 부분 적용, 전체 적용, 혼합 적용이 가능하며, 이는 내부통제를 보다 실질적이고 효과적으로 만들기 위한 전략적 접근이다.

2 내부통제제도의 효과

효과적인 내부통제제도는 경영진이 업무성과를 측정하고, 경영의사결정을 수행하며, 업무프로세스를 평가하고, 위험을 관리하는데 기여함으로써 회사의 목표를 효율적으로 달성하고 위험을 회피 또는 관리할 수 있도록 한다. 그리고 직원의 위법 및 부당행위(횡령, 배임 등) 또는 내부정책 및 절차의 고의적인 위반행위뿐만 아니라 개인적인 부주의, 태만, 판단상의 착오 또는 불분명한 지시에 의해 야기된 문제점들을 신속하게 포착함으로써 회사가 시의적절한 대응조치를 취할 수 있게 해 준다. 또한, 효과적인 내부통제제도는 정보의 신뢰성을 향상시킨다(설계 및 개념체계, 8).

그러나 아무리 잘 설계된 내부통제제도라고 할지라도 제도를 운영하는 과정에서 발생하는 집행위험은 피할 수 없다. 즉, 최상의 자질과 경험을 지닌 사람도 부주의, 피로, 판단 착오 등에 노출될 수 있으며, 내부통제제도도 이러한 사람들에 의해 운영되므로 내부통제제도가 모든 위험을 완벽하게 통제할 수는 없다(설계 및 개념체계, 9).

❸ 내부통제의 한계[7)]

내부통제가 있으면 조직이 항상 운영, 보고, 규정 준수 목적을 달성할 것이라고 믿는 시각이 있으나, 이런 시각은 잘못된 인식이다. 내부통제는 모든 경영 문제의 만병통치약(panacea)이 아니다. 내부통제는 합리적 확신(reasonable assurance)을 제공해주는 것이지, 절대적 확신을 제공해주지는 않는다. 내부통제는 목적에 따라 작동 방식이나 효과가 다르다. 예를 들어, 규정 준수나 보고의 신뢰성을 높이는 목표는 기준이 명확해서 내부통제로 잘 관리할 수 있다. 그러나 운영상의 목표는 외부 기준이 모호하거나 없는 경우에는 내부통제로 그 달성을 확실히 보장하기 어렵다.

다음은 내부통제의 고유 한계이며, 조직이 아무리 견고한 시스템을 갖추고 있어도 완전한 예방은 불가능함을 시사한다.

- 인적 실수, 판단 착오 : 업무 중 주의 부족, 피로, 이해 부족, 훈련 미흡 등으로 인해 내부통제가 제대로 작동하지 않게 될 수 있다. 예를 들어, 직원이 매뉴얼을 잘못 이해하고 잘못된 회계처리를 하거나 데이터 입력 시 숫자나 날짜를 실수로 오기입하는 경우
- 통제를 회피하기 위한 공모행위 : 둘 이상의 이해관계자(직원, 외부인 등)가 내부통제를 회피하거나 속이기 위해 공모할 경우, 정상적인 통제 시스템으로는 탐지하기 어렵다. 예를 들어, 창고 관리자와 구매 담당자가 공모해 허위 납품서를 작성하고 금액을 횡령하거나, 외부 공급업체와 내부 직원이 허위 계약을 통해 리베이트를 수취하는 경우
- 통제를 행사하는 경영층에 의한 직권남용(Management Override) : 경영진은 통상적으로 내부통제를 설계하고 승인하는 위치에 있기 때문에, 원칙적으로는 통제를 우회하거나 무력화할 수 있는 권한도 갖고 있다. 예를 들어, 대표이사가 정상 절차를 무시하고 임의로 자금을 집행하거나, 대표이사가 부당한 지시로 재무제표를 왜곡할 수 있는 회계처리를 지시하는 경우
- 내부통제의 비용 효과성 요구조건 : 내부통제 시스템을 운영하는 데는 인력, 시스템, 교육 등 상당한 비용이 수반된다. 따라서 모든 위험에 대해 완벽한 통제를 구축하는 것은 현실적으로 불가능하다. 예를 들어, 소액의 비용 청구나 소규모 재고 손실에 대해 고비용의 감시 시스템을 운영하는 것은 비효율이다.
- 내부통제의 대상은 정규적, 반복적 업무이며 비정규적, 돌발적 업무에는 비효과적임 : 대부분의 내부통제는 반복적이고 정형화된 업무 흐름(예: 구매-지출, 급여, 매출 등)에 초점을 맞춰 설계된다. 따라서 예외적이거나 비 정기적인 상황에서는 적용력이 낮아진다.

---

7) COSO Internal Controls - Intergrated Framework(2012) : Limitations of Internal Control

제4절 COSO 내부통제 및 전사적 위험 관리 통합 프레임워크

1 COSO

미국에서 1980년대 적정 감사의견을 받은 기업에 통제 실패사례가 많이 발생하자 허위재무보고와 관련된 사항을 다루기 위해 공공 회계감사 기구들과 산업계, 학계, SEC(Securities and Exchange Commission) 관계자 등이 참여해 1985년 The National Commission on Fraudulent Financial Reporting, 일명 트레드웨이 위원회(Treadway Commission)가 구성되었다. 이후 모두가 공유할 수 있는 내부통제의 개념적 틀 정립의 필요성을 인식하게 되었고 이를 후원하기 위한 전문기관으로 구성된 COSO[8] (Committee of Sponsoring Organizations of the Treadway Commission)가 발족되어 1992년 내부통제에 관하여 여러 개념과 정의를 통일한 "내부통제 통합 프레임워크 (Internal Control -Integrated Framework)"이라는 보고서(일명 COSO보고서)를 발표하였다. COSO 보고서를 통하여 내부통제에 관한 여러 개념과 정의, 목적, 구성요소, 활동 등을 구체적으로 규정하여 내부통제에 대하여 전세계에서 받아들일 수 있는 내부통제의 통합프레임워크 (Internal Control-Integrated Framework)를 제시하고 있다.

COSO의 1차 보고서는 1992년도에 나왔으며, 최초로 내부통제의 포괄적 체계를 제시하였다(COSO Internal Control-Integrated Framework, 1992, COSO Ⅰ). 2차 보고서는 2004년도에 나왔는데 이 보고서는 1차 보고서에서 제시하였던 내부통제의 목적, 구성요소를 확장하여 전사적인 면에서의 위험관리에 초점을 두고 있다(COSO Ⅱ Enterprise Risk Management Framework, 2004, COSO Ⅱ).

COSO Ⅱ에서는 조직의 4가지 목적을 저해하는 사건을 위험(Risk)으로 정의하고 이를 관리할 수 있는 전사적인 위험관리(ERM, Enterprise Risk Management)체계를 제시하였다. 이는 COSO Ⅰ의 내부통제 체계를 확대하고 정교화하여 기업이 안고 있는 여러 경영위험에 전사적으로 대비하기 위한 위험관리체계를 결합시켜 통합관점의 전사적 위험관리체계(Enterprise Risk Management Framework)를 제시하였다는 데 의의가 크다.

또한 내부통제 통합 프레임워크(COSO Internal Control-Integrated Framework, 2013)는 2013년에 개정되었다. 20년이 지나면서 변화한 경영 환경, IT 발전, 규제요구 변화 등을 반영하기 위한 것으로 기존의 5대 구성요소는 그대로 유지하면서 17가지 원칙(Principles)을 도입하여 각 구성요소에 대한 실질 적용 가이드를 제시하였고 통제목적 3가지 중 기존의 재무보고에만 중점을 두었던 것을 내부/외부 보고를 포괄하는 보고의 신뢰성으로 확대하였다.

---

8) COSO는 AICPA (미국공인회계사협회), AAA (미국회계학회), FEI (재무임원협회), IIA (내부감사인협회), IMA (관리회계사협회)로 구성되어 있다.

2 COSO 내부통제 통합 프레임워크 (2013)

[그림 1-1] COSO 내부통제 통합 프레임워크(2013)[9)]

(1) 내부통제의 목적

COSO에서 정의한 내부통제 정의는 앞에서 기술된 3절 1의 내부통제 정의와 같다. 국제적으로는 미국 증권거래위원회(SEC), PCAOB 등도 COSO를 내부통제의 기준 프레임워크로 인정하고 있고, 세계적인 회계법인과 감사기구들도 COSO 기준에 따라 감사를 수행하고 있다. 미국에서 상장 기업은 사베인즈 옥슬리법의 404조에 따라 내부통제의 설계 · 운영 · 평가를 보고해야 하는데 이때 COSO 내부통제 통합 프레임워크가 사실상의 표준으로 활용되고 있으며 우리나라의 내부회계관리제도 운영위원회에서도 COSO 내부통제 통합 프레임워크를 채택하고 있다.

(2) 내부통제의 5요소 및 17가지 원칙[10)]

2013년에 개정된 COSO 내부통제 통합 프레임워크는 기존 1992년 버전을 보완하여, 더 체계적이고 명확한 내부통제 설계와 운영 기준을 제시했다. 이 개정판의 핵심은 바로 5개의 구성요소(Components)와 각 구성요소별로 정의된 총 17개의 원칙(Principles)이다.

1) 통제환경 (Control Environment) – 내부통제의 기초이자 조직 문화의 기반인 조직 최고층의 윤리 · 통제 의지(Tone at the Top)를 설정하는 영역이다.

- (원칙 1. 도덕성과 윤리적 가치에 대한 책임) 회사는 도덕성과 윤리적 가치에 대한 책임을 강조한다.
- (원칙 2. 감독 책임) 이사회는 경영진으로부터 독립성을 유지하며 내부통제의 설계 및 운영을 감독한다.

9) COSO Framework and Appendices - Relationship of Objectives, Components, and the Entity
10) COSO Framework and Appendices - 문단 69~79

- (원칙 3. 조직구조, 권한 및 책임 정립) 경영진은 내부통제의 목적을 달성하기 위해 이사회의 감독을 포함한 조직구조, 보고체계 및 적절한 책임과 권한을 정립한다.
- (원칙 4. 적격성 유지) 회사는 내부통제 목적에 부합하는 적격성 있는 인력을 선발, 육성하고 관리한다.
- (원칙 5. 내부통제 책임 부여) 회사는 조직 구성원들에게 내부통제의 목적을 달성하기 위해 필요한 책임을 부여한다.

2) 위험평가 (Risk Assessment) - 조직 목표 달성을 위협할 수 있는 위험을 식별, 분석, 평가하는 과정이다.

- (원칙 6. 구체적인 목적 수립) 회사는 관련된 위험을 식별하고 평가할 수 있도록 내부통제의 목적을 명확하게 설정한다.
- (원칙 7. 위험 식별 및 분석) 회사는 목적 달성에 영향을 미치는 위험을 전사적으로 식별하고, 위험의 관리방안을 판단하기 위해 위험을 분석한다.
- (원칙 8. 부정위험 평가) 내부통제 목적 달성에 대한 위험 평가 시 잠재적인 부정 가능성을 고려한다.
- (원칙 9. 중요한 변화의 식별과 분석) 회사는 내부통제에 중요한 영향을 미치는 변화를 식별 · 분석하여 내부통제 제도를 유지 · 관리한다.

3) 통제활동 (Control Activities) - 위험을 대응하기 위한 정책과 절차, 실행 활동을 의미한다.

- (원칙 10. 통제활동의 선택과 구축) 회사는 내부통제의 목적 달성을 저해하는 위험을 수용 가능한 수준으로 줄일 수 있는 통제활동을 선택하고 구축한다.
- (원칙 11. 정보기술 일반통제의 선정과 구축) 회사는 내부통제 목적 달성을 지원하는 정보기술 일반통제를 선정하고 구축한다.
- (원칙 12. 정책과 절차를 통한 실행) 회사는 기대사항을 정한 정책과 그 정책을 실행하기 위한 절차를 통하여 통제활동을 적용한다.

4) 정보 및 커뮤니케이션 (Information & Communication) - 내부통제 운영을 위한 정보 수집, 전달, 커뮤니케이션 체계를 말한다.

- (원칙 13. 관련 있는 정보의 사용) 회사는 내부통제의 운영을 지원하기 위하여 관련 있는 양질의 정보를 취득 또는 생산하고 사용한다.
- (원칙 14. 내부 의사소통) 회사는 내부통제의 운영을 지원하기 위하여 필요한 내부통제에 대한 목적과 책임 등의 정보에 대해 내부적으로 의사소통한다.
- (원칙 15. 외부 의사소통) 회사는 내부통제의 운영에 영향을 미치는 사항에 대해 외부관계자와 의사소통한다.

5) 모니터링 활동 (Monitoring Activities) - 내부통제의 지속적인 운영 여부 및 효과성 점검을 말한다.

- (원칙 16. 상시적인 모니터링과 독립적인 평가 수행) 회사는 상시적인 모니터링과 독립적인 평가방안을 수립하여 내부통제의 설계 및 운영의 적정성을 평가한다.

- (원칙 17. 미비점 평가와 개선활동) 회사는 내부통제의 미비점을 평가하고 필요한 개선활동을 적시에 수행한다.

③ COSO 전사적 위험관리 프레임워크 (2004)

[그림 1-2] COSO 전사적 위험관리 프레임워크(2004)[11)]

(1) 전사적 위험 관리의 정의[12)]

전사적 위험 관리는 회사목표 달성에 대한 합리적인 확신을 제공하기 위해 이사회, 경영진 그리고 모든 직원에 의해 관리되며, 전략수립과 기업전반에 적용되며, 회사에 영향을 주는 잠재적 위험을 식별하고 해당 위험을 위험 선호도 내에서 관리하기 위해 설계된 프로세스이다.

전사적 위험 관리의 정의를 해석하면 다음과 같다.

1) 프로세스

- 전사적 위험 관리는 고정된 것이 아니라 기업 내 활동들의 끊임없는 또는 반복되는 활동들 간의 상호작용이다. 이 활동들은 경영진이 사업을 경영하는 방법에 스며들어 있으며 고유의 특성을 가지고 있다.
- 전사적 위험 관리는 단순히 부가적으로 덧붙이는 활동이 아니라, 기업 운영의 본질적인 일부여야 한다. 전사적 위험 관리는 이러한 메커니즘이 기업의 하부조직 속에 정립되고 기업 본질의 한 부분을 이룰 때 가장 효과적이 된다.

2) 조직 구성원에 의한 영향

- 이사회, 경영진, 일반 직원 등 모든 구성원이 전사적 위험 관리에 영향을 주고, 그 실행 주체가 된다. 또한, 전사적 위험 관리는 구성원 행동에 영향을 주기도 하는 상호 작용적인 관계가 있다.

---

11) Enterprise Risk Management-Integrated Framework(2004)
12) Enterprise Risk Management - Integrated Framework: Framework (2004) : p17~21

- 전사적 위험 관리는 구성원이 위험을 인식하고 대응할 수 있도록 지원하므로, 구성원의 명확한 역할과 책임이 중요하며, 구성원 간 의무와 수행 방식의 연계가 명확해야 하며, 기업 전략 및 목표와도 일치해야 한다.

3) 전략 수립에 적용

- 기업은 미션과 비젼을 수립하고 그에 일치하는 높은 수준의 전략적 목표를 수립한다. 기업은 전략적인 목표를 달성하기 위한 전략을 수립하며 해당 전략을 바탕으로 기업 경영 단위, 부문, 프로세스 단계별 목표를 설정한다.
- 전사적 위험 관리는 경영진이 전략을 수립할 때 적용되는데 이때, 대체 가능한 전략의 채택과 관련된 위험을 고려하게 된다. 이러한 상황에서 전사적 위험 관리는 경영진이 기업의 전략 및 이와 관련된 목표들을 평가하고 선택하는 데 도움을 주게 되는 것이다.

4) 기업 전반에 적용

- 기업은 전사적 위험 관리를 적용할 때 기업 활동의 전반적인 범주를 고려해야 한다. 전사적 위험 관리는 기업차원의 활동(전략수립과 자원 배분)에서부터 사업부 단위 활동(마케팅이나 인사 관리)이나 사업 프로세스(생산이나 새로운 소비자의 신용 재평가)에 이르는 조직 모든 단계의 활동을 고려한다.
- 기업은 전사적 위험 관리를 통해 위험에 대해 포트폴리오 시각을 갖게 된다. 이러한 시각은 사업단위, 기능, 프로세스 또는 기타 활동의 책임자들이 각각의 활동에 대한 위험을 측정하도록 유도할 수 있으며 이러한 측정은 정량적이거나 정성적인 것이 될 수 있다. 이 때 최고경영진은 조직 단계별 복합적 시각으로 조직 전체의 위험 포트폴리오가 조직의 위험 선호도와 부합하는지를 결정하게 된다.

5) 위험 선호도

- 위험 선호도는 기업이 전반적인 관점에서 가치 추구를 위해서 받아들이고자 하는 전체 위험의 양이다. 위험 선호도는 기업의 위험 관리 철학과 그 기업의 문화 및 운영 스타일을 반영한다. 많은 기업들이 높음/중간/낮음과 같은 범주로 정성적인 위험 분석 방법을 활용하기도 하지만 몇몇 기업들은 성장, 회복 그리고 위험과 같은 목표를 비교하고 반영하는 정량적 분석을 한다. 보다 높은 위험 선호도를 가진 회사는 자본의 상당 부분을 새로운 시장으로의 진입과 같은 고위험 분야에 할당하려 할 것이다. 반대로 위험 선호도가 낮은 기업은 성숙되고 안정된 시장에 투자함으로써 단기간의 대량 손실위험을 제한할 것이다.
- 한편, 위험 허용한도는 기업의 목표와 관련되어 있다. 위험 허용한도는 특정한 목표 달성을 위해 수용 가능한 변동치이다.

6) 합리적 확신 제공

- 전사적 위험 관리가 적절하게 설계되어 효과적으로 운영된다면 경영진과 이사진은 기업의 목표달성에 관한 합리적인 확신을 가질 수 있다.

• 그리나, 통제 불가능한 사건, 실수나 부정한 보고는 일어날 수 있으며 아무리 효과적인 전사적 위험 관리라 하더라도 실패를 경험할 수 있다. 합리적인 확신이란 절대적인 확신은 아니다.

7) 목표 달성

• 확립된 미션 하에서 경영진은 전략적 목표를 수립하고, 전략을 선택하며 해당 전략에 맞추어 기업을 단계적으로 발전시키기 위한 세부 목표를 설정한다. 많은 목표들이 특정 기업에 고유하지만, 일부 목표들은 대부분의 기업에 공통적인 일반 목표들도 있다. 예를 들면, 대부분의 기업에 공통적인 일반 목표들은 투자자와 소비자에게 사업에 관한 믿을만한 보고를 제공하고 기업 운영시 법규와 규제를 준수하여 긍정적인 평판을 유지하는 것이다. 전사적 위험 관리 통합 프레임워크는 기업 목표의 네 가지 범주를 제시한다.
- 전략(Strategic) : 회사 미션과 일치하고 이를 지지하는 상위 수준의 목표
- 운영(Operations) : 회사 자원의 효과적이고 효율적인 사용
- 보고(Reporting) : 보고의 신뢰성
- 준수(Compliance) : 적용 가능한 법과 규제의 준수

(2) 전사적 위험 관리의 8개 요소[13]

전사적 위험 관리는 단순한 위험 대응 시스템이 아니라, 경영진의 기업 운영 방식에 직접 연결되고 통합된 8개의 핵심 요소로 구성된다. 이 8가지 요소는 기업 경영 프로세스에 내재화되어야 하며, 전략 수립, 실행, 평가 전반에 걸쳐 작동해야 한다.

1) 내부환경(Internal Environment)

내부 환경 요소로는 회사 위험 관리 철학, 위험 선호도(Risk appetite), 이사회의 감시책임, 경영진의 정직성, 윤리 가치, 회사 구성원의 능력, 경영진이 권한과 책임을 부여하는 방법 등이 포함된다. 내부 환경은 조직 구성원들의 위험 인식에 영향을 주고 위험관리 원칙이나 구조에 대한 바탕이 되며 조직의 문화를 반영한다.

2) 목표설정(Objective Setting)

목표 설정은 사건 식별, 위험 평가, 위험 대응을 위한 전제조건이다. 즉 경영진이 그들의 성과에 저해되는 위험을 식별 및 평가를 하고, 위험에 대한 적절할 조치를 취하기 전에 반드시 목표가 설정되어 있어야 한다. 이는 전사적 위험 관리가 위험만을 관리하는 프로세스가 아니라 목표달성을 더욱 확실하게 하는 프로세스임을 의미한다.

3) 사건 식별(Event Identification)

사건 식별은 목표 달성에 영향을 줄 수 있는 내부나 외부의 원천으로부터 잠재적 위험을 식별하는 것을 의미한다. 목표에 긍정적인 사건은 기회, 부정적인 사건은 위험이라고 정의한다.

---

13) Enterprise Risk Management - Integrated Framework: Framework (2004) : p22

4) 위험 평가(Risk Assessment)

위험은 위험 발생가능성과 영향의 두 가지로 평가하며 고유위험과 잔여위험에 대해 평가를 수행한다.

5) 위험 대응(Risk Response)

위험 대응은 위험 회피 · 수용 · 감소 · 수용으로 나누어지는 데, 경영진은 위험 허용한도와 위험 성향을 고려하여 대응방안을 선택한다.

6) 통제활동(Control Activities)

통제활동은 조직 전반에 걸쳐 모든 계층과 활동에서 수행된다. 통제활동에는 다음과 같이 다양한 활동이 포함된다. 즉, 승인, 검증, 권한부여, 운영성과의 측정, 자산의 보안 그리고 업무분장이 통제활동에 속하며 이를 통해 위험에 대한 경영진의 적절한 대응이 수행되고 있다는 것을 확인할 수 있다.

7) 정보시스템 및 커뮤니케이션(Information & Communication)

의사결정에 필요한 정보는 일정 형식으로 정의되고 취합되며 정해진 시간 안에 의사소통이 되어야 한다. 정보는 기업의 모든 계층에서 필요하며 기업 전반에 걸쳐 효과적인 의사소통이 수반되어야 임직원들은 그들의 역할과 책임을 명확히 부여 받을 수 있다.

8) 모니터링(Monitoring)

전사적 위험 관리의 모든 프로세스는 모니터링되며 필요에 따라 수정된다. 이에 따라 위험관리는 상황이 변할 때마다 역동적으로 반응할 수 있게 된다.

4 COSO 전사적 위험 관리 - 전략과 성과의 통합 (Enterprise Risk Management - Integrating with Strategy and Performance)(2017)

2004년판 전사적 위험 관리는 조직의 위험 관리 노력에 널리 활용되었다. 하지만 그 이후 위험의 복잡성 증가, 새로운 위험 출현, 이사회와 경영진의 인식 수준 향상으로 인해 업데이트가 필요하여 2017년에 전사적 위험 관리 개정판이 발표되었다. 개정판의 주요 내용은[14)]

- 전략 설정과 실행 시 전사적 위험 관리의 가치 강조
- 성과 목표 설정과 위험 간 정렬성 강화
- 거버넌스와 감독 체계 기대 수용
- 글로벌 환경에 맞는 공통적이면서도 맞춤형 접근법 제공
- 복잡한 비즈니스 환경에서 위험을 새로운 방식으로 인식
- 투명성 제고를 위한 보고 확대
- 데이터 및 분석 기술 활용을 통한 의사결정 지원
- 모든 경영층이 활용할 수 있도록 핵심 개념과 구성 요소, 원칙 제시

---

14) Enterprise Risk Management - Integrated with Strategy and Performance(2017) : Foreword

[그림 1-3] COSO 전사적위험관리 프레임워크(2017)

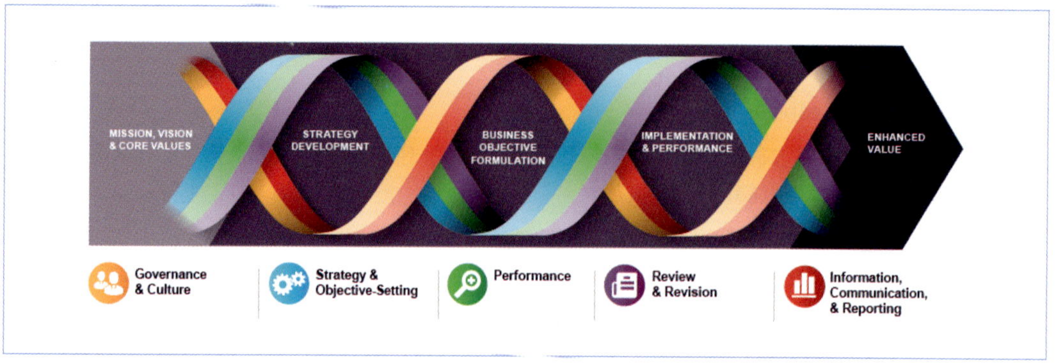

(1) 새로운 전사적 위험 관리(Enterprise Risk Management, ERM) 정의[15)]

전사적 위험 관리는 조직의 가치 창출, 보존, 실현 과정에서 위험을 관리하기 위해 전략 수립 및 성과와 통합하여 활용하는 조직의 문화, 역량, 그리고 관행을 의미한다. 전사적 위험 관리의 정의를 더 깊이 살펴보면, 위험 관리는 다음과 같은 요소들을 통해 이루어짐을 강조하고 있다.

- 조직 문화를 이해하기
- 조직의 역량 강화하기
- 적절한 관리체계
- 전략 수립 및 성과와 통합
- 전략 및 경영 목표 달성을 위한 위험 관리
- 가치 창출과의 연계

1) 조직 문화를 이해하기

조직의 문화는 모든 구성원들의 말과 행동을 통해 형성되고 발전한다. 조직의 미션, 전략, 비즈니스 목표를 설정하고, 전사적 위험 관리체계를 실행에 옮기는 주체도 바로 사람이다. 마찬가지로, 전사적 위험 관리는 사람들의 의사결정과 행동에 영향을 미친다. 각 개인은 고유한 관점을 가지고 있으며, 이는 위험을 어떻게 인식하고, 평가하며, 대응하는지에 영향을 미친다. 전사적 위험 관리는 사람들이 보다 나은 결정을 내릴 수 있도록 도와주며, 이때 문화가 그러한 결정에 중요한 영향을 미친다는 점을 이해하도록 한다.

2) 조직의 역량 강화하기

조직은 가치를 창출하기 위해 다양한 경쟁 우위를 추구한다. 전사적 위험 관리는 조직의 미션과 비전을 실현하고, 성공을 저해할 수 있는 도전 과제를 예측하는 데 필요한 역량을 보완해 준다. 변화에 유연하게 대응할 수 있는 조직은 더 높은 회복력을 갖추게 되며, 시장의 제약이나 자원의 한계, 또는 새로운

15) Enterprise Risk Management - Integrated with Strategy and Performance(2017) : p10~12

기회를 마주할 때 더 효과적으로 진화할 수 있다.

3) 적절한 관리체계(Practice)

전사적 위험 관리는 고정된 체계가 아니며, 기존 비즈니스에 단순히 덧붙여지는 활동도 아니다. 오히려 조직의 모든 활동 전반은 물론, 특별한 프로젝트나 새로운 이니셔티브에도 지속적으로 적용되는 과정이다. 전사적 위험 관리는 조직 내 모든 수준에서의 경영 의사결정의 일부로 작동한다. 전사적 위험 관리에서 사용되는 관리체계는 조직의 최고 경영층에서부터 시작되어 각 부문, 사업 단위, 기능별 조직으로 확산된다. 이러한 관리체계는 조직 구성원들이 다음과 같은 내용을 더 잘 이해할 수 있도록 돕기 위한 것이다.

- 조직의 전략,
- 설정된 비즈니스 목표,
- 존재하는 위험,
- 수용 가능한 위험의 수준,
- 위험이 성과에 미치는 영향,
- 위험을 어떻게 관리해야 하는지.

이러한 이해는 각 수준의 의사결정을 뒷받침하며, 조직 내 편향을 줄이는 데에도 기여한다.

4) 전략 수립 및 성과 관리와의 통합

조직은 미션과 비전에 부합하는 전략을 수립하며, 이 전략을 바탕으로 비즈니스 목표를 설정한다. 이러한 목표는 조직의 각 부문, 사업 단위, 기능 조직 등으로 확산되어 실행된다. 전사적 위험 관리는 이러한 전략 수립 과정에 통합되어, 경영진이 조직 전반의 위험 프로파일을 이해하고, 다양한 전략이 그 위험에 어떤 영향을 미칠지 고려할 수 있도록 돕는다. 또한, 혁신이나 신사업 등 새로운 기회를 고려할 때도 전사적 위험 관리는 중요한 기준점이 된다.

하지만 전사적 위험 관리는 전략 수립 단계에서만 작동하는 것이 아니다. 조직의 일상적인 업무 속에서도 지속적으로 적용되어, 실질적인 가치를 창출할 수 있다. 전사적 위험 관리를 일상의 업무 활동에 자연스럽게 녹여낸 조직은, 전사적 위험 관리를 별도로 운영하는 조직에 비해 더 낮은 비용 구조를 유지할 수 있으며, 이런 비용 절감은 경쟁이 치열한 시장 환경에서 중요한 성공 요인이 된다. 또한, 전사적 위험 관리가 조직의 핵심 운영에 내재화되어 있을 경우, 경영진은 비즈니스 확장을 위한 새로운 기회를 더 쉽게 발견할 수 있다.

전사적 위험 관리는 이처럼 전략이나 일상 업무뿐 아니라, 경영의 여러 핵심 프로세스와도 긴밀하게 연계된다. 예를 들어, 사업 계획 수립, 운영, 재무 관리 등 각각의 영역에서는 그에 맞는 구체적인 전사적 위험 관리 실행이 필요하다. 신용 위험이나 환율 위험을 고려하는 경우라면, 정교한 분석 모델을 개발하고 방대한 데이터를 수집해야 할 수도 있다. 전사적 위험 관리가 조직의 전반적인 운영 활동과 통합되어, 위험이 특정 부문에만 국한되지 않고 조직 전체에 미치는 영향을 이해할 수 있을 때, 전사적 위험 관리의 효과는 훨씬 커진다.

5) 전략 및 경영 목표 달성을 위한 위험 관리

전사적 위험 관리는 조직의 전략과 경영 목표를 달성하는 데 핵심적인 역할을 한다. 효과적으로 설계된 위험 관리 체계는 경영진과 이사회가 조직의 전략과 목표를 달성할 수 있다는 합리적인 기대를 갖도록 도와준다. 여기서 '합리적인 기대'란, 전략과 목표를 달성하는 과정에서 수반되는 위험이 수용 가능한 수준 내에 있다는 것을 의미이며, 아무리 잘 예측해도 위험을 완전히 정확하게 예측할 수는 없다는 점을 전제로 한다.

하지만 아무리 위험 관리를 잘하더라도 예기치 못한 도전이나 변화는 언제든지 발생할 수 있다. 그렇기 때문에 전사적 위험 관리 체계를 정기적으로 점검하고 필요한 경우 이를 개선하는 것이 중요하다. 이러한 검토와 개선 과정을 통해 위험 관리 체계를 탄탄하게 유지할 수 있으며, 경영진은 조직이 예상치 못한 상황에 효과적으로 대응하고 궁극적으로 전략과 목표를 달성할 수 있다는 자신감을 가질 수 있다.

6) 가치 창출과의 연계

조직은 전략과 경영 목표를 추진하는 과정에서, 가치 창출을 위해 수용할 수 있는 위험 선호도(risk appetite)를 기준으로 위험을 관리해야 한다. 위험 선호도의 출발점은 조직의 미션과 비전이다. 선택하는 전략에 따라 조직은 서로 다른 위험에 노출되거나 동일한 위험이라도 그 규모가 달라질 수 있다.

위험 선호도는 조직이 어떤 활동을 추진할 것인지 혹은 자제할 것인지에 대한 방향성을 제시해 준다. 이는 특정한 한계를 정하는 개념이라기보다는, 조직이 추구할 수 있는 행동의 범위를 제시하고, 위험 기반의 의사결정을 지원하는 역할을 한다.

또한, 위험 선호도는 고정된 개념이 아니며, 제품이나 사업 부문별로 다를 수 있고, 시간의 흐름이나 위험 관리 역량의 변화에 따라 유동적으로 변해야 한다. 조직이 수용할 수 있는 위험의 유형과 범위는 상황에 따라 달라질 수 있다. 예를 들어, 경제가 호황일 때에는 성공적으로 성장 중인 기업이 일정 수준의 위험을 감수하려는 성향이 높을 수 있지만, 경기 침체기에는 위험 수용 범위가 줄어들 수 있다. 따라서 위험 선호도는 단지 정기적인 검토에 의존하지 않고, 비즈니스 환경 변화에 즉각적으로 대응할 수 있는 유연성을 갖춰야 한다.

(2) 전사적 위험 관리(Enterprise Risk Management, ERM) 5가지 구성요소[16)]

1) 거버넌스와 조직 문화(Governance and Culture)

거버넌스와 조직 문화는 전사적 위험 관리의 구성 요소의 기초를 형성한다. 거버넌스는 조직의 전반적인 기조와 분위기를 설정하며, 전사적 위험 관리의 중요성을 강조하고 그에 대한 감독 책임 체계를 구축한다. 조직 문화는 의사결정 방식과 행동양식에 반영되며, 위험에 대한 조직의 태도와 접근방식을 결정짓는 핵심 요소이다.

2) 전략 및 목표 설정(Strategy and Objective-Setting)

전사적 위험 관리는 전략 및 경영 목표를 설정하는 과정에 통합되어 작동한다. 조직은 내부 및 외부 환경에 대한 이해를 바탕으로 위험에 영향을 미치는 요인을 파악할 수 있으며, 전략 수립 시점에서 위험

---

16) Enterprise Risk Management - Integrated with Strategy and Performance(2017) p21~22

선호도 또한 함께 설정한다. 경영 목표는 수립한 전략을 실제 실행에 옮기게 하고, 일상적인 운영과 업무의 우선순위에 직접적인 영향을 미친다.

3) 성과 관리(Performance)

조직은 전략 및 경영 목표 달성에 영향을 줄 수 있는 위험을 식별하고 평가한다. 이 과정에서 위험의 중요도(심각성)와 조직의 위험 선호도를 함께 고려하여 우선순위를 정하고, 그에 맞는 대응 방안을 선택한다. 또한, 위험 대응 결과와 성과를 지속적으로 모니터링하여 변화에 대응한다. 이러한 일련의 과정을 통해 조직은 전사 차원의 위험 포트폴리오 관점에서 자사가 감수하고 있는 위험의 총량을 파악하게 된다.

4) 검토 및 개선(Review and Revision)

조직은 전사적 위험 관리 역량과 관리체계, 그리고 실제 성과가 목표와 얼마나 일치하는지를 정기적으로 검토한다. 이러한 검토를 통해 조직은 전사적 위험 관리체계가 시간이 지남에 따라 어떻게 가치를 창출해 왔는지, 그리고 향후 변화하는 환경 속에서도 계속해서 가치를 창출할 수 있을지를 평가할 수 있다.

5) 정보, 커뮤니케이션 및 보고(Information, Communication, and Reporting)

효과적인 커뮤니케이션은 정보를 수집하고 조직 전반에 지속적이고 순환적으로 공유하는 과정을 의미한다. 경영진은 내부와 외부에서 얻은 관련성 있는 정보를 활용하여 전사적 위험 관리에 반영한다. 조직은 정보 시스템을 통해 데이터를 수집, 처리, 관리하며, 이를 통해 위험, 조직 문화, 그리고 성과에 대한 투명한 보고가 이루어진다.

2017년 개정판은 전사적 위험 관리를 위험 대응 체계가 아닌, 전략과 성과를 연결하는 경영 도구로 한층 발전시켰다. 다음은 2004년판과 2017년 개정판을 비교한 것이다.

〈표 1-3〉 2004년판과 2017년판 비교

항목	2004년판 (통합 프레임워크)	2017년판 (전략과 성과 통합)
초점	위험 관리 프로세스를 체계적으로 설계 및 실행하는 통합적 프레임워크	위험 관리와 조직의 전략 및 성과를 통합하는 경영 도구로 발전
구성 요소	8개: 내부 환경, 목표 설정, 사건 식별, 위험 평가, 위험 대응, 통제 활동, 정보 · 커뮤니케이션, 모니터링	5개: 지배구조 및 문화, 전략 및 목표 설정, 성과, 검토 및 수정, 정보 · 커뮤니케이션 · 보고
목적	조직 전반에 위험 관리 체계 구축	위험을 전략 및 의사결정과 통합하여 조직의 가치 창출과 보호 지원
접근 방식	통제 중심적, 규범적 접근	유연하고 전략적, 가치 중심적 접근
위험 식별 방식	위험을 개별적으로 식별 후 평가	전략 설정 단계에서부터 위험에 대한 통합 고려
적용 유연성	비교적 고정적, 조직별 맞춤 어려움	다양한 조직 구조 및 관점 수용 가능한 유연성 강조

제5절 내부감사

1 감사의 종류

감사의 종류는 수행하는 주체 및 그 감사의 목적, 즉 인증대상에 따라 다음과 같이 분류할 수 있다. 일반적으로 회계감사는 외부 공인회계사가 수행하는 인증업무 중 역사적 재무정보에 대한 적극적인 확신을 제공하는 감사, 즉 재무제표 감사(회계감사)업무를 말한다.[17]

〈표 1-4〉 감사의 종류[18]

목적/주체	외부감사	내부감사
재무제표 감사 (목적 : 재무제표의 신뢰성을 검증)	외부감사인인 공인회계사가 재무제표의 신뢰성을 검증하는 감사 ➡ 일반적으로 회계감사라 함은 이를 지칭한다.	내부감사인이 해당 회사의 재무제표의 신뢰성을 검증하는 감사 ➡ 다만, 내부감사인은 감사대상회사와 독립성이 만족되지 않기 때문에 재무제표에 대한 감사보고서를 발행할 수는 없다.
업무감사 (목적 : 업무의 효율성과 효과성을 검증)	(예) 공공기관이 그 설립취지에 맞도록 경영활동을 수행하고 있는가(효과성에 대한 평가)와 그 기관이 소유하고 있는 재무적 자원을 얼마나 지혜롭게 사용하고 있는가(효율성에 대한 평가)를 감사원이 평가하는 감사	(예) 새로 신설된 홍보부서가 본래 의도한 대로 잘 운영되고 있는가를 내부감사인이 평가(효과성에 대한 평가)하는 감사
이행감사 (목적 : 법규나 규정의 이행 여부를 검증)	(예) 국가나 지방자치단체, 기업들이 법률이나 규칙 등을 제대로 준수하고 있는가의 여부를 평가하는 감사. 국세청에 의한 세무조사의 경우가 대표적인 예	(예) 회사의 종업원이 회사가 설정한 정책이나 절차에 따라 규정을 적절하게 수행하고 있는가를 내부감사인이 평가하는 감사

2 내부감사의 정의 및 역할

(1) 내부감사의 정의

내부감사의 정의는 여러 가지가 있을 수 있으나 일반적으로 인정되는 국제내부감사인협회(IIA) 이사회가 1999년 발표한 내부감사의 정의는 다음과 같다.[19] 내부감사란 한 조직의 업무수행의 가치를 증대시키고 개선시키기 위해 설계된 독립적이고 객관적인 검증과 컨설팅 활동이다. 내부감사는 체계적이고 훈련된 접근 방법을 이용하여 위험관리, 내부통제 그리고 지배구조 프로세스의 유효성을 평가하고 개선시켜 조직이 그 목표를 달성하는데 도움을 준다.[20]

17) 권오상 등(2022), 회계감사 스터디가이드
18) 권오상 등(2022), 회계감사 스터디가이드
19) 김용범(2017), 내부감사학 강의
20) 국제내부감사협회(IIA)의 정의

(2) 내부감사의 역할

내부감사의 역할을 이사회, 경영진의 역할과 관련하여 살펴보면 다음과 같다.

[그림 1-4] 내부감사의 역할[21]

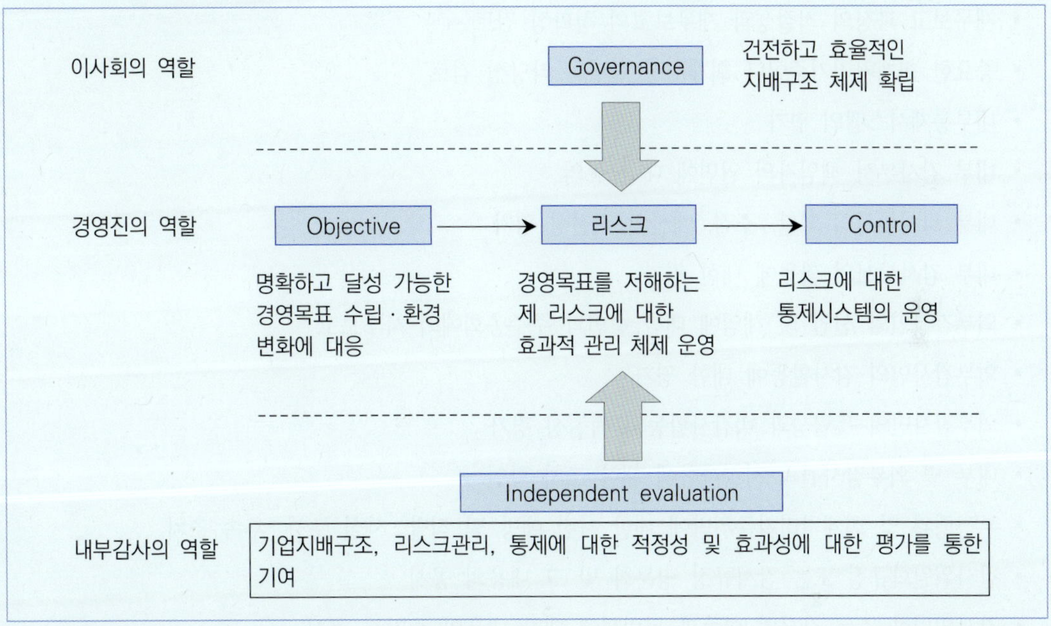

이사회는 지배구조(Governance), 경영진은 목표수립(Objective), 위험(Risk), 통제(Control) 측면에서 각각 역할을 수행하며, 내부감사는 독립적 입장에서 이사회, 경영진, 회사를 평가하는 역할(Independent evaluation)을 수행한다. 즉, 이사회는 건전하고 효율적인 지배구조 체제를 확립하여야 한다. 경영진은 명확하고 달성 가능한 경영목표를 수립하고, 환경변화에 대응하여야 하며, 경영목표를 저해하는 여러 위험에 대한 효과적인 관리 체제를 운영하여야 한다. 또한 이들 위험에 대한 통제시스템을 운영하여야 한다.

내부감사는 기업지배구조, 위험관리, 통제에 대한 적정성 및 효과성에 대한 평가를 통하여 회사에 기여하여야 한다.

3 감사(위원회)의 역할

한국ESG기준원에서 제정한 ESG모범규준은 기존의 환경, 사회, 지배구조 모범규준을 통합하였다. 감사위원회 또는 감사의 역할에 대하여는 지배구조 모범규준 "감사" 파트에 나와있다. ESG모범규준 지배구조 모범규준에서는 감사위원회 또는 감사는 감사업무를 충실히 수행하여야 한다는 전제 아래 주요 감사업무를 12개 주요 감사업무로 나누어 제시하고 있다.

21) IIA, IPPF(International Professional Practices Framework)내 Three Lines Model

ESG모범규준-지배구조 모범규준에 나와 있는 감사위원회 또는 감사가 수행할 주요 감사업무는 다음과 같다.[22)]

- 이사와 경영진의 업무집행에 대한 적법성 감사
- 기업의 재무활동의 건전성과 타당성 감사
- 재무보고 과정의 적절성과 재무보고의 정확성 검토
- 중요한 회계처리기준이나 회계추정 변경의 타당성 검토
- 내부통제시스템의 평가
- 내부 감사부서 책임자의 임면에 대한 동의
- 내부 감사부서의 역할, 조직, 예산의 적절성 평가
- 내부 감사부서의 활동에 대한 평가
- 외부감사인의 선임 및 해임에 대한 승인과 주주총회에의 사후보고
- 외부감사인의 감사활동에 대한 평가
- 외부감사인의 독립성과 비감사활동의 적절성 평가
- 내부 및 외부감사결과 시정사항에 대한 조치 확인
- 부정행위 및 회계처리기준위반에 대한 사전 예방 및 적발, 사실 조사, 후속 조치
- 감사위원회규정 또는 감사규정 명문화 및 그 내용의 공시
- 감사위원회 또는 감사의 활동과 독립성에 대한 내용의 주기적 공시

1) 주요 업무 1: 직무집행 감사

감사위원회 또는 감사의 가장 중요한 권한과 책임은 이사와 경영진의 직무집행에 대한 감사이다. 감사위원회 또는 감사는 이사와 경영진의 직무집행에 대한 적법성 감사뿐 아니라 직무집행이 현저하게 부당한 경우 타당성 감사를 수행하여야 한다.

2) 주요 업무 2: 재무보고 검토

감사위원회 또는 감사는 재무보고의 질과 신뢰성을 확인하여야 한다. 일반 주주뿐 아니라 잠재적 주주, 채권자, 종업원, 정부, 소비자, 협력사 등 제반 이해관계자에 대한 정확한 재무보고는 회사의 가장 중요한 책임 중 하나이다.

3) 주요 업무 3: 회계기준 타당성 평가

회사가 적용한 회계기준의 타당성은 정확한 재무보고의 기초가 되므로 감사위원회 또는 감사는 회사가 타당한 회계기준을 적용하였는지 평가하여야 한다. 또한 회계변경은 기업회계의 계속성을 저해하고 회계정보 이용자의 혼란을 야기할 수 있으므로 감사위원회 또는 감사는 기업회계기준이 허용하는 회계변

---

22) 한국ESG기준원(2021.8), ESG모범규준

경이라고 하더라도 그 변경이 타당한 경우를 제외하고는 변경을 억제하도록 하는 것이 바람직하다.

4) 주요 업무 4: 내부통제시스템 적정성 평가

내부통제시스템을 설계하고 운영하는 것은 경영진의 책임이지만, 그 적정성을 평가하고 개선점을 모색하는 것은 감사위원회 또는 감사의 의무이다. 감사위원회 또는 감사는 내부통제시스템의 적정성을 평가하기 위해 기업 자산의 보호를 위한 관리체계의 존재여부 및 동 체계의 실효성을 확인해야 하고, 내부 조직단위간의 적절한 견제가 이루어지고 있는지 여부에 대해 평가하여야 한다. 이러한 평가를 바탕으로 내부통제시스템의 적정성을 유지하기 위한 방안을 모색하여야 한다.

5) 주요 업무 5: 내부감사부서 설치 및 운영

감사기구 산하에 감사위원회 또는 감사를 보좌하고 실무업무를 수행하는 내부감사부서를 설치하는 것이 바람직하다. 또한 감사위원회 또는 감사가 내부감사부서의 책임자에 대한 임면 동의권을 갖도록 함으로써 내부감사부서의 독립성을 확보하는 것이 바람직하다.

6) 주요 업무 6: 내부감사부서 활동 감독 및 평가

감사위원회 또는 감사는 내부감사부서가 그 목표를 효과적으로 달성할 수 있는지 그 역할, 조직, 예산의 적절성을 평가하고 내부감사활동도 지속적으로 감독하여야 한다. 내부감사부서의 평가결과는 이사회에 보고하여 사후조치까지 완수하는 것이 바람직하다.

7) 주요 업무 7: 내부감사조직 독립성 및 전문성 확보

감사위원회 또는 감사는 내부감사조직의 책임자와 직원이 독립성과 전문성을 갖출 수 있도록 감독하여야 한다. 특히 내부감사부서의 책임자와 직원이 감사활동 과정에서 개인적인 불이익을 받지 않도록 관련 장치를 회사에 요청하는 것이 바람직하다.

8) 주요 업무 8: 외부감사인 선임 및 해임

감사위원회 또는 감사인선임위원회가 외부감사인의 선임과 해임을 승인하고 주주총회에 사후 보고한다. 감사인선임위원회에는 주요 이해관계자인 채권자 대표가 포함된다는 점을 감안할 때 부채의존도가 높은 기업의 감사위원회는 외부감사인 후보 추천 시 주요 채권자의 의견을 반영할 필요가 있다.

9) 주요 업무 9: 외부감사인 평가

감사위원회 또는 감사는 외부감사인이 적정한 시간과 노력을 투입하여 감사업무를 적절히 수행하는지 평가하고 감사업무에 따른 충분하고 합리적인 감사보수를 결정하여야 한다. 또한 외부감사인의 독립성 등을 평가하여 일정한 주기로 재선임 여부를 결정하여야 한다. 외부감사인을 변경하거나 또는 해임하는 경우 당해 외부감사인이 감사위원회 또는 감사에게 의견을 진술할 수 있도록 외부감사인에게 의견 진술의 기회를 주어야 한다.

10) 주요 업무 10: 외부감사인과의 비감사용역 승인

회계감사 이외에 독립성을 해칠 수 있는 외부감사인의 비감사서비스는 제한되어야 하며, 만일 필요한 경우 감사위원회 또는 감사의 사전 승인을 받아야 한다. 감사위원회 또는 감사는 이러한 사전 승인의 내용을 지체없이 공시하는 것이 바람직하다.

11) 주요 업무 11: 외부감사 결과 시정사항에 대한 조치 확인

감사위원회 또는 감사는 경영진과 외부감사인간에 중대한 의견불일치가 있는 경우에는 그 해결책을 건의하고 사후에 그 이행여부를 점검하여야 한다. 아울러 감사위원회 또는 감사는 외부감사인이 지적한 중요 시정사항이 업무집행에 반영되었는지를 확인하여야 한다.

12) 주요 업무 12: 이사 부정행위 및 회계처리기준 위반에 대한 처리

감사위원회 또는 감사는 이사의 부정행위, 법령이나 정관 위반, 회계처리기준 위반에 대한 사전 예방 및 적발, 사실 조사, 후속 조치 등의 전반적인 처리과정에서 주도적인 역할을 수행하여야 한다.

4 감사(위원회)의 업무 운영

감사(위원회)는 효율적으로 감사업무를 수행하기 위하여 감사(위원회) 운영규정에 근거하여 연 단위로 정기회의 및 비회의활동을 계획하고 운영한다. 연간 단위의 감사위원회 활동계획을 수립하는 경우 정기회의 및 임시회의와 같은 회의활동과 현장방문, 임직원 간담회, 워크샵 같은 비회의활동을 포함하여 계획을 수립하는 것이 필요하다.

감사(위원회) 안건개발 및 연간계획 수립

- 감사(위원회) 안건을 개발하기 위해서는 변화하는 기업환경을 고려하고 이해관계자의 의견을 수렴하여야 함. 또한 감사(위원회) 운영규정과의 연계를 고려하여 중요한 안건을 개발하여 논의하여야 함.
- 감사(위원회)가 회사규정에 따라 회사 내부에서 보고되는 안건만을 대상으로 검토하는 방식은 중요한 문제를 논의하는데 한계가 존재함.
- 따라서 핵심적인 안건도출을 위하여 감사(위원회)는 사전에 회사의 최고재무책임자(CFO), 외부감사인 등과 효과적으로 의사소통을 할 필요가 있음.
- 안건의 특성에 따라 연간업무, 분기업무, 필요시 수행하는 업무로 구분하여 연간계획을 수립하는 것이 필요함.
- 감사(위원회) 회의 안건은 주로 다음과 같은 감사(위원회)의 주요 활동 영역에서 도출 가능함(재무보고 감독 / 외부감사인 선임 및 감독 / 내부감사 감독 / 내부회계관리제도 감독 / 부정조사, 내부통제시스템 감독 / 이사의 직무집행 / 자회사 감독 / 대외 커뮤니케이션 등).

〈표 1-5〉 감사(위원회)감독활동 항목(예시)[23]

활동 항목	빈도	비고
재무보고 감독	정기(분기별)	재무제표 및 영업보고서 검토
외부감사인 선임 및 감독		
외부감사인의 감사보고서 제출	연 1회	
외부감사인 선정	필요시	
비감사용역 수행여부 점검	필요시	
외부감사 계획보고	연 1회	
외부감사인과 논의 (Private session 등)	필요시	분/반기 검토결과 보고시 등 회계이슈 및 내부회계관리제도 감사 진행보고(사전, 최종)
내부감사 감독		
내부감사 결과보고	정기 및 필요시	
정기 내부감사계획 수립	연 1회	
특별 내부감사 집행	수시	
내부감사조직 임면	연 1회	
내부회계관리제도 감독		
내부회계 운영실태 보고	필요시	(선행업무: 경영진의 평가결과)
내부회계 운영실태 평가	정기 및 필요시	(선행업무: 내부감사부서의 평가 및 보고)
내부회계 규정 제 · 개정	필요시	
부정조사	필요시	외부감사인의 부정행위 등 보고, 감사위원회의 부정조사, 조치결과 보고
내부통제시스템 감독	연 1회	내부통제평가, 보고, 내부감시장치평가 등
이사의 직무집행 감독	필요시	경영의사결정 및 특수관계인과의 거래 논의
자회사 감독	연 1회(필요시)	자회사의 내부감사결과, 경영실적보고 수령
대외커뮤니케이션	정기 및 필요시	정기주총 안건 검토, 공시 이행 현황 검토
기타	필요시	업무 수행을 위해 회사 비용으로 외부자문 요청

23) 감사위원회 운영 가이드라인(2020.6)의 P.55 ~ 57 표. [감사위원회 연간활동계획 예시] 참조, 한국공인회계사회 (삼정회계법인연구)

Chapter 02

내부회계관리제도 개요

2 내부회계관리제도 개요

제1절 내부회계관리제도의 정의 및 범위

내부회계관리제도는 회사의 재무제표가 일반적으로 인정되는 회계처리기준에 따라 작성·공시되었는지에 대한 합리적 확신을 제공하기 위해 설계·운영되는 내부통제제도의 일부분으로서 회사의 경영진과 이사회를 포함한 모든 구성원들에 의해 지속적으로 실행되는 과정을 의미한다(설계 및 개념체계, 11). 외감법에서는 내부회계관리제도를 회사가 신뢰할 수 있는 회계정보의 작성과 공시를 위하여 각종 관련된 사항이 포함된 내부회계관리규정과 이를 관리·운영하는 조직이라고 정의하고 있다.[24]

[그림 2-1] 내부회계관리제도 개념[25]

내부통제제도는 기업운영의 효율성 및 효과성 확보(운영목적), 보고 정보의 신뢰성 확보(보고목적), 관련 법규 및 정책의 준수(법규준수목적) 달성에 대한 합리적 확신을 제공하기 위하여 조직의 이사회, 경영진 및 여타 구성원에 의해 지속적으로 실행되는 일련의 과정이다. 이러한 내부통제제도는 통제환경, 위험평가, 통제활동, 정보 및 의사소통, 모니터링 활동의 5가지의 구성요소와 각 구성요소별로 달성되어야 할 원칙으로 이루어진다(설계 및 개념체계, 5~6).

내부회계관리제도는 내부통제제도의 보고정보의 신뢰성 확보목적 중 외부에 공시되는 재무제표의 신뢰성 확보를 목적으로 하며, 여기에는 자산의 보호 및 부정방지 프로그램이 포함된다. 또한, 운영목적이나 법규준수목적 등 다른 목적과 관련된 내부통제제도가 재무제표의 신뢰성 확보와 관련된 경우 해당 내부통제제도는 내부회계관리제도의 범위에 포함된다. 자산의 보호와 관련된 통제라 함은 재무제표에 중

24) 주식회사 등의 외부감사에 관한 법률 제8조(내부회계관리제도의 운영 등)
25) 내부회계관리제도운영위원회, 2019 내부회계관리제도 운영실무 설명회 자료

요한 영향을 미칠 수 있는 승인되지 않은 자산의 취득, 사용, 처분을 예방하고 적시에 적발할 수 있는 체계를 의미한다(설계 및 개념체계, 12~13).

[그림 2-2] 내부통제와 내부회계관리제도[26)]

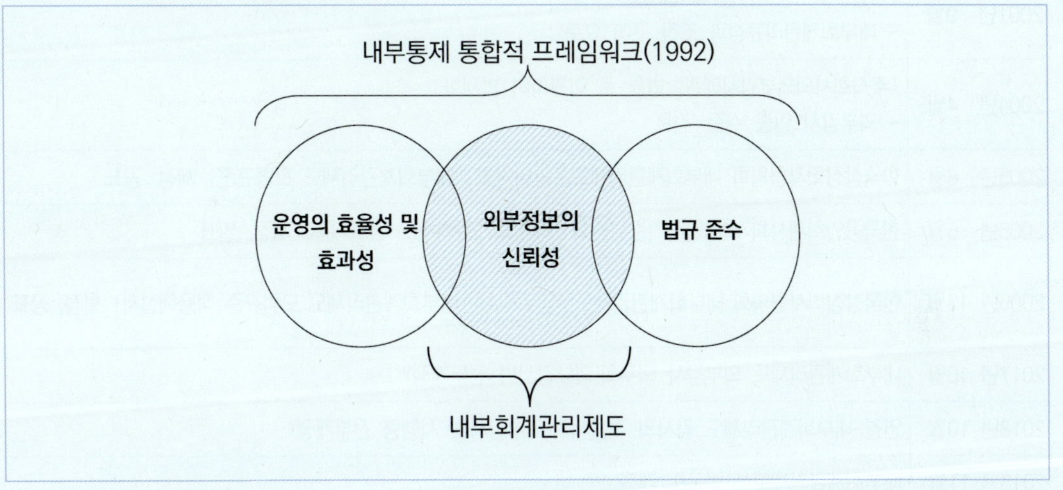

우리나라의 내부회계관리제도는 미국의 사베인즈 옥슬리법의 404조항의 재무보고 내부통제(Internal Control over Financial Reporting)와 비교해서 볼 수 있다. 2001년말 엔론, 월드컴의 회계부정 사건은 선언적 의미의 내부회계관리제도가 더 이상 효과를 거둘 수 없음을 보여주었다. 따라서 기존 내부회계관리제도의 소극적 개념체계(회계기록의 작성 · 보관 및 결산관련 통제)를 재무보고 내부통제라는 적극적 개념체계(재무제표 산출과 관련된 회사전반의 프로세스에 대한 통제)로 확대한 사베인즈 옥슬리법을 제정하였다. 우리나라의 내부회계관리제도는 미국의 사베인즈 옥슬리법의 404조항의 재무보고 내부통제의 내용을 많이 참조하여 만들어져서, 제도적 세부사항에서의 차이를 제외하고는 실질적으로는 동일한 개념이다.

제2절 내부회계관리제도 연혁[27)]

우리나라 내부회계관리제도는 1997년 외환위기를 겪으며 IMF에서 한국 기업들도 내부회계관리제도를 도입할 것을 권고하고, 한국 정부도 이를 받아들이며 우리나라에 도입되었다. 이와 관련하여 2001년에 「기업구조조정촉진법」에 법제화되고, 2004년에는 「주식회사의외부감사에관한법률」로 이관하여 영구적으로 법제화되었다. 이후 관련 제도의 정비가 이루어졌고, 2017년에는 회계제도의 개혁의 결과로 전면 개정된 「주식회사등의외부감사에관한법률」에서는 내부통제의 실효성을 높이기 위해 내부회계관리제도에 대한 인증 수준이 감사로 강화되었다. 내부회계관리제도 연혁에 대한 정리는 다음과 같다.

26) 기업지배구조센터, 내부회계관리제도 모범규준(2005)
27) 김이배(2023.12), "내부회계관리제도 교육에 관한 연구", 국제회계연구

〈표 2-1〉 내부회계관리제도 연혁

시기	주요 내용
1997년	외환위기 과정에서 국제통화기금(IMF)의 권고로 회계제도개혁 방안의 하나로 도입
2001년 9월	「기업구조조정촉진법」에 법제화 - 내부회계관리규정과 조직 구비 요구
2004년 4월	「주식회사의외부감사에관한법률」로 이관하여 법제화 - 외부감사 인증 수준 '검토'
2005년 6월	한국상장회사협의회 내부회계관리제도운영위원회 「내부회계관리제도 모범규준」 제정, 공표
2005년 6월	한국공인회계사회 회계감사기준위원회 「내부회계관리제도 검토기준」 제정, 발표
2005년 12월	한국상장회사협의회 내부회계관리제도운영위원회 「내부회계관리제도 모범규준 적용해설서」 확정, 공표
2017년 10월	내부회계관리제도 외부감사 의무화(외부감사법 전부개정)
2018년 10월	연결 내부회계관리제도 감사의 적용시기(외부감사법 시행령 전부개정)
2018년 11월	내부회계관리제도 모범규준 개정
2021년 1월	내부회계관리제도 외부감사 적용사례 마련
2021년 5월	내부회계관리제도 설계·운영 개념체계, 평가·보고 모범규준 일부 개정 중소기업 내부회계관리제도 설계·운영, 평가·보고 적용기법 제정
2021년 7월	내부회계관리제도 감리 로드맵 발표
2021년 12월	연결기준 내부회계관리제도 감사 시행시기 연기(외감법 시행령 일부개정) : 자산 2조원 이상 상장회사에 대한 내부회계 외부감사 적용 시기를 2022년 → 2023년 사업연도로 유예
2022년 10월	내부회계관리제도 운영 내실화 - 내부회계관리제도 공시 강화 - 경영진의 내부회계 자율개선 유도
2023년 1월	소규모 상장회사에 대한 내부회계관리제도 외부감사 면제(외부감사법 개정) - 자산규모 1,000억원 미만 상장회사의 내부회계관리제도 외부감사를 면제하고, 인증 수준은 '검토'로 유지
2023년 6월	내부회계관리제도 외부감사 부담 완화 발표 - 자산규모 2조원 미만 상장회사는 연결내부회계관리제도 도입 시기를 5년간 유예('24년→'29년) - 자산규모 2조원 이상 상장회사는 2023 사업연도부터 도입하되, 내부상황에 따라 연결내부회계 도입 유예를 요청한 기업에 한해 최대 2년간 유예 허용 - 연결내부회계 시행일로부터 2년간은 계도 위주 감리

〈표 2-2〉 외부감사법 개정(2017.10)에 따른 내부회계관리제도 감사 시행시기

주권상장법인 적용대상 (별도재무제표 개별자산총액 기준)	시행시기 내부회계관리제도 감사대상 사업연도	
	별도재무제표 기준	연결재무제표 기준
2조원 이상	2019년 사업연도	2022년 사업연도
5천억원 이상 2조원 미만	2020년 사업연도	2023년 사업연도
1천억원 이상 5천억원 미만	2022년 사업연도	2024년 사업연도
전체 주권상장법인	2023년 사업연도	2024년 사업연도

〈표 2-3〉 연결기준 내부회계관리제도 감사 시행시기 연기(2021.12)

주권상장법인 적용대상 (별도재무제표 개별자산총액 기준)	시행시기 내부회계관리제도 감사대상 사업연도	
	별도재무제표 기준	연결재무제표 기준
2조원 이상	2019년 사업연도	2023년 사업연도
5천억원 이상 2조원 미만	2020년 사업연도	2024년 사업연도
1천억원 이상 5천억원 미만	2022년 사업연도	2025년 사업연도
전체 주권상장법인	2023년 사업연도	2025년 사업연도

〈표 2-4〉 자산규모 1,000억원 미만 상장회사의 내부회계관리제도 외부감사를 면제(2023.1)

주권상장법인 적용대상 (별도재무제표 개별자산총액 기준)	시행시기 내부회계관리제도 감사대상 사업연도	
	별도재무제표 기준	연결재무제표 기준
2조원 이상	2019년 사업연도	2023년 사업연도
5천억원 이상 2조원 미만	2020년 사업연도	2024년 사업연도
1천억원 이상 5천억원 미만	2022년 사업연도	2025년 사업연도
1천억원 미만	면제	면제

〈표 2-5〉 자산규모 2조원 미만 상장회사는 연결내부회계관리제도 도입 시기를 5년간 유예(2023.6)

주권상장법인 적용대상 (별도재무제표 개별자산총액 기준)	시행시기 내부회계관리제도 감사대상 사업연도	
	별도재무제표 기준	연결재무제표 기준
2조원 이상	2019년 사업연도	2023년 사업연도
5천억원 이상	2020년 사업연도	2029년 사업연도
1천억원 이상	2022년 사업연도	2030년 사업연도
1천억원 미만	면제	면제

제3절 내부회계관리제도 관련 규정

1 내부회계관리제도 관련 주요 법규 개정 내용[28)]

대우조선해양 회계부정(2015) 등 굵직한 회계 부정 사건이 잇따라 발생하면서, 회계투명성에 대한 국민적 불신과 투자자 보호 미흡 문제가 제기되었다. 당시 내부회계관리제도는 대부분 경영진이 스스로 평가하고 공시만 하면 되는 구조였고, 외부감사인의 감사 대상이 아니었기 때문에 제도의 실질적 작동이 미흡하다는 지적이 많았다. 이를 보완하기 위해 2017년 10월에 내부회계관리제도와 관련된 외부감사법이 개정되었다. 개정된 외부감사법 내용은 다음과 같다.

(1) 대표이사의 책임 강화('18.11.1. 이후 시행)

대표이사는 내부회계관리제도가 효과적으로 운영되는지를 자체 점검한 '운영실태보고서'를 작성하고 그 보고내용이 이상이 없음을 확인[29)]한 후 서명하여야 하며, 대표이사는 직접 '운영실태보고서'를 주주총회, 이사회, 감사 등에 보고하여야 한다. 다만 대표이사가 필요시 이사회 및 감사에 대한 보고는 내부회계관리자가 대신하도록 할 수 있다(사유를 이사회 및 감사에 문서로 제출).

개정전에는 내부회계관리자가 자체 점검결과를 이사회 및 감사에게 보고하였으나, 보고주체를 대표이사로 상향하고 주주총회 보고를 추가적으로 의무화하는 등 대표이사의 책임을 강화하였다.

[그림 2-3] 개정전 · 후 내부회계관리제도 운영실태 보고절차 비교

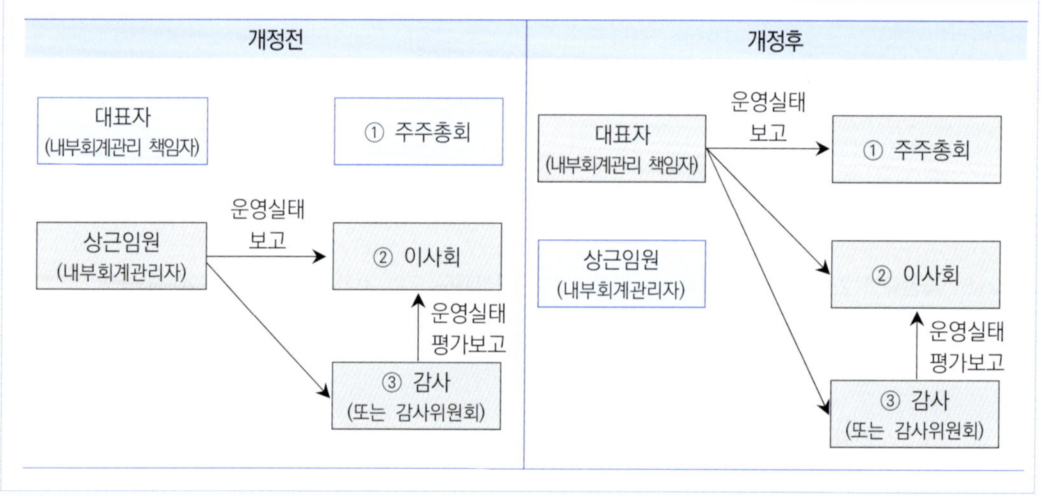

28) 금융감독원 보도자료(2018. 12. 17. '내부회계관리제도 외부감사 철저한 대비 필요')

29) ① 보고내용이 거짓이나 누락이 없음, ② 보고내용에 중대한 오해를 유발하는 내용이 없음, ③ 충분한 주의를 다하여 보고내용의 기재사항을 직접 확인 · 검토하였음

(2) 감사(감사위원회)의 책임 강화('18.11.1. 이후 시행)

감사(위원회)는 내부회계관리제도 운영실태 평가결과를 문서화하여야 하며, 주주총회 1주전까지 이사회에 대면 보고하여야 한다.

내부회계관리제도 운영실태 평가결과는 ①실질적 운영여부, ②거짓의 기재여부, ③미비점 등에 대한 회사 시정계획의 효과성 등을 평가(감사위원회의 경우 대면회의를 통해 평가하도록 요구)하는 것을 포함한다.

내부회계관리제도의 실질적 운영여부에는 회사의 경영진 등이 회계정보 작성 · 공시 과정에 부당하게 개입할 수 없도록 내부회계관리제도가 설계되었는지 여부에 대한 감사의 평가를 포함한다.

또한, 감사가 회사의 내부회계관리제도의 미비점에 대하여 외부감사인과 커뮤니케이션한 내용이 감사보고서에 첨부되어 공시되어야 하는데, 외부감사인은 감사와의 대면회의 횟수, 참석자, 논의내용 등을 첨부하여 공시하여야 한다. 개정전에도 운영실태평가, 이사회 보고 등의 의무가 있었으나 구체적인 절차를 추가하여 감사의 책임을 강화하였다.

[그림 2-4] 감사의 내부회계관리제도 운영실태 평가절차

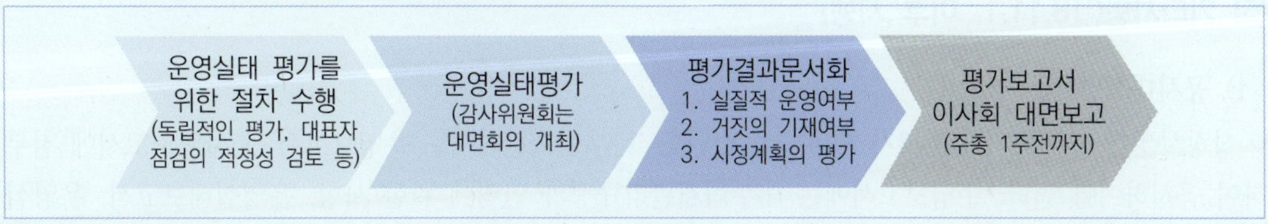

(3) 상장사의 내부회계관리제도 구축범위 연결로 확대

내부회계관리제도 운영의무가 현행 개별회사의 재무정보에서 연결회사의 재무정보로 2022년부터 단계적으로 확대되었다. 기업 부담의 완화 측면에서 이후 몇 차례 개정이 있어서 현행 별도 및 연결 내부회계관리제도 감사 대상 및 시행시기는 〈표 2-5〉에 정리되어 있다.

[그림 2-5] 개정전 · 후 내부회계관리제도 구축범위 비교

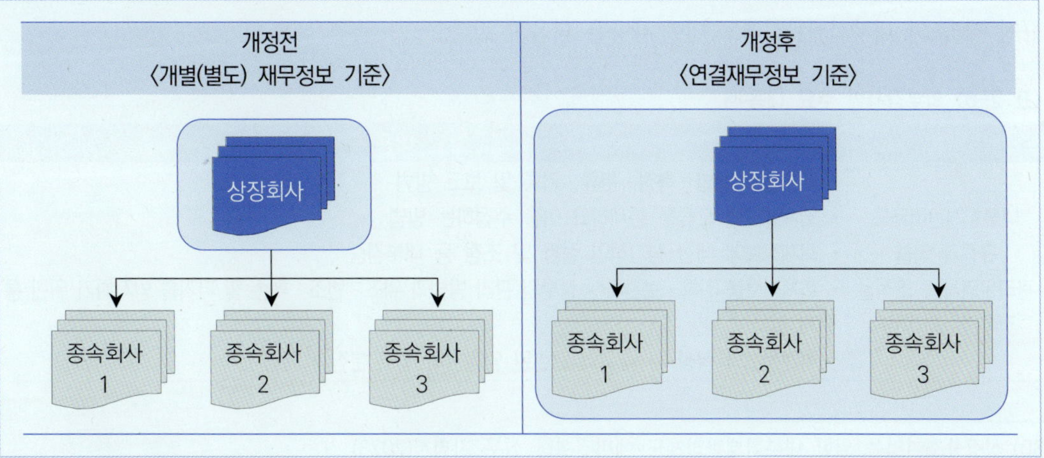

(4) 내부회계관리제도 검토에서 감사로 변경

내부회계관리제도에 대한 외부 감사인의 검토(Review) 방식이 감사(Audit) 방식으로 전환되면서, 기업의 자산 규모에 따라 단계적으로 적용되는 제도가 도입되었다.

기존의 검토 방식은 감사인이 내부회계제도에 대해 전반적인 흐름을 파악하고, 서면 질의나 분석적인 절차를 통해 제도가 존재하는지 여부와 형식적인 내용만을 확인하는 수준이었다. 따라서 감사인이 직접 통제를 테스트하거나 세부적인 운영 실태까지 들여다보는 절차는 많지 않았고, 감사인의 책임도 상대적으로 제한적이었다.

하지만 감사 방식으로 전환되면서 감사인은 단순히 서류나 설명을 확인하는 수준을 넘어서, 실제로 내부회계관리제도가 제대로 설계되었는지, 그리고 실제 기업 내부에서 잘 작동하고 있는지를 직접 테스트해야 한다. 이런 절차를 통해 감사인은 내부통제가 효과적으로 설계, 운영되었는지에 대해 직접 판단하고 감사 의견을 제시해야 한다.

이처럼 감사 방식은 감사인의 직접적인 검증 활동과 의견 표명의무를 요구하기 때문에, 감사인의 책임이 한층 더 강화된 것이다.

(5) 기타사항('18.11.1. 이후 시행)

1) 공시대상 확대

상장사뿐만 아니라 사업보고서 제출대상 법인도 '내부회계관리제도 운영보고서'를 사업보고서에 첨부하여 공시하여야 한다. 운영보고서에는 내부회계관리규정과 인력에 관한 사항, 운영실태보고서, 운영실태평가보고서, 감사 · 검토보고서 등을 포함한다.

2) 내부회계관리규정의 제 · 개정 절차 강화

감사의 승인 및 이사회의 결의를 거쳐야 하고, 승인 또는 결의의 이유 등을 문서로 작성 · 관리하여야 한다.

2 내부회계관리제도 관련 주요 법규 내용

주식회사 등의 외부감사에 관한 법률(신외감법) 제8조, 동 시행령 제9조, 외부감사와 회계 등에 관한 규정 제6조의 내부회계관리제도 대한 내용은 다음과 같다.

〈표 2-6〉 외부감사법 주요 내용30)

항목	주요 내용
내부회계관리제도 규정과 이를 관리운영하는 조직을 갖추었는지 여부	• 회계정보 식별 · 측정 · 분류 · 기록 및 보고 방법 • 회계정보의 오류를 통제하고 이를 수정하는 방법 • 회계정보에 대한 정기적인 점검 및 조정 등 내부검증 • 회계정보를 기록 · 보관하는 장부의 관리 방법과 위조 · 변조 · 훼손 및 파기를 방지하기 위한 통제 절차 • 회계정보의 작성 및 공시와 관련된 임직원의 업무 분장과 책임

30) 상장중소기업을 위한 내부회계관리제도 예비컨설팅 실무 지침서(2023)

항목	주요 내용
회계정보 작성 공시를 위한 필요한 사항	• 내부회계관리규정의 제정 및 개정을 위한 절차 • 내부회계관리자의 자격요건 및 임면절차 • 운영실태 보고의 기준 및 절차 • 감사 평가 · 보고의 기준 및 절차 • 감사평가 결과를 회사의 대표자 등의 인사 · 보수 및 차기 사업연도 내부회계관리제도 운영계획 등에 반영하기 위한 절차 및 방법 • 연결재무제표에 관한 회계정보를 작성 · 공시하기 위하여 필요한 사항 • 내부회계관리규정 위반의 예방 및 사후조치에 관한 다음 각 목의 사항 - 회사의 대표자 등을 대상으로 하는 교육 · 훈련의 계획 · 성과평가 · 평가결과의 활용 등에 관한 사항 - 회사의 대표자 등이 내부회계관리규정을 관리 · 운영하는 임직원 또는 회계정보를 작성 · 공시하는 임직원에게 내부회계관리규정에 위반되는 행위를 지시하는 경우에 해당 임직원이 지시를 거부하더라도 그와 관련하여 불이익을 받지 아니하도록 보호하는 제도 - 내부회계관리규정 위반행위 신고제도의 운영에 관한 사항 - 조사 · 시정 등의 요구 및 조사결과 제출 등과 관련하여 필요한 감사의 역할 및 책임에 관한 사항 - 자료나 정보 및 비용의 제공과 관련한 회사 대표자의 역할 및 책임에 관한 사항 - 내부회계관리규정을 위반한 임직원의 징계 등에 관한 사항
내부회계관리제도 규정 승인	• 내부회계관리규정을 제정하거나 개정할 때 감사의 승인 및 이사회의 결의를 거쳐야 한다. 이 경우 감사와 이사회는 승인 또는 결의의 이유 등을 문서로 작성 · 관리하여야 함
회계정보 보존	• 내부회계관리제도에 의하지 아니하고 회계정보를 작성하거나 내부회계관리제도에 따라 작성된 회계정보를 위조 · 변조 · 훼손 및 파기 금지
내부회계관리자 지정 및 자료제출 의무	• 대표자는 내부회계관리제도의 관리 · 운영을 책임지며, 이를 담당하는 상근이사 1명을 내부회계관리자 지정하여야 함 • 내부회계관리자는 이사회 또는 감사가 직무를 수행하기 위하여 자료의 제출을 요구하는 경우에는 이에 성실히 따라야 함
대표자의 운영실태보고	• 대표자는 주주총회, 이사회 및 감사에게 해당 회사의 내부회계관리제도의 운영실태를 보고하여야 한다. 다만, 회사의 대표자가 필요하다고 판단하는 경우 이사회 및 감사에 대한 보고는 내부회계관리자가 하도록 할 수 있음 • 대표자는 내부회계관리제도 운영실태보고서를 작성하여 이사회 및 감사에게 대면(對面) 보고를 하여야 함. 다만, 내부회계관리자가 보고하는 경우에는 보고 전에 회사의 대표자가 그 사유를 이사회 및 감사에게 문서로 제출하여야 함 - 내부회계관리제도의 운영실태를 점검한 결과 및 취약 사항에 대한 시정조치 계획 - 직전 사업연도에 보고한 제1호에 따른 시정조치 계획의 이행 결과 - 다음 각 목의 사항을 확인하고 서명하여 보고 내용에 첨부하였다는 사실 · 보고 내용이 거짓으로 기재되거나 표시되지 아니하였고, 기재하거나 표시하여야 할 사항을 빠뜨리고 있지 아니하다는 사실 · 보고 내용에 중대한 오해를 일으키는 내용이 기재되거나 표시되지 아니하였다는 사실 · 충분한 주의를 다하여 보고 내용의 기재 사항을 직접 확인 · 검토하였다는 사실
감사의 평가	• 감사는 내부회계관리제도의 운영실태를 평가하여 이사회에 사업연도마다 보고하고 그 평가보고서를 해당 회사의 본점에 5년간 비치. 내부회계관리제도의 관리 · 운영에 대하여 시정 의견이 있으면 그 의견을 포함하여 보고 • 감사는 내부회계관리제도의 운영실태를 평가한 후 다음 각 호의 내부회계관리제도 평가보고서로 작성 · 관리함

항목	주요 내용
	- 내부회계관리제도가 신뢰성 있는 회계정보의 작성 및 공시에 실질적으로 기여하는지를 평가한 결과 및 시정 의견 - 내부회계관리제도 운영실태보고서에 거짓으로 기재되거나 표시된 사항이 있거나, 기재하거나 표시하여야 할 사항을 빠뜨리고 있는지를 점검한 결과 및 조치 내용 - 내부회계관리제도 운영실태보고서의 시정 계획이 회사의 내부회계관리제도 개선에 실질적으로 기여할 수 있는지를 검토한 결과 및 대안 • 감사의 내부회계관리제도 평가보고서를 작성하는데 필요한 기준과 절차 • 감사는 정기총회 개최 1주 전까지 내부회계관리제도 평가보고서를 이사회에 대면 보고
부정행위 신고자의 보호 등	• 신고자 등이 신고 또는 고지를 하는 경우 해당 회사는 그 신고 또는 고지와 관련하여 직접 또는 간접적인 방법으로 신고자 등에게 불이익한 대우 금지
부정행위 등의 보고	• 감사인으로부터 회사의 회계처리기준 위반사실을 통보받은 감사는 회사의 비용으로 외부전문가를 선임하여 위반사실 등을 조사하도록 하고 그 결과에 따라 회사의 대표자에게 시정 등을 요구 • 감사 조사결과 및 회사의 시정조치 결과 등을 즉시 증권선물위원회와 감사인에게 제출 • 감사 직무를 수행할 때 회사의 대표자에 대해 필요한 자료나 정보 및 비용의 제공을 요청. 이 경우 회사의 대표자는 특별한 사유가 없으면 이에 따라야 함

제4절 내부회계관리제도 개념체계 및 모범규준

1 2023년까지: 설계 · 운영 기준과 평가 · 보고 기준 통합 제정

내부회계관리제도운영위원회[31]는 2005년 6월에 내부회계관리제도 모범규준을 발표하였으며, 이후 모범규준의 기본원칙에 대한 기업규모별 해설과 적용사례를 제시하기 위하여 상장대기업에 적용되는 모범규준 적용해설서와 상장중소기업 및 비상장대기업에 적용되는 중소기업 적용해설서를 각각 2005년 12월, 2007년 6월에 제정(이하 '모범규준 등')하고, 2012년 12월에 모범규준 등을 개정 · 발표한 바 있다. 모범규준 등의 발표 이후 주식회사의 외부감사에 관한 법률에 따른 내부회계관리제도 의무적용대상 기업들이 본 모범규준 등을 준거기준으로 활용하여 내부회계관리제도를 설계, 운영 및 평가해오고 있는 가운데, 최근 내부회계관리제도를 둘러싸고 국내외적 환경에 여러 가지 변화가 발생하였다.

가장 큰 대외적 변화는, 2013년 5월에 COSO가 국내 내부회계관리제도 모범규준 및 적용해설서의 준거기준으로 사용한 '내부통제 통합 프레임워크(Internal Control-Integrated Framework)를 전면 개정발표한 것이다. 또한 국내에서는 내부회계관리제도에 대한 외부감사인의 인증수준 강화(검토→감사)가 포함된 '주식회사 등의 외부감사에 관한 법률 전부개정안(이하 '외부감사법')'이 공포('17.10.31)되었다. 내부회계관리제도운영위원회는 2018년 6월 28일에 국내외 내부통제 관련 환경 변화에 대응하기 위하여

31) 내부회계관리제도운영위원회(http://www.k-icfr.org). 내부회계관리제도운영위원회는 신뢰할 수 있는 회계정보의 작성 및 공시를 위하여 도입된 내부회계관리제도를 설계 · 운영 · 평가 · 보고하는데 필요한 지침인 내부회계관리제도 모범규준의 제정 및 운영, 그리고 이와 관련된 주요사항을 결정하기 위하여 한국상장회사협의회, 코스닥협회, 중소기업중앙회, 한국공인회계사회 및 관련 전문가를 중심으로 2005년 5월 17일 한국상장회사협의회 내의 상설기구로 설립되었음

모범규준 등의 개정이 필요하다고 결정하였다. 이를 위하여, 국내 모범규준 등에 (1) COSO 개념체계의 주요 개정내용을 반영하여 국내 기업들이 내부통제를 설계, 운영할 때 고려해야 할 주요 개념체계의 내용을 보다 명확하게 하였으며, (2) 기존 모범규준에 포함되어 있는 기업차원의 내부회계관리제도 평가절차 관련 부분들은, 국제적 정합성에 맞추기 위하여 별도로 분리하여 제시하였다. 또한 외감법이 정한 내부회계관리제도 관련 규정의 내용을 설계 · 운영에 관한 내용 및 평가 · 보고에 관한 내용으로 구분하여 주요 내용을 반영하였다.[32] 이에 따라 국제적 정합성에 부합되도록 재구성된 내부회계관리제도 모범규준 등의 구성은 다음과 같다.[33]

〈표 2-7〉 모범규준 등 구성체계

<table>
<tr><th>구 분</th><th>설계 및 운영</th><th>평가 및 보고</th></tr>
<tr><td>Level 1</td><td>(원칙적적용) 설계 · 운영 개념체계</td><td>(원칙적적용) 평가 · 보고 모범규준</td></tr>
<tr><td>Level 2</td><td>(자율적지침) 설계 · 운영 적용기법</td><td rowspan="2">(자율적지침) 평가 · 보고 적용기법</td></tr>
<tr><td>Level 3</td><td>(자율적지침) 설계 · 운영 적용사례</td></tr>
</table>

〈표 2-8〉 변경 전 · 후 모범규준 구성체계 변화

<table>
<tr><th colspan="4">개정전</th></tr>
<tr><td rowspan="4">모범
규준</td><td colspan="2">설계 · 운영</td><td rowspan="8">원칙적
적용</td></tr>
<tr><td rowspan="2">평가 ·
보고</td><td>원론</td></tr>
<tr><td>각론</td></tr>
<tr><td colspan="2">설계 · 운영</td></tr>
<tr><td rowspan="4">적용
해설서</td><td colspan="2">설계 · 운영</td></tr>
<tr><td rowspan="2">평가 ·
보고</td><td>원론</td></tr>
<tr><td>각론</td></tr>
</table>

<table>
<tr><th colspan="2">개정후</th></tr>
<tr><td>설계 · 운영 개념체계
(COSO Framework 대응)</td><td>원칙적
적용</td></tr>
<tr><td>설계 · 운영 적용기법</td><td rowspan="2">자율적
지침*</td></tr>
<tr><td>설계 · 운영 적용사례</td></tr>
<tr><td>평가 · 보고 모범규준
(SEC Management Guidance 대응)</td><td>원칙적
적용</td></tr>
<tr><td>평가 · 보고 적용기법</td><td>자율적
지침*</td></tr>
</table>

* 설계 · 운영 개념체계에 대한 '설계 · 운영 적용기법'과 '설계 · 운영 적용사례' 및 평가 · 보고 모범규준에 대한 '평가 · 보고 적용기법'은 자율적 참고지침임.

2 2024년: 과도기

내부회계관리제도 평가 · 보고 지침의 제 · 개정 권한이 금융감독원에 부여됨에 따라, 2024년 1월 1일 이후 시작되는 사업연도부터 내부회계관리제도 평가 · 보고 지침(기준 및 가이드라인)이 적용된다.[34]

다만, 금융감독원에서 지침 이관에 따른 혼란을 방지하고자 2024 회계연도에 한해 한국상장회사협의회 내부회계관리제도운영위원회의 내부회계관리제도 평가 · 보고 모범규준 및 적용기법을 활용하여 평가 · 보고가 가능하도록 1년의 유예기간을 부여하였다.

결론적으로, 2024년도에는 내부회계관리제도 설계 및 운영에 관한 지침은 한국상장회사협의회 내부회

32) 내부회계관리제도운영위원회(http://www.k-icfr.org), 내부회계관리제도 설계 및 운영 개념체계 등 개정 전문 (2018.6.28.)

33) 내부회계관리제도운영위원회(http://www.k-icfr.org), 내부회계관리제도 설계 및 운영 개념체계 등 개정 전문 (2018.6.28.)

34) 한국상장회사협의회 내부회계관리제도운영위원회 홈페이지

계관리제도운영위원회 지침, 평가 및 보고에 관한 지침은 금융감독원 지침을 따라도 되고, 설계 및 운영, 평가 및 보고에 관한 지침 모두 한국상장회사협의회 내부회계관리제도운영위원회 지침에 따르면 된다.

❸ 2025년 이후: 설계 · 운영 기준과 평가 · 보고 기준 분리 제정[35]

2023년 5월 2일 「외부감사 및 회계 등에 관한 규정 개정(규정§6④[36])」으로 금융감독원이 내부회계관리제도 평가 및 보고에 관한 지침을 제 · 개정할 권한이 생겼다.

금융감독원은 그간 내부회계관리제도 준거기준이 자율규정(상장회사협의회)으로 운영되어 법적 근거가 미흡했던 점을 개선하고, 기업 경영자(대표이사, 내부회계관리자) 등의 책임의식 제고, 동 제도 운영의 내실화 유도, 내부회계관리제도 감리 시 준거기준 활용 등을 위해 평가 · 보고지침을 마련하였다.

그 동안 한국상장회사협의회의 자율규정[37]으로 제정 · 운영되던 「내부회계관리제도 평가 및 보고 모범규준」을 보완하여 「외감규정 시행세칙」 내의 「내부회계관리제도 평가 및 보고 기준」으로 규정화[38]한 것이다.

핵심 내용은 대표이사(내부회계관리자)와 감사(위원회)가 회사의 내부회계관리제도를 평가 · 보고할 때 따라야 할 핵심 절차를 업무흐름[39]에 따라 제시하고 세부 절차를 가이드라인을 통해 상세히 설명하고 있다.

결론적으로 내부회계관리제도 관련 기준은 내부회계관리제도 설계 및 운영에 관한 지침은 한국상장회사협의회의 내부회계관리제도운영위원회에서, 내부회계관리제도 평가 및 보고에 관한 지침은 금융감독원에서 제정, 운용한다.

〈표 2-9〉 현행 내부회계관리제도기준

<table>
<tr><td rowspan="4">내부회계관리제도
설계 · 운영
(내부회계관리제도운영위원회)</td><td>설계 및 운영 모범규준</td><td colspan="2">내부회계관리제도 설계 및 운영에 관한 지침</td></tr>
<tr><td>Q&A</td><td>단순질의 답변</td><td rowspan="3">평가 및 보고
모범규준(~'24년)
관련 내용 포함</td></tr>
<tr><td>FAQ</td><td>자주 묻는 질의회신</td></tr>
<tr><td>자료실</td><td>설계 및 운영 모범규준 관련 자료</td></tr>
<tr><td>내부회계관리제도
평가 · 보고
(금융감독원
회계감독국)</td><td>평가 및 보고 지침</td><td colspan="2">「외부감사 및 회계 등에 관한 규정」 제6조 4항에 따른 내부회계관리제도 평가 및 보고에 관한 지침</td></tr>
<tr><td rowspan="2">내부회계관리제도에
대한 감사인의
검토 · 감사
(한국공인회계사회)</td><td>검토기준</td><td colspan="2">감사인이 내부회계관리제도 검토를 수행하는 경우에 적용되는 요구사항을 정한 기준</td></tr>
<tr><td>감사기준</td><td colspan="2">감사인이 내부회계관리제도 감사를 수행하는 경우에 적용되는 요구사항을 정한 기준</td></tr>
</table>

* 출처: 금융감독원 홈페이지

---

35) 금융감독원 보도자료(2023.5, 2023.12)

36) ④ 금융감독원장은 제3항에 따라 회사가 기준 및 절차를 정하는데 필요한 내부회계관리제도 평가 및 보고에 관한 지침을 정할 수 있다.

37) 내부회계관리제도 평가 및 보고 모범규준, 내부회계관리제도 평가 및 보고 적용기법

38) 「외부감사 및 회계 등에 관한 규정 시행세칙」 〈별표6〉

39) ① 재무보고 위험과 통제 식별 → ② 내부회계관리제도 설계 및 운영의 효과성 평가 → ③ 통제의 미비점의 평가 → ④ 평가 결과 보고

제5절 내부회계관리제도 구성원의 역할과 책임

이사회는 최고경영자에게 회사가 직면하고 있는 위험을 이해하고 회사의 목적 달성을 위한 내부회계관리제도를 설계 및 운영하는 궁극적인 책임을 부여한다. 최고경영자 및 고위 경영진은 내부회계관리조직을 포함한 회사 내의 모든 구성원들에게 내부회계관리제도에 대한 의무를 부여하기 위해 필요한 조직구조, 권한 및 책임을 설계 및 구축하고 실행하며, 주기적으로 평가할 책임이 있다.

내부회계관리제도에 대한 의무를 부여하는 것은 목적 달성을 위한 통제 수행에 대한 역할을 부여하는 것을 의미한다. 내부회계관리제도를 수행하는 과정에서 외부서비스제공자가 활용되는 경우가 있을 수 있다. 이러한 경우에도 외부서비스제공자가 수행한 내부통제 활동에 대한 궁극적인 책임은 경영진에게 있으며, 경영진은 외부서비스제공자의 성과에 대한 필수 요구 수준 및 감독 체계를 수립하여야 한다.

내부회계관리제도에 대한 책임의 수준은 경영진의 철학 및 운영방식과 상관관계가 있다. 고위 경영진의 의지가 강할수록 내부회계관리제도의 책임에 대한 이해 수준이 높아지고, 실행력을 가지며, 조직 전반에 걸쳐 지속적으로 책임이 부여된다. 책임 부여는 고위 경영진의 의지를 포함한 윤리적 가치, 적격성, 회사 프로세스에 의해 영향을 받고 조직의 통제 문화에 영향을 미친다(설계 및 운영 개념체계, 42.1 A22).

각 구성원들의 내부회계관리제도 역할과 책임은 다음과 같다.

(1) 이사회

이사회는 경영진으로부터 독립성을 유지하며 내부회계관리제도의 설계 및 운영을 감독한다(원칙 2 : 설계 및 운영 개념체계, 39).

이사회는 아래와 같은 내부통제 5가지 요소별로 경영진의 내부회계관리제도 설계, 구축 및 운영에 대한 감독 책임을 가진다(설계 및 운영 개념체계, 39.4).

- 통제환경 – 도덕성 및 윤리적 가치, 감독 체계, 권한 및 책임, 적격성에 대한 기대사항 및 이사회의 책임 정립
- 위험평가 – 경영진이 평가한 내부회계관리제도의 목적 달성을 저해하는 위험 요소에 대한 감독(중요한 변화, 부정 및 내부회계관리제도에 대한 경영진의 권한 남용으로부터 야기되는 잠재적 영향 포함)
- 통제활동 – 경영진의 통제활동 설계 및 운영에 대한 감독
- 정보 및 의사소통 – 회사의 내부회계관리제도 목적 달성과 관련된 정보의 분석 및 논의
- 모니터링 활동 – 모니터링 활동의 성격과 범위, 경영진의 통제 미비점 및 개선활동의 평가 및 감독

이사회는 외감법 등 법률에서 정하는 사항과 내부회계관리제도, 내부감사 및 부정방지 프로그램 등의 감독 책임을 감사(위원회)에 위임할 수 있다(설계 및 운영 개념체계, 39.1).

(2) 대표자

회사의 대표자는 내부회계관리제도의 관리 · 운영을 책임지며, 이를 담당하는 상근이사(담당하는 이사가 없는 경우에는 해당 이사의 업무를 집행하는 자를 말한다) 1명을 내부회계관리자(이하 “내부회계관리자”라 한다)로 지정하여야 한다(주식회사 등의 외부감사에 관한 법률 제8조 3항).

이사회가 내부회계관리제도 감독 책임을 가지는 반면, 최고경영자 및 고위 경영진은 내부회계관리제도를 설계하고 운영할 직접적인 책임을 갖는다(설계 및 운영 개념체계, 39.1 A9).

회사의 대표자는 사업연도마다 주주총회, 이사회 및 감사(감사위원회가 설치된 경우에는 감사위원회를 말한다. 이하 이 조에서 같다)에게 해당 회사의 내부회계관리제도의 운영실태보고서를 작성하여 보고하여야 한다. 다만, 회사의 대표자가 필요하다고 판단하는 경우 이사회 및 감사에 대한 보고는 내부회계관리자가 하도록 할 수 있다(주식회사 등의 외부감사에 관한 법률 제8조 4항).

대표자는 감사위원회 및 외부감사인의 요청에 따른 내부회계관리제도 관련 자료 및 정보를 제공해야 하고(주식회사 등의 외부감사에 관한 법률 제8조 6항), 감사위원회가 회사의 회계처리기준 위반사실을 조사하는 경우, 필요한 자료, 정보 및 비용을 제공해야 한다(주식회사 등의 외부감사에 관한 법률 제22조 5항).

(3) 감사(위원회)

회사의 감사(위원회)는 내부회계관리제도의 운영실태를 평가하여 이사회에 사업연도마다 보고하고 그 평가보고서를 해당 회사의 본점에 5년간 비치하여야 한다. 이 경우 내부회계관리제도의 관리 · 운영에 대하여 시정 의견이 있으면 그 의견을 포함하여 보고하여야 한다(주식회사 등의 외부감사에 관한 법률 제8조 제5항).

또한 감사(위원회)의 내부회계관리제도 운영실태 평가에 따른 평가 · 보고의 기준 및 절차를 내부회계관리관리규정에 갖추어야 한다(주식회사 등의 외부감사에 관한 법률 시행령 제9조 제2항 4).

감사인 등으로부터 회사의 회계처리기준 위반사실을 통보받은 감사(위원회)는 회사의 비용으로 외부전문가를 선임하여 위반사실 등을 조사하도록 하고 그 결과에 따라 회사의 대표자에게 시정 등을 요구하여야 한다(주식회사 등의 외부감사에 관한 법률 제22조 제3항).

감사(위원회)는 회계처리기준 위반에 따른(제22조 3항) 조사결과 및 회사의 시정조치 결과 등을 즉시 증권선물위원회와 감사인에게 제출하여야 한다(주식회사 등의 외부감사에 관한 법률 제22조 4항).

(4) 내부회계관리자

내부회계관리자는 내부회계관리제도를 담당하는 대표자가 지정한 상근이사이다(담당하는 이사가 없는 경우에는 해당 이사의 업무를 집행하는 자[미등기임원]를 말한다). 내부회계관리자는 기업 실무에서는 일반적으로 CFO가 맡고 있다.

내부회계관리자는 다음 각 호의 업무를 수행한다.

- 내부회계관리자는 내부회계관리제도의 설계 및 운영을 총괄하고 이에 필요한 제반 사항을 지원한다.
- 내부회계관리자는 내부회계관리제도 설계 및 운영의 효과성을 점검한다.

- 주식회사 등의 외부감사에 관한 법률 법 제8조 제4항 단서에 따라 회사의 대표자가 필요하다고 판단하는 경우 이사회 및 감사에 대한 보고는 내부회계관리자가 하도록 할 수 있다. 이 경우는 보고 전에 회사의 대표자가 그 사유를 이사회 및 감사에게 문서로 제출하여야 한다.

(5) 내부회계전담부서 또는 내부회계담당부서

외감법에서는 회사가 내부회계관리규정과 이를 관리 · 운영하는 조직을 갖추도록 정하고 있으나(주식회사 등의 외부감사에 관한 법률 제8조 1항) 내부회계관리제도 평가를 위한 전담조직을 요구하지는 않는다(모범규준 등 적용 FAQ, 29). 내부회계전담부서 또는 내부회계담당부서는 다음 각 호의 업무를 수행한다.

- 내부회계관리 규정 및 지침 수립 및 주기적인 업데이트
- 내부회계관리제도 운영실태 점검 범위 선정 및 위험 평가
- 내부회계관리제도 운영실태 점검 계획 수립 및 보고
- 내부회계관리제도 운영실태 점검
- 내부회계관리제도 관련 미비점 평가 및 사후관리
- 내부회계관리제도 변화관리
- 내부회계관리제도 관련 문서관리

(6) 통제운영책임자

통제운영책임자(Control Owner)는 통제활동의 설계와 운영의 책임을 지는 인원을 의미하며 통제책임자와 동일한 개념이다. 통제운영책임자는 다음 각 호의 업무를 수행한다.

- 내부회계관리제도 통제활동 설계 및 변화 관리
- 내부회계관리제도 통제활동 운영 관리
- 미비점 개선방안 수립 및 개선 결과 보고
- 기타 효과적인 내부회계관리제도를 위한 제반활동

(7) 통제수행자

통제수행자는 본인의 업무 처리 과정에서 실제 특정 통제활동을 수행하는 인원을 의미하며, 통제운영자(Control Operator)와 같은 의미이다. 통제수행자는 다음 각 호의 업무를 수행한다.

- 내부회계관리제도 통제활동 적용
- 내부회계관리제도 통제활동 변화 사항 파악 및 보고
- 기타 통제책임자의 지시에 따른 내부회계관리제도 제반 활동

(8) 내부감사부서

내부감사부서는 다음 각 호의 업무를 수행한다.

- 매년 부정위험 평가를 포함한 부정위험 관리 방안 공유
- 내부회계관리제도에 포함하여 관리하는 부정위험 협의
- 부정위험 관련 진단 결과를 내부회계전담부서와 공유
- 내부회계관리규정 위반 사항 및 내부고발제도 접수 사항 처리 및 보고

제6절 내부회계관리제도 보고

외부감사법에 의해 회사의 대표자는 사업연도마다 주주총회, 이사회 및 감사(위원회)에게 해당 회사의 내부회계관리제도의 운영실태보고서를 작성하여 보고하여야 한다. 회사의 감사(위원회)는 내부회계관리제도의 운영실태를 평가하여 이사회에 사업연도마다 보고하고 그 평가보고서를 해당 회사의 본점에 5년간 비치하여야 한다. 이 경우 내부회계관리제도의 관리 · 운영에 대하여 시정 의견이 있으면 그 의견을 포함하여 보고하여야 한다.

2025년부터 의무 시행되는 내부회계관리제도의 평가 및 보고 기준이 마련되면서 운영실태보고서 및 평가보고서 서식을 정비하였다. 이는 내부회계관리제도 운영실태보고 및 감사평가가 피상적으로 이뤄지는 문제가 있었고 이에 따라 감독당국은 제도가 실질적으로 작동하고 있는지 확인할 수 있도록 보고서 내용과 작성 요건을 강화한 것이다.

(1) 내부회계관리제도 운영실태보고서의 보고

운영실태보고서 서식에 추가된 것은 첫째, 당기에 중요한 취약점이 있는 경우 중요한 취약점에 대한 시정조치 계획을 포함한다(중요한 취약점과 관련하여 내부회계관리규정을 위반한 임직원의 징계 내용 등을 포함). 단, 내부회계관리제도에 대하여 외부감사법 시행령 제29조에 따른 감리를 받은 경우에는 그 감리에 따른 시정조치계획이다. 중요한 취약점에 대한 책임소재를 명확히 하고, 실질적인 개선 조치로 이어지도록 유도하기 위한 것이다. 감리를 받은 경우에는 감리 결과에 따라 구체적인 시정조치 내용을 포함하게 하여, 외부 지적사항을 무시하지 않도록 한 것이다. 둘째는 횡령 등 자금 관련 부정위험에 대응하기 위해 회사가 수행한 내부통제 활동을 추가하였다.

(2) 감사(위원회)의 내부회계관리제도 평가 및 보고

평가보고서 서식에 추가된 것은 내부회계관리제도 운영실태 평가를 위한 경영진과의 대면 협의 및 자금관련 부정위험에 대한 감사인과의 의사소통 내역이다. 감사(위원회)의 내부회계관리제도에 대한 평가는 단순히 문서 확인이 아니라, 경영진과의 대면 협의와 외부감사인과의 의사소통을 통한 실질적 점검이 이뤄지도록 하여, 감사(위원회)가 보다 적극적이고 독립적인 역할을 하도록 유도한 것이다.

(3) 횡령 등 자금 관련 부정위험에 대응하기 위해 회사가 수행한 내부통제활동에 대한 공시강화

최근 몇 년간 기업 내 자금 횡령, 배임 등 자산 유용 유형의 회계부정 사건이 지속적으로 발생하면서, 투자자 보호와 기업 투명성 확보에 대한 필요성이 커지면서 특히 일부 대기업이나 상장사의 고위 임원에 의한 자금 유용 사례는 사회적으로 큰 파장을 일으켜, 내부관리제도에 대한 실효성에 대한 의문이 제기되었다. 금융위원회와 금융감독원은 기업의 내부회계관리제도가 형식적으로 운영되고 있다는 우려에 대응해, 실질적 통제 활동에 대한 공시 강화를 추진하면서 2023년 개정된 내부회계관리제도 평가 및 보고기준에 횡령 등 자금 관련 부정위험에 대응하기 위해 회사가 수행한 내부통제 활동에 대한 공시 항목을 명시적으로 요구하게 되었다.

자금부정통제 관련 공시 서식 대상은 상장회사 중 자산 1천억원 이상은 2025년부터 의무적용하고, 자산 1천억 미만은 2026년 의무 적용된다. 대형비상장회사 중 금융회사는 2025년부터 의무 적용되고, 사업보고서 제출대상, 공시대상 기업집단소속, 기타 비상장회사는 2026년부터 의무 적용된다. 다음은 금융감독원에서 제시한 자금부정통제 공시서식의 예시이다.

〈표 2-10〉 자금부정통제 공시 서식예시[40]

구 분	회사가 수행한 통제활동	대상 회사	설계 · 운영 실태 점검 결과 (수행부서, 수행 시기 등)
전사적 수준 통제	(예) **〈부정 방지 제도 운영〉** 경영진은 횡령 사고 등의 부정 방지를 위해 내부고발자제도(익명제보채널), 부정 방지 및 모니터링 프로그램을 운영하며, 동 프로그램 준수에 대한 경영진의 의지를 정기적으로 전 임직원에게 전사 공지를 통해 전달하고 있음	(예) A사, B사 외 4개사	(예) 테스트 수행 결과, 중요한 취약점이 발견되지 않음 (A사 ××팀, B사 외 4개사 YY팀, '×1.7월, '×1.10월, '×2.1월 등)
자금통제 (입출금 계좌관리, 입출금 관리, 수표관리, 법인카드관리 등)	(예) **〈법인인감, OTP 사용통제〉** 감사팀에 의해 법인인감, OTP의 물리적 접근이 통제되고 있으며, 감사팀장의 사용대장 상 날인 · 사용 목적의 검토 및 승인을 통해 날인 · 사용이 허용됨	(예) A사, B사 외 4개사	(예) 테스트 수행 결과, ××의 중요한 취약점이 발견되었으며 ××의 시정조치를 이행할 예정임 (A사 ××팀, B사 외 4개사 YY팀, '×1.7월, '×1.10월, '×2.1월 등)
	.....	.....	.....
기타 업무 수준 통제	(예) **〈거래처 Master 생성 · 변경 검토〉** 회계팀장은 거래처 Master 생성 · 변경 요청서 상 주요 정보(사업자등록번호, 주소 등)가 근거 문서와 일치하는지 검토 후 승인함	(예) A사, C사 외 3개사	(예) 테스트 수행 결과, 중요한 취약점이 발견되지 않음 (A사 ××팀, C사 외 3개사 YY팀, '×1.7월, '×1.10월, '×2.1월 등)
	.....	.....	.....

40) 금융감독원, 자금부정통제 공시서식 예시 개정본(2024.11.4)

Chapter 03

내부회계관리제도 감사, 감리

3 내부회계관리제도 감사, 감리

제1절 내부회계관리제도 감사

1 인증업무

(1) 인증업무[41]

인증업무는 공인회계사가 인증대상에 대해 준거기준에 따라 평가나 측정한 결과를 인증대상업무 책임자가 아닌 다른 의도된 이용자의 신뢰 수준을 향상시키기 위하여 결론을 표명하는 업무이다.[42]

〈표 3-1〉 인증업무개요

구 분	인증업무(Assurance)	
내 용	공인회계사가 인증대상에 대해 준거기준에 따라 평가나 측정한 결과를 인증대상업무 책임자가 아닌 다른 의도된 이용자의 신뢰수준을 향상시키기 위하여 결론을 표명하는 업무	
업무의 성격에 따른 구분	합리적 확신업무	제한적 확신업무
제공하는 확신의 수준	높은 수준의 확신(절대적 확신은 제공하지 아니함)	중간수준의 확신
보고의 형태	주장에 대하여 적극적인 확신을 표명	주장에 대하여 소극적으로 확신을 표명

결국, 인증업무란 수많은 정보가 산출되는 현대사회에서 제3자인 공인회계사가 그 인증대상(정보)이 일정한 준거기준(판단기준)에 부합하는지 여부를 충분하고 적합한 증거를 수집하여 확신(assurance)을 제공함으로써 그 정보에 대한 불확실성 또는 위험(uncertainty or risk)을 제거시켜주는 업무이다. 이러한 인증대상에는 현재 인증업무개념체계를 보면 다음과 같은 예시가 있다.[43]

(1) 역사적 재무제표 및 역사적 재무제표의 일부항목 또는 역사적 재무제표에 대한 요약재무제표
(2) 내부회계관리제도
(3) 추정재무정보 등

---

41) 한국공인회계사회 회계감사기준위원회(2006), 「인증업무개념체계」
42) 한국공인회계사회 회계감사기준위원회(2006), 「인증업무개념체계」
43) 권오상 등(2024), 회계감사스터디가이드

(2) 합리적 확신업무와 제한적 확신업무

공인회계사들이 수행하는 인증업무는 합리적 확신업무나 제한적 확신업무와 같은 두 가지 형태가 있다.[44] 합리적 확신업무의 목적은 공인회계사가 결론을 적극적 형태로 표명하기 위하여 주어진 업무상황에서 인증업무위험을 수용가능한 수준 이하로 감소시키는 것이다(인증업무상황은 합리적 확신업무 혹은 제한적 확신업무와 같이 업무성격을 규정한 계약조건, 인증대상의 성격, 사용할 준거기준, 의도된 이용자가 요구하는 정보, 인증대상업무 책임자의 성격과 환경, 기타 업무에 중요한 영향을 미치는 사건, 거래, 조건 및 활동을 포함한다).

제한적 확신업무의 목적은 업무상황에 비추어 볼 때 인증업무 위험을 수용 가능한 수준 이하로 위험을 감소시키는 것이다. 그러나 제한적 확신업무에서는 공인회계사의 결론이 소극적으로 표명되므로 합리적 확신업무에 비하여 공인회계사가 수용 가능한 위험수준이 높다.

〈표 3-2〉 합리적 확신업무와 제한적 확신업무 간 차이점[45]

업무 유형	합리적 확신업무	제한적 확신업무
목적	공인회계사가 결론을 적극적 형태로 표명하기 위하여 주어진 업무상황에서 인증업무위험을 수용가능한 수준 이하로 감소. (문단 11)	업무상황에 비추어 볼 때 인증업무위험을 수용가능한 수준 이하로 감소. 그러나 제한적 확신업무에서는 공인회계사의 결론이 소극적으로 표명되므로 합리적 확신업무에 비하여 수용가능한 위험수준이 높음. (문단 11)
증거수집절차	다음과 같은 체계적 업무절차의 일부로 충분하고 적격한 증거의 수집: • 업무상황의 이해 • 위험평가 • 평가된 위험에 대한 대응 • 검사, 관찰, 조회, 재계산, 재수행, 분석적 절차 및 질문과 같은 절차를 조합하여 추가적인 절차를 수행. 이러한 추가적 절차는 확인적 정보의 획득이나, 인증대상의 성격에 따라 내부통제 운용의 효과성을 시사하는 절차 등의 입증절차임. • 수집된 증거의 평가 (문단 51과 52)	인증대상과 기타 업무상황의 이해를 포함하는 체계적 업무절차의 일부로 충분하고 적합한 증거가 수집됨. 그러나 합리적 확신업무와 비교할 때 의도적으로 제한된 절차임. (문단 53)
인증보고서	업무상황을 설명하고 결론을 적극적 형태로 표명. (문단 58)	업무상황을 설명하고 결론을 소극적 형태로 표명. (문단 59)

44) 한국공인회계사회 회계감사기준위원회(2006), 「인증업무개념체계」
45) 한국공인회계사회 회계감사기준위원회(2006), 「인증업무개념체계」

(3) 감사와 검토

감사(auditing)란 인증업무 중 인증대상에 대하여 공인회계사가 적극적인 확신(Positive Assurance)을 제공하는 업무를 말하고 이러한 감사의 종류는 수행하는 주체 및 그 감사의 목적 즉, 인증대상에 따라 여러가지로 분류할 수 있다.

〈표 3-3〉 감사의 종류46)

목적/주체	외부감사	내부감사
재무제표 감사 (목적 : 재무제표의 신뢰성을 검증)	외부감사인인 공인회계사가 재무제표의 신뢰성을 검증하는 감사 ➡ 일반적으로 회계감사라 함은 이를 지칭한다.	내부감사인이 해당 회사의 재무제표의 신뢰성을 검증하는 감사 ➡ 다만, 내부감사인은 감사대상회사와 독립성이 만족되지 않기 때문에 재무제표에 대한 감사 보고서를 발행할 수는 없다.
업무감사 (목적 : 업무의 효율성과 효과성을 검증)	(예) 공공기관이 그 설립취지에 맞도록 경영활동을 수행하고 있는가(효과성에 대한 평가)와 그 기관이 소유하고 있는 재무적 자원을 얼마나 지혜롭게 사용하고 있는가(효율성에 대한 평가)를 감사원이 평가하는 감사	(예) 새로 신설된 홍보부서가 본래 의도한 대로 잘 운영되고 있는가를 내부감사인이 평가(효과성에 대한 평가)하는 감사
이행감사 (목적 : 법규나 규정의 이행 여부를 검증)	(예) 국가나 지방자치단체, 기업들이 법률이나 규칙 등을 제대로 준수하고 있는가의 여부를 평가하는 감사. 국세청에 의한 세무조사의 경우가 대표적인 예	(예) 회사의 종업원이 회사가 설정한 정책이나 절차에 따라 규정을 적절하게 수행하고 있는가를 내부감사인이 평가하는 감사

재무제표 감사(회계감사)란 외부 공인회계사가 수행하는 인증업무 중 역사적 재무정보에 대한 적극적인 확신을 제공하는 감사를 말한다.

검토(review)란 인증업무 중 인증대상에 대하여 공인회계사가 제한적인 확신(Limited Assurance)을 제공하는 업무를 말한다.

2 내부회계관리제도에 대한 검토와 감사47)48)

기존에 내부회계관리제도에 대하여는 인증수준이 검토이었으나 일정규모의 상장회사에 대해서는 외감법 개정으로 감사로 상향되었다.

46) 권오상 등(2022), 회계감사 스터디가이드

47) 금융감독원은 보도자료(2020.4.13. '2020년 회계심사 · 감리업무 운영계획 발표')

48) 금융위원회, 금융감독원 보도자료(2021.7.12. '내부회계관리제도 감사 · 감리의 안정적 정착을 위해 「내부회계관리제도 감리 로드맵」을 마련하였습니다.')

(1) 검증대상

'검토'는 회사가 내부회계관리제도를 자체점검하고, 그 결과를 보고한 운영실태보고서(점검결과, 미비점 및 시정계획, 직전년도 시정조치 이행결과 등이 포함)를 대상으로 주로 검증을 실시하나, '감사'는 운영실태보고서 외에도 매출, 구매, 생산 등 주된 활동과 관련된 회사의 주요 내부통제 자체(설계와 운영)를 검증함에 따라 검증대상이 크게 확대된다.

(2) 수행절차

'검토'는 감사인이 회사의 내부통제에 대하여 담당자와의 질문 위주의 검증절차를 수행하나, '감사'는 내부통제 관련 회사가 작성한 문서를 검사하고 중요한 통제활동에 대하여 재수행 또는 관찰하는 등 내부회계관리제도가 효과적으로 설계 및 운영되는지를 감사인이 직접 검증절차를 수행한다.

[그림 3-1] 내부회계관리제도에 대한 검토 · 감사 비교 49)

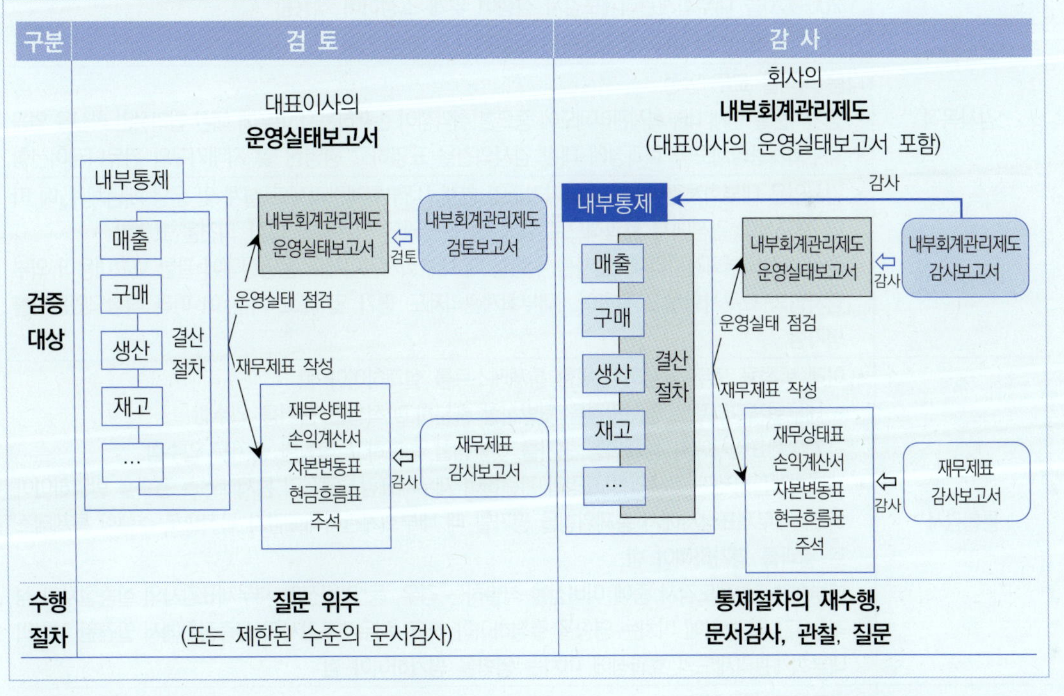

③ 내부회계관리제도 관련 감사기준 규정

회계감사기준위원회가 2018년 10월에 제정하여 공표한 내부회계관리제도 감사 관련 감사기준서 제1100호(내부회계관리제도의 감사)의 주요 내용은 다음과 같다.50) 동 기준서는 미국 PCAOB 감사기준서

---

49) 금융위원회, 금융감독원 보도자료(2021.7.12. '내부회계관리제도 감사 · 감리의 안정적 정착을 위해 「내부회계관리제도 감리 로드맵」을 마련하였습니다.')

50) 회계감사기준위원회(2018.10.10.), 감사기준서 1100. 내부회계관리제도의 감사-제정개요와 전문-

AS2201. An Audit of Internal Control Over Financial Reporting That is Integrated with An Audit of Financial Statements (2018.8월 현재 시행 중)을 기초로 삼았으며, 그리고 동 내용을 회계감사기준의 기준서 구조(즉, 국제감사기준의 기준서 구조)에 맞게 조정하기 위해 미국 AICPA의 내부회계관리제도 감사기준서 AU-C section 940. An Audit of Internal Control Over Financial Reporting That is Integrated with An Audit of Financial Statements의 기준서 구조를 참고하였다.

〈표 3-4〉 감사기준서 중 내부회계관리제도 관련 규정 내용[51)]

구분	주요 내용
명칭	감사기준서1100. 내부회계관리제도의 감사
구조	목적, 용어의 정의, 요구사항, 적용 및 기타설명자료, 보론으로 구성
범위	• 주권상장법인의 감사인이 외부감사법에 따라 내부회계관리제도 감사를 수행하는 경우에 적용되는 요구사항을 규정하고 지침을 제공 • 재무제표감사와 통합하여 수행되는 내부회계관리제도 감사(즉, 통합감사)를 전제로 함 내부회계관리제도감사에 적용되는 감사절차 및 보고 기준을 정함. 그 외의 내용은 감사기준서 200~720을 내부회계관리제도감사 상황에 맞게 조정하여 적용함
시행일	2019년 12월 15일 이후에 종료하는 보고기간에 대한 감사
감사목적	다음 목적을 모두 달성 • 평가기준일 현재 내부회계관리제도에 중요한 취약점이 존재하는지 여부에 대한 합리적인 확신을 얻음 • 내부회계관리제도의 효과성에 대한 감사의견을 표명하고 경영진 및 지배기구와 커뮤니케이션함
감사대상과 준거기준	• 감사인은 내부회계관리제도가 평가기준일 현재 『내부회계관리제도 설계 및 운영 개념체계』에 따라 중요성의 관점에서 효과적으로 설계 및 운영되고 있는지에 대한 의견을 표명함 • 감사인은 내부회계관리제도감사를 수행할 때 내부회계관리제도 운영실태에 관한 보고내용이 외부감사법의 요구사항을 포함하여 『내부회계관리제도 평가 및 보고 기준』에 따라 작성되었는지를 평가함
통합감사	• 아래 목적을 모두 달성하기 위한 통제테스트를 설계하여야 함 - 내부회계관리제도 감사의견을 뒷받침할 충분하고 적합한 증거를 입수함 - 재무제표감사에서 통제위험 평가를 뒷받침할 충분하고 적합한 증거를 입수함 • 내부회계관리제도 감사의견 표명과 관련하여 재무제표감사에서의 통제테스트 결과를 반영하여야 하고, 재무제표감사에서 통제위험을 평가할 때 내부회계관리제도감사 목적으로 수행한 통제테스트 결과를 평가하여야 함 • 내부회계관리제도감사 중에 미비점을 식별하는 경우, 동 미비점이 재무제표감사의 실증절차의 성격, 시기 및 범위에 미치는 영향을 결정하여야 하고, 재무제표감사의 실증절차에서 발견된 사항이 내부회계관리제도의 효과성에 미치는 영향을 평가하여야 함
감사보고	• 별도보고서만 허용 • 의견문단 바로 다음에 재무제표감사에 대한 의견 기재 • 수신인, 업무수행이사 이름, 감사보고서일은 재무제표감사보고서와 같아야 함
감사의견 변형	• 부적정의견 : 평가기준일 현재 하나 이상의 중요한 취약점이 존재하는 경우 부적정의견을 표명함. 재무제표감사의견에 미치는 영향을 결정하여야 함 • 범위제한 : 감사업무범위에 제한이 있는 경우 감사계약을 해지하거나 의견을 거절하여야 함. 재무제표 감사에 미치는 영향을 고려해야 함

51) 감사기준서 1100 내부회계관리제도의 감사 제정 개요

구분	주요 내용
운영실태보고서의 부적절한 기재 등	불완전하거나 부적절한 운영실태보고서의 내용을 경영진이 수정하지 않는 경우, 감사인이 운영실태보고서가 불완전하거나 부적절한다고 판단한 사유를 기타사항문단에 기술하여야 함
경영진 및 지배기구와의 커뮤니케이션	• 유의적 미비점과 중요한 취약점의 경우 경영진과 지배기구에게 감사보고서가 발행되기 이전에 서면으로 커뮤니케이션하여야 함 • 모든 미비점을 경영진에게 감사보고서 발행 이전에 서면으로 커뮤니케이션하여야 하고, 이러한 커뮤니케이션이 언제 수행되었는지 또는 언제 수행될 예정인지를 지배기구에 알려야 함
부문이 다수인 기업	• 부문과 관련된 그룹재무제표의 중요왜곡표시위험을 평가하여 통제테스트를 수행할 부문을 결정함 • 지분법투자의 경우, 감사범위는 재무제표에 보고된 내용에 대한 통제를 포함하여야 하며, 일반적으로 지분법 대상 피투자자의 통제까지 확대되지 않음 • 감사범위에는 평가기준일 이전에 취득한 기업 및 평가기준일에 중단사업으로 재무제표에 계상된 사업이 포함됨. 『내부회계관리제도 평가 및 보고 기준』 및 관련 지침에 의해 특정 부문이 경영진 평가에서 제외되는 경우, 감사인도 이와 동일하게 해당 부문을 감사에서 제외할 수 있음

재무제표 감사 시 수행하는 통제테스트(test of controls)와 내부회계관리제도 감사 시 수행하는 통제테스트는 유사한 절차도 있지만 목적, 범위, 평가기준일, 미비점 처리 등에서 차이가 발생한다. 통제 테스트 방법에서는 유사한 측면이 있으므로 재무제표감사와 내부회계관리제도 감사를 통합감사방식으로 수행하고 있다. 이는 유사한 업무(예: 핵심통제 식별, 설계 및 운영 테스트 등)를 중복 없이 수행하여 감사의 효율성과 일관성을 확보할 수 있고, 내부회계관리제도 감사로 통제 테스트 범위가 확대되고 해당 통제가 효과적으로 설계/운영됨을 입증하면 실증절차를 합리적으로 조정할 수 있는 장점이 있기 때문이다.

〈표 3-5〉 재무제표감사의 통제테스트와 내부통제관리제도 감사의 비교

구분	재무제표감사의 통제테스트	내부회계관리제도 감사
목적	매출, 구매, 생산, 급여 등 특정 거래유형과 관련된 내부통제에 의존함으로써 실증적 감사절차의 범위를 축소하기 위한 목적	유의한 계정과목에 영향을 미치는 거래유형, 사업단위 등 관련된 통제의 설계 및 운영이 효과적으로 이루어졌음을 입증하기 위한 목적
범위	매출, 구매, 생산, 급여 등 감사인의 선택적으로 선정한 거래유형 중심	유의한 계정과목과 관련된 거래유형, 사업단위 등 전반적임
기간	전체 보고기간	평가기준일 현재
테스트 방법	해당 재무보고위험에 대처하는 핵심통제를 식별하여 설계 및 운영테스트 수행	해당 재무보고위험에 대처하는 핵심통제를 식별하여 설계 및 운영테스트 수행 – 재무제표감사의 통제테스트 동일한 방식임
미비점 처리 방식	통제 테스트 시 통제미비점이 발생하면 해당 기간에 대해서는 통제를 신뢰할 수 없음(실증절차를 줄이지 못함). 해당 통제미비점 개선이후에는 통제테스트를 통해 유효한 통제이면 통제를 의존할 수 있음(개선이후에 대해서는 실증절차 줄일 수 있음)	기중에 통제미비점이 발생되더라도 미비점이 개선되어 운영한 기간이 감사인이 운영 효과성 테스트를 하는 데 필요한 최소 표본을 추출할 수 있는 기간 이상이라면 개선된 통제가 충분한 기간 동안 운영되었다고 결정할 수 있음
보고서	재무제표 감사의 일부로서 특정 거래에 대한 실증절차의 범위를 줄이는 근거로 사용하여 별도 감사보고서가 없음	별도 감사보고서 발행

4 내부회계관리제도 감사절차

내부회계관리제도 감사는 전반 감사계획의 수립부터 결론 도출 및 보고에 이르기까지 체계적인 절차에 따라 수행된다.

감사인은 감사의 범위, 시기 및 방향을 정하고, 감사계획 수립을 위한 지침이 되는 전반 감사전략을 수립한다. 이 과정에서 경영진의 통제 무력화 위험 등 부정 위험을 고려하고, 내부감사인이 수행한 업무의 활용 가능성도 함께 평가한다.

그 다음으로, 감사인은 전사적 수준의 통제를 평가한다. COSO 프레임워크의 5가지 구성요소 및 17가지 원칙에 따라 통제를 식별하고 테스트하며, 외부감사법 및 관련 시행령에서 요구하는 내부회계관리제도 관련 규정의 이행 여부를 확인한다.

이후, 하향식 접근법(Top-Down Approach)을 적용하여, 위험 기반으로 감사 대상 영역을 선정한다. 이 단계에서는 유의적인 거래 유형, 계정잔액 및 공시에 대한 경영진 주장을 식별하고, 재무보고에 영향을 미치는 감사 대상 부문 및 사업단위, 그리고 관련된 IT 시스템을 선정한다. 아울러, 잠재적 왜곡표시 가능성이 있는 원천을 이해하고, 거래유형에 대한 추적조사(end-to-end walkthrough)를 통해 위험과 관련 통제를 식별하며, 테스트 대상인 중요 통제를 선별한다.

선별된 중요 통제에 대해서는 설계 및 운영의 효과성을 검토하고 독립적인 테스트를 수행한다. 필요한 경우, 내부감사인이 수행한 테스트 결과를 감사 목적에 맞게 일부 활용할 수 있으며, 주관적이고 복잡한 판단이 필요한 검토유형 통제에 대해서는 설계와 운영의 정밀한 테스트를 실시한다. 또한, 통제 수행 시 활용되는 보고서와 데이터의 정확성, 완전성, 로직 및 필터 조건 등을 검증하여, 해당 정보의 신뢰성을 확보한다.

이후, 테스트 결과를 바탕으로 설계 또는 운영상의 미비점을 식별하고, 그 심각도에 따라 단순 미비점, 유의한 미비점, 중요한 취약점으로 분류한다. 만일 중요한 취약점이 식별될 경우, 이는 감사보고서에 부적정 의견으로 이어질 수 있다.

감사보고서 작성 전에는 후속사건 검토 절차를 통해, 감사보고서 작성일 이전에 발생한 사건 중 내부회계에 영향을 줄 수 있는 사항을 검토한다.

마지막으로, 감사인은 감사보고서의 요건이 충족되었는지 체크리스트를 활용해 점검하고, 경영진으로부터 내부회계관리제도의 설계 및 운영에 대한 서면진술서를 수령함으로써 책임을 명확히 하고, 감사인의 면책 요건 및 감사증거로 활용한다.

내부회계관리제도 감사 절차

(앞에 번호는 한국공인회계사회에서 제시한 조서번호체계이며 문단은 감사기준서 문단이다)

10100. 전반 감사계획 수립 (문단 16~22)

- 내부회계관리제도감사의 범위, 시기 및 방향을 정하고 감사계획 수립에 대한 지침이 되는 전반감사전략을 수립
- 경영진 통제 무력화 위험 등을 포함한 부정위험 평가 및 위험 고려
- 내부감사인이 수행한 업무를 활용할 범위를 평가

10200. 전사적 수준 통제 평가 (문단 24~28)

10210. 전사적 통제 식별 및 테스트
- 전사적 수준 통제를 식별하고 테스트
- 설계/운영 개념체계 상의 5가지 구성요소 및 17가지 원칙

10220. 외부감사법 준수 여부 체크리스트
- 내부회계관리제도 관련 외감법 및 시행령 규정 이행 여부 확인

10300. 하향식 접근법의 적용 (문단 29~36)
- 위험 기반(top-down) 접근법으로 감사 영역을 식별(하향식 접근방법: 위험과 테스트 대상 통제를 식별함에 있어서 감사인의 순차적인 사고 프로세스임)

10310. 유의적인 항목 및 경영진 주장 식별
- 유의적인 거래 유형, 계정잔액, 공시에 대해 관련 경영진 주장 식별

10311. 감사대상 부문 및 사업단위 선정
- 재무보고에 유의한 영향을 미치는 프로세스 및 사업단위를 식별

10312. 감사대상 IT 시스템 선정
- 자동통제(자동계산, 인터페이스, 리포트 시스템 등)에 영향을 받는 IT 애플리케이션 식별

10320. 왜곡표시 가능 원천 이해
- 잠재적왜곡표시 또는 부정의 발생 가능성이 있는 위험 식별
- 추적조사(End to end walkthrough)를 통해 거래유형 이해, 위험 및 통제 식별

10330. 테스트 대상 통제 선정
- 위험을 대처할 수 있는 관련 통제 중 중요한 왜곡표시를 방지 또는 발견할 수 있는 중요한 통제 식별

10400. 통제테스트 수행 (문단 3745, 9197, 100~102)

10410. 설계 및 운영 효과성 테스트
- 중요한 통제의 설계가 적정한지 여부 및 설계된 대로 효과적으로 운영되었는지 테스트

10411. 내부감사기능 테스트 활용
- 내부감사부서가 수행한 테스트를 적절성과 신뢰성 판단 후 일부 활용 가능(내부감사기능의 직접적 보조 활용은 회계감사기준에서 금지됨)

10420. 검토유형 통제 테스트
- 주관적이고 복잡한 판단이 필요하여 정밀한 설계 · 운영테스트가 필요한 유형의 검토 통제의 식별 및 테스트

10430. 기업 생성 정보의 신뢰성 테스트
- 중요한 통제 수행 시 사용하는 데이터, 보고서의 정확성 · 완전성, 로직 및 보고서 패러미터 검증

10500. 미비점의 식별 및 평가 (문단 47~51)

10510. 미비점 식별 및 평가
- 테스트 결과에 따라 설계 미비점 또는 운영 미비점 판단
- 미비점의 심각도 분류: 단순한 미비점, 유의한 미비점, 중요한 취약점
- 중요한 취약점 존재 시, 감사보고서에 부적정 의견 가능

10600. 후속사건 검토 (문단 52~55)
- 감사보고서 작성일 이전에 발생한 사건 중 내부회계에 영향 줄 수 있는 사항 확인

10700. 결론 도출 및 보고 (문단 56~83)

10710. 감사보고서 체크리스트
- 감사보고서 작성 시 보고 요건 충족 여부 점검

10720. 경영진 서면진술서 수령
- 내부회계제도 설계 및 운영에 대한 경영진의 책임 명확화, 서면진술을 통해 감사인의 면책 요건 확보, 감사증거 및 감사근거 목적으로 수령함

5 내부회계관리제도 감사 FAQ

감사기준서 1100(내부회계관리제도의 감사) 등 내부회계관리제도 감사 관련 회계감사기준을 이해하고 실무에 적용하는 데 도움을 주기 위해 한국공인회계사회에서 FAQ를 작성하고 배포하였다(2024.10).

이 FAQ에 포함된 내용은 회계감사기준의 일부가 아니고 회계감사기준위원회의 승인을 받지 않아 회계감사기준 해석으로서의 효력이 없고, 이 FAQ는 회계감사기준 또는 회계감사기준위원회가 심의 · 의결한 회계감사실무지침 등을 대신할 수 없지만, 감사인은 회계감사기준에 따라 내부회계관리제도 감사를 수행함에 있어서 이 FAQ를 참고 목적으로 사용하는 데는 유용한 내용들이 포함되어 있다. 2025년 6월 현재 74개의 FAQ가 작성되었다.

제2절 내부회계관리제도 감리

1 감리

(1) 감리의 정의

감리(audit review)란 감독하고 관리하는 것을 뜻한다. 회계감리란 재무제표의 신뢰성과 외부감사의 공정성을 확보함으로써 재무제표 및 감사보고서에 대한 이해관계자의 신뢰성을 제고하기 위하여 금융감독원이나 한국공인회계사회가 검사하는 것을 말한다.[52]

현재 상장 · 등록기업에 대해 금융감독원이, 중대형 비상장기업에 대해서는 한국공인회계사회가 각각 회계감리를 맡고 있다.

(2) 감리의 종류[53)]

감사인은 자율적인 품질관리와 외부규제기관에 의한 품질관리가 효과적으로 운영되고 있는지 여부를 외부규제기관에 의하여 감독, 감시를 받도록 되어 있다. 이를 감리제도라고 하는데 이러한 감리제도에 대하여 외부감사법에서는 다음과 같이 규정하고 있다.[54)]

제26조(증권선물위원회의 감리업무 등) ① 증권선물위원회는 재무제표 및 감사보고서의 신뢰도를 높이기 위하여 다음 각 호의 업무를 한다.

1. 제23조 제1항에 따라 감사인이 제출한 감사보고서에 대하여 제16조에 따른 회계감사기준의 준수 여부에 대한 감리 → 재무제표 감리
2. 제23조 제3항에 따라 회사가 제출한 재무제표에 대하여 제5조에 따른 회계처리기준의 준수 여부에 대한 감리 → 재무제표 감리
3. 감사인의 감사업무에 대하여 제17조에 따른 품질관리기준의 준수 여부에 대한 감리 및 품질관리수준에 대한 평가 → 감사인 감리
4. 그 밖에 대통령령으로 정하는 업무 → 내부회계관리제도 감리 (외부감사법 시행령 제29조)

[참고] 내부회계관리제도 감리 : 재무제표 감리를 수행하면서 필요한 경우로 한정한다. (외부감사법 시행령 제29조)

따라서 외부감사법상 감리의 종류는 아래와 같이 2가지 유형으로 나눠질 수 있다.

〈표 3-6〉 **재무제표 감리와 감사인 감리[55)]**

재무제표 감리	감사인 감리
증권선물위원회와 공인회계사회가 외부감사대상 법인의 재무제표에 대한 감리를 실시(공인회계사회는 주권상장예정, 채권상장법인 등을 포함한 **비상장법인**에 한함)	증권선물위원회와 공인회계사회가 감사대상 상장법인 수 등을 기준으로 감사인의 회계감사기준 준수 여부 또는 **품질관리기준의 준수 여부** 및 **품질관리 수준에 대한 평가**를 실시

결국 감사인 감리는 회계처리기준과 회계감사기준의 준수 여부에 대한 감리(구, 감사보고서 감리)와 품질관리기준의 준수 여부에 대한 감리 및 품질관리 수준에 대한 평가(구, 품질관리 감리)로 나눠질 수 있는 것이며, 두 가지 유형 감리 모두 총괄하는 곳은 증권선물위원회이며 일부 감리를 한국공인회계사를 통하여 위탁감리를 수행하도록 되어 있다.[56)]

---

52) [네이버 지식백과] 감리 (시사상식사전, pmg 지식엔진연구소)
53) 권오상 등(2024), 회계감사스터디가이드
54) 권오상 등(2024), 회계감사스터디가이드
55) 권오상 등(2024), 회계감사스터디가이드
56) 권오상 등(2024), 회계감사스터디가이드

2 내부회계관리제도 감리제도

(1) 관련 근거규정[57)]

내부회계관리제도에 대한 외부감사인의 감사 적용은 회계감사기준에 근거한다.

외부감사인의 내부회계관리제도를 감사함에 있어서 적용되는 요구사항과 지침을 제공하기 위하여, 한국공인회계사회 회계감사기준위원회는 회계감사기준을 개정하여 감사기준서 1100('내부회계관리제도의 감사')을 의결(2018.10.10.)하여, 금융위원회의 승인을 얻었다(2018.12.19.).

내부회계관리제도에 대한 감리 적용은 외감법 및 시행령에 근거한다. 이에 대한 근거는 2019년 10월에 내부회계관리제도의 운영감리가 감리 대상에 추가되었다(신외부감사법 제26조 ①항 4호 및 신외부감사법 시행령 제29조).

내부회계관리제도에 대한 운영감리는 재무제표 감리과정에서 필요한 경우로 한정되나(외부감사법 시행령 제29조), 외부감사인이 제출한 감사보고서가 회계감사기준에 따라 준수되었는지를 확인하는 감사보고서 감리과정에서도 수행 가능하다.

(2) 2020년 감리 운영계획[58)]

금융감독원은 보도자료(2020.4.13. '2020년 회계심사 · 감리업무 운영계획 발표')를 통하여 감리업무 운영계획을 발표하고, 내부회계관리제도에 대한 감리 시에는 도입 초기임을 고려하여 계도 위주로 탄력적 운영을 하겠다고 발표하였다.

3 내부회계관리제도 감리 로드맵[59)]

금융위원회와 금융감독원은 2021년 7월에 내부회계관리제도 감사 · 감리의 안정적 정착을 위해 「내부회계관리제도 감리 로드맵」을 마련하였다.

주된 내용은 내부회계관리제도 감사 시행 초기 3년 동안은 계도 위주로 감리를 운영하여 기업 · 감사인이 변화된 제도에 연착륙하도록 지원하겠고, 향후 제도 시행 과정에서 내부회계관리제도 감사 및 감리 모범사례를 발굴하여 시장에 안내해 나갈 계획이라고 발표하였다.

(1) 추진 배경

외부감사법 개정에 따라 주권상장법인의 내부회계관리제도에 대한 외부감사가 2019년부터 단계적으로 시행되고 있다. 2018년까지는 내부회계관리제도에 대해 감사인이 검토의견만 제시하고 감리는 실시되지 않았다.

---

57) 내부회계관리제도 감사 및 감리 최종보고서(2020.11.18.)

58) 내부회계관리제도 감사 및 감리 최종보고서(2020.11.18.)

59) 금융위원회, 금융감독원 보도자료(2021.7.12. '내부회계관리제도 감사 · 감리의 안정적 정착을 위해 「내부회계관리제도 감리 로드맵」을 마련하였습니다.')

이에 따라, 2019회계연도부터는 회사의 내부회계관리제도 운영과 감사인이 수행한 외부감사의 적정성도 감리의 범위에 포함되었다.

기업과 감사인들은 최초로 시행되는 내부회계관리제도에 대한 감리가 어떠한 방식으로 진행될 것인지에 대해 사전에 안내를 해줄 것을 지속 요청해 왔다.

이에, 내부회계관리제도 감사 · 감리의 안정적 정착을 지원하기 위해 「내부회계관리제도 감리 로드맵」을 마련하였다.

(2) 「내부회계관리제도 감리 로드맵」 주요 내용

1) 계도기간 부여

내부회계관리제도 감사 시행일부터 2~3년 동안은 제도가 최초로 시행되는 점을 감안하여 "계도 위주"로 감리를 운영하기로 한다.

즉, 개별 · 별도재무제표에 대하여는 3년간 계도위주로 운영하고, 연결재무제표에 대하여는 2년간 계도위주로 운영한다.

2) 계도기간 동안의 감리운용 방향

가. 회사의 재무제표에 대한 감리시

가) 감리 착수

재무제표 감리[60] 과정에서 고의적인[61] 회계부정이 있는 경우로서 그 원인이 내부회계관리규정 위반으로 판단되는 경우 또는 전년도 내부회계관리제도 감사의견이 부적정인 경우에 한해 감리를 실시한다.

나) 감리 범위

회사의 재무제표 감리 지적사항에 관련된 내부통제 위주[62]로 내부회계관리제도의 적정성을 점검한다. 감사인에 대해서는 감사기준서상 상대적으로 명확한 사항[63] 위주로 감사절차의 적정성을 점검한다.

다) 감리 조치

발견된 취약사항에 대해 '개선권고' 위주로 조치하되, 고의적인 회계부정의 원인으로 내부회계관리규정에 중요한 취약사항이 있는 경우 조치를 1단계 가중한다. 감사인에 대해서는 회사의 회계처리 위반 관련 감사인의 감사절차 위반에 대한 동기(고의, 중과실, 과실) 판단시 우선 고려하고, 조치 수준이 낮다고 판단되는 예외적인 경우에 한하여 조치 가중사유로 활용한다.

나. 감사인 감리시

가) 감리 범위

품질관리시스템 점검시 내부회계관리제도 감사방법론의 일관성 및 충실성 여부를 점검하고, 개별 감

---

60) 재무제표 심사로 종결되는 경우 감리 미실시
61) 위반동기가 중과실인 경우 감리 미실시
62) 재무제표 감리시 지적된 계정과목 및 공시항목 관련 내부통제 사항
63) 감사기준서에서 감사인이 수행하도록 명시된 내부회계관리제도 감사절차(예 : 내부회계관리제도 감사계획의 수립 여부, 통제테스트 실시 여부)

사업무 점검에서는 감사기준서에 따른 내부회계관리제도 감사절차의 적정성을 점검한다. 회사 재무제표에 대한 감리시 감사인에 대해 점검하는 것과 동일하게 감사기준서상 상대적으로 명확한 사항 위주로 점검하며, 감사인에 대한 감리는 품질관리시스템 감리과 개별감사보고서 감리를 함께 실시한다.

나) 감리 조치

내부회계관리제도 감사방법론의 표준화 수준이 미흡하거나 개별 감사업무에서 내부회계관리제도 감사절차 위반 확인시 '개선권고' 조치를 한다.

3) 본격 감리시 감리운용 방향

가. 회사의 재무제표에 대한 감리시

가) 감리 착수

계도기간 감리 착수 사유[64]에 더해 '중과실' 회계처리기준 위반행위가 있는 경우에도 감리를 실시한다.

나) 감리 범위

회사의 내부회계관리제도 설계, 운영, 평가 및 보고 과정 전반에 대해서 세부적으로 점검한다. 감사인에 대해서는 계도기간 보다 점검범위를 확대[65]하여 감사절차의 적정성을 점검한다.

다) 감리 조치

계도기간 조치사항에 더해 '중과실'로 회계처리기준을 위반하고 그 원인으로 내부회계관리규정에 중요한 취약사항이 있는 경우 조치를 1단계 가중한다. 감사인에 대해서는 계도기간 조치와 동일하게 감사인의 감사절차 위반에 대한 동기 판단시 종합적으로 고려하고, 예외적인 경우에 한해 조치 가중사유로 활용한다.

나. 감사인 감리시

가) 감리 범위

품질관리시스템 점검의 경우, 계도기간과 동일하며, 개별 감사업무 점검에서는 계도기간보다 점검범위를 확대하여 감사절차의 적정성을 점검한다. 회사 재무제표에 대한 감리시 감사인에 대해 점검하는 것과 동일하게 감사기준서에 나와 있지만 판단의 영역이 필요한 사항을 포함하여 점검한다.

나) 감리 조치

계도기간 조치와 동일하게 내부회계관리제도 감사방법론의 표준화 수준이 미흡시 '개선권고' 조치를 하고, 개별 감사업무에서 감사절차에 중요한 결함이 있는 경우 조치양정기준[66]에 따라 조치한다.

---

64) ① '고의' 회계처리 위반행위가 있으며 그 원인이 내부회계관리규정 위반으로 판단되는 경우
② 전년도 내부회계관리제도 감사의견이 부적정인 경우

65) 감사기준서에 나와 있지만 판단의 영역이 필요한 사항을 포함(예 : 운영 테스트의 대상, 핵심통제의 선정기준 등)

66) 회사가 회계처리기준을 위반한 것이 없더라도, 감사인의 감사절차가 미흡하다고 판단되는 경우에 적용하는 제재기준

[그림 3-2] 내부회계관리제도 감리대상 여부 판단

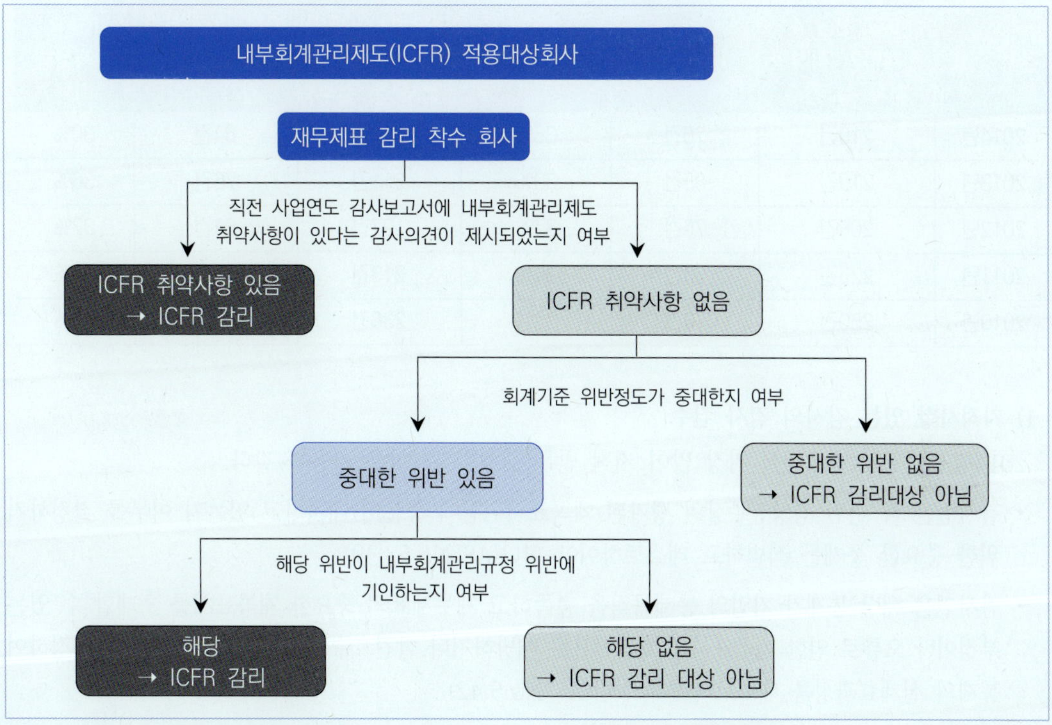

4 미국의 감리 사례 분석 및 시사점

아직 우리나라에서는 내부회계관리제도 감사에 대한 감리가 본격적으로 이루어지지 않고 있는 상황에서, 내부회계제도 감사를 먼저 도입하고 운영해 온 미국의 PCAOB[67]의 감리 사례를 검토하는 것은 국내 실무와 제도 개선에 있어 다양한 시사점을 제공할 수 있다.

(1) PCAOB 검사[68]

PCAOB가 재무보고 내부통제감사에 대한 검사를 본격적으로 시작한 것은 2004년 제도도입 후 6년이 지난 2010년부터이다. 〈표 3-7〉은 2010년~2015년 Big4에 대한 PCAOB 검사결과이다. 예를 들어 2014년은 총 219개 회사를 PCAOB가 검사해서 76개 회사가 감사미흡으로 지적이 되었고, 이중 통합감사대상은 212개인데 재무보고 내부통제감사 미흡으로 지적 받은 회사가 64개이다. 검사대상 212개 중 64개 약 30%가 재무보고 내부통제감사 미흡으로 지적 받은 것이다. 2010년에 16% 수준이었으나 2013년에 36%로 가장 높다가 2014년은 30%로 감소하였다.

---

67) PCAOB(Public Company Accounting Oversight Board)는 미국 상장회사의 회계감사 품질을 감독하기 위해 설립된 독립적인 비영리 기관이다. 2002년 7월에 제정된 사베인스-옥슬리법(Sarbanes-Oxley Act, SOX법)에 따라 2002년말 설립되었다.

68) PCAOB Board 멤버인 Jeannette M. Franzel이 2015년 8월 8일 AAA(American Accounting Association)에서 발표한 내용을 요약한 것임

〈표 3-7〉 PCAOB 재무보고 내부통제감사에 대한 검사 결과

검사 연도	미국 Big 4 회계법인 감사의 검사 총 건수	Part I[69]	Part I 지적사항 비율	내부회계(ICFR) 포함 감사의 검사 총 건수	ICFR 지적사항 있는 감사의 검사 건수	ICFR 지적사항 비율
2014년	219건	76건	35%	212건	64건	30%
2013년	219건	85건	39%	211건	76건	36%
2012년	208건	76건	37%	197건	64건	32%
2011년	225건	80건	36%	213건	48건	23%
2010년	250건	79건	32%	236건	38건	16%

1) 지적사항 있는 감사의 검사 건수

2014년 PCAOB 검사에서 가장 많이 지적 받은 감사미흡사항은 다음과 같다.

- 감사인은 각 관련 경영진주장의 평가된 왜곡표시위험에 충분히 대처하고 있는지 여부를 결정하기 위한 중요한 통제를 식별하고 테스트하여야 한다(AS No.5. 39)
- 감사인은 해당 통제가 기업의 통제목적을 충족하고 재무제표의 중요한 왜곡표시를 초래할 수 있는 부정이나 오류로 인한 왜곡표시를 효과적으로 예방하거나 발견 · 수정할 수 있는지 여부를 결정하여 통제의 설계효과성을 테스트하여야 한다(AS No.5.42)
- 통제의 운영효과성을 테스트하여야 한다(AS No.5.44)

2) PCAOB 검사에서 발견된 주요 사항으로는

- 감사인은 회사의 업무를 잘 이해하지 못하고 테스트할 중요한 통제를 잘 식별하지 못하고 있는 경우가 있다.
- 감사인이 식별한 왜곡표시위험에 잘 안 맞는 통제를 식별하는 경우도 있다.
- 감사인이 보완통제로서 많이 언급되는 경영진 검토 통제(Management Review Controls)가 중요한 왜곡표시위험을 대처하는데 정밀한 정도로 운영되는지를 평가하지 못해서 경영진 검토 통제에 대해서 어려워하고 있다.
- 감사인이 경영진 검토 통제가 필요한 정밀한 수준으로 효과적으로 운영되는지에 해한 충분한 이해와 적절한 테스트없이 다른 통제미비점의 보완통제로서 지나치게 경영진 검토 통제에 의존한다.

(2) PCAOB 주요 지적 내용 분석

Maureen 등(2017)[70]은 2010년부터 2015년의 PCAOB의 검사 지적사항에 대해 텍스트분석기법을

69) PCAOB 검사보고서의 Part I: 일반에 공개되며, 감사인이 수행한 특정 감사에서 중대한 감사절차상 결함이 있는 경우를 기술함. Part I에서는 재무제표감사 및 내부회계감사를 포함해서 지적하는 것임

70) Maureen Francis Mascha, Melvin Lamboy-Ruiz, Diane Janvrin, 2017, PCAOB Inspections: An Analysis of Entity-level and Application-level Control Audit Deficiencies

활용하여 분석을 실시하였다. PCAOB는 Issuer[71]가 100개 이상인 감사 법인은 매년 검사를 수행하고 그 이하의 경우는 3년에 한 번 검사를 수행하고 있다. 다음은 Maureen 등(2017)에 의해 분석된 PCAOB의 회계법인에 SOX 404(b)감사와 관련된 분석결과이다.

〈표 3-8〉 지적사항 분류

분류	빈도수	비중
전사적 수준 통제	237	27.4%
(정보기술 일반통제)	(101)	(11.6%)
프로세스 통제	632	72.6%
계	869	

〈표 3-8〉의 PCAOB 검사보고서를 분석하면 프로세스 통제 관련 지적사항(72.6%)이 전사적 수준 통제 지적사항(27.4%)보다 월등히 많음을 알 수 있다. 여기서 정보기술 일반통제는 전사적 수준 통제안에 포함되어 있으며 전사적 수준 통제의 약 43%가 정보기술 일반통제다.

〈표 3-9〉 전사적 수준 통제미비점 지적사항 분류

분류	빈도수(개수)	비중(%)
서비스 조직 등 중앙처리통제	94	40
기말재무보고 작성 관련 통제	58	24
모니터링 통제	30	13
내부감사, 감사(위원회), 자가평가 등 통제	26	11
통제 환경	21	9
경영진 통제 무력화	6	3
중요한 업무 프로세스 및 위험 관리 관련 정책	2	1
계	237	100

〈표 3-9〉는 전사적 수준 통제미비점 지적사항으로 가장 빈도수가 많은 서비스 조직 등 중앙처리통제의 상당부분은 접근통제, 프로그램 변경 통제, 컴퓨터자원의 무제한 접근 등과 관련 정보기술 일반통제가 대부분을 차지한다. 기말재무보고 작성 관련 통제는 주로 감사인의 수정분개와 관련된 것과 회계시스템에 대한 무제한적인 접근과 관련된 것이다.

---

71) 미국 증권거래법(Securities Exchange Act of 1934)에 따라 SEC에 공개 보고 의무가 있는 기업으로서, 보통은 상장된 주식 또는 채권을 발행한 회사를 의미한다.

〈표 3-10〉 프로세스 통제 취약점 지적사항

분류	빈도수(개수)	비중(%)
매출	174	27
매출채권	101	16
재고자산	117	18
투자자산	71	11
대출(자산)	28	4
영업권	46	7
기타 자산	61	10
부채	8	1
기타	31	5
총계	637	

〈표 3-10〉은 프로세스 통제로서 가장 많은 빈도수를 보여주는 것이 매출, 매출채권 및 재고자산으로 전체의 59% 비중을 차지하고 있다.

(3) 구체적인 감리지적사례

다음은 PCAOB 검사에서 지적된 외부감사인에 대한 지적사항의 예시이다.

1) 사례1: 자동통제 테스트 미흡

외부감사인은 매출 관련 통제 3가지를 확인하고 테스트했다. 이 중 하나는 다음과 같은 수작업 통제(manual control)였다. 영업 담당자(발주자)가 고객이 보낸 구매 주문서의 조건을 회사 회계 시스템에 입력된 주문 정보와 비교하여 확인하는 통제이다.

나머지 두 가지는 자동통제(시스템 통제)였다. 첫 번째 자동통제는 주문된 가격을 마스터 가격표와 비교하고, 일정 수준 이상의 차이가 발생하면 주문 처리를 중단한다. 두 번째 자동통제는 고객 송장(invoice)을 자동으로 생성하고, 이에 따라 제품 판매 실적을 회계에 기록하는 기능이다. 그러나, 외부감사인은 다음 두 가지 중요한 점을 확인하거나 테스트하지 않았다.

- 첫 번째 자동통제에서 사용되는 마스터 가격표의 정확성
- 두 번째 자동통제에서 송장에 기재된 수량의 정확성

즉 이 수량 정보가 실제 제품 판매 기록에 정확히 반영되었는지 여부를 테스트하지 않았다.

결론적으로, 자동통제가 의도대로 설계되었는지, 정확한 데이터를 기반으로 작동하는지에 대한 검증이 부족했던 것이다(AS No5 문단39) (PCAOB, Deloitte 2016, Issuer H) (2015년 검사).

2) 사례2: Journal Entry Test 미흡

외부감사인은 다음과 같은 위험이 있었음에도 불구하고, Issuer(상장회사)의 각 지점(지역 사업장)에서 기록된 거래 내역(Journal Entries)을 테스트하지 않았다.

- 총계정원장 시스템에 대한 접근 통제에 취약점이 있었고
- 부정행위 가능성도 존재했으며
- 해당 지역에서는 거래 전표가 대량으로 처리되고 있었음
  (PCAOB, EY 2012, Issuer A) (2011년 검사)

3) 사례3: 총계정원장시스템 접근제한 통제 테스트 미흡

Issuer(상장회사)의 기말 결산 재무보고 프로세스는 여러 부서에 분산되어 있고, 수작업으로 처리되는 업무가 많았다. 외부감사인은 이 재무보고 과정에서, 기말 결산 원장(Journal/General Ledger)과 관련된 거래 기록에 대한 통제에 미비점이 있다는 사실을 확인했다. 특히, 여러 직원이 총계정원장에 직접 접근해 수정할 수 있는 상황이었고, 이런 점은 내부통제 미비점으로 작용할 수 있었다. 그럼에도 불구하고, 외부감사인은 이와 관련된 중요한 통제들에 대해 충분한 테스트를 수행하지 않았다(PCAOB, EY 2012, Issuer B) (2011년 검사).

4) 사례4: 접근통제 테스트 미흡

외부감사인은 특정 사용자에게 응용 프로그램(업무 시스템)에 먼저 로그인하지 않아도 모든 프로그램과 데이터에 접근할 수 있는 위험이 있다는 점을 알고, 이와 관련된 접근 통제를 식별하고 테스트했다. 하지만, Issuer(상장회사)가 이와 유사한 과도한 접근 권한을 다른 사용자들에게도 일부 부여했음에도 불구하고, 외부감사인은 이 부분에 대한 통제를 테스트하지 않았다. 즉, 특정 사용자 1명에 대한 접근 권한 통제는 점검했지만, 비슷한 수준의 접근권한을 가진 다른 사용자들에 대해서는 위험을 확인하거나 테스트하지 않았다(PCAOB, KPMG 2012, Issuer F) (2011년 검사).

5) 사례5: 고위경영진의 과도한 접근권한에 대한 테스트 미흡

Issuer(상장회사)에서는 회사 정책상, 특정 고위 경영진이 다음과 같은 권한을 가지고 있었다. 즉 중요 회계 응용시스템에 대한 접근 권한을 직접 요청하고 승인할 수 있었고, 해당 시스템의 사용자 접근 권한을 매년 검토할 수도 있었다.

또한, Issuer가 사용하는 총계정원장 시스템은 사용자가 정상적인 접근통제를 우회하여 회계 데이터를 수정할 수 있는 가능성이 있었다. 하지만, 외부감사인의 감사 조서에는 이러한 위험을 인식했거나, 그에 대한 통제를 식별 · 테스트했다는 증거가 없었고, 이를 대체할 수 있는 설득력 있는 감사증거도 없었다(PCAOB, KPMG 2012, Issuer F) (2011년 검사).

6) 사례6: 내부감사 업무의 활용과 관련 미흡

Issuer(상장회사)는 외부 기관인 컨설턴트를 고용하여 내부통제의 운영 효과성에 대한 테스트를 수행하게 했다. 외부감사인은 이 컨설턴트가 수행한 테스트 결과를 바탕으로, 자신들이 중간 또는 낮은 위험

군으로 평가한 거의 모든 통제 항목에 대해 운영 효과성이 입증되었다고 보고 감사증거로 활용했다.

하지만, 이 컨설턴트는 Issuer 경영진이 직접 고용하고 선정한 외부인이었고, 테스트 결과를 통제 수행자(즉, 해당 통제를 실제로 수행하는 내부 직원)에게 직접 보고하기도 했다. 이런 점은 컨설턴트가 충분한 객관성을 유지하지 못했을 가능성을 나타낸다. 그럼에도 불구하고, 외부감사인은 컨설턴트의 테스트 결과에 대해 극히 일부 통제만 재수행하여 검토했고, 나머지 대부분은 별도의 검증 없이 그대로 신뢰했다(AU 322, 단락 10, 24 및 26)(PCAOB, PwC 2016, Issuer B) (2015년 검사).

7) 사례7: 수익관련 테스트 미흡

외부감사인은 수익 관련 내부통제의 운영 효과성을 테스트했으나, 그 절차가 충분하지 않아 재무보고 내부통제에 대해 적절한 감사의견을 뒷받침할 만한 감사증거를 확보하지 못했다. 특히, 외부감사인이 테스트한 두 개의 통제 중 하나에 대해서는, 법인의 테스트 절차가 전자 도장(승인)이 찍혀 있는 것만 관찰하는 데 그쳤고, 실제로 그 통제가 요구하는 검토나 승인 등의 실질적인 조치가 이루어졌는지 여부는 확인하지 않았다. 외부감사인은 전자 도장만 보고 통제가 작동했다고 판단했지만, 해당 통제가 실제로 어떤 검토나 확인을 수행했는지에 대한 증거는 확인하지 않았던 것이다(AS No 5, 문단 44)(PCAOB, Crowe-Horwarth LLP 2016, Issuer B) (2015년 검사).

8) 사례8: 정보기술 일반통제 테스트 미흡

외부감사인은 중요한 정보기술 일반통제에 대해 충분한 감사 절차를 수행하지 않았다. 특히, 중요한 회계 프로그램과 관련해서 다음과 같은 핵심적인 사항들을 점검하지 않았다.

- 데이터베이스와 운영체제 수준에서, Issuer(상장회사)가 프로그램 변경 시 적절한 업무 분장이 이루어졌는지 확인하지 않았고,
- 프로그램 변경 테스트 시 사용한 모집단(테스트 대상 전체 목록)이 완전한지(누락 없이 전체 변경 내역을 포함하는지)도 검증하지 않았으며,
- 이전에 확인된 정보기술 일반통제 미비점을 보완하기 위해 사용된 보완통제가 있었지만, 그 보완통제에 대해서도 테스트를 수행하지 않았다.
  (PCAOB, Grant Thornton LLP 2012, Issuer A) (2010년 검사)

9) 사례9: 시스템생성정보 및 정보기술 일반통제 테스트 미흡

외부감사인은 경영진이 수행하는 검토 통제에서 사용된 시스템 생성 보고서(리포트)의 정확성과 완전성을 보장하는 통제에 대해 충분한 테스트를 수행하지 않았다.

특히 해당 보고서를 생성한 응용 프로그램의 데이터가 저장된 데이터베이스에 대해 보안 접근 통제(누가 접근할 수 있는지, 변경이 가능한지 등)를 테스트하지 않았고, 이와 관련된 내부 통제를 검증하기 위한 다른 절차도 수행하지 않았다(AS No 5, 문단 39) (PCAOB, RSM보고 2014, Issuer C) (2013년 검사).

10) 사례10: 통제미비점이 있음에도 잘못된 실증절차 수립

외부감사인은 통제 테스트의 미비점이 있었음에도 불구하고, 통제가 정상적으로 작동한다고 가정하고, 그에 기반해 재고자산 평가에 대한 실증 절차를 설계했다. 해당 실증절차에는 다음 요소들이 포함되어 있었다.

- 제한된 표본 크기
- 한 지역(Location)만을 대상으로 한 실증분석
- 차이가 발생했을 때 조사를 시작하는 기준선(임계값, threshold) 설정

하지만, 실제로는 통제 테스트가 충분히 수행되지 않았기 때문에, 이러한 실증감사절차 설계는 문제가 있었다. 표본의 크기가 너무 작아서 재고 평가의 적정성을 입증하기엔 감사증거가 부족했고, 설정한 임계값도 너무 높아서, 중요한 차이를 놓쳤을 가능성이 있다(AS No. 13, 문단 16, 18, 37; AU 329, 문단 20, AU 350, 문단 19 및 문단 23).

11) 사례11: 재고자산 핵심통제에 대한 테스트 미흡

Issuer(상장회사)의 국내 지사에서의 재고 관련 감사에서, 외부감사인은 다음과 같은 여러 가지 중요한 절차를 충분히 수행하지 못했다.

- 재고 관련 통제 테스트 절차의 미비 : 외부감사인은 표준원가, 원가차이분석, 재고잔고검토 항목에 대한 경영진 검토 통제를 테스트하려 했다. 하지만, 수행한 감사 절차는 형식적인 수준에 그쳤다(경영진에게 구두 질의, 검토가 있었다는 이메일 확인, 특정 수치를 보조서류 또는 총계정원장과 대조). 이러한 절차만으로는 해당 통제가 실제로 효과적으로 작동했는지 평가하기에 불충분했다.
- 검토 통제의 실질적 작동 여부 미평가 : 법인은 다음과 같은 핵심 사항들을 확인하지 않았다.
  - 검토 활동의 실제 내용과 범위
  - 검토 후 후속조치가 필요한 항목을 판단하는 기준
  - 검토 중 식별된 항목이 어떻게 해결되었는지 여부

  → 따라서 이 통제가 중대한 오류를 적시에 식별하고 수정할 수 있는 수준으로 작동했는지 확인하지 못했다.
- 통제에 사용된 시스템 보고서의 신뢰성 미검증 : Issuer가 통제를 수행할 때 사용하는 시스템 생성 보고서의 정확성과 완전성 및 관련 정보기술 일반통제(예: 접근권한, 변경통제 등)도 식별하거나 테스트하지 않았다.
- 자본화 항목 관련 통제 테스트의 누락 : 외부감사인은 통제 테스트에서 자본화 비율(capitalization rate)에는 주목했지만, 재고에 포함된 인건비 및 간접비의 자본화 적정성을 판단하는 통제는 전혀 테스트하지 않았다.

  (AS No 5, 39, 42, 44) (PCAOB, EY 2015, Issuer C) (2014년 검사)

12) 사례12: 검토통제에 대한 단순한 확인 및 시스템생성정보 검증 미흡

외부감사인은 수익 인식과 관련된 내부통제를 테스트하는 과정에서 충분한 감사 절차를 수행하지 않았다.

- 검토 통제에 대한 과도한 단순 확인 : 법인은 매출 및 매출채권 관련 통제에서, 경영진이 수행한 검토 통제가 실제로 존재했는지를 단순히 사인오프(서명) 여부만 확인하는 수준으로 평가했다. 그러나, 해당 검토가 실제로 중대한 오류나 부정을 예방하거나 발견할 수 있을 만큼 충분한 수준으로 이루어졌는지에 대해서는 아무런 평가도 수행하지 않았다. 따라서 검토 통제가 효과적으로 작동했는지 여부를 판단할 수 없었다.
- 데이터 및 보고서의 신뢰성 미확인 : 외부감사인은 다음과 같은 중요한 정보에 대해 정확성과 완전성을 보장하는 통제를 식별하거나 테스트하지 않았다. 해당 수익 통제를 실제로 수행한 증거, 자회사에서 인식한 수익의 근거가 되는 보고서 및 데이터, 즉 수익 계산에 사용된 자료가 신뢰할 수 있는지를 확인하지 않은 상태에서 통제만 형식적으로 검토한 것이다(AS No 5, 39, 42, 44) (PCAOB, BDO 2014, Issuer D) (2013년 검사).

Chapter 04

내부회계관리제도 범위 선정

4 내부회계관리제도 범위 선정

제1절 내부회계관리제도 운영 프로세스

내부회계관리제도는 회사의 재무제표가 일반적으로 인정되는 회계처리기준에 따라 작성 · 공시되었는지에 대한 합리적 확신을 제공하기 위해 설계 · 운영되는 내부통제제도의 일부분으로서 회사의 경영진과 이사회를 포함한 모든 구성원들에 의해 지속적으로 실행되는 과정을 의미한다(설계 및 운영 개념체계, 11).

기업이 운영하는 내부회계의 운영은 범위선정, 설계, 운영, 평가 및 보고의 순으로 진행된다. 물론 1차년도에 구축된 내부회계관리제도를 매년 운영함에 있어 설계를 매번 새롭게 할 필요는 없으나, 일반적으로 운영 순서는 대부분 동일한 것으로 볼 수 있다.

내부회계관리제도의 운영 프로세스는 기업이 재무보고의 신뢰성을 확보하고 내부 통제 절차를 강화하기 위해 운영하는 체계이다. 이를 크게 내부회계관리제도의 **범위 선정, 통제설계, 통제운영, 평가 및 보고**의 순서로 요약하면 다음과 같다.

- **범위 선정**
  기업의 재무보고에 중요한 영향을 미칠 수 있는 계정과 거래를 식별하고, 이에 해당하는 내부회계관리제도의 범위를 결정한다. 이는 주요 계정, 사업부서, 프로세스를 선정하여 관리 대상 범위를 설정한다는 의미이다.
- **설계**
  선정된 범위 내에서 내부통제를 어느 수준으로 어떻게 설계할지를 결정한다. 각 계정과 거래별로 위험을 식별하고, 그 위험을 관리할 수 있는 적절한 통제활동(예: 승인, 검토, 대사 등)를 설계한다. 여기서 중요한 부분은 관련 위험을 명확하게 정의하고, 통제 활동의 목적과 수행 절차를 명확하게 설정하는 것이다.
- **운영**
  설계된 통제활동을 실제 업무에 적용하여 운영하는 것이다. 조직 내 관련 직원들이 통제 활동을 이해하고, 일관되게 수행할 수 있도록 교육과 운영 지침을 제공한다. 이 단계에서는 내부통제가 제대로 수행되는지를 주기적으로 확인하는 것이 중요하다.
- **평가**
  내부통제가 효과적으로 운영되고 있는지 검토하고 평가하는 것이다. 이는 내부회계 전담팀 혹은 내부감사팀 등 독립적인 부서에 의해 수행되며, 내부회계관리제도의 효과성을 검증하는 과정이다. 통제활동이 제대로 설계되고 운영되었는지, 위험이 적절하게 정의되어 관리되고 있는지를 확인하게 된다.
- **보고**
  매년 대표이사는 운영실태보고서를 작성하여 이사회, 감사(위원회), 주주총회에 보고한다. 내부회계관리제도에서 발견된 문제점이나 개선 사항이 있다면 이를 보고서에 명시하고, 향후 개선 계획을 포함 한다.

상기의 과정은 기업의 재무보고가 신뢰성을 갖추고, 외부 감사인의 요구를 충족시키는 데 중요한 역할을 하게 되며, 이 절차를 매 회계년도마다 수행하는 것으로 이를 내부회계 운영프로세스로 명명할 수 있다.

제2절 내부회계관리제도 범위 선정

1 내부회계관리제도범위 선정의 개요

내부회계관리제도는 내부통제의 정보의 신뢰성 확보 목적에서 외부에 공시되는 재무제표의 신뢰성 확보를 목적으로 하며, 여기에는 자산의 보호 및 부정방지 프로그램이 포함된다. 또한, 운영목적이나 법규준수목적 등 다른 목적과 관련된 내부통제제도가 재무제표의 신뢰성 확보와 관련된 경우 해당 내부통제제도는 내부회계관리제도의 범위에 포함된다. 자산의 보호와 관련된 통제라 함은 재무제표에 중요한 영향을 미칠 수 있는 승인되지 않은 자산의 취득, 사용, 처분을 예방하고 적시에 적발할 수 있는 체계를 의미한다. 예를 들어, 경영진의 권한남용 및 통제 무력화(management override) 위험 등에 대한 적절한 부정방지 프로그램이 존재하지 않는 경우 이는 내부회계관리제도상 중요한 취약점으로 분류될 수 있다(설계 및 운영 개념체계, 12~14).

회사는 내부회계관리제도의 운영의 범위를 선정하기 위해 위험평가를 진행하는데, 이를 위해 관련된 위험을 식별하고 평가할 수 있도록 구체적인 목적을 명확하게 설정하여야 한다.

신뢰할 수 있는 외부 보고용 재무제표를 작성할 때, 경영진은 회사에 적용되는 회계기준을 고려하여야 하며, 경영진은 회사의 상황과 목적에 적합한 회계원칙을 채택하고 일관성 있게 적용할 필요가 있다. 또한, 외부 재무보고는 재무정보의 질적 특성과 경영자 주장을 뒷받침할 수 있는 기초 거래와 사건을 반영하는 등의 회사 활동의 실질을 반영하게 되며, 경영진은 재무제표의 표시에 있어 중요성을 고려하여야 한다(설계 및 운영 개념체계, 43~44).

(1) 위험 식별 절차

경영진은 재무제표에서 중요한 누락이 발생하거나 왜곡이 발생할 위험을 확인하고 주요 계정의 경영자 주장 및 공시사항별로 위험의 발생 가능성을 확인하는 위험 식별 절차를 수행한다. 동 과정에서 각 재무제표 계정 및 공시사항의 근거가 되는 거래의 식별, 처리, 측정, 분류, 기록 및 보고와 연계된 업무프로세스 및 사업단위를 파악한다. 관련 부서와 업무프로세스를 파악하는 것은 복잡하고 어려울 수 있으므로, 각 사업부나 팀의 리더 혹은 프로세스 책임자와의 논의를 통해 확인하는 것이 바람직하다. 또한 관련 부서와 업무프로세스를 지원하는 정보기술 시스템(IT system)을 식별하는 것을 포함한다. 계정과목 프로세스 연계표 등을 이용하여 계정과목과 연관된 프로세스 및 연관 위험을 표시하는 것이 도움이 된다(설계 및 운영 적용기법, 62).

내부회계관리제도의 범위를 결정하기 위한 절차는 아래 단계로 구분할 수 있다.

- 중요성 결정
- 유의한 계정과목 및 주석정보의 파악
- 관련 경영진 주장 식별
- 유의한 프로세스 및 평가 대상 사업단위의 선정
- 유의한 시스템 식별

[그림 4-1] 내부회계관리제도 범위선정 절차

재무제표 왜곡표시 위험(Misstatement Risk)

재무제표 왜곡표시 위험은 재무제표에 포함된 정보가 실제 회사의 재무상태나 경영성과를 정확하게 반영하지 못하고 잘못된 정보가 포함될 가능성을 의미한다. 이러한 왜곡은 의도적이든 비의도적이든 발생할 수 있으며, 재무정보의 사용자들에게 잘못된 결정을 유도할 수 있는 위험이 있다.

재무제표 왜곡표시 위험은 크게 세 가지 유형으로 나눌 수 있다.

- **고유 위험(Inherent Risk)**: 거래나 재무정보가 원래 가지고 있는 복잡성이나 불확실성 때문에 발생하는 왜곡 위험이다. 예를 들어, 고도의 판단이나 추정을 요구하는 항목(예: 대손충당금, 감가상각비)은 본질적으로 왜곡될 가능성이 높다고 본다.
- **통제 위험(Control Risk)**: 기업의 내부통제가 적절히 설계되거나 운영되지 않아서 발생할 수 있는 위험이다. 즉, 회사의 내부통제 시스템이 효과적으로 작동하지 않아 재무제표에 잘못된 정보가 포함될 위험을 말한다.
- **적발 위험(Detection Risk)**: 외부 감사인이 재무제표 감사 과정에서 왜곡된 정보를 발견하지 못할 위험을 의미한다. 이는 감사 절차의 한계 또는 감사인의 실수로 인해 발생한다.

재무제표 왜곡표시 위험을 최소화하기 위해서는 강력한 내부통제 시스템을 구축하고, 외부 감사인의 면밀한 검토와 감사를 통해 이러한 위험을 관리하는 것이 중요하다고 볼 수 있다.

[그림 4-2] 내부회계관리제도 구축의 범위

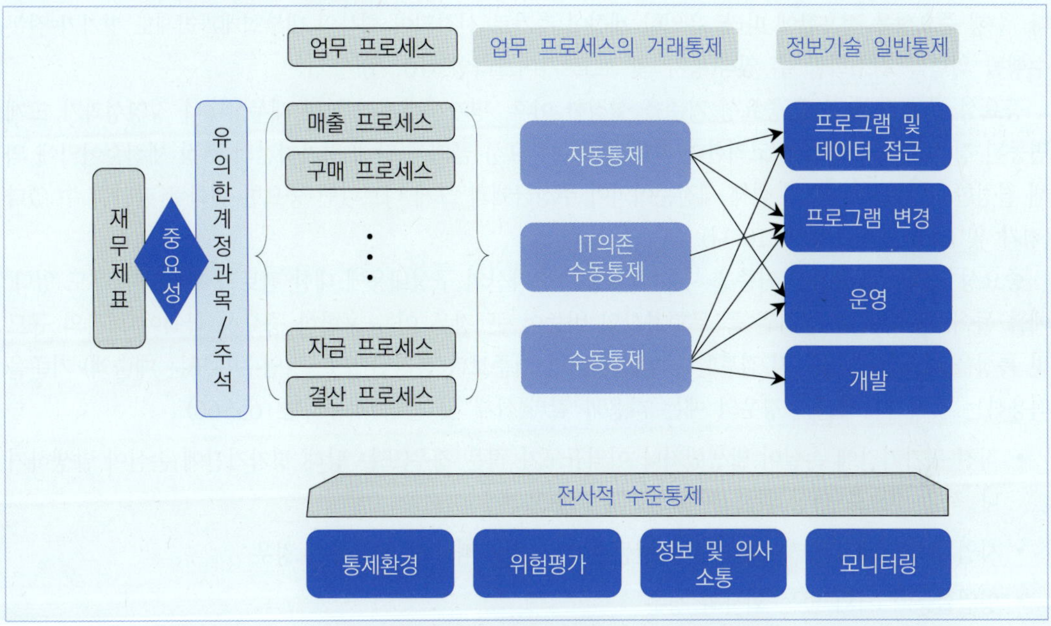

❷ 재무제표의 유의한 계정과목 등의 선정

내부회계관리제도는 재무제표의 신뢰성에 대한 합리적 확신을 제공하는 것을 목적으로 하므로 모든 계정과목 및 주석정보에 대한 통제를 파악하고 설계 및 운영의 효과성을 평가하여야 하는 것은 아니며 유의한 계정과목과 주석정보(이하 '유의한 계정과목 등'이라 함)만을 대상으로 할 수 있다. 계정과목 및 주석정보가 개별적 또는 다른 계정과목이나 주석정보와 결합하여 재무제표의 중요한 왜곡표시의 발생가능성이 낮지 않다면(reasonable possibility), 이를 유의한 계정과목 등이라 한다. 유의한 계정과목 등을 식별할 때에는 양적 요소와 질적 요소를 함께 고려한다(평가 및 보고 가이드라인, 9 나).

유의적인 거래유형, 계정잔액 및 공시(significant class of transaction, account balance or disclosure)는 과대표시와 과소표시 위험을 모두 고려하여, 거래유형, 계정잔액 및 공시가, 개별적으로 또는 집합적으로, 재무제표에 중요한 영향을 미치는 왜곡표시를 포함할 가능성이 낮지 않은(Reasonable Possibility) 경우의 거래유형, 계정잔액 및 공시. 거래유형, 계정잔액 및 공시가 유의적인지 여부에 대한 결정은 통제의 효과와 상관없이, 고유위험에 근거하여야 한다(감사기준서 1100, 6 (f)).

여기서 고유위험은 모든 관련 통제를 고려하기 전에 거래유형, 계정잔액 또는 공시에 대한 경영자 주장이 개별적으로 또는 다른 왜곡표시와 합칠 때 중요하게 왜곡표시 될 가능성이 내재된 위험을 의미한다.

(1) 양적 요소

유의한 계정과목 등을 식별하기 위한 양적 요소는 계정과목의 금액을 고려하며, 일반적으로 설계·운영 적용기법에서 제시하는 "중요성" 기준과 "수행 중요성(Performance Materiality)" 기준을 활용한다. 경영진은 내부회계관리제도 평가 과정에서 회사에 존재하는 미비점을 발견하지 못할 가능성에 대비하여 보수적으로 중요성 기준의 50~75%를 적용한 수행 중요성 기준으로 유의한 계정과목 등을 선정한다. 수행 중요성을 적용함에 따라, 유의한 계정이 추가로 선정되어 회사의 내부회계관리제도 평가가 잘못 수행될 위험을 최소화할 수 있다(평가 및 보고 가이드라인, 10 가).

중요성 금액 또는 수행 중요성 기준을 설정한 이후, 평가시점에서 실제 재무상태나 경영성과가 크게 변동된 경우에는 그 변경을 고려한다. 예를 들어, 중요성 금액을 당해 평가기간의 추정 세전순이익에 의해 결정한 경우 평가시점의 실제 세전순이익이 추정금액과 크게 다르다면 중요한 변화로 판단할 수 있다(평가 및 보고 가이드라인, 10 나).

중요성 금액으로 총자산 기준을 사용하는 경우 총자산의 구성내용에 대한 검토가 필요한 경우도 있다. 예를 들어, 총자산 중 영업권 등 무형자산의 비중이 큰 경우 이를 포함한 중요성 금액이 회사의 규모 및 특성을 대표할 수 있는지 검토한다. 세전순이익 기준보다 총자산 또는 영업수익(또는 매출액) 기준을 적용하는 것이 더 적절한 경우의 예는 다음과 같다(설계 및 운영 적용기법, 65~66).

- 직전 평가기간에 손실이 발생했거나 이익규모가 적은 경우(또는 당해 평가기간에 손실이 발생하거나 적을 것으로 예상되는 경우)
- 사업 초기단계로서 세전순이익의 변동성이 크거나 빠르게 성장하는 경우
- 영업활동이 거의 없는 회사의 경우
- 세전순이익이 영업의 규모를 적절히 반영하지 못하는 경우

재무보고체계에서 중요성은 상이한 용어들로 논의되기도 하지만, 일반적으로 다음과 같이 설명된다(감사기준서 320, 2).

- 누락 등 왜곡표시가 개별적으로 또는 집합적으로 재무제표에 기초한 이용자의 경제적 의사결정에 영향을 미칠 것으로 합리적으로 예상될 수 있는 경우 중요하다고 간주한다.
- 중요성에 대한 판단은 주변 상황에 비추어 내려지며, 왜곡표시의 크기나 성격 또는 양자의 결합에 의해 영향을 받는다. 이는 단순히 숫자나 금액 뿐만 아니라 해당 왜곡의 성격과 이를 둘러싼 상황을 모두 고려해야 한다는 것을 의미하며, 법적 의무를 위반하거나, 회계 정책에 중대한 변화를 감추는 등의 성격을 가진 왜곡은 금액이 작더라도 매우 중요한 것으로 판단할 수 있다.
- 재무제표 이용자에게 중요한 사항인지 여부는 집단으로서 이용자들의 공통적인 재무정보 수요를 고려하여 판단한다. 개별 이용자 별 정보 요구사항은 광범위하게 다양할 수 있으므로 왜곡표시가 특정의 개별 이용자에게 미치는 영향은 고려하지 않는다.

실무적으로 재무제표에 대한 중요한 왜곡표시 위험을 충분히 감소하기 위해 1차적으로 정해진 중요성 금액의 일정비율에 해당하는 수행 중요성을 적용한다. 수행 중요성이란 미수정왜곡표시와 미발견왜곡표시의 합계가 재무제표 전체의 중요성을 초과할 확률을 적절하게 낮은 수준으로 감소시키기 위해 감사인이 재무제표 전체의 중요성보다 작게 설정하는 금액을 의미한다. 또 어떤 경우에는, 감사인이 특정 거래유형과 계정잔액 및 공시에 대한 중요성 수준(들)보다 작게 설정한 금액을 말하기도 한다(감사기준서 320, 9).

즉 중요성은 오류 및 부정에 대한 감사위원회(또는 감사) 및 경영진의 의사결정 시 고려하는 관점을 반영하게 되는 것이다. 결정된 중요성과 수행중요성은 유의한 계정과목 등의 식별 및 이와 관련된 부문을 결정하는 데 영향을 미치게 된다.

일반적으로 중요성은 벤치마크에 백분율을 적용하여 산정한다. 벤치마크를 식별하고 여기에 적용할 백분율을 결정하는 것은 경영진의 판단을 수반한다. 그룹의 성격 및 상황에 따라 그룹의 자산, 부채, 현금흐름, 이익 또는 매출액 등이 적절한 벤치마크에 포함될 수 있으며 벤치마크를 결정할 때 아래의 요소들을 고려한다(감사기준서 320, A4).

- 재무제표의 요소(예를 들어 자산, 부채, 자본, 수익 또는 비용)
- 특정 기업의 재무제표이용자가 중점을 둘 가능성이 높은 항목이 존재하는지 여부(예를 들어, 이용자는 재무성과의 평가를 위하여 이익, 매출 또는 순자산에 중점을 둘 수 있을 것이다)
- 기업의 성격, 기업 수명 주기상의 위치 그리고 기업이 속한 산업 및 경제 환경
- 기업의 소유구조와 자본조달방법 (예를 들어 어떤 기업이 자본이 아닌 부채만으로 자금을 조달한다면, 이용자는 기업의 이익보다는 자산 및 이에 대한 청구권에 더욱 중점을 둘 것이다)
- 벤치마크의 상대적 변동성
- 결정된 벤치마크에 적용되는 백분율은 회사의 판단에 따라 다양할 수 있으며, 경영진의 평가, 관점, 오류에 대한 허용치 등이 고려되어 결정되어야 한다. 다음은 백분율의 예시이다.

〈표 4-1〉 백분율 예시[72]

구분	기준금액	상장	비상장
순액기준	세전손익	5% ~ 8%	5% ~ 10%
	자기자본	0.5% ~ 3%	0.5% ~ 5%
총액기준	총자산	0.5% ~ 1%	0.5% ~ 2%
	총매출	0.5% ~ 1%	0.5% ~ 2%
	총비용	0.5% ~ 1%	0.5% ~ 2%

(3) 질적 요소

재무제표에 있어 유의한 계정과목 등을 결정하기 위한 양적 요소에 추가하여 질적 요소는 다음 사항을 고려할 수 있다(평가 및 보고 가이드라인, 11).

72) 회계법인에서 중요성 고려 시 참고하는 예시임

평가 및 보고 가이드라인, 11	
질적 요소	**고려사항**
계정과목 내 개별 거래의 복잡성, 동질성	특정 계정과목이 다양한 거래와 관련하여 처리되거나, 관련 거래가 복잡할수록 그 계정과목 (예를 들어, 복잡한 구조의 투자 상품)은 재무제표 왜곡표시를 야기할 위험이 크기 때문에 중요성 금액 또는 수행 중요성 기준 이하라 하더라도 내부회계관리제도의 평가범위에 포함할 것을 고려
추정이나 판단이 개입되는 회계처리 및 평가	회계처리 상 복잡한 추정이나 판단을 요하거나 불확실성이 높은 계정과목 (예를 들어, 판매보증충당부채, 공사손실충당부채, 소송충당부채 등)은 계산상의 오류나 경영진의 의도적인 재무제표 왜곡표시가 발생할 가능성이 상대적으로 높음
회계처리 및 보고의 복잡성	신규 또는 복잡한 회계처리의 영향을 받는 계정과목 (특히, 당해 회계처리와 관련하여 다양한 해석이 존재하는 경우)은 재무제표 왜곡표시의 위험이 상대적으로 높음
우발채무의 발생가능성	특정 계정과목과 관련되어 수행하는 업무프로세스에서 유의한 우발채무가 발생할 가능성이 높은 경우 양적 요소에 추가하여 고려
특수관계자와 유의적 거래의 존재 여부	특수관계자와의 거래[73]는 제3자와의 거래에 비하여 의도적인 재무제표 왜곡표시의 가능성이 상대적으로 높기 때문에 양적 요소에 추가하여 고려
계정과목 성격의 변화 및 당기 금액 변화 정도	회사의 회계정책 등의 변경으로 당기 계정과목의 성격이 변화한 경우나 당기 금액의 급격한 변화가 존재하는 경우는 재무제표 왜곡표시 위험이 상대적으로 높음. 당기 이전부터 계속 유의한 계정과목으로 분류된 계정과목의 금액이 당기에 중요성 금액 또는 수행 중요성 기준에 미치지 못하는 경우 계정과목 규모의 감소가 일시적인 것인지의 여부를 추가적으로 검토하고, 향후 지속적으로 양적 요소를 충족시키지 못할 가능성이 낮지 않은 경우에는 유의한 계정과목 등으로의 분류를 고려함
비경상적인 거래	빈번하게 발생하지 않는 거래와 관련된 회계처리의 경우 재무제표 왜곡표시 위험이 크다고 판단할 수 있음
관련 회계처리 기준의 변경	회사가 회계기준을 변경하거나 새로운 회계기준의 도입과 관련된 계정과목 역시 재무제표 왜곡표시 위험이 증가
법규 및 감독당국의 강조 사항	금융감독원 등의 규제기관에서 강조하거나 감리 등을 통해 지적되는 항목은 일반적으로 재무제표 왜곡표시 위험이 크다고 판단할 수 있음
주요한 외부환경의 변화가 존재하는 계정	회사의 사업을 영위하는 외부환경에 중요하거나 급격한 변화가 존재하는 경우 이와 관련된 계정과목은 일반적으로 재무제표 왜곡표시 위험이 크다고 판단할 수 있음
부정 발생의 가능성	부정한 재무보고, 자산의 남용 및 부패와 같은 부정에 쉽게 노출될 가능성을 고려하는 것으로 문단 12 (부정위험 평가)를 참조함

상기 양적 요소와 질적 요소를 고려하여 재무제표에 개별적으로 혹은 통합하여 중요왜곡표시위험이 발생할 수 있다면 유의한 계정과목 등으로 결정될 것이다.

73) 연결 내부회계관리제도 목적으로는 연결재무제표상 내부거래로 제거되지 않는 특수관계자와의 거래를 의미한다.

[그림 4-3] 유의한 계정과목의 선정 예시

계정명	2024.12월말	양적 요소의 고려	질적요소의 고려											추가 고려 사항	포함 여부	경영자주장의식별							관련 프로세스
		수행 중요성 (Performance Materiality)	계정 과목 내 개별 거래의 규모, 복잡성, 동질성	추정이나 판단이 개입되는 회계처리 및평가	회계처리 및보고의 복잡성	우발 채무의 발생 가능성	특수 관계자 거래의 존재여부	계정과목 성격의 변화 및 당기금액 변화정도	비정상 적인 거래	관련 회계처리 기준의 변경	법규 및 감독 당국의 강조사항	주요한 외부 환경의 변화가 존재하는 계정	부정의 발생 가능성	중요성 평가 (60이상:H, 20이하:L)			실재성	완전성	권리와 의무	평가와 추정	표시와 공시	발생 사실	기간 귀속	
자산																								
I. 유동자산																								
당좌자산	376,002,000,000																							
현금및현금성자산	166,919,000,000	Above PM	V	V	V		V	V			V			H		In scope	V		V					자금
단기금융상품	37,000,000	Above PM	V	V	V		V	V			V			H		In scope	V		V					자금
외상매출금	147,044,000,000	Above PM	V	V	V		V	V			V			H		In scope	V		V					매출
외상매출금-대손충당금	3,085,000,000	Below PM	V	V	V		V	V			V			H		In scope	V							매출
받을어음	124,000,000	Below PM					V							L		Scope out	V							매출
받을어음-대손충당금	-	Below PM		V			V				V			M		In scope	V		V					매출
제품	14,610,000,000	Above PM	V											L		In scope	V		V					재고자산
재고자산평가충당금-제품	314,000,000	Above PM	V											L		In scope	V		V				V	재고자산
미수금	149,000,000	Below PM										V		L		Scope out	V						V	재무보고
미수금-대손충당금	-	Below PM										V		L		Scope out	V							재무보고
단기대여금	-	Below PM							V					L		Scope out	V							자금
선급금	120,000,000	Below PM							V					L		Scope out	V		V					재무보고
미수수익	174,000,000	Above PM							V					L		In scope	V		V					재무보고
선급비용	348,000,000	Above PM							V					L		In scope	V							재무보고
유동이연법인세자산	-	Below PM	V											L		Scope out	V		V					세무
법인세자산	49,000,000	Below PM	V	V						V				M		In scope	V							세무
당기손익-공정가치측정금융자산	49,824,000,000	Above PM	V							V				L		In scope	V		V					재무보고
부가세선급금	-	Below PM	V							V				L		Scope out	V		V					세무

3 경영자 주장의 식별

경영진은 파악된 유의한 계정과목 등에 대한 경영자 주장을 식별한다. 재무제표에 대한 경영자 주장(financial statements assertions)이란 재무제표의 계정과목 및 주석사항에 대하여 경영자가 명시적 혹은 묵시적으로 주장하는 내용을 말하며, 회계기준에 의하여 재무제표를 작성 및 공시하였다는 사실을 주장하는 것이다(평가 및 보고 가이드라인, 13 가).

경영자 주장을 식별하는 목적은 경영자 주장이 왜곡될 수 있는 상황을 의미하는 것으로 재무제표 왜곡표시위험을 식별하기 위한 것이다. 이는 각 유의한 계정과목별로 재무제표 왜곡표시 위험을 경영자 주장 관점에서 식별하기 위한 것이다.

경영자 주장은 다음의 일곱 가지로 분류된다(평가 및 보고 적용 가이드라인, 13 나).

평가 및 보고 가이드라인, 13 나	
경영자의 주장	설명
실재성	실재성이란 재무상태표에 기록되어 있는 자산, 부채 및 자본이 보고기간종료일 등 주어진 특정일자 현재 존재하고 있으며, 기록된 거래들이 특정 기간 동안 실제로 발생한 사건을 기록하고 있음을 주장하는 것이다. 예를 들면, 재무상태표상의 재고자산은 회사가 보고기간 종료일 현재 실제로 보유하고 있는 자산을 나타낸다고 경영진은 주장한다.
완전성	완전성이란 특정한 기간 동안 발생한 모든 거래와 사건들이 해당 기간의 기록으로 모두 기록되었음을 주장하는 것이다. 이는 재무제표에 기록되지 않은 자산, 부채, 거래나 사건 혹은 공시되지 않은 항목은 없다는 주장이다. 예를 들어, 경영자는 모든 이자비용이 빠짐없이 (포괄)손익계산서에 표시되었고 재무상태표에 표시되지 않은 부채는 존재하지 않는다고 주장한다. 완전성에 대한 주장은 재무제표에 포함되어야 할 항목의 누락 여부에 관한 주장으로 일반적으로는 부채와 비용 계정과 관련되는 것에 반하여, 실재성 또는 발생사실의 주장은 재무제표에 포함되지 않아야 할 가공의 항목이 없다는 사실에 관한 주장으로 자산이나 수익 계정과 보다 밀접하게 관련된다.
권리와 의무	권리와 의무는 재무제표에 표시된 자산에 대해 해당 일자에 회사가 소유권 혹은 독점적인 사용권을 보유하고 있으며, 부채는 해당일자에 회사가 변제하여야 할 의무가 있는 채무가 존재한다는 주장이다. 예를 들어, 회사가 차입을 통하여 유형자산을 구입한 경우 재무상태표상의 유형자산은 회사가 미래 경제적 효익을 받을 수 있는 독점적 권리를 나타내고, 차입금은 회사가 상환하여야 하는 의무를 나타낸다는 주장이다.
평가	재무제표상의 자산, 부채, 자본, 수익과 비용 항목은 회계기준에 따라 적정한 금액으로 표시되었다는 주장이다. 거래들이 계산적으로 수학적으로 옳게 계산되고, 적절하게 요약되어 회사의 장부에 반영되었음을 의미한다. 예를 들어, 재고자산은 제조원가 또는 매입가액에 부대비용이 가산되어 원가계산방법에 따라 산정된 취득원가(순실현가능가치가 취득원가보다 낮은 경우에는 순실현가능가치)로 기록되었고, 유가증권은 보고기간 종료일 현재 공정가치로 평가되었다는 주장이다.
재무제표 표시와 공시	재무제표 구성항목 및 주석사항은 회계기준에 따라 공시, 분류 및 기술되어 있다는 주장이다. 예를 들어, 재무상태표 상 장기차입금으로 기록된 채무는 1년 이내에 상환되지 않는 채무임을 주장하는 것이다.
발생사실	거래나 사건은 회계기간 동안에 실제로 발생하였다는 주장으로 일반적으로 (포괄)손익계산서 계정과목에 해당한다. 예를 들어, (포괄)손익계산서의 이자수익은 예금 또는 대여금을 통해 당기 중에 실제로 발생한 금액이라고 경영진은 주장한다.

평가 및 보고 가이드라인, 13 나	
경영자의 주장	설명
측정	회계적인 거래나 사건은 적절한 금액으로 재무제표에 기록되었으며, 수익이나 비용은 발생주의원칙에 따라 적절한 회계기간에 배분되었다는 주장이다. 예를 들어, 유형자산의 취득가액은 적절한 내용연수 동안에 체계적인 방법을 통하여 감가상각비로 배분되었다는 주장이다.

4 유의한 프로세스 및 평가 대상 사업단위의 선정

(1) 유의한 업무프로세스 파악

업무프로세스는 자료 입력, 분류 및 합산, 계산, 거래 업데이트, 파일관리, 거래 생성, 취합 및 보고 등의 일련의 업무과정을 포함하며, 시스템에서 수행되는 마스터파일의 생성, 갱신 등의 활동을 포함한다.

유의한 계정과목 등, 그리고 이와 관련된 경영자 주장을 파악한 후 경영진은 해당 계정과목 및 주석정보에 영향을 미치는 주요 거래 유형별 유의한 업무프로세스를 파악한다.

신뢰할 수 있는 재무제표의 작성 및 공시를 위해서는 재무제표 작성 및 보고절차 뿐만 아니라 장부상에 기록된 개별 거래들이 발생, 승인, 기록 및 처리되는 전체 과정이 중요하기 때문에 경영진은 내부회계관리제도의 평가 시 회계나 경리부서 뿐만 아니라 회계처리의 기초가 되는 정보와 관련된 회사의 유의한 업무프로세스를 고려한다(평가 및 보고 가이드라인, 14).

(2) 업무프로세스 위험 평가 시 고려사항

계정과목의 특성을 고려한 질적 평가 시 관련된 프로세스 위험평가를 한꺼번에 고려하여 수행하거나 별도로 프로세스별 위험평가를 수행할 수 있다.

유의한 업무프로세스 및 그 프로세스 내에서 수행되는 일련의 활동인 하위프로세스는 영위하는 사업의 내용이나 환경 등에 따라 회사마다 다를 수 있다. 예를 들어, 연구개발비 계정과 관련된 업무프로세스는 제조업(특히 첨단산업)의 경우에는 중요할 수 있으나 금융업을 영위하는 회사에서는 상대적으로 중요하지 않을 수도 있다.

프로세스별 위험평가 시에는 회사의 특성을 감안하여 계정과목과의 직접적인 연관성 정도, 프로세스의 복잡성, 프로세스의 변경 정도, 중앙 집중화 및 동질성 정도, 프로세스를 지원하는 IT 시스템의 복잡성 및 변화 정도, 프로세스에 개입하는 내 · 외부 이해 관계자의 수(혹은 부서의 수) 등을 고려할 수 있다.

유의한 업무프로세스라 하더라도 관련 하위프로세스를 모두 동일한 비중으로 고려하기보다는 각 하위프로세스별 위험평가를 통해 내부회계관리제도 평가자, 평가방법, 범위 및 시기 등을 적절히 조정하는 것이 바람직하다.

기말재무제표 작성절차는 내부회계관리제도에서 차지하는 중요성으로 인해 항상 유의한 업무프로세스로 식별되어야 한다(평가 및 보고 가이드라인, 15).

(3) 평가대상 사업단위의 선정

재무보고 위험을 처리하는데 필요한 통제활동들이 둘 이상의 사업장 또는 사업부에서 운영되는 경우 경영진은 일반적으로 개별 사업장과 사업부를 별도의 사업단위로 보아 재무보고 위험을 평가하고 통제 운영에 대한 증거를 평가한다. 사업단위의 정의는 회사의 상황에 따라 달라질 수 있으며, 일반적으로 법적실체(연결재무제표에서 종속회사, 유한회사, 파트너쉽 등), 사업부문 또는 영업시설(예: 사업부, 생산설비, 판매조직) 등이 사업단위에 해당한다. 특정 단위조직의 사업목적, 업무프로세스, 전산환경 등이 타 조직과 독립적인 경우 별도의 사업단위로 본다(평가 및 보고 적용 가이드라인, 38 가).

복수의 사업단위가 존재하는 경우 경영진은 각 사업단위의 재무적 비중 및 고유위험, 특수한 회계처리 방법의 적용여부, 내부감사 또는 외부감사 결과 등의 과거경험, 사업환경의 변화 등 개별 사업단위가 지니는 상대적 중요성 및 위험을 고려하여 어느 사업단위가 평가 대상에 포함되는지 결정한다(평가 및 보고 적용 가이드라인, 38 나).

평가대상 사업단위 결정 시 경영진은 각 사업단위의 재무제표 상 중요한 왜곡표시 위험을 고려하여야 하며 동 위험에 따라 사업단위 별로 평가 절차를 달리할 수 있다. 예를 들어, 경영진은 개별적으로 또는 타 부문과 결합되었을 때 재무제표 상 중요한 왜곡표시의 발생가능성이 낮은(Do Not Present a Reasonable Possibility) 사업단위의 통제는 설계 및 운영 평가 대상에서 제외할 수 있다. 연결재무제표의 종속회사의 경우 범위에 포함된 유의한 계정과목과 관련된 모든 종속회사를 범위에 포함할 수 있으나 실무적으로는 중요한 왜곡표시의 발생가능성이 낮은 사업단위를 제외하는 것이 일반적이다. 사업단위를 제외하였음에도 충분한 범위의 선정은 이뤄져야 하며 이는 특정 유형의 매출이나 거래의 경우에도 동일하게 적용될 수 있다(평가 및 보고 적용 가이드라인, 38 다).

경영진은 개별 사업장 또는 사업부에서 운영되는 통제위험이 낮다고 판단할 수 있는 경우가 있다. 이러한 경우 경영진은 반복적인 자가평가 또는 상시적인 모니터링을 통하여 입수된 증거자료들이 개별 사업장의 운영 결과를 모니터링하는 중앙 집중화된 통제로부터 입수된 증거들과 결합되었을 때 평가를 위한 충분한 증거자료가 구성되었다고 판단할 수 있다. 반대로, 경영진은 개별 사업장의 통제 운영이 복잡하거나 판단이 개입되어 통제가 효과적으로 운영되지 않을 위험이 높다고 판단할 경우 사업장 통제의 효과적인 운영에 대하여 더 많은 증거자료가 필요하다고 결정할 수 있다(평가 및 보고 적용 가이드라인, 38 라).

지점, 영업점 등 복수의 사업단위에서 중앙의 본사 차원에서 설계되어 전체 사업부 또는 지점에서 일관되게 수행되도록 하는 동질적 통제(공통 통제)가 존재하는 경우 해당 동질적 통제의 설계평가는 본사 차원에서 한번 수행하고 운영평가는 전체 사업부 또는 지점을 모집단으로 두고 표본을 추출하여 테스트할 수 있다. 즉, 4개의 지점에서 매달 1회씩 수동통제를 수행한다면 연간 총 48개의 모집단에 해당하는 표본을 추출하여 운영의 효과성을 테스트하는 것이다. 이 때 각 지점의 양적 · 질적 위험요소를 함께 고려하여 표본을 추출할 지점을 선정하는 것이 바람직하다(평가 및 보고 적용 가이드라인, 38 마).

사업연도 중에 인수(합병)한 사업단위나, 평가기준일에 중단영업 등으로 회계처리된 사업단위도 평가대상 사업단위 결정 시 기존의 사업단위와 함께 고려한다. 다만, 다음 ①~④에 해당하는 경우에는 1년을 초과하지 않는 범위 내에서 당해 사업연도의 내부회계관리제도 평가 대상에서 제외할 수 있다(평가 및 보고 기준, 14 다).

① 평가기준일 현재 인수(합병)일로부터 1년이 경과하지 않은 법인 또는 사업단위

② 평가기준일 이전에 매각, 분할, 폐지가 완료된 사업단위

③ 평가기준일 현재 매각, 분할, 폐지가 완료되지 않은 사업단위로서 직전 평가기준일 이후 중요한 변화 없이 단기간 동안 운영된 경우

④ 평가기준일 이전에 분할된 사업단위가 신규로 연결내부회계관리제도 적용대상에 편입되는 경우

위 ①, ③, ④ 중 어느 하나에 해당하는 사업단위를 당해 연도의 내부회계관리제도 평가 대상에서 제외한 경우, 그 사실과 사유 및 해당 부문에 관한 정보(자산총액, 매출액 등 주요 재무제표의 금액 및 전체 회사에서 차지하는 비중 등)를 운영실태보고서에 포함한다(평가 및 보고 기준, 14 라).

(4) 평가대상 사업단위의 선정 - 외부서비스 제공자의 이용[74)]

회사가 재무제표와 관련된 외부 재무보고 절차와 관련된 서비스를 제공하는 외부서비스제공자를 이용하고 있을 경우, 이러한 외부서비스제공자의 서비스와 관련된 통제의 책임은 경영진에게 있으므로 경영진은 외부서비스제공자의 내부통제에 대한 평가를 수행한다.

외부서비스제공자의 내부통제 설계 및 운영의 효과성을 평가하기 위해서는 다음 방식을 적용할 수 있다.

- 외부서비스제공자의 통제활동을 직접 평가
- 외부서비스제공자의 통제활동의 적정성을 충분히 모니터링 할 수 있는 회사의 모니터링 통제활동 평가(단, 해당 서비스의 규모나 복잡성이 큰 경우에는 적절하지 않을 수 있음)
- 외부서비스제공자의 감사인이 제공하는 통제 설계와 운영의 효과성 평가에 대한 보고서("서비스조직의 통제에 대한 인증업무 기준"에 의한 인증보고서, 3402 보고서[75)])
- 중소기업의 경우에는 외부서비스제공자가 제공하는 정보의 정확성을 확인하기 위한 회사의 검토 절차를 평가할 수 있음

외부서비스제공자 감사인이 3402 보고서(서비스조직의 통제에 대한 인증보고서)를 경영진에게 제공한다면, 경영진은 이러한 보고서가 외부서비스제공자의 통제 평가를 뒷받침하기에 충분한 증거를 포함하고 있는지 평가할 때 다음의 항목을 고려한다.

- 보고서 일자와 경영진의 평가기준일간 차이 여부
- 보고서의 테스트 대상 범위와 테스트 방법
- 외부서비스제공자 감사인의 적격성과 독립성
- 외부서비스제공자 감사인의 보고서 의견

---

74) 평가 및 보고 가이드라인, 61

75) ISAE 3402 보고서는 서비스 조직이 제공하는 서비스의 내부 통제가 적절하게 설계되고 운영되는지에 대한 독립적인 검토와 인증을 제공하는 보고서이다. ISAE 3402(International Standard on Assurance Engagements No. 3402)는 국제감사기준위원회(IAASB)에 의해 발표된 기준으로, 서비스 조직의 통제에 대한 인증업무 기준에 따라 작성된다.

보고서 일자와 경영진의 평가기준일 사이에 유의한 차이가 있다면 다음과 같은 추가 절차를 수행한다. 단, 중소기업의 경우에는 외부서비스제공자의 경영진이 제공하는 확인서 입수를 통해 보고서일 이후 평가기준일 사이의 기간 동안 외부서비스제공자의 통제가 변경되었는지, 외부서비스제공자가 수행하는 통제의 효과성에 부정적 변화가 있었는지를 확인하는 절차로 대신할 수 있다.

- 보고서일 이후 외부서비스제공자의 통제가 변경되었는지 확인한다.
- 변경사항이 파악된 경우 내부회계관리제도의 효과성에 미치는 영향을 평가한다. 예를 들어, 서비스조직의 3402 보고서가 9월말 기준으로 발행되었고 회사는 12월말을 기준으로 내부회계관리제도를 평가하는 경우 회사는 9월말 기준의 3402 보고서를 활용할 수 있다. 다만, 9월말 이후 12월말까지 서비스조직의 내부통제에 중요한 변화가 존재하지 않았는지, 9월말 이후 12월까지 통제의 운영에도 변화가 존재하지 않음을 확인하여야 하며, 중요한 변화가 발생한 경우에는 관련 통제에 대한 설계 및 운영 평가를 추가로 수행하여야 한다.

경영진은 회사의 감사인과 외부서비스제공자 감사인이 동일한 경우 외부서비스제공자 감사인의 적격성과 독립성을 평가하여 3402 보고서 활용 여부를 결정할 수 있다. 그러나, 3402 보고서를 발행한 외부서비스제공자 감사인이 경영진이 의존하는 외부서비스제공자의 프로세스와 관련된 내부통제를 직접 설계 또는 구축하였다면 감사인의 자기평가위협에 해당하여 독립성이 훼손되므로 경영진은 해당 보고서를 이용할 수 없다.

외부서비스제공자 감사인의 보고서를 제공받지 못하거나 추가 증거의 입수가 필요하다고 판단되면 경영진은 외부서비스제공자의 통제를 직접 테스트하는 등 추가적인 절차를 취하는 것을 고려한다.

경영진은 내부회계관리제도에 대한 평가 결론을 표명할 때 외부서비스제공자 감사인의 보고서를 언급해서는 안 된다.

외부서비스제공자가 3402 보고서(서비스조직의 통제에 대한 인증보고서)를 제공하려 하지 않거나 외부서비스제공자에 구축된 통제의 효과성을 경영진이 직접 평가하는 것을 허용하지 않을 수 있다. 또한, 경영진은 대체적인 방법으로 프로세스에 대한 통제의 효과성 판단을 가능하게 하는 보완통제를 가지고 있지 않을 수도 있다. 그럼에도 불구하고 경영진은 내부회계관리제도 운영실태보고서에 내부회계관리제도의 효과성에 관한 종합결론을 표명하여야 하며 '특정 부분을 제외하고는 효과적이다'는 식의 한정적인 표현을 사용할 수 없다.

서비스조직 (System and organization control: SOC)의 통제에 대한 인증보고서에는 유형이 아래와 같이 2가지가 있는데 이 중 유형2 보고서가 내부회계관리제도 목적으로 적합하다.

〈표 4-2〉 SOC 인증보고서 비교

SOC 인증보고서	유형1	유형2
이름	서비스조직 통제에 대한 기술과 설계	서비스조직 통제에 대한 기술과 설계 및 운영효과성
시점 및 기간	특정시점	특정시점 및 특정기간
범위	설계효과성	설계효과성 및 운영효과성

ISAE(International Standard on Assurance Engagements) 3402 인증보고서는 서비스 조직 통제에 대한 인증보고서로서, IFAC(International Federation of Accountants)의 일부인 IAASB(International Auditing and Assurance Standards Board)에서 2009년 12월에 발행하였다. 우리나라는 감사기준서 402에 해당한다.

5 유의한 시스템 식별

정보기술의 사용은 회사의 업무환경과 밀접한 관계가 있다. 날로 발전하는 정보기술로 수작업 처리 업무절차가 시스템에서 자동화되고 각종 문서들이 전자적인 형식으로 대체된다. 이러한 정보기술은 회사의 업무처리의 효율성과 효과성을 증대시키기도 하지만, 다음과 같은 위험을 초래하기도 한다(평가 및 보고 가이드라인, 23).

- 데이터를 잘못 처리하거나, 잘못된 데이터를 처리하는 시스템에 의존할 위험
- 데이터에 대한 승인되지 않은 접근으로 데이터가 위조, 변조, 훼손 및 파기될 위험
- IT부서 인원이 과도한 권한을 보유하여 업무분장이 적절하지 않을 위험
- 승인되지 않은 마스터 파일의 수정
- 승인되지 않은 시스템 및 프로그램의 수정
- 시스템이나 프로그램에 필요한 변경이 적절히 이루어지지 못할 위험
- 데이터 유실 위험 또는 필요한 데이터를 사용하지 못할 위험

정보기술 일반통제는 정보시스템이 구입 · 개발되고 유지 · 보수되며 운영되는 전반적인 통제활동을 의미한다. 정보기술 일반통제는 단독으로 재무보고 위험을 적발 또는 예방할 수 없는 것이 일반적이나, 자동통제 또는 회사의 제반 IT기능은 효과적인 정보기술 일반통제에 의존한다. 따라서, 재무보고 위험과 관련된 핵심통제가 자동통제 또는 전산에 기반한 수동통제인 경우, 해당 통제의 효과성에 영향을 미치는 정보시스템의 정보기술 일반통제를 평가한다(평가 및 보고 가이드라인, 24).

경영진은 업무프로세스 및 자동통제활동이나 IT에 의존하는 수동통제활동과 관련된 시스템 및 해당 시스템의 정보기술 일반통제간의 연관성을 파악한다. 정보기술 일반통제에는 전산화 계획의 수립, 재난복구계획 등 다양한 영역이 존재하며, 회사의 정보시스템에의 의존 정도, 회사의 규모나 업종 등에 따라 달라질 수 있으나 내부회계관리제도 목적상으로는 일반적으로 다음의 영역이 포함된다(평가 및 보고 가이드라인, 25).

- 프로그램 개발(Program Development)
- 프로그램 변경(Program Changes)
- 프로그램과 데이터에 대한 접근보안(Access to Program and Data)
- 컴퓨터 운영(Computer Operations)

정보기술 일반통제 설계대상 선정 및 유의한 시스템에 관련해서는 제7장 정보기술 일반통제에서 다룬다.

제3절 연결내부회계관리제도 범위 선정

1 연결내부회계관리제도 범위선정 의의 및 절차

연결내부회계관리제도는 연결재무제표에 중요한 왜곡표시가 발생하지 않는다는 합리적 확신을 가질 수 있도록 적용되어야 할 것이다. 연결내부회계관리제도 평가 · 보고 대상범위 선정(Scoping)'이란 회사가 부문과 관련된 연결재무제표의 중요한 왜곡표시 위험에 대해 양적 · 질적 판단기준을 적용하여 연결내부회계관리제도 평가 · 보고 대상 부문의 범위를 결정하는 과정을 말한다[76].

(1) 지배회사가 수행해야 할 절차[77]

국내 종속회사가 외감법에 따라 내부회계관리제도를 구축하고 감사를 수검하고 있다고 하더라도, 지배회사는 연결내부회계관리제도 관점에서 종속회사가 설계하고 운영하는 내부회계관리제도의 적절성을 관리 · 감독하여야 한다. 이는 지배회사가 연결내부회계관리제도의 효과성에 대한 점검과 평가를 수행하고 그 결과를 공시하여야 하기 때문이다. 효과적인 관리 감독 활동을 위해서는 종속회사의 설계평가 및 운영평가가 적절히 수행되었음을 확인할 수 있는 보고 및 의사소통 과정이 수반되어야 한다. 이를 위하여 내부회계관리규정 또는 지침에 가급적 일관된 평가 방식을 적용하고, 평가 결과의 적정성을 확인할 수 있는 보고 절차 및 체계를 공식화하고 실제 적용하는 것이 필요하다.

연결대상 종속기업의 관리 감독 활동은 연결내부회계관리제도 구축 방식과도 연관성이 있다. 종속회사의 경영진에게 일정 수준의 책임을 부여하여 위임하는 경우는 지배회사의 관리 감독 활동이 상위 수준에서 수행될 수 있다. 반대로 종속회사에 지배회사와 동일하거나 유사한 방식의 프로세스가 적용되고 있어, 지배회사가 주도하여 표준 통제활동을 적용하는 등 본사 주도의 연결내부회계관리제도를 설계하고 운영하는 경우에는 보다 구체적인 활동이 포함된 관리 감독 활동이 수행될 수 있다. 두가지 경우 모두 지배회사가 연결재무제표 기준으로 충분한 통제활동이 설계되고 운영되고 있음을 확인하여야 하는 것은 동일하며, 종속회사가 설정한 내부회계관리제도의 범위가 지배회사가 설정한 범위 대비 누락된 부분이 없는지 확인하는 것이 필요하다.

만약 외국에 소재한 종속회사가 해당 국가의 법규에 따라 내부회계관리제도를 운영하고 있다면, 해당 국가의 제도와 외감법의 차이점을 파악한 뒤 동일한 목적을 달성할 수 있는 경우에는 이를 이용할 수 있다. 이를 위해서는 적용된 내부통제 Framework의 적정성과 재무보고 목적의 일치 여부 등을 평가하는 것이 필요하다.

---

76) 연결내부회계관리제도 평가 · 보고 대상범위 선정 가이드라인(23. 12. 29)
77) 모범규준 등 적용 FAQ, 49

〈표 4-3〉 지배회사 및 종속회사 주도 방식 장단점 비교

구분	지배회사 주도 방식	종속회사 주도 방식
장점	계정과목의 범위 세분화 및 연결 전체 중요성 고려하여 범위설정 용이	종속회사 특성 반영 가능
	연결 내부회계 활용 용이 (모회사 기준 연결 내부회계 운영 기반 활용 가능)	Customization에 따른 효율적 운영 가능
	그룹차원통제 개발 용이, 회계정책 통일성 증가	각 부문이 직접 담당하여 관련 전문성 높음
단점	지역별 특성과 관련된 위험 반영 어려움	그룹 수준 산출물이 표준화 및 통일화 되지 않을 수 있음
	Customization이 어려움	산출물 수준이 상이할 수 있음
	실제 통제운영을 담당하는 현업의 협조 없이는 운영 어려움	표준화되지 않으면 연결 내부회계요건 충족 및 통합 테스트 시 비효율 발생 가능

(2) 연결내부회계관리제도 설계 및 운영 범위[78)]

연결내부회계관리제도 관점의 범위 선정 방법은 별도재무제표 기준 내부회계관리제도 설계 · 운영 시 범위를 선정하는 방법과 동일하다. 연결내부회계관리제도 역시, 다음과 같이 내부회계관리제도를 설계 · 운영하고 이에 따라 통제활동을 평가하는 단계를 거친다.

- 연결재무제표의 유의한 계정과목 등의 선정
- 경영자 주장의 식별
- 유의한 업무프로세스 파악 및 관련 사업단위(부문)의 선정
- 내부회계관리제도의 설계 · 운영 및 평가

지배회사는 연결재무제표를 작성하는 과정에서 일관된 회계기준을 적용하기 위한 정책 및 절차를 제시하고, 종속회사의 성격, 규모 및 특성을 고려하여 종속회사 현업 부서 및 회계팀의 통제활동 수준을 결정한 후 해당 업무 처리 방식과 통제 수준을 고려하여 지배회사의 업무절차 및 통제활동을 설계한다. 이와 같이 설계된 균형 있는 통제활동을 기반으로 연결재무제표를 작성하는 것이 바람직하며, 이러한 절차는 연결재무제표 관점에서 일부 종속회사에 국한하지 않고 원칙적으로는 전체 종속회사를 대상으로 적용하는 것이 필요하다.

78) 모범규준 등 적용 FAQ, 52

연결내부회계관리제도에서 종속회사에 대한 내부회계관리제도 설계 · 운영 방안은 어떤것들이 존재하나요(모범규준 등 적용 FAQ, 53)?

종속회사에 대한 내부회계관리제도를 설계하는 경우, 지배회사의 정책 및 구현된 종속회사의 업무 프로세스에 따라 다양한 방안이 적용될 수 있습니다.
먼저 지배회사의 정책 및 절차에 기반하여 종속회사의 정책 및 업무 프로세스를 결정합니다. 동과정에서 관련 업무 수행 조직, 시스템 등이 결정되고 종속회사 수준에서 적용될 통제활동도 같이 결정됩니다. 종속회사 통제활동의 수준과 지배회사의 위험에 대응하는 성향에 따라 본사 수준의 통제활동을 결정합니다. 이와 같이 종속회사수준에서 통제활동을 설계 · 운영하거나 지배회사의 직접적인 모니터링 방식의 통제활동을 적용함에도 불구하고 잔여 위험이 존재하는 경우에는 본사의 내부감사 활동 등의 사후 점검 활동을 통제활동으로 적용하기도 합니다. 그러나 내부감사활동 등의 통제활동은 재무보고 목적에 적합하여야 하고 적시성이 확보되어야 합니다. 따라서 연결내부회계관리제도에서 주로 적용되는 통제활동은 종속회사수준의 통제활동과 지배회사의 직접적인 모니터링 방식의 통제활동입니다. 이를 적용하는 방식을 선택하는 데에는 경영진의 성향, 회사의 정책, 프로세스, 조직 구조(Matrix 조직 등) 및 시스템 등을 고려하는 것이 필요합니다.
예를 들어, 소규모 종속회사들로 구성된 지배회사의 경우 지배회사 회계팀에서 복잡한 결산 업무를 직접 수행하기도 합니다. 이러한 경우에는 본사의 회계팀이 수행하는 결산 절차에 통제활동을 구축하고 운영하는 것이 적합할 수 있습니다. 물론 본사가 결산을 수행하기 위해서는 종속회사에서 발생하는 거래에 대한 충분한 이해와 관련 근거를 확인할 수 있는 기반이 우선되어야 합니다.
또한, 연결재무제표의 신뢰성 확보를 위하여 위와 같은 통제활동을 적용한 이후의 잔여 위험은 재무적으로 중요하지 않은 수준까지 낮추어야 합니다.

(3) 연결내부회계관리제도 평가대상 부문을 선정하는 일반적인 방법[79)]

연결내부회계관리제도는 연결재무제표 관점에서 내부회계관리제도가 적절하게 설계 및 운영되고 있다는 합리적 확신을 얻기 위한 절차이므로 모든 종속회사가 평가대상에 포함될 필요는 없다. 즉 합리적 수준의 확신을 얻기 위해 위험기반의 접근방법을 적용하여 연결내부회계관리제도 범위에 포함된 재무적으로 유의적인 부문이나 특정 위험으로 인한 유의적인 부문 등을 위주로 내부회계관리제도를 평가하면 된다.

내부회계관리제도 설계 및 운영 적용기법 문단 63 등에서는 위험평가 단계에서 양적 및 질적인 중요성을 고려하도록 규정하고 있다는 것은 이전 장에서 설명하 바 있다. 연결내부회계관리제도 또한 이와 동일하게 위험평가 단계에서 중요성의 관점에서 설계 · 운영 범위를 선정할 수 있다.

단, 설계 · 운영 범위 선정 시점에는 중요하지 않다고 판단된 계정과목 또는 부문이 기중 금액 증가 등으로 중요해질 것으로 예상되는 경우에는 설계 · 운영에 포함되는 종속회사의 범위를 확대할 필요가 있으며, 유의적이지 않은 부문 등에 대해서도 그룹수준의 위험평가와 부문 재무보고결과에 대한 모니터링 등 그룹차원의 통제를 설계 · 운영하여 잔여위험에 대응할 필요가 있다.

2 연결내부회계관리제도 평가 · 보고 대상범위 선정 가이드라인

연결내부회계관리제도 평가 · 보고 대상범위 선정 가이드라인(23. 12. 29)'에서는 '연결내부회계관리제도 평가 · 보고 대상범위 선정(Scoping)'이란 회사가 부문과 관련된 연결재무제표의 중요한 왜곡표시

79) 모범규준 등 적용 FAQ, 59

위험에 대해 양적 · 질적 판단기준을 적용하여 연결내부회계관리제도 평가 · 보고 대상 부문의 범위를 결정하는 과정을 말한다.

(1) 부문 선정 단계

연결내부회계관리제도 평가 · 보고 대상 범위 선정(Scoping)을 위한 절차는 유의적 부문을 선정하는 절차(1단계), 유의적이지는 않지만 개별적으로 중요한 왜곡표시를 발생시킬 가능성이 낮지 않은 부문을 선정하는 절차(2단계), 유의적이지는 않지만 다른 부문과 합칠 경우 중요한 왜곡표시를 발생시킬 가능성이 낮지 않은 부문을 선정하는 절차(3단계)로 구분할 수 있다.

① '유의적 부문'이란 '재무적으로 유의적인 부문'과 '특정 위험에 따른 유의적인 부문'으로 구분할 수 있으며, 재무적으로 유의적인 부문은 연결재무제표와 관련하여 개별적으로 재무적인 유의성을 가지는 부문을 말하며, 특정 위험에 따른 유의적인 부문이란 부문의 고유한 성격이나 상황으로 인하여 연결재무제표상 유의적인 중요한 왜곡표시위험을 포함할 가능성이 있는 부문을 말한다.

② '유의적이지는 않지만 개별적으로 중요한 왜곡표시를 발생시킬 가능성이 낮지 않은 부문'이란 개별 부문에서 식별된 중요한 왜곡표시위험이 유의적인 위험은 아니더라도 해당 위험으로 인하여 연결재무제표의 특정 거래유형, 계정잔액 또는 공시에 중요한 왜곡표시를 발생시킬 가능성이 낮지 않은 부문을 말한다.

③ '유의적이지는 않지만 다른 부문과 합쳤을 때, 중요한 왜곡표시를 발생시킬 가능성이 낮지 않은 부문'이란 식별된 중요한 왜곡표시위험이 유의적인 위험이 아니더라도 둘 이상의 부문을 합칠 경우 해당 위험으로 인하여 연결재무제표의 특정 거래유형, 계정잔액 또는 공시에 중요한 왜곡표시를 발생시킬 가능성이 낮지 않은 부문을 말한다.

각 단계별 세부적인 양적, 질적 판단기준은 다음과 같다.

단계	선정 기준	양적 판단기준	질적 판단기준
1단계	유의적 부문 선정	1. 주요 재무지표(매출, 총자산, 세전손익 등) 중 15%를 초과하는 부문을 우선적으로 선정 2. 필요에 따라 15%보다 높거나 낮은 백분율 적용 가능 3. 다수의 재무적 지표를 종합적으로 고려 가능	1. 부문에서 식별된 유의적 위험이 연결재무제표 및 공시에 중요한 영향을 미치는 부문 2. 그룹 차원에서 결정한 유의적 위험과 관련된 부문 3. 규제 목적상 유의적인 부문 4. 명확한 사업적 목적이 없는 부문 5. 신규 취득한 부문 6. 지속적인 손실 또는 전기에 중요한 취약점이 존재한 부문 7. 부문 경영진의 회계 관련 적격성이 부족한 부문 8. 부정위험이 높은 부문 9. 기타 회사가 특정 위험이 있다고 판단한 부문

단계	선정 기준	양적 판단기준	질적 판단기준
2단계	개별적으로 중요한 왜곡표시 발생 가능성이 낮지 않은 부문 선정	1. 유의한 계정과목 금액이 중요성 금액의 4배수 이상인 경우 평가 대상 2. 그러나 발생 원인, 성격 등을 볼 때 왜곡표시 가능성이 낮다고 판단될 경우 제외 가능	1. 유의적 변화(예: 양수, 자산취득 등) 발생 부문 2. 그룹이 공통적으로 사용하는 시스템, 프로세스 및 통제를 활용하지 않는 부문 3. 그룹 차원 통제의 운영 효과성이 낮은 부문 4. 내부감사기능 업무가 수행되지 않는 부문 5. 비경상적인 변동이 식별된 부문 6. 기타 왜곡표시 발생 가능성이 낮지 않은 부문
3단계	다른 부문과 합쳤을 때 왜곡표시 가능성 부문 선정 : 잔여 부문 평가	1. 잔여 부문의 유의한 계정과목 합계 금액이 중요성 금액의 8배수 이상인 경우 평가 대상 2. 유의한 계정과목 비중, 특정 부문이 차지하는 비중, 잔여 금액을 구성하는 부문의 개수 등을 추가로 고려 가능	1. 부문의 자산, 부채 또는 거래의 성격 2. 부문에서 중요한 왜곡표시 위험의 수준 3. 특정 부문의 왜곡표시 위험이 다른 부문에도 영향을 미치는지 여부 4. 기록과 정보처리의 중앙집중화 정도 5. 통제 환경의 효과성 6. 그룹 차원 통제의 주기, 시기 및 범위 7. 기타 잔여 부문이 다른 부문과 합쳤을 때 왜곡표시를 발생시킬 가능성

(2) 평가범위 선정

앞에서 설명한 단계를 거쳐 부문을 선정한 후 평가 · 보고 범위는 다음과 같이 '부문의 전체 프로세스(Full scope)', '부문의 특정 프로세스(Specific scope)', '그룹 차원의 통제 프로세스(Limited scope)'로 구분할 수 있다.

1) 부문의 전체 프로세스(Full scope)

재무적으로 유의적인 부문, 특정 위험으로 인해 유의적인 부문 및 유의적이지는 않으나 개별적으로 또는 다른 부문과 합쳤을 때 중요한 왜곡표시를 발생시킬 가능성이 낮지 않은 부문이 연결재무제표의 유의한 계정과목 등에 광범위한 영향을 미치는 경우 부문의 재무제표상 유의한 계정과목 등과 관련된 내부회계관리제도 프로세스 전체를 연결내부회계관리제도 평가 · 보고 범위에 포함하여야 한다.

2) 부문의 특정 프로세스(Specific scope)

특정 위험으로 인해 유의적인 부문 및 유의적이지는 않으나 개별적으로 또는 다른 부문과 합쳤을 때 중요한 왜곡표시를 발생시킬 가능성이 낮지 않은 부문이 연결재무제표의 유의한 계정과목 등 중에서 특정 계정과목 등에 한정된 영향을 미치는 경우 부문의 재무제표상 특정 유의한 계정과목 등과 관련된 내부회계관리제도 프로세스만을 연결내부회계관리제도 평가 · 보고 범위에 포함할 수 있다.

3) 그룹 차원의 통제 프로세스(Limited scope)

개별적으로 또는 다른 부문과 합쳤을 때 연결재무제표에 중요한 왜곡표시를 발생시킬 가능성이 낮은 부문에 대해 그룹 수준의 위험평가와 부문의 재무보고 결과에 대한 모니터링 등 그룹 차원의 통제를 통하여 잔여 부문의 위험에 대응한다.

(3) 부문선정과 평가범위 선정의 관계

양적, 질적 기준에 의한 부문을 선정한 후 연결내부회계관리제도 평가 · 보고 대상 부문의 범위을 결정하는 절차를 종합적으로 정리하면 다음과 같다.

[그림 4-4] **부문 선정 단계, 판단기준 및 평가범위 선정**

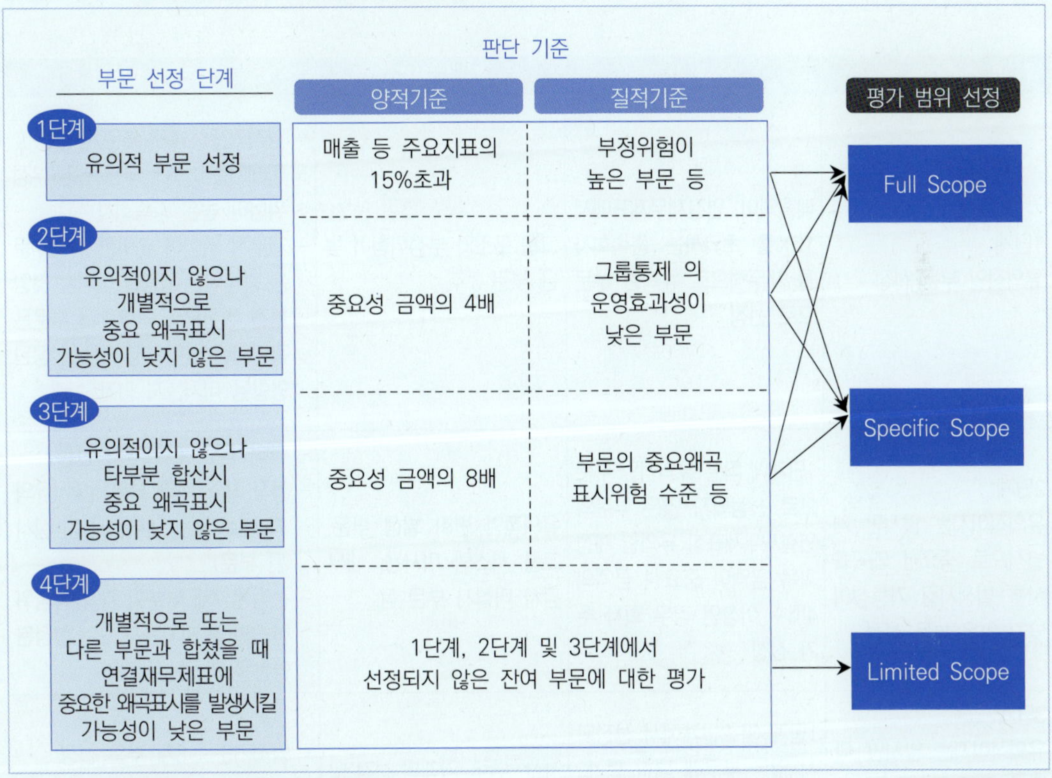

〈표 4-4〉 **부문선정과 평가범위 선정절차**

평가 범위	부문 선정	조건	평가 범위 및 보고 범위
전체 프로세스 (Full Scope)	- 재무적으로 유의한 부문 - 특정 위험으로 인해 유의적인 부문 - 유의적이지 않으나 개별적으로 또는 다른 부문과 합쳐 중요한 왜곡표시를 발생시킬 가능성이 낮지 않은 부문	연결재무제표의 유의한 계정과목 등에 **광범위한 영향을 미치는 경우**	부문의 재무제표상 유의한 계정과목 등과 관련된 내부회계관리제도 전체 프로세스를 평가 · 보고
특정 프로세스 (Specific Scope)	- 특정 위험으로 인해 유의적인 부문 - 유의적이지 않으나 개별적으로 또는 다른 부문과 합쳐 중요한 왜곡표시를 발생시킬 가능성이 낮지 않은 부문	연결재무제표의 유의한 계정과목 중 특정 계정과목 등에 **한정된 영향을 미치는 경우**	부문의 재무제표상 특정 유의한 계정과목에 관련된 내부회계관리제도 프로세스만을 평가 · 보고
그룹 차원의 통제 (Limited Scope)	- 개별적으로 또는 다른 부문과 합쳐도 연결재무제표에 중요한 왜곡표시를 발생시킬 가능성이 낮은 부문	그룹 차원의 통제를 통해 위험을 관리할 수 있는 경우	그룹 수준의 위험 평가 및 부문의 재무보고 결과 모니터링 등 그룹 차원의 통제로 잔여 부문의 위험에 대응

(4) 연결내부회계관리제도 평가·보고 대상범위 선정 사례

P사는 총 30개의 종속회사를 보유하고 있는 건설업을 주업으로 영위하는 회사로 연결내부회계 평가·보고 대상범위를 선정하려고 한다. P사는 내부거래가 제거된 연결재무제표를 기준으로 중요성 기준을 설정하고 각 계정과목에 대한 위험평가를 우선 실시하였다. 이후 연결내부회계관리제도 평가 및 보고대상 범위를 선정하기 위한 절차를 진행하였다.

단계	양적 기준	질적 기준	선정된 대상
1단계: 유의적인 부문 선정	매출액이 연결재무제표에서 15%를 초과하는 종속회사를 재무적으로 유의한 부문으로 선정	그룹 구조와 부정위험이 높은 부문	- 양적기준 : 4개 부문 선정 - 질적기준 : 1개 부문 선정(부정위험이 높은 종속회사) - 재무적 위험이 유의한 4개 부문은 광범위한 영향을 미치는 것임 - 특정 위험으로 인한 1개 부문은 광범위한 영향인지 또는 한정된 영향을 미치는지 평가
2단계: 유의적이지는 않지만 개별적으로 중요한 왜곡표시를 발생시킬 가능성이 낮지 않은 부문 선정	1단계에 따른 유의적인 부문으로 선정되지 않은 부문의 연결재무제표상 유의한 계정과목 금액이 중요성 금액의 4배수 이상인 경우 회사 추가 선정	유의적인 변화 발생 부문, 그룹 시스템 미사용, 내부감사 미실시 부문 등	- 양적기준 : 6개 부문 선정 - 질적 기준 : 1개 부문 선정 (유의적 변화 또는 내부감사 미 실시된 부문) - 선정된 7개 부분이 각각 광범위한 영향을 미치는지 또는 한정된 영향을 미치는지 평가
3단계: 유의적이지는 않지만 다른 부문과 합쳤을 때 중요한 왜곡표시를 발생시킬 가능성이 낮지 않은 부문 선정	1단계 및 2단계에서 선정되지 않은 부문에 대한 평가 - 잔여 부문의 합계가 중요성 금액의 8배수를 초과하는 경우 추가 선정	자산, 부채, 거래의 성격 및 왜곡표시 위험 수준 등을 고려	- 양적기준 : 8개 부문 선정 - 선정된 8개 부문이 합쳐서 광범위한 영향을 미치는지 또는 한정된 영향을 미치는지 평가
4단계: 개별적으로 또는 다른 부문과 합쳤을 때 연결재무제표에 중요한 왜곡표시를 발생시킬 가능성이 낮은 부문	1단계, 2단계 및 3단계에서 선정되지 않은 잔여 부문에 대한 평가		잔여 부문(10개 부문)에 대해서는 그룹 수준의 위험평가와 부문의 재무보고 결과에 대한 모니터링 등 그룹 차원의 통제를 통하여 잔여 부문의 위험에 대응

Chapter 05

전사적 수준 통제 설계 및 운영

5 전사적 수준 통제 설계 및 운영

제1절 전사적 수준 통제의 의미

1 전사적 수준 통제 고려

전사적 수준 통제(Entity Level Control: ELC)란 회사 전체에 영향을 미치거나 업무수준 통제에 전반적으로 영향을 미치는 통제를 말한다(평가 및 보고 기준, 2 자).

전사적 수준 통제는 업무프로세스의 거래수준 통제의 기반을 형성하고 경영진이 효과적인 내부회계관리제도를 유지 · 감독할 수 있도록 하는 체계적인 관리수단을 제공한다. 효과적인 전사적 수준 통제는 업무프로세스 수준, 거래수준 통제 및 정보기술 일반통제 등에 긍정적인 영향을 미치게 된다. 이에 전사적 수준 통제의 미비점은 거래수준이나 다른 전사적 수준 통제의 평가 방법 · 범위 · 시기 등에 중대한 영향을 미치게 된다. 경영진은 주요 계정과목의 경영자 주장이 왜곡될 수 있는 위험을 적절히 예방 또는 적발할 수 있는 통제들을 식별하고 평가하는 과정에서 전사적 수준에서의 통제를 고려한다(평가 및 보고 가이드라인, 19).

예를 들어 내부회계관리제도의 전담 조직이 부재한 경우 내부회계관리제도 변화관리체계, 정보 및 의사소통 및 모니터링 활동이 적절히 이뤄지지 못할 가능성이 높음에 유의하여 거래수준 통제활동을 평가하여야 할 수 있다. 즉, 기중에 변경되거나 되어야 하는 통제활동의 적시 업데이트가 이뤄지지 못한 경우에는 이를 고려하여 거래수준이나 다른 전사적 수준 통제활동의 평가 방식을 결정한다(평가 및 보고 가이드라인, 22).

전사적 수준 통제는 개별적인 거래나 프로세스에 대한 통제활동이 아니라, 조직 전반에서 이루어지는 통제 환경, 정책, 절차, 그리고 전반적인 위험 관리 체계를 포함하게 된다. 이러한 통제는 조직의 문화, 리더십, 윤리적 기준, 그리고 경영진의 위험 대응 전략에 기반을 두고 있다. 또한, 전사적 수준 통제는 내부통제 시스템의 기초가 되는 역할을 하며, 모든 조직적 활동과 절차에 대한 프레임워크를 제공하는 역할을 하게 된다. 효과적인 전사적 수준 통제를 구축하고 운영하는 것은 회사의 모든 부문에서 일관된 통제 환경을 조성하고, 이를 통해 조직 전반에서 재무보고의 신뢰성을 높일 수 있는 근간이 되는 것이다.

조직의 위험 관리 관점에서 전사적 수준 통제는 조직의 최고 단계에서 주도하는 통제로, 이사회, 고위 경영진 및 조직의 모든 구성원에게 적용되는 정책(Policies), 규칙(Rules), 절차(Procedures) 및 행동 표준(Standards of Behavior)이다. 고위 경영진의 행동이나 의지가 조직의 다른 모든 구성원의 후속 행동과 적격한 업무 수행에 대한 기조를 형성(tone at the top)하는데 절대적 영향력을 가지는 것을 포함한다.

2 전사적 수준 통제의 구분

전사적 수준통제는 그 성격에 따라 다음과 같이 구분할 수 있다(평가 및 보고 가이드라인, 20).

1) 간접 전사적 수준 통제(Indirect Entity-Level Control)

통제환경처럼 회사의 내부회계관리제도의 효과성에 전반적인 영향을 미치지만 중요한 재무제표 왜곡표시의 발생을 예방 및 적발하는 데에는 간접적인 영향을 미치는 전사적 수준의 통제를 의미한다.

- 전사적 수준 통제가 재무보고요소와의 관계가 직접적이지 않을수록 통제가 왜곡표시를 예방하거나 적발하는데 덜 효과적일 수 있으나 통제환경과 관련된 통제와 같은 일부 전사적 수준 통제는 간접적이지만 적시에 왜곡표시를 예방하거나 적발할 가능성에 중요한 영향을 미친다.
- 이러한 통제는 경영진이 개별 재무보고요소의 왜곡표시 위험과 관련하여 평가 대상 통제를 선정하는데 영향을 미칠 수 있다. 그러나, 경영진은 재무보고요소에 대하여 식별된 위험을 적절하게 다루기 위하여 이러한 유형의 전사적 수준 통제만을 식별하지는 않을 것이다.
- 또한, 일부 간접 전사적 수준 통제는 다른 통제의 효과성을 모니터링 하는 기능을 수행하기도 하며, 이러한 간접 전사적 수준 통제가 효과적으로 운영되는 경우 모니터링 대상이 되는 통제의 평가범위를 조정할 수 있다.

2) 직접 전사적 수준 통제(Direct Entity-Level Control)

재무제표와 관련된 경영자 주장이 왜곡될 위험을 적절히 방지하거나 적시에 적발할 수 있을 정도로 설계된 전사적 수준의 통제를 직접 전사적 수준 통제라 한다.

- 직접 전사적 수준 통제가 특정 재무제표 왜곡표시 위험을 효과적으로 적발 또는 예방하고 있다고 평가된다면 해당 위험과 관련된 업무프로세스 수준의 통제를 평가 대상에서 제외할 수 있다.
- 예를 들어, 경영진이 기말재무제표 작성절차(직접 전사적 수준 통제에 해당)를 통해 관련 왜곡표시 위험이 적절히 적발된다고 평가한 경우 동 위험과 관련된 거래수준 통제의 식별 및 평가를 생략할 수 있을 것이다.

3 전사적 수준 통제의 예시

전사적 수준에서의 내부회계관리제도의 일반적인 예는 다음과 같다(평가 및 보고 가이드라인, 21).

1) 통제환경

최고경영자의 의지 및 철학, 권한과 책임의 위임, 일관성 있는 정책과 절차 및 조직 전반에 걸쳐 적용되는 윤리강령, 부정방지 프로그램 등

2) 경영진의 권한 남용 및 통제 무력화(Override) 위험과 관련한 통제

경영진이 내부통제가 존재함에도 불구하고 권한을 남용하여 이를 무력화할 위험을 줄일 수 있는 제도

및 관련 통제활동 등

3) 위험평가 절차

내부회계관리제도 목적 상 위험평가 절차는 유의한 계정과목 등의 선정, 업무프로세스와의 연계, 평가대상 사업부문의 선정 등으로 구성

4) 중앙집중적인 업무처리활동 및 통제활동

통합구매, 급여 계산, 자금 등 회사에 전반적인 영향을 미치는 업무처리활동 및 관련 통제

5) 영업성과에 대한 모니터링

경영진이 사업단위별 영업성과 및 재무제표, 또는 전사 재무제표에 대한 검토를 통하여 중요한 재무제표 왜곡표시를 사전에 예방하거나 적시에 발견할 수 있기 때문에 영업성과에 대한 모니터링은 전사적 수준의 내부회계관리제도로 구분됨

6) 통제활동에 대한 모니터링

내부감사 및 감사(또는 감사위원회) 활동, 자체평가 프로그램 등은 전사적 수준, 현업부서의 일상적인 업무수행과정에서 수행되는 모니터링(경영진이나 중간관리자의 검토, 거래나 회계기록의 승인 등)은 업무프로세스 수준의 내부회계관리제도로 구분됨

7) 재무제표 작성절차

업무프로세스 수준에서 이루어지는 모든 거래를 회사가 선택한 회계처리 정책에 의해 회계처리하고 각 사업부문에서 작성 및 제출되는 결산 관련 자료를 취합하는 등의 기말재무제표 작성절차는 전사적 수준의 내부회계관리제도로 구분할 수 있으며 아래의 내용이 포함됨. 재무제표 작성절차는 거래수준의 내부회계관리제도로 구분할 수도 있고 회계정책을 선택하고 적용하는 절차는 위험평가 절차의 항목으로 구분하기도 함

- 회계정책을 선택하고 적용하는 절차
- 회계전표를 작성, 승인, 기록하고 총계정원장에 전기하는 절차
- 결산 조정사항 및 수정사항의 반영절차
- 재무제표 및 관련 주석사항의 작성절차

8) 이사회가 승인한 중요정책, 내부회계관리규정 및 조직 등

외부감사법규에 따른 내부회계관리규정의 제 · 개정과 내부회계관리제도 관련 조직구조에 대한 승인 등

4 전사적 수준 통제 평가 결과의 활용[80)]

전사적 수준의 통제와 정보기술 일반통제의 평가 결과는 일반적으로 평가 대상으로 선정한 거래수준 통제의 위험평가 시에 고려하게 된다. 전사적 수준의 통제와 정보기술 일반통제의 평가 결과가 바람직하지 않은 경우 관련된 거래수준 통제의 설계 및 운영이 부적절할 가능성이 증가하므로 평가 방법, 시기 및 정도를 확대하는 방식을 적용하여야 한다.

일부 전사적 수준의 통제와 정보기술 일반통제는 내부회계관리제도의 유효성이 직접적인 영향을 미치는 항목도 존재하나, 일반적으로는 거래수준에 포괄적인 영향을 미치며 그 연관관계가 명확하지 않은 부분도 존재할 수 있다.

일부 전사적 수준 통제는 하위 수준의 통제가 실패할 가능성을 식별할 수 있도록 설계될 수도 있으나 해당 전사적 수준 통제만으로 재무보고 위험을 적절하게 처리할 수 있는 것은 아니다. 예를 들어, 통제 운영의 결과를 모니터링 하는 전사적 수준 통제는 잠재적인 왜곡표시를 적발하고 하위 수준의 통제가 실패하였는지 조사하도록 설계될 수 있다. 그러나, 모니터링 통제에 의하여 적발되기 전까지 존재할 수 있는 잠재적인 왜곡표시의 금액이 너무 큰 경우 해당 통제는 재무보고요소와 관련된 위험을 적절하게 처리하지 못할 수 있다.

전사적 수준 통제는 프로세스, 응용시스템, 거래 또는 계정과목 수준에서 재무제표의 중요한 왜곡표시를 초래할 수 있는 재무보고요소의 왜곡표시를 예방하거나 적시에 적발할 수 있도록 충분히 정교하게 설계되고 운영될 수 있다. 이러한 경우 경영진은 재무보고 위험과 관련된 추가적인 통제를 식별하거나 평가할 필요가 없을 수 있다.

설계 · 운영 개념체계에서 제시하는 17가지 원칙이 존재하지 않거나 기능하지 않는 경우에는 유의한 미비점이나 중요한 취약점으로 구분되는 것이 일반적이며, 감사(또는 감사위원회) 및 부정방지와 관련된 원칙은 중요한 취약점으로 고려할 수 있는 항목으로 간주된다.

---------------------------------(A 회계법인 감사방법론 중)---------------------------------

전사적 수준 통제의 효과성에 따라서, 간접전사적 수준 통제는 경영자주장과 직접 연관되어 있지 않고, 환경적으로 영향을 미치는 통제들(예시: Code of Conduct [윤리기준, 윤리 서약 – 준법 의무 강화])이다. 윤리규정이 잘 되어 있어도, 특정계정과목의 경영자주장의 왜곡표시 위험을 직접적으로 줄여 준다는 명백한 증거를 찾기는 어렵다(예시: 재고자산의 실재성 검증의 직접 감사 증거는 되지 않는 등). 즉 간접 전사적 수준 통제인 윤리규정이 잘 되어 있어도 거래수준의 통제의 효과성 테스트 범위를 줄일 수는 없다.
전사적 수준 통제가 효과적으로 운영되고 있지 않다면, 테스트의 범위를 확대할 필요성이 생기는데, 극단적으로 전사적 수준 통제를 "0"으로 놓고, 거래수준 통제 테스트를 하는 것 자체는 논리적으로 가능한 것으로 판단할 수 있다. 그러나 반대로 전사적 수준 통제를 100% 하였다고 하여 거래수준 통제의 테스트 범위를 줄일 수는 없다.
직접 전사적 수준 통제는 해당 통제가 경영자주장 항목과 직접 관련이 있어서, 경영자주장과 관련된 왜곡위험을 줄여 줄 수 있는 통제로, 거래수준 통제의 테스트 자체를 줄여 줄 수 있는 통제활동들이다. (예시: 재무제표 작성과 관련된 직접 전사적 수준 통제인 "보고기간 말 재무보고 내부통제활동인 결산업무관련 통제 등")

80) 평가 및 보고 가이드라인, 22

제2절 효과적인 내부회계관리제도 설계 및 운영

내부회계관리제도는 내부통제제도의 일반적인 5가지 구성요소(통제환경, 위험평가, 통제활동, 정보 및 의사소통, 모니터링 활동)와 각 구성요소별 원칙을 모두 고려하여 설계하고, 이사회, 경영진, 감사(위원회) 및 중간관리자와 일반 직원 등 조직 내 모든 구성원들에 의해 운영된다(설계 및 운영 개념체계, 15).

1 효과적인 내부회계관리제도 요건(설계 및 운영 개념체계 16~18)

효과적인 내부회계관리제도는 외부 재무보고의 신뢰성 확보라는 목적 달성을 저해할 수 있는 위험을 합리적인 수준에서 감소시킬 수 있으며, 그러한 목적은 다음의 요건이 모두 충족될 때 달성될 수 있다.

- 내부회계관리제도의 각 구성요소와 관련 원칙이 존재하고 기능한다.
- 내부회계관리제도의 구성요소가 연계되어 통합적으로 운영된다.

각 구성요소와 관련 원칙들이 존재하고 기능하며, 구성요소들이 연계되어 통합적으로 운영되는지 여부를 평가함에 있어 경영진의 판단을 필요로 한다. 원칙은 구성요소와 밀접하게 연계되어 있는 기초 개념으로서 특정 원칙이 존재하지 않거나 기능하지 않고 있다면, 관련 구성요소는 존재하지 않거나 기능하지 않고 있다고 판단할 수 있다.

내부회계관리제도 구성요소와 관련 원칙들이 존재하고 기능하는지 여부를 판단함에 있어 다른 원칙과의 연관성을 고려하여야 한다.

2 내부회계관리제도의 구성요소와 원칙(설계 및 운영 개념체계, 19)

내부회계관리제도의 구성요소와 원칙은 모든 기업에 적용된다. 원칙은 각 내부회계관리제도 구성요소와 관련된 근본적인 개념으로 각 구성요소가 존재하고 기능하는데 중대한 영향을 미친다. 따라서 관련된 원칙이 존재 · 기능하지 않는 경우 해당 내부회계관리제도 구성요소가 존재 · 기능할 수 없다. 그러나 관계 법령, 산업 및 운영환경 상의 특성에 따라 특정 원칙이 적용 가능하지 않다고 경영진이 판단할 수 있는 극히 예외적인 경우가 있을 수 있다. 특정 원칙이 회사에 적용 가능성이 없다고 결론을 내리기 위해서는 해당 원칙이 부재함에도 불구하고 관련 구성요소가 어떻게 존재하고 기능할 수 있는지에 대한 합리적인 근거로 경영진의 판단을 뒷받침하여야 한다.

❸ 구성요소 및 원칙의 존재와 기능(설계 및 운영 개념체계, 20~21)

존재와 기능은 내부회계관리제도 구성요소 및 원칙에 적용되는 개념으로 다음과 같은 의미를 갖는다.

- "구성요소 및 원칙이 존재한다" 함은 내부회계관리제도 구성요소 및 관련 원칙이 설계 및 구축되어 있다고 판단할 수 있어야 함을 의미한다.
- "구성요소 및 원칙이 기능한다" 함은 내부회계관리제도 구성요소 및 관련 원칙이 계속적으로 운영되고 있다고 판단할 수 있어야 함을 의미한다.

내부회계관리제도 구성요소가 "연계되어 통합적으로 운영된다" 함은 5가지 구성요소가 상호 유기적으로 연계되고 운영되어 외부 재무보고 신뢰성을 저해하는 위험을 감소시킨다고 합리적 수준에서 판단할 수 있어야 함을 의미한다.

❹ 원칙 달성을 위한 중점 고려사항(설계 및 운영 개념체계, 22~23)

설계 · 운영 개념체계는 내부회계관리제도의 구성요소별 원칙 달성을 위한 중요한 항목으로 중점 고려사항을 제시하고 있다. 회사의 특수한 환경을 고려하여 일부 중점 고려사항을 적용하는 것이 적합하지 않거나 필요한 경우 중점 고려사항을 변경 또는 추가할 수 있다. 중점 고려사항은 경영진이 내부회계관리제도의 설계 및 운영 그리고 관련된 원칙이 실질적으로 존재하고 기능함을 평가하는 데 유용하게 사용될 수 있다.

경영진은 내부회계관리제도를 설계, 운영 및 평가함에 있어 각 구성요소와 원칙을 필수적인 사항으로 고려하여야 하나, 원칙을 실현하기 위한 중점 고려사항은 개별 회사의 상황에 따라 적절히 조정하여 적용할 수 있다.

❺ 원칙 달성을 위한 통제(설계 및 운영 개념체계, 24~26)

통제는 회사의 정책 및 절차와 긴밀히 연계되어야 한다. 정책은 효과적인 통제를 위해 반드시 수행되어야 하는 경영진의 지시사항을 반영한다. 절차는 정책을 실행하기 위한 다양한 활동으로 구성된다. 따라서 정책이나 절차가 연계되지 않은 통제는 효과적이지 않을 것이다.

경영진은 내부회계관리제도의 5가지 구성요소와 관련 원칙을 달성하기 위해 구성요소 내에 통제를 설계하고 구축한다. 설계 · 운영 개념체계는 효과적인 내부회계관리제도를 위해 설계 및 운영되어야 하는 특정한 통제를 제시하지는 않는다. 어떤 통제를 설계 및 운영할 것인가는 회사의 다양한 특성을 고려한 경영진의 결정 사항이다. 다만 경영진은 구성요소와 관련 원칙이 존재하고 기능하고 있다는 결론을 뒷받침하기 위해 설득력 있는 근거를 갖추어야 하며, 이를 위해 구성요소 및 원칙과 관련된 통제를 고려하여야 한다.

효과적인 내부회계관리제도를 설계 및 운영할 수 있도록 설계 · 운영 개념체계에서는 5가지 구성요소에 대한 17가지 원칙 및 각 원칙을 달성하기 위한 중점 고려사항을 제시하고 있다. 내부회계관리제도 구성요소 및 17가지 원칙은 효과적인 내부회계관리제도의 필수적인 요구사항이며, 원칙달성을 위한 중점 고려사항은 회사의 상황에 따라 적절히 조정하여 적용할 수 있다.

[그림 5-1] 효과적인 내부회계관리제도 설계 및 운영

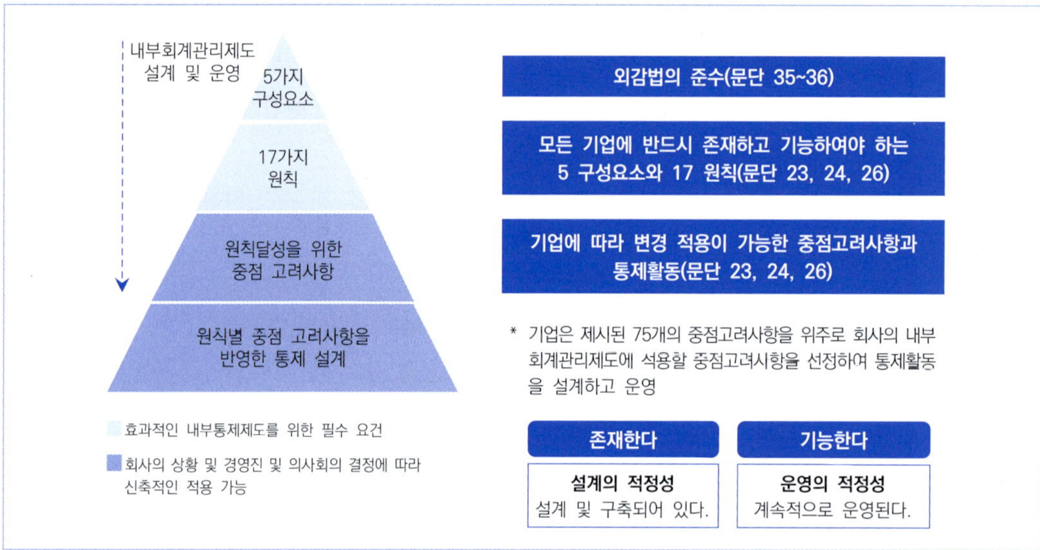

내부회계관리제도 설계 및 운영개념체계 등에는 별도로 언급되고 있지는 않으나, 일반적으로 전사적 수준 통제는 내부통제 구성요소 중 통제환경, 위험평가, 정보 및 의사소통, 모니터링에 대하여 경영자의 재무제표 왜곡표시 위험을 전사적 수준에서 식별하고 각 위험에 대응하는 통제목표 및 이를 달성하기 위한 통제활동을 설계하고 운영하는 절차로 구성된다.

거래수준 통제활동의 문서화가 거래수준의 통제활동 자체를 문서화하는 반면, 전사적 수준 통제활동의 문서화는 17가지 원칙과 회사가 선택한 중점고려사항을 준수하기 위한 정책 및 절차가 적용될 수 있는 통제활동을 기술하는 것이 필요하다.

전사적 수준 통제의 원칙 유효성을 판단할 때, 때로는 회사의 정책과 절차가 존재하고 관련된 업무수행 결과가 존재하는 것만으로도 수용될 수 있다. 예를 들어 위험평가 원칙과 관련된 내부회계관리규정이나 지침에 회사가 수행할 위험평가 절차를 제시하고 이에 따라 재무제표를 기준으로 평가 대상을 선정하고 보고하는 절차가 적절히 이뤄졌음을 증명할 수 있는 문서가 존재하는 경우에는 관련된 원칙이 준수되었음을 확인할 수 있다. 물론 이러한 경우에도 위험평가가 효과적으로 수행되기 위한 통제활동(예: 위험평가의 기반은 내부회계관리제도 평가 계획의 감사(위원회) 보고 및 검토 절차)이 기술되는 것이 바람직하다.

설계 · 운영 적용기법에서는 설계 · 운영 개념체계에서 제시한 17가지 원칙들을 적용할 수 있는 적용기법을 내부회계관리제도의 5가지 구성요소별로 예시하고 있는 바, 이는 이용자들이 각 17가지 원칙과 관련 중점고려사항간의 관계를 이해하는데 도움을 준다. 이 설계 · 운영 적용기법은 17가지 원칙을 달성하기 위한 모든 내용을 포괄하는 것은 아니며, 특정 상황에서는 설계 · 운영 개념체계에서 제시되지 않은 중점 고려사항이 관련 원칙달성을 위해 보다 적절할 수 있다는 점을 고려하여야 한다.

또한 제시된 적용기법은 개별 기업의 상황에 따라 다양하게 적용될 수 있으며, 개별 기업이 채택한 접근법은 시간의 경과에 따른 상황변화를 반영하여 변경될 필요가 있다. 설계 · 운영 개념체계는 내부회계관리제도를 설계 · 운영할 때 원칙적으로 적용하여야 하는 부분임에 반해, 설계 · 운영 적용기법은 자율적 참고지침으로서 설계 · 운영 개념체계의 일부를 구성하지 아니한다. 다만, 외감법 등에서 규정하고 있는 내부회계관리제도 관련 사항이 설계 · 운영 적용기법에 포함되어 있는 경우 해당 사항은 적용이 강제되는 필수사항으로서 회사는 설계 · 운영 적용기법 등의 내용을 참조하여 관련 내용을 준수하여야 한다.[81)]

[그림 5-2] 내부회계관리제도 5요소 및 17가지 원칙

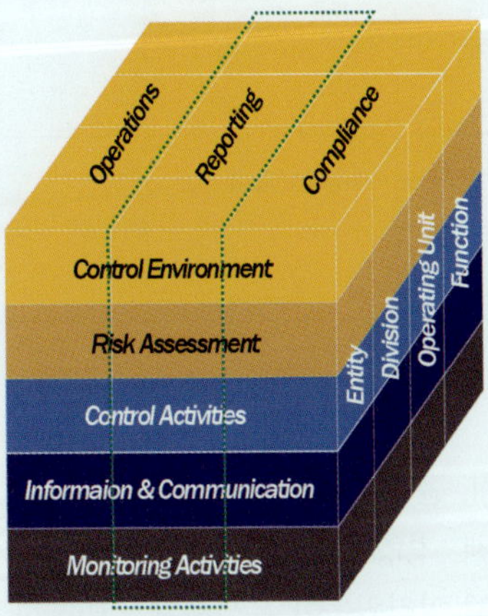

구성요소	원칙
통제환경	1. 도덕성과 윤리적 가치에 대한 책임(4) 2. 내부회계관리제도 감독 책임(4) 3. 조직구조, 권한 및 책임정립(3) 4. 적격성 유지(4) 5. 내부회계관리제도 책임 부여(5)
위험평가	6. 구체적인 목적 수립(3) 7. 위험 식별 및 분석(5) 8. 부정 위험 평가(4) 9. 중요한 변화의 식별 및 분석(3)
통제활동	10. 통제활동의 선택 및 설계(6) 11. 정보기술일반통제의 선정과 구축(4) 12. 정책과 절차를 통한 실행(6)
정보 및 의사소통	13. 관련 있는 정보의 사용(5) 14. 내부 의사소통(4) 15. 외부 의사소통(5)
모니터링 활동	16. 상시적인 모니터링과 독립적인 평가 수행(7) 17. 미비점 평가와 의사소통(3)

81) 설계 및 운영 적용기법, 목적 및 적용

제3절 구성요소별 원칙, 중점고려사항 및 적용기법82)

1 통제환경

(1) 원칙1 : 도덕성과 윤리적 가치에 대한 책임

통제요소	통제환경			
원칙	원칙 1. 도덕성과 윤리적 가치에 대한 책임 P1. 회사는 도덕성과 윤리적 가치에 대한 책임을 강조한다.			
적용기법 / 중점고려사항	A1. 윤리·행동강령 및 제반 절차의 제정	A2. 도덕성과 윤리성에 대한 경영진의 솔선수범	A3. 사업관계에 있는 외부 조직을 포함한 회사의 임직원의 윤리규범 준수여부 평가	A4. 윤리·행동강령 위반사항에 대한 보고와 즉각적인 조치 절차의 수립
F1. 경영진과 이사회의 의지 - 경영진과 이사회는 내부회계관리제도가 효과적으로 기능할 수 있도록 지침, 조치, 행동을 통해 도덕성과 윤리적 가치의 중요성을 강조한다.		P1F1A2		
F2. 윤리강령 수립 - 회사의 윤리강령은 도덕성과 윤리적 가치에 관한 이사회와 고위 경영진의 기대사항을 반영하고 있으며, 회사의 모든 임직원, 외부서비스제공자 및 협력업체가 이를 숙지하고 있다.	P1F2A1	P1F2A2		
F3. 윤리강령 준수 평가 - 윤리강령의 준수에 대한 개인과 팀의 성과를 평가하는 프로세스가 수립되어 있다.			P1F3A3	
F4. 윤리강령 위반사항의 적시 처리 - 윤리강령의 위반사항은 적시에 일관된 방식으로 식별되고 개선된다.				P1F4A4

1) 경영진과 이사회의 의지

경영진과 이사회가 회사의 이해관계자의 기대와 시장의 사회적, 윤리적, 법적 기준을 반영한 최고위층의 의지를 설정할 필요성이 있다. 이 의지는 헌장, 윤리강령, 정책, 경영방식 등 다양한 방식으로 표현되며, 단순한 법 준수를 넘어 기업가치에 맞는 올바른 행동을 제시해 임직원들이 우선순위를 이해하고 실천하도록 한다. 경영진과 이사회가 윤리적이고 책임 있는 행동을 할 때, 회사 전체에 강력한 메시지가 전달되며, 반대로 부적절한 행동은 조직 문화에 부정적인 영향을 미칠 수 있게 된다. 또한, 최고위층의 의지는 내부회계관리제도의 효과적인 운영을 위한 기반이 되며, 이를 통해 회사의 가치와 행동에 대한 공통의 이해를 수립하는 데 중요한 역할을 한다.

2) 윤리강령 수립

윤리강령은 회사가 목적을 달성하는 과정에서 옳고 그름, 위험의 판단, 법률 및 규제 사항을 준수하는 기준을 제공하며, 이를 통해 회사의 의사결정과 행동에 영향을 미친다. 회사는 어려운 의사결정에 직면했을 때도 윤리강령을 준수함으로써 도덕성과 윤리적 가치를 유지할 수 있다. 이는 의사소통과 교육 프로그

82) 이하 원칙별로 제시된 표는 내부회계관리제도 운영위원회에서 발표한 내부회계관리제도 설계 및 운영 적용사례를 인용한 것임(2019.12.3)

램의 핵심 메시지로 전달된다. 또한, 외부 서비스 제공자나 협력업체가 부적절한 행위를 했을 경우 그 책임은 궁극적으로 경영진에게 있으며, 이는 회사의 명성에 피해를 주고 추가적인 비용을 발생시킬 수 있다. 따라서 경영진은 외부 업체가 윤리강령을 준수하도록 의사소통하고 감독할 책임이 있다.

3) 윤리강령 준수 평가

윤리강령은 회사 내부 뿐만 아니라 외부 서비스 제공자들의 도덕성과 윤리적 가치 준수를 평가하는 기준이 되며, 회사의 정책, 절차, 계약문서를 통해 공유된다. 실무적으로는 윤리강령 준수를 위해 업무 담당자들의 행동, 의사결정, 태도가 경영진이나 독립적인 인원에 의해 평가된다. 회사는 윤리강령 위반사항의 수용 범위를 명확히 정의하고, 구성원들과 공유해야 하며, 위반사항에 따른 조치는 일관성 있게 적용되고, 이를 통해 회사의 윤리적 기준을 유지하게 된다.

4) 윤리강령 위반사항의 적시 처리

윤리강령의 위반사항은 적시에 일관된 방식으로 식별되고 개선되어야 한다. 경영진은 위반사항에 대한 평가를 수행하고, 위반사항의 심각성에 따라 경고, 정직 또는 퇴사 등의 적절한 조치를 취해야 하고 해당 조치에 대해 적절한 방법을 선택하여 회사 임직원과 공유한다.

(2) 원칙2 : 내부회계관리제도 감독 책임

통제요소	통제환경					
원칙	원칙 2. 내부회계관리제도 감독 책임					
	P2. 이사회는 경영진으로부터 독립성을 유지하며 내부회계관리제도의 설계 및 운영을 감독한다.					
적용기법 / 중점고려사항	A1. 이사회의 역할, 책임 및 위임 규정 수립	A2. 이사회와 경영진 간 회의 정책과 절차 수립	A3. 이사회 위원의 선임과 주기적 검토	A4. 경영진의 중요한 판단에 대한 검토	A5. 외부 정보와의 비교 검토	A6. 내부회계관리 제도에 대한 내부고발 정보 고려
F1. 이사회의 감독 책임 정립 - 이사회는 수립된 요구사항 및 기대사항과 관련된 감독 책임을 인지하고 수용한다. 단, 이사회는 외감법 등 법률에서 정하는 사항과 내부회계관리제도, 내부감사 및 부정방지 프로그램 등의 감독 책임을 감사(위원회)에 위임할 수 있다.	P2F1A1	P2F1A2				
F2. 이사회의 전문성 확보 - 이사회는 이사회 구성원에게 필요한 기술과 전문지식을 정의하고, 유지하며, 주기적으로 평가한다. 이를 통해 이사회 구성원들이 고위 경영진에게 면밀한 질문을 하고 상응하는 조치를 취할 수 있게 한다.			P2F2A3	P2F2A4		
F3. 이사회의 독립적 운영 - 이사회는 경영진의 의사결정을 평가하고 감독함에 있어 경영진으로부터 독립적이며 객관성을 갖춘 충분한 인력을 보유한다.	P2F3A1		P2F3A3			
F4. 내부회계관리제도 감독 수행 - 이사회는 경영진의 내부회계관리제도 설계, 구축 및 운영에 대한 감독 책임을 가진다.	P2F4A1	P2F4A2		P2F4A4	P2F4A5	P2F4A6

이사회는 회사의 전략적 운영과 내부 통제 시스템의 감독에서 핵심적인 역할을 하며, 이를 위해 독립성과 전문성이 요구된다.

1) 이사회의 감독 책임 정립

- 이사회는 회사와 관련된 이해관계자의 기대, 법적 및 규제 요구사항 및 연관된 위험을 이해하고 감독해야 한다.
- 이사회는 최고경영자를 임명하고 해임할 권한을 가지며, 최고경영자가 회사 전략을 실행하고 내부회계관리제도를 운영하도록 감독한다.
- 이사회의 감독은 경영진이 설정한 구조와 프로세스를 기반으로 이루어지며, 이사회는 내부회계관리제도, 내부감사, 부정방지 프로그램에 대한 감독을 감사(위원회)에 위임할 수 있다.

2) 이사회의 전문성확보 및 독립적 운영

- 이사회는 경영진과 독립적으로 운영되어야 하며, 감독 책임을 수행하기 위해 적절한 전문성과 기술을 갖춰야 한다. 이사회 구성원이 다른 회사 이사회의 구성원일 경우 이해 상충 가능성을 고려하는 것이 필요하다.
- 독립성을 가진 이사회 구성원은 경영진의 활동을 면밀히 검토하고 부정행위에 대한 문제 제시를 하며, 대안 제시 및 결단력 있는 행동을 하는 것이 필요하다. 독립성과 전문성을 갖춘 이사회의 구성이 어려운 경우, 감사(위원회) 등 다른 프로세스 및 통제를 통해 이를 대체하는 것을 고려해야 한다.

3) 내부회계관리제도 감독 수행

- 이사회는 내부회계관리제도의 설계, 구축, 운영에 대해 감독을 수행할 책임이 있으며, 이는 통제환경, 위험평가, 통제활동, 정보 및 의사소통, 모니터링 활동의 5가지 구성요소를 포함하도록 한다. 각 구성요소별로 명확한 감독 기준을 마련하여, 경영진과 이사회의 책임을 강화해야 하며, 이를 위해 정기적 또는 비정기적인 보고 절차가 필요하다.

(3) 원칙3 : 조직구조, 권한 및 책임 정립

<table>
<tr><th>통제요소</th><th colspan="4">통제환경</th></tr>
<tr><td rowspan="2">원칙</td><td colspan="4">원칙 3. 조직구조, 권한 및 책임 정립</td></tr>
<tr><td colspan="4">P3. 경영진은 내부회계관리제도의 목적을 달성하기 위해 이사회의 감독을 포함한 조직구조, 보고체계 및 적절한 권한과 책임을 정립한다.</td></tr>
<tr><td>적용기법
중점고려사항</td><td>A1.
역할과 보고체계의 정의 및 적정성 평가</td><td>A2.
전결 권한 등의 정의</td><td>A3.
직무기술서와 서비스수준합의서 관리</td><td>A4.
내부회계관리제도 관련 부서의 역할 정의</td></tr>
<tr><td>F1. 조직구조 고려 - 경영진과 이사회는 회사의 목적 달성을 지원하기 위해 다양한 조직구조(운영단위, 법적 실체, 지역적 분포, 외부서비스제공자 포함)를 고려한다.</td><td>P3F1A1</td><td></td><td></td><td></td></tr>
<tr><td>F2. 보고체계 수립 - 경영진은 각각의 조직이 권한과 책임을 이행하고 정보교류가 가능한 보고체계를 설계하고 평가한다.</td><td>P3F2A1</td><td></td><td></td><td></td></tr>
<tr><td>F3. 권한과 책임의 정의, 부여 및 제한 - 경영진과 이사회는 권한을 위임하고 책임을 정의하며 적절한 프로세스와 기술을 활용하여 조직의 다양한 수준의 필요성에 따라 책임을 부여하고 업무를 분장한다.</td><td>P3F3A1</td><td>P3F3A2</td><td>P3F3A3</td><td>P3F3A4</td></tr>
</table>

1) 조직구조와 보고체계 수립

고위 경영진과 이사회는 회사의 활동을 효과적으로 계획, 실행, 통제하기 위해 적절한 조직구조와 보고체계를 수립해야 한다. 회사의 제품, 서비스, 위험관리, 지역적 위치 등 다양한 상황을 고려하여 업무를 세분화하거나 통합할 수 있으며, 이러한 구조를 통해 내부회계관리제도를 평가할 수 있다.

- 조직구조의 지속적인 평가: 조직구조는 사업의 성격이 변화함에 따라 적합성, 효과성, 효율성을 지속적으로 검토하고 평가해야 하며, 이를 통해 집중된 위험을 파악하고 관리할 수 있게 된다.
- 보고체계 설계: 경영진은 조직의 운영형태에 따라 정보가 원활하게 흐르도록 보고체계를 설계하고, 외부서비스 제공자를 포함한 보고 대상의 이해 상충을 파악할 수 있도록 해야 한다.

2) 권한과 책임의 정의 및 부여

이사회는 경영진에게 권한을 위임하면서 동시에 명확한 책임을 정의한다. 경영진은 하위조직에 권한을 위임하고, 이를 통해 회사의 목적 달성을 위한 지침에 따라 임직원들이 의사결정을 할 수 있게 한다. 이러한 권한 위임은 회사의 유연성을 높이지만, 관리해야 할 위험의 복잡성도 증가시킨다.

3) 권한의 제한

권한은 주어진 역할을 수행하는 데 충분히 부여되어야 하지만, 그 한계는 명확히 설정되어야 한다. 이는 내부회계관리제도와 관련된 권한 부여가 회사 목적에 부합하는 범위 내에서만 이뤄지도록 하는 데 필요하다.

- 업무 분장과 견제: 권한 남용을 방지하기 위해 업무의 분장이 필요하며, 조직의 모든 위치에서 견제와 균형이 이루어져야 한다. 또한 업무 프로세스에서 역할과 책임을 정의하고, 기술적 측면도 함께 고려하여 권한 사용을 제한할 필요가 있다.

(4) 원칙4 : 적격성 유지

통제요소	통제환경						
원칙	원칙 4. 적격성 유지 P4. 회사는 내부회계관리제도 목적에 부합하는 적격성 있는 인력을 선발, 육성하고 관리한다.						
적용기법 / 중점고려사항	A1. 필요한 지식, 기술 및 경험을 정의	A2. 인사정책과 절차에 적격성 기준을 연계	A3. 필요한 교육의 선정 및 수행	A4. 적격한 외부 서비스제공자 선정	A5. 적격성에 부합하는 업무처리 여부 평가	A6. 내부회계 관리조직의 능력 평가	A7. 외부 재무보고에 대한 핵심적인 역할의 승계관리
F1. 정책 및 실무절차 수립 – 정책 및 실무절차는 내부회계관리제도 목적 달성 지원을 위해 필요한 적격성의 기대사항을 반영한다.	P4F1A1	P4F1A2					
F2. 적격성 평가 및 보완 – 경영진과 이사회는 정책 및 실무절차에 의거하여 조직 구성원 및 외부서비스제공자들의 적격성을 평가하고, 평가 결과 파악된 미비사항을 보완하기 위해 필요한 조치를 취한다.			P4F2A3	P4F2A4	P4F2A5	P4F2A6	
F3. 인력 선발, 육성 및 유지 – 회사는 내부회계관리제도 목적 달성을 지원하기 위해, 충분하고 적격성 있는 인력 및 외부서비스제공자를 선발, 육성하고 유지하는 데 필요한 교육과 훈련을 제공한다.		P4F3A2	P4F3A3	P4F3A4			
F4. 승계계획 및 준비 – 고위 경영진과 이사회는 내부회계관리제도상 중요한 책임에 관한 승계계획을 수립한다.							P4F4A7

1) 적격성 정책 및 실무절차 수립

투자자, 규제기관, 기타 이해관계자의 기대사항과 요구사항을 반영한 전사수준의 지침이다. 이는 회사의 모든 업무에 필요한 적격성을 정의하며, 최고경영자 및 고위 경영진은 이를 전사적으로 공유하여 적격성의 중요성을 강조한다.

2) 적격성 평가 및 보완

적격성은 부여 받은 책임을 수행하기 위해 필요한 자격요건으로, 관련 기술과 전문성이 포함된다. 회사는 필요한 지식, 기술, 경험, 판단 수준, 권한 한계를 고려하여 적격성의 기준을 정의한다. 이사회는 최고경영자의 적격성을 평가하고, 경영진은 회사 내·외부 인원의 적격성을 평가한 후 필요한 조치를 취한다. 내·외부 환경 변화로 새로운 위험 요소가 생기면, 이에 대응하기 위해 적격성 있는 인력을 활용해야 한다.

3) 인력 선발 및 유지

적격성을 유지하기 위해 회사는 인적 자원 관리 프로세스를 통해 적절한 인재를 채용, 평가, 유지한다. 회사는 변화하는 위험과 그 중요성을 고려해 적절한 인력 규모를 결정하고, 이를 주기적으로 재조정해야 한다.

4) 승계계획 및 준비

경영진은 회사의 내부회계관리조직을 포함하여, 내부회계관리제도 목적 달성에 있어 필수적으로 판단되는 역할을 지속적으로 확인하고 그 적정성을 평가하여야 한다. 각 역할의 중요성은 해당 역할이 일시적 또는 영구적으로 공석이 될 경우의 영향을 평가함으로써 결정된다. 최고경영자와 경영진, 내부회계관리조직, 전략적 공급업체와 주요 협력업체는 업무 승계계획을 필요로 하는 대표적인 예로, 이들이 수행하는 역할에 공백이 발생하더라도 회사의 목적 달성에 지장이 없다는 것을 확신할 수 있도록 업무 승계계획(승계와 관련된 비상계획 포함)을 수립하여 대비하여야 한다. 특히 핵심 임원에 대한 업무 승계계획이 수립되어야 하고, 업무승계 후보자에게는 역할승계를 가정한 교육과 훈련이 이루어져야 한다.

(5) 원칙5 : 내부회계관리제도 책임 부여

통제요소	통제환경			
원칙	원칙 5. 내부회계관리제도 책임 부여 P5. 회사는 조직 구성원들에게 내부회계관리제도의 목적을 달성하기 위해 필요한 책임을 부여한다.			
적용기법 / 중점고려사항	A1. 내부회계관리제도 관련 책임 정의 및 강조	A2. 균형 잡힌 성과평가, 인센티브 및 보상 개발	A3. 성과측정지표의 적정성 검토	A4. 성과에 대한 보상을 연계
F1. 조직구조, 권한 및 책임을 통한 내부회계관리제도 책임 부여 - 경영진과 이사회는 조직 전체 구성원들과 내부회계관리제도 수행에 관한 책임에 대해 의사소통을 하고, 그들에게 책임을 부여하며 필요한 경우 개선활동을 이행하도록 하는 체계를 수립한다.	P5F1A1			
F2. 성과평가 및 보상정책 수립 - 경영진과 이사회는 장단기 목적 달성의 균형을 고려하고, 조직 전체 구성원의 내부회계관리제도 책임 이행에 적합한 성과평가와 보상정책을 수립한다.		P5F2A2		
F3. 성과평가 및 보상정책과의 연계 - 경영진과 이사회는 내부회계관리제도 목적 달성을 위해 내부회계관리제도 책임 이행과 그에 따른 성과평가 및 보상을 연계한다.			P5F3A3	
F4. 과도한 압박 고려 - 경영진과 이사회는 조직 구성원들에게 책임을 부여하고 성과평가지표를 수립하고 평가할 때 관련된 압박이 존재하는지를 평가하고 조정한다.			P5F4A3	
F5. 개인의 성과평가, 보상 또는 징계조치 - 경영진과 이사회는 내부회계관리제도 책임 이행(윤리강령의 준수 및 적격성의 기대 수준 충족 포함)에 대한 성과를 평가하고, 그 결과에 따라 보상하거나 필요시 징계조치를 취한다.	P5F5A1			P5F5A4

1) 조직구조와 권한 및 책임을 통한 내부회계관리제도 책임 부여

- 이사회의 역할: 이사회는 최고경영자에게 회사의 위험을 이해하고 내부회계관리제도를 설계하고 운영하는 궁극적인 책임을 부여한다.
- 경영진의 책임: 최고경영자 및 고위 경영진은 내부회계관리제도를 실행하고 평가하는 데 필요한 조직구조, 권한 및 책임을 수립한다. 책임 부여는 고위 경영진의 의지를 포함한 윤리적 가치, 적격성, 회사 프로세스에 의해 영향을 받고 조직의 통제 문화에 영향을 미친다.
- 외부서비스제공자 관리: 내부회계관리제도에 외부서비스제공자가 포함될 경우에도 이들이 수행한 내부통제 활동에 대한 궁극적인 책임은 경영진에게 있으며, 외부서비스 제공자의 성과에 대한 요구수준과 감독 체계를 수립해야 한다.

2) 성과평가 및 보상정책 연계

- 성과평가 및 보상체계: 회사는 내부회계관리제도의 운영성과와 관련된 성과평가지표와 인센티브를 통해 직원들의 책임을 반영한 보상체계를 수립한다. 이를 통해 효과적인 내부회계관리제도 운영을 촉진할 수 있게 된다. 정성적 요소와 정량적 요소가 결합된 성과평가지표가 필요하며, 보상과 징계의 균형을 고려해야 한다.
- 인센티브의 역할: 급여 인상이나 상여 외에도 비금전적인 보상, 예를 들어 더 큰 역할 부여나 조직 내 인정도 효과적인 인센티브가 될 수 있다. 경영진은 인센티브가 부적절한 행동을 초래하지 않도록 주기적으로 검토해야 한다.

3) 과도한 압박 고려

- 압박과 동기부여: 목표 달성 과정에서 경영진과 이사회가 설정한 목표에 대한 압박은 긍정적인 동기부여가 될 수 있지만, 과도한 압박은 부정적 행동을 유발할 수 있다. 이러한 압박은 임직원들이 부정한 행동을 하거나 프로세스를 우회하게 만들 수 있다.
- 균형 잡기: 경영진과 이사회는 압박 요소를 이해하고, 적절한 인센티브와 보상, 의사소통을 통해 내부회계관리제도의 목표 달성에 불균형이 생기지 않도록 관리한다.

4) 개인의 성과평가, 보상 또는 징계조치

- 성과평가 체계: 성과 목표가 단계적으로 설정되듯이 성과평가도 단계적으로 이루어진다. 이사회는 최고경영자를, 최고경영자는 고위 경영진을, 고위 경영진은 일반 직원을 평가한다.
- 윤리 및 적격성 평가: 각 성과평가 단계에서 윤리강령의 준수 여부와 요구되는 적격성 충족 여부가 평가되며, 이를 바탕으로 적절한 보상이나 징계조치가 취해진다. 성과평가는 장단기 관점에서 위험관리 능력도 포함하여 평가한다.

2 위험평가

(1) 원칙6 : 구체적인 목적 수립

통제요소	통제환경				
원칙	원칙 6. 구체적인 목적 수립				
	P6. 회사는 관련된 위험을 식별하고 평가할 수 있도록 내부회계관리제도의 목적을 명확하게 설정한다.				
적용기법 / 중점고려사항	A1. 재무제표 계정, 공시 및 경영진의 주장 확인	A2. 재무보고 목적의 구체화	A3. 중요성의 고려	A4. 회계정책의 수립 및 변경	A5. 다양한 기업활동의 고려
F1. 적합한 회계기준의 준수 - 신뢰할 수 있는 외부재무제표를 작성할 때, 경영진은 회사에 적용되는 회계기준을 고려한다. 또한 경영진은 회사의 상황과 목적에 적합한 회계원칙을 채택하고 일관성 있게 적용한다.	P6F1A1	P6F1A2		P6F1A4	
F2. 회사 활동의 실질 반영 - 외부 재무보고는 재무 정보의 질적 특성과 경영자 주장을 뒷받침할 수 있는 기초 거래와 사건을 반영한다.	P6F2A1				P6F2A5
F3. 중요성 고려 - 경영진은 재무제표 표시에 있어 중요성을 고려한다.	P6F3A1		P6F3A3		

1) 적합한 회계기준의 준수

회사는 다양한 외부 정보이용자들이 공시된 재무제표 및 재무정보를 목적 적합하게 사용할 수 있도록 관련 회계기준 및 외부 규제사항을 준수하여야 한다. 회사가 선택한 회계처리방법은 회사에 적용가능하고 적합하며, 회사의 사업 환경에 타당한 회계원칙의 요구사항과 일관성을 가지며, 관련 회계기준, 지침 및 규정에 따라 작성되어야 한다.

2) 회사 활동의 실질 반영

재무제표는 회계기준에 따라 작성되며, 회사의 실제 거래와 사건을 충실하게 반영해야 한다. 재무정보가 유용하려면 목적에 적합하고, 비교가능성, 검증가능성, 적시성, 이해가능성을 갖춰야 한다. 재무보고는 경영자의 주장과 관련된 항목(거래와 사건, 기말 계정 잔액, 재무제표 공시)에 대한 신뢰성을 바탕으로 작성된다.

3) 중요성 고려

중요성은 재무정보의 목적적합성에 중요한 기준이 된다. 중요성은 특정 재무적 금액의 목적적합성을 결정하는 임계치가 된다. 특정 정보의 누락이나 왜곡표시가 정보이용자의 의사결정에 영향을 줄 경우, 그 정보는 중요하다고 간주된다. 중요성은 정보의 크기와 특정 상황에서의 영향에 따라 달라질 수 있으며, 외부보고에서는 정보이용자의 요구에 부합하는 정도의 정확성을 반영해야 한다. 중요성의 개념은 허용 가능한 범위 내에서 회사의 활동, 거래 및 사건을 표시하게 한다. 또한, 내부회계관리제도의 관리 대상이 되는 재무보고요소의 범위를 결정하는 중요한 요인으로 이용된다.

(2) 원칙7 : 위험 식별 및 분석

통제요소	통제환경					
원칙	원칙 7. 위험 식별 및 분석 P7. 회사는 목적 달성에 영향을 미치는 위험을 전사적으로 식별하고, 위험 관리방안을 수립하기 위해 위험을 분석한다.					
적용기법 / 중점고려사항	A1. 위험 식별 절차	A2. 계정과목 등에 대한 위험평가	A3. 기업 구성원과의 논의	A4. 식별된 위험의 중요도와 발생 가능성에 대해 평가	A5. 내/외부 요인 고려	A6. 위험대응방안에 대한 평가
F1. 회사 내 다양한 조직 수준 고려 - 회사는 회사, 종속회사, 부문, 운영 팀 및 기능 단위 등 회사 전체 조직 단위에서 목적 달성과 관련된 위험을 식별하고 평가한다.	P7F1A1		P7F1A3			
F2. 외부 재무보고에 영향을 미치는 내부 및 외부 요인 분석 - 내부 및 외부 요인과 그 요인들이 외부에 공시되는 재무제표의 신뢰성을 확보하는 목적을 달성하는데 미치는 영향을 고려한다.		P7F2A2			P7F2A5	
F3. 적절한 수준의 경영진 참여 - 적절한 수준의 경영진이 참여하는 효과적인 위험평가체계를 구축한다.	P7F3A1		P2F3A3			
F4. 식별된 위험의 중요성 평가 - 회사는 해당 위험의 잠재적인 중요성을 평가하는 절차를 포함한 프로세스를 통해 식별된 위험을 분석한다.		P7F4A2		P7F4A4	P7F4A5	
F5. 위험 대응 방안 결정 - 위험평가 결과 식별된 재무제표 왜곡표시 위험에 대하여는 적절한 위험 대응 방안을 결정하여 시행한다.				P7F5A4		P7F5A6

1) 회사 내 다양한 조직 수준에서의 위험 식별

- 위험 식별 및 분석: 회사의 목적 달성에 필요한 위험을 식별하고 분석하는 절차는 지속적이고 반복적인 과정이다. 경영진은 전사적 수준과 거래 수준 모두에서 위험을 식별해야 하며, 외부서비스제공자 및 주요 협력업체에서 발생할 수 있는 위험도 포함한다.
- 위험 식별의 중요성: 거래 수준의 위험을 적절히 식별과 평가하면 전사적 수준의 위험 관리에도 기여할 수 있게 된다.

2) 외부 재무보고에 영향을 미치는 내부 및 외부 요인 분석

- 외부 요인: 경영진은 위험 분석 시 경제 상황, 자연재해, 규제 변화, 해외 기업활동, 사회적 요구, 기술 발전 등의 외부 요인을 고려해야 한다.
- 내부 요인: 인프라, 경영구조, 인적자원 역량, 자산 접근권한, 정보시스템 장애 등의 내부 요인도 위험 분석에 반영되어야 한다.

3) 적절한 수준의 경영진 참여

- 경영진 참여: 위험 식별 후 위험의 분석과 평가가 이루어지며, 각 부서의 경영진은 위험 식별 및 분석의 책임을 지고, 효과적인 위험평가 절차와 관련된 통제활동을 갖추어야 한다.

4) 식별된 위험의 중요성 평가

- 위험 중요성 평가 기준: 회사는 위험의 발생가능성, 그 영향의 크기, 발생된 위험의 영향이 발생하는 데 걸리는 시간, 발생한 위험의 지속성 등을 기준으로 위험의 중요성을 평가한다. 이 과정에서 회사는 위험의 발생가능성과 해당 위험이 미치는 영향의 크기를 계량화하여 평가하는 방식을 주로 사용한다. 추가적으로 발생한 위험이 회사에 영향을 미치는 데 걸리는 속도와 지속되는 정도를 고려할 수 있다.

5) 위험 대응방안 결정

- 위험 대응방안: 경영진은 위험의 중요성과 대응 비용을 고려하여 대응 방안을 결정한다. 잔여 위험이 허용 가능한 수준을 초과할 경우, 대응 방안을 재검토하고 수정해야 한다.
- 위험 대응 범주: 위험 대응방안은 크게 수용, 회피, 경감, 공유로 분류한다.
  - 수용: 위험에 대해 별다른 조치를 취하지 않고 감수하는 방안
  - 회피: 위험을 발생시키는 활동을 중단하는 방안
  - 경감: 위험의 발생가능성이나 영향을 줄이기 위한 조치
  - 공유(이전): 보험, 아웃소싱 등을 통해 위험의 일부를 이전하거나 공유하는 방안
- 추가적 고려사항: 위험 대응방안은 또 다른 위험을 발생시킬 수 있기 때문에, 추가적인 통제활동이나 아웃소싱 업체에 대한 관리가 필요하다.

(3) 원칙8 : 부정위험 평가

<table>
<tr><th>통제요소</th><th colspan="4">통제환경</th></tr>
<tr><td rowspan="2">원칙</td><td colspan="4">원칙 8. 부정위험 평가</td></tr>
<tr><td colspan="4">P8. 내부회계관리제도 목적 달성에 대한 위험 평가 시 잠재적인 부정 가능성을 고려한다.</td></tr>
<tr><td>적용기법
중점고려사항</td><td>A1.
부정위험 평가 수행</td><td>A2.
통제를 무시하거나 우회하는 접근법 고려</td><td>A3.
부정위험에 대한 대응방안</td><td>A4.
보상정책과 연관된 유인과 압박에 대한 검토</td></tr>
<tr><td>F1. 다양한 부정의 유형 고려 – 부정위험 평가 시 다양한 방식의 부정과 비리행위로부터 비롯되는 부정한 재무보고, 자산의 잠재적 손실, 부패 등을 고려한다.</td><td>P8F1A1</td><td>P8F1A2</td><td>P8F1A3</td><td></td></tr>
<tr><td>F2. 유인과 압력의 평가 – 부정위험 평가 시 유인(incentive)과 압력(pressure)으로 인한 부정의 발생가능성을 고려한다.</td><td></td><td></td><td></td><td>P8F2A4</td></tr>
<tr><td>F3. 기회평가 – 부정위험 평가 시 취약한 통제활동 등으로 인해 승인되지 않은 자산의 취득 · 사용 · 처분, 재무보고기록의 변경, 기타 부적절한 행위 등 부정을 저지를 수 있는 기회가 발생할 수 있는 가능성을 고려한다.</td><td>P8F3A1</td><td>P8F3A2</td><td></td><td></td></tr>
<tr><td>F4. 태도와 합리화에 대한 평가 – 부정위험 평가 시 임직원이 어떻게 부적절한 행위에 연관되는 자와 어떻게 부적절한 행위를 정당화 하는지를 고려한다.</td><td>P8F4A1</td><td></td><td></td><td></td></tr>
</table>

1) 다양한 부정의 유형 고려

부정위험 평가에는 부정한 재무보고와 회사 자산의 보호 및 부패와 관련한 위험에 대한 경영진의 평가가 포함된다. 부정위험 평가는 "위험 식별 및 분석" 과정의 일부로서 수행되고, 위험 대응방안 및 관련된 통제활동을 선택하고 구축하는 것 역시 동일한 방식이 적용된다. 또한, 위험평가 절차와 같이 부정위험 평가 과정과 결과를 이사회 혹은 감사(위원회)가 검토하고 확인하는 것이 필요하다.

- 부정한 재무보고 – 회사의 재무정보가 의도적으로 왜곡표시되거나 누락되는 경우 부정한 재무보고가 발생할 수 있다.
- 자산의 보호 – 자산의 보호는 권한 없이 자산을 획득하고 사용하거나 처분하는 등의 행위를 사전에 예방하거나 적시에 적발하는 것을 의미한다.
- 부패 – 부정위험 평가 시 뇌물 수수, 과도한 접대 등을 포함한 비윤리적인 행위 등을 의미한다.
- 회사는 위험평가 과정에서 다음과 같은 부정한 재무보고의 다양한 위험을 고려하여 그 대응방안을 수립한다.
  - 경영진이 회사의 회계원칙 및 처리 방법 선택 시 편향되게 개입할 위험 외부 재무보고 시 수반되는 추정과 판단의 정도
  - 동종 산업에서 일반적으로 발생하는 부정의 유형

- 사업을 운영하는 지역에서 발생하는 부정의 유형
- 부정행위를 유발할 수 있는 동기 부여
- 회계정보를 위조, 변조 및 훼손할 수 있는 기술이나 경영진의 능력
- 부외부채가 존재하거나 자산의 손실에 대한 보고가 완전하거나 정확하지 않을 위험
- 경영진에 의해 중대하게 영향을 받을 수 있는 비경상적이거나 복잡한 거래
- 내부통제를 우회하거나 경영진의 통제 무시에 취약할 수 있는 부분의 위험

2) 유인과 압력의 평가

일반적으로 부정에는 동기(유인과 압력)와 실행할 수 있는 기회 그리고 태도 및 사후합리화가 연관되어 있다. 부정위험 평가 시 회사는 동기(유인과 압력)로 작용할 요소와 부정위험으로 인한 잠재적 영향을 고려한다.

3) 기회 평가

부정위험을 평가할 때에는 부정을 저지를 수 있는 실행 기회를 고려하여야 한다. 일반적으로 부정은 적발되지 않을 것이라는 믿음 하에 수행된다. 실행 기회는 취약한 통제활동과 모니터링, 경영진의 허술한 감시 및 경영진의 통제 무시 등에 기인하며, 부정한 재무보고 및 자산의 유용가능성은 다음의 경우에 증가한다.

- 복잡하거나 불안정한 조직구조
- 담당임직원(회계, 운영, 위험관리, 내부감사, IT직원)의 빈번한 교체
- 효과적이지 못한 통제활동의 설계나 운영
- 효과적이지 못한 정보시스템

4) 태도와 합리화에 대한 평가

부정위험을 평가할 때에는 실행기회 뿐만 아니라 태도 및 사후합리화 행위를 함께 고려하여야 한다. 부적절한 행위를 정당화하려는 사후합리화 행위에는 다음과 같은 예를 고려할 수 있다.

- 회사 자산의 사용을 '차용'이라 여기고, 해당 자산을 '상환'하려는 의도
- 직무 불만족 사항(급여, 업무 환경 및 대우 등)에 기인한 피해의식
- 사회 통념 및 신의에 반하는 자신의 행동으로 비롯될 영향에 대한 무지 및 무관심

[그림 5-3] Fraud triangle[83)]

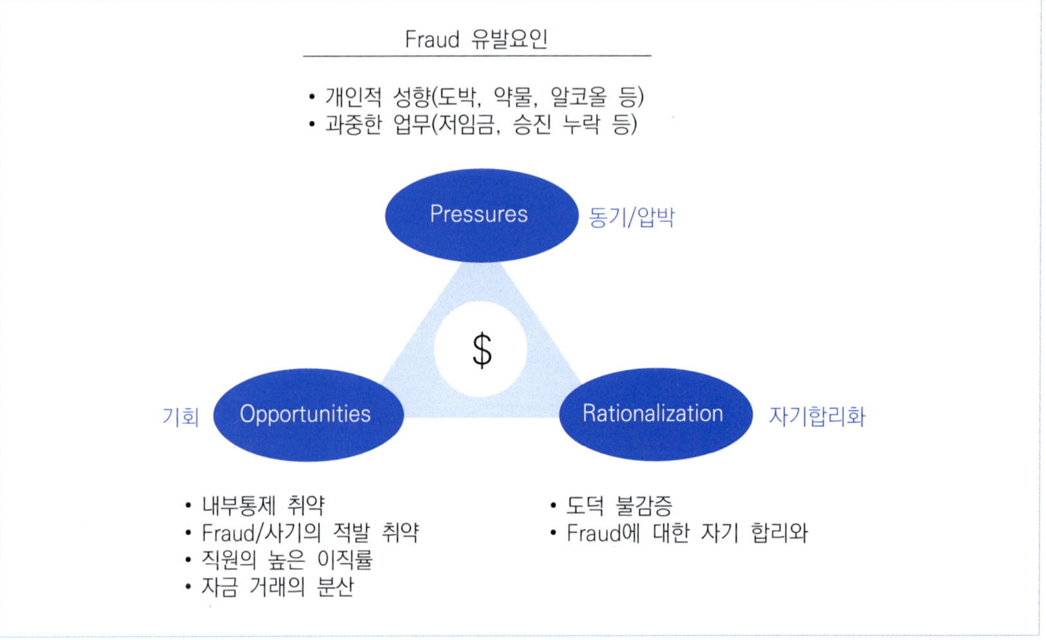

(4) 원칙9 : 중요한 변화의 식별과 분석

통제요소	통제환경			
원칙	원칙 9. 중요한 변화의 식별과 분석 P9. 회사는 내부회계관리제도에 중요한 영향을 미치는 변화를 식별 · 분석하여 내부회계관리제도를 유지 · 관리한다.			
적용기법 / 중점고려사항	A1. 내/외부 변화 파악	A2. 중요한 변화에 대한 위험평가 수행 및 대응방안 수립	A3. 업무승계를 통한 변화 고려	A4. 대표이사 및 고위 경영진 변경 고려
F1. 외부 환경 변화의 평가 - 위험을 식별하는 과정에서 사업과 관련된 규제의 변화, 경제적인 변화, 물리적 환경의 변화 등이 내부회계관리제도에 미치는 영향을 고려한다.	P9F1A1			
F2. 사업모델 변화의 평가 - 새로운 사업영역이나 기존 사업구성의 급격한 변화, 기업인수나 사업 양수도, 급격한 성장, 해외 의존도의 변화, 새로운 기술 등이 내부회계관리제도에 미치는 영향을 고려한다.		P9F2A2		
F3. 리더십 변화의 평가 - 회사는 경영진의 변경과, 이에 따른 경영진의 태도 및 철학의 변화가 내부회계관리제도에 미치는 영향을 고려한다.			P9F3A3	P9F3A4

83) Fraud Triangle(부정 삼각형) 개념은 미국의 범죄학자 Donald R. Cressey가 처음으로 체계화하여 언급한 것임

1) 변화의 평가

- 변화의 중요성: 경제, 산업, 규제환경의 변화에 따라 회사의 리더십, 우선순위, 사업모델, 조직구조 등이 변경될 필요가 있다. 내부회계관리제도가 특정 상황에서는 효과적일지라도, 관련 조건이 크게 변경되면 더 이상 효과적이지 않을 수 있다.
- 변화 관리 프로세스: 회사는 내부 및 외부 요인 변화가 내부회계관리제도에 미치는 영향을 평가하고, 이를 통해 적절한 통제활동을 설계해야 한다. 변화 평가 과정은 정규 위험평가 프로세스와는 별도로 수행되어야 하며, 경영진은 중요한 변화사항을 조기에 식별하고 대응할 수 있는 절차를 마련해야 한다.

2) 외부 환경 변화의 평가

- 규제 및 경제환경 변화: 규제 및 경제환경의 변화는 회사에 새로운 위험을 초래할 수 있으며, 이러한 변화가 내부회계관리제도에 미치는 영향을 검토해야 한다.
- 물리적 환경 변화: 자연재해가 회사 및 공급망에 직접적인 영향을 미칠 수 있기 때문에, 이러한 환경 변화가 내부회계관리제도에 미치는 영향도 고려한다.

3) 사업모델 변화의 평가

- 사업모델 변화: 새로운 사업에 진입하거나 아웃소싱 계약을 체결하는 등 사업모델이 변화하면, 기존의 내부회계관리제도가 더 이상 적합하지 않을 수 있다. 새로운 위험이 발생하고, 통제활동이 이를 반영할 수 있도록 변경해야 한다.
- 사업 인수 또는 매각: 사업 부문을 인수하거나 매각할 때, 통합된 회사의 새로운 조직 구조에 맞게 내부회계관리제도를 검토하고 표준화할 필요가 있다.
- 해외 영업: 해외로 사업을 확장하거나 인수하는 경우, 새로운 지역에서의 경제적, 규제적, 문화적 차이로 인해 추가적인 위험이 발생할 수 있다.
- 급속한 성장: 급격한 사업 확장으로 인해 기존 조직구조, 업무 프로세스, 정보 시스템이 통제활동을 원활히 수행하는 데 한계를 보일 수 있다.
- 새로운 기술 도입: 새로운 기술이 적용되면, 기존 통제활동도 수정 · 변경이 필요할 수 있다.

4) 리더십 변화의 평가

- 리더십 변화: 새로운 경영진이 회사의 문화를 이해하지 못하고, 내부회계관리제도를 배제하거나 성과에만 집중할 경우 부정적인 영향이 발생할 수 있으며, 효과적인 교육이나 감독 없이 직원들이 자주 교체되면 내부회계관리제도에 부정적인 영향을 줄 수 있다.

3 통제활동

(1) 원칙10 : 통제활동의 선택과 구축

통제요소	통제환경				
원칙	원칙 10. 통제활동의 선택과 구축 P10. 회사는 내부회계관리제도의 목적 달성을 저해하는 위험을 수용 가능한 수준으로 줄일 수 있는 통제활동을 선택하고 구축한다.				
적용기법 / 중점고려사항	A1. 통제 매트릭스, 워크샵 및 동일 업종의 통제활동 등을 이용하여 식별 및 분석된 위험에 대응하는 통제활동을 설계	A2. 제3자에게 아웃소싱하는 경우 통제활동의 수립 또는 평가	A3. 통제활동의 유형과 통제위험을 고려	A4. 업무분장이 어려운 경우 보완통제 활동 고려	A5. 업무분장 기준 수립
F1. 위험평가와의 통합 – 위험평가 결과 확인된 위험을 관리하고 줄일 수 있는 통제활동을 마련한다.	P10F1A1	P10F1A2			
F2. 회사의 고유한 요인 고려 – 경영진은 통제활동 선택 및 구축 시, 회사의 고유한 특성뿐만 아니라 사업 환경, 복잡성, 성격 및 범위 등의 영향을 고려한다.	P10F2A1	P10F2A2			
F3. 관련 있는 업무프로세스 결정 – 경영진은 통제활동이 필요한 관련 있는 업무프로세스를 결정한다.	P10F3A1	P10F3A3			
F4. 통제유형의 조합 – 위험을 완화시키기 위해 다양한 속성을 결합한 균형 잡힌 통제활동을 고려한다(수동통제와 자동통제, 예방통제와 적발통제 등).			P10F4A3		
F5. 다양한 수준의 통제활동 적용 고려 – 경영진은 회사 내 다양한 수준의 통제활동을 고려한다.			P10F5A3		
F6. 업무분장 고려 – 경영진은 양립할 수 없는 직무를 분리하되, 업무분장 적용이 가능하지 않을 경우 대체적인 통제활동을 선택하고 구축한다.				P10F6A4	P10F6A5

1) 위험평가와 통제활동의 통합

경영진은 위험평가 절차와 함께 효과적인 통제활동을 설계한다. 회사가 위험을 회피하지 않고 이를 관리하려면 위험을 감소시키는 통제활동을 적절히 선택하고 설계해야 한다. 이때 통제활동의 범위와 성격은 경영진이 허용할 수 있는 위험의 수준에 따라 결정된다.

2) 회사의 고유한 요인 고려

각 회사는 목적, 위험, 위험에 대한 대응방식, 관련 통제활동이 다를 수 있으며, 이러한 통제활동은 조직의 복잡성, 사업영역, 기술 환경 등 회사 고유의 요인에 따라 달라진다. 예를 들어, 규제를 많이 받거나 복잡한 ERP 시스템을 사용하는 회사는 더 정교한 통제활동이 필요할 수 있다.

3) 관련 업무프로세스와 거래수준의 통제활동

경영진은 유사한 통제활동이 필요한 업무프로세스를 식별하고, 거래처리 과정에서 발생할 수 있는 위험을 줄이기 위한 통제활동(거래통제)을 설계해야 한다. 거래통제는 재무보고 프로세스나 고객지원 프로세스 등 다양한 업무에서 적용된다. 통제활동은 거래의 완전성, 정확성, 유효성을 보장하기 위한 활동으로 그룹화될 수 있다. 완전성은 모든 거래가 기록되는지, 정확성은 거래가 적시에 올바르게 기록되는지, 유효성은 거래가 실제로 발생했는지를 확인하는 것이다.

4) 통제 유형의 조합

통제활동 유형은 승인, 검증, 물리적 통제, 기준정보 관리통제, 대사, 감독통제 등이 있으며, 회사는 예방통제와 적발통제의 조합을 설계한다. 예방통제는 의도하지 않은 사건 발생을 사전에 방지하고, 적발통제는 발생 후 이를 발견하기 위한 것이다. 두 가지 통제활동의 중요한 부분은 의도하지 않은 사건 또는 결과를 수정하거나 피하기 위한 행위라는 점이다. 또한 통제활동을 선택하고 구축하는 경우, 회사는 통제활동의 정교함(precision)을 고려한다. 즉, 통제활동이 어느 정도의 정교한 수준 구축되어야 의도하지 않은 사건 또는 결과를 예방 또는 적발할 것인지를 고려하여야 한다. 정보기술을 사용하는 자동통제는 인적 오류에 덜 노출되어 더 신뢰성이 높으며, 수동통제와 조합하여 운영될 수 있다. 통제활동과 정보기술은 아래 두 가지 방식으로 연관성을 가진다.

- 정보기술의 업무프로세스 지원 – 제조 공장에서의 공장 자동화와 같이 정보기술이 회사의 업무프로세스에 내재화되어 있다면, 정보기술 자체가 적절히 운영되지 못할 위험을 감소시키기 위한 통제활동이 필요하다.
- 자동통제에 사용되는 정보기술 – 회사의 많은 통제활동은 정보기술을 사용함으로써 부분적으로 또는 전적으로 자동화되어 있다. 이러한 절차를 자동통제활동 또는 자동통제라고 부른다.

5) 다양한 수준의 통제활동 적용 고려

거래수준에서의 통제활동 외에도 상위 수준의 통제활동(예: 업무성과 검토)이 함께 운영되어야 하며, 대부분의 업무성과 검토는 일반적으로 거래가 발생하여 처리된 이후에 수행되기 때문에 적발통제이다. 따라서 통제활동을 조합할 때 상위 수준의 통제도 중요하지만, 거래통제 없이는 업무프로세스의 위험을 효과적으로 다루기는 어렵다.

6) 업무분장 고려

통제활동을 설계할 때, 오류와 부정 방지를 위해 업무를 적절하게 분리하는 것이 중요하다. 업무분장은 거래 기록, 승인, 자산 보관에 대한 책임을 분리하는 것이 일반적이며, 이러한 분리는 경영진의 통제 무시와 같은 부정 위험을 줄여준다. 업무분장이 실용적이지 않거나 비용이 많이 들 경우 경영진은 대체적인 통제활동을 설계를 고려해야 한다.

(2) 원칙11 : 정보기술 일반통제의 선정과 구축

통제요소	통제환경							
원칙	원칙 11. 정보기술 일반 통제의 선정과 구축							
	P11. 회사는 내부회계관리제도 목적 달성을 지원하는 정보기술 일반통제를 선정하고 구축한다.							
적용기법 / 중점고려사항	A1. 통제기술서를 이용한 IT연관 항목 (IT dependency) 문서화	A2. 최종 사용자 컴퓨팅 (End-User Computing)에 대한 평가	A3. IT 기능의 제3자 아웃소싱 시 통제활동 수립 혹은 평가	A4. 접근제한 및 업무분장이 실행될 수 있는 시스템 구성	A5. 거래 및 데이터 처리의 완전성, 정확성 및 유효성을 지원하는 시스템 구성	A6. 보안 및 권한 관리	A7. 패키지 소프트웨어에 대한 시스템 개발 방법론 적용	A8. 사내에서 개발된 소프트웨어 (In-house 시스템)에 대한 시스템 개발 방법론 적용
F1. 업무프로세스에서 사용되는 정보기술과 정보기술 일반통제간 의존도 결정 – 경영진은 업무프로세스 및 자동통제와 정보기술 일반통제간의 의존성과 연관성을 이해하고 결정한다.	P11F1A1	P11F1A2	P11F1A3					
F2. 정보기술 인프라 통제활동 수립 – 경영진은 정보처리의 완전성, 정확성 및 이용가능성을 확보하기 위한 정보기술 인프라에 대한 통제활동을 선택하고 구축한다.		P11F2A2	P11F2A3		P11F2A5			
F3. 보안관리 프로세스에 대한 통제활동 수립 – 경영진은 업무 책임에 상응하는 정보기술 접근권한을 허가된 담당자로 제한하고, 외부의 위협으로부터 회사의 자산을 보호하기 위한 보안 관련 통제활동을 선택하고 구축한다.		P11F3A2	P11F3A3	P11F3A4		P11F3A6		
F4. 정보기술의 취득, 개발 및 유지보수 프로세스에 대한 통제 수립 – 경영진은 내부회계관리제도 목적 달성을 위하여 정보기술 및 인프라의 취득, 개발, 유지보수 활동에 대한 통제활동을 선정하고 구축한다.		P11F4A2	P11F4A3				P11F4A7	P11F4A8

정보기술과 관련된 통제활동은 내부회계관리제도의 신뢰성과 운영의 지속성을 보장하는 데 필수적이다. 이러한 통제는 시스템의 개발 및 운영 전반에 걸쳐 적절히 설계되고 운영되어야 한다.

1) 업무 프로세스에서 사용되는 정보기술과 정보기술 일반통제 간의 의존도 결정

- 정보기술의 신뢰성: 업무 프로세스에 사용되는 자동통제의 신뢰성은 정보기술 일반통제에 의해 보

장된다. 시스템 도입 및 개발 시 정보기술 일반통제는 시스템이 최초로 개발될 때 자동통제가 적절히 작동하는지 확신을 제공하며, 시스템 운영 중에는 정보시스템의 적절한 운영에 대한 확신을 제공한다.

- 정보기술의 범위: 간단한 범용 소프트웨어를 사용할 경우 관리가 비교적 간단하며, 자체 개발 시스템과 외부에서 개발된 시스템을 함께 사용하는 경우 더 많은 관리가 필요하다. 적절한 통제활동을 통해 정보기술 프로세스의 활용에 대한 구체적인 위험을 완화할 수 있다.

2) 정보기술 인프라 통제활동

- 정보기술 일반통제의 범위: 정보기술 일반통제는 인프라, 보안관리, 정보기술의 취득, 개발, 유지보수에 대한 통제를 포함하며, 모든 시스템 유형에 적용된다. 정보기술의 복잡성에 따라 통제활동의 범위와 강도가 달라지며, 업무프로세스 수준의 통제와 유사하게 정보기술 일반통제도 수동통제 및 자동통제를 모두 포함한다.
- 인프라 통제활동: 정보기술은 사내 네트워크, 각종 애플리케이션 시스템의 운영 기반이 되는 각종 시스템 및 전원장치 등의 인프라 구조를 필요로 한다. 동 인프라 구조는 회사 내의 다른 업무 부문과 공유하거나, 독립된 서비스 제공업체에 아웃소싱할 수 있으며, 또는 클라우드 컴퓨팅과 같이 장소에 구애 받지 않는 서비스를 활용할 수도 있다. 회사는 이와 같이 미래에 지속될 기술 활용의 광범위한 변화 가능성에 대하여 검토하고 새롭게 발생하는 위험에 대하여 평가할 필요가 있다. 회사는 정보기술 처리의 완전성, 정확성 및 이용 가능성을 달성할 수 있는 정책, 절차 및 통제활동을 구축하고 적용한다. 시스템 운영의 지속성을 확보할 수 있는 장애관리절차와, 시스템 중단과 관련된 위험과 동 위험이 미치는 영향의 정도에 따라 백업, 복구절차 및 재해복구절차 등이 포함될 수 있다.

3) 보안관리 프로세스에 대한 통제

- 보안관리 통제: 보안관리는 회사 정보시스템에 대한 접근권한을 관리하며, 운영체제, 네트워크, 데이터베이스 및 물리적 접근을 포함한 권한이다. 적절한 보안 통제는 시스템 무단 접근을 방지하고, 업무분장 및 데이터 무결성을 보호한다.
- 내부 및 외부 보안 위협: 내부적으로는 퇴직자나 불만을 가진 직원이 보안 위협을 초래할 수 있으며, 외부 위협은 네트워크와 인터넷 의존도가 높은 회사에서 특히 중요하다. 이러한 위협에 대처하기 위한 지속적인 보안관리 및 관련된 통제활동을 구축하고 적용한다.
- 인증 및 접근 제어: 사용자 인증 통제활동은 인증된 사용자만 시스템에 접근할 수 있도록 하며, 업무분장 정책을 준수하도록 지원한다. 퇴직자나 직무 변경에 따른 권한 조정 절차와 정기적인 접근권한 검토도 필요하다.

4) 정보기술의 취득, 개발, 유지보수에 대한 통제

- 개발 방법론: 정보기술의 취득, 개발, 유지보수 과정에서 시스템 설계, 승인 절차, 변경 관리, 테스트 결과 등을 통제하는 방법론이 필요하다. 이 과정은 시스템 변경의 적절성을 보장하며, 변경 사항에

대한 추적 가능성을 제공한다.

• 위험 수준에 따른 통제: 개발방법론에 포함되는 정보기술 일반통제의 정도는 정보기술의 위험에 따라 다를 것이다. 대규모의 복잡한 개발이 진행된 경우 일반적으로 소규모 또는 단순한 개발보다 높은 위험을 가질 것이다. 자체개발의 대안으로 범용소프트웨어를 사용할 수 있다. 범용소프트웨어는 허용된 커스터마이징의 정도 및 해당 소프트웨어의 신뢰성 및 범용성에 따라 위험이 달라지며, 범용소프트웨어의 선정과 도입에 대한 통제활동을 구축하고 적용한다. 또 다른 대안은 아웃소싱이다. 원칙적으로 내부에서 통제가 적용되든 혹은 아웃소싱 업체에 의하여 통제가 적용되든 상관없이 동일한 고려사항이 적용되어야 하나, 아웃소싱을 하는 경우 고려해야 할 특수한 위험이 존재하여 종종 아웃소싱 업체와 주고받는 정보의 완전성, 정확성, 유효성에 대한 추가적인 통제를 선택하여 구축할 필요가 있다.

(3) 원칙12 : 정책과 절차를 통한 실행

통제요소	통제환경		
원칙	**원칙 12. 정책과 절차를 통한 실행** **P12. 회사는 기대사항을 정한 정책과 그 정책을 실행하기 위한 절차를 통하여 통제활동을 적용한다.**		
적용기법 / 중점고려사항	A1. 정책 및 절차 수립 및 문서화	A2. 사업본부장 혹은 부서장을 통한 통제활동의 적용	A3. 정책, 절차 및 통제활동의 정기적/비정기적 유효성 평가
F1. 경영진의 지침 전달을 지원하기 위한 정책 및 절차 수립 – 경영진은 기대사항을 정한 정책과 이를 실행 가능한 구체적 절차로 제시하여 업무 프로세스 및 구성원의 일상적인 활동에 통제활동이 내재화되도록 한다.	P12F1A1	P12F1A2	
F2. 정책과 절차의 적용을 위한 책임 확립과 담당자의 지정 – 경영진은 관련 위험이 존재하는 사업 단위 또는 부서의 경영진(또는 지정된 인원)과 함께 통제활동에 대한 책임을 확립하고 담당자를 지정한다.	P12F2A1	P12F2A2	
F3. 통제활동의 적시 수행 – 통제활동별로 지정된 담당자가 정책과 절차에 정해진 대로 통제활동을 적시에 수행한다.	P12F3A1		
F4. 개선조치 이행 – 통제활동 수행 결과 식별된 문제점에 대하여 책임 있는 담당자가 조사하고 조치를 취한다.	P12F4A1		
F5. 적격성 있는 담당자의 수행 – 충분한 권한을 가진 적격성 있는 담당자가 지속적인 관심과 주의를 기울여 통제활동을 수행한다.	P12F5A1		
F6. 정책, 절차 및 통제활동의 주기적인 재평가 – 경영진은 정책, 절차 및 통제활동이 지속적으로 적정한지 판단하기 위하여 주기적으로 검토하고, 필요 시 정책, 절차 및 통제활동을 개정 또는 개선한다.	P12F6A1		P12F6A3

1) 정책 및 절차 수립

- 정책은 경영진의 지시사항을 반영하여, 효과적인 내부통제를 적용하기 위한 방향을 제시하며, 절차는 이러한 정책을 실행하기 위한 구체적인 활동들로 구성된다. 통제활동은 위험을 감소시키기 위한 정책 및 절차와 밀접하게 연관된다.
- 정책의 의사소통 방식: 정책은 문서화될 수도 있고, 구두로 전달될 수도 있다. 소규모 조직에서는 구두 정책이 효과적일 수 있으나, 문서화되지 않은 정책은 책임성이 떨어질 수 있고, 관리가 어려울 수 있다. 외부기관과 연관된 정책은 공식적으로 문서화하는 것이 바람직하다.

2) 통제활동의 적시 수행

- 통제활동은 시기에 맞춰 적절히 수행되어야 하며, 절차가 적시에 이행되지 않으면 통제활동의 유용성이 감소할 수 있다.

3) 개선조치 이행

- 통제활동 중 추가 검토가 필요한 사안이 발견되면 이를 조사하고, 필요한 경우 적절한 개선조치를 취해야 하며, 통제의 유효성을 유지하기 위해서는 개선조치는 필수다.

4) 적격성 있는 담당자의 수행

- 통제활동이 성공적으로 수행되기 위해서는 적격성 있는 담당자가 충분한 권한을 가지고 있어야 한다. 통제활동의 복잡성이나 거래의 규모에 따라 요구되는 적격성 수준이 다를 수 있다. 단순히 기존 절차를 반복하는 것은 유용하지 않으며, 담당자는 지속적으로 위험을 반영하고 필요한 개선조치를 수행해야 한다.

5) 정책, 절차 및 통제활동의 주기적인 재평가

- 경영진은 정책, 절차 및 통제활동이 계속해서 유효한지 주기적으로 재평가해야 한다. 회사의 인력, 프로세스, 기술 변화는 통제활동의 효과성을 감소시키거나 불필요하게 할 수 있으므로, 이러한 변화가 발생할 때마다 통제활동의 적정성을 재평가하고 개선해야 한다.

4 정보 및 의사소통

(1) 원칙13 : 관련 있는 정보의 사용

통제요소	통제환경						
원칙	원칙 13. 관련 있는 정보의 사용 P13. 회사는 내부회계관리제도의 운영을 지원하기 위하여 관련 있는 양질의 정보를 취득 또는 생산하고 사용한다.						
적용기법 / 중점고려사항	A1. 정보 요구사항 목록 작성	A2. 외부 원천에서 정보 취득	A3. 비재무 부문 경영진으로 부터의 정보 수집	A4. 정보의 저장과 관리	A5. 시스템을 이용한 데이터의 정보화	A6. 정보의 품질 관리 방안	A7. 재무 보고 관련 데이터와 정보의 식별 및 유지 관리
F1. 정보 요구사항의 식별 - 회사의 내부회계관리제도 목적 달성과 내부회계관리제도 구성요소들의 기능을 지원하기 위해 필요하고 요구되는 정보를 식별하는 절차가 수립되어 있다.	P13F1A1		P13F1A3	P13F1A4	P13F1A5		P13F1A7
F2. 내부 및 외부의 데이터 원천 포착 - 정보시스템은 내부 및 외부의 데이터 원천을 포착한다.	P13F2A1	P13F2A2	P13F2A3	P13F2A4			P13F2A7
F3. 관련 있는 데이터를 의미 있는 정보로 변환 - 정보시스템은 관련 있는 데이터를 처리하여 의미 있는 정보로 변환한다,		P13F3A2		P13F3A4	P13F3A5	P13F3A6	
F4. 정보 처리 과정에서 품질의 유지관리 - 정보시스템은 시의적절하고, 최신의, 정확하고, 완전하고, 접근가능하고, 보호되고, 검증가능한 정보를 생산하고 유지하며 동 정보가 내부회계관리제도 구성요소 지원에 적절한 정보인지 검토한다.			P13F4A3	P13F4A4	P13F4A5	P13F4A6	P13F4A7
F5. 비용과 효익 고려 - 의사소통 대상이 되는 정보의 성격, 양, 상세한 정도는 회사의 내부회계관리제도 목적에 부합하고, 목적 달성을 지원한다.	P13F5A1						

1) 정보 요구사항의 식별

- 정보의 필요성: 효과적인 내부회계관리제도를 설계하고 운영하기 위해서는 관련 있는 정보가 필요하며, 경영진은 이를 식별하고 정의해야 한다. 적절한 정보를 얻기 위해, 경영진은 회사의 모든 수준에서 요구되는 정보를 구체적으로 명확히 해야 한다. 정보는 임직원이 이해하고 사용할 수 있는 형태로 제공될 필요가 있다.
- 데이터 원천 식별: 정보 요구사항을 충족하기 위해 임직원은 적절하고 신뢰성 있는 정보의 원천을 식별해야 하며, 이를 통해 필요한 정보를 얻을 수 있다.

2) 회사 내부 및 외부 데이터 원천 포착

- 내 · 외부 데이터 원천: 경영진은 회사 내부와 외부에서 다양한 원천을 통해 데이터를 수집하며, 이 데이터는 다양한 형식으로 제공된다. 이러한 데이터를 기반으로 내부회계관리제도의 목적을 달성하기 위해 경영진은 정보 요구사항의 적정성을 주기적으로 평가하고 필요에 따라 조정해야 한다.

3) 관련 데이터를 의미 있는 정보로 변환

- 정보 변환: 회사는 정보 요구사항을 충족하기 위해 수집한 데이터를 의미 있고 유용한 정보로 변환하는 정보시스템을 개발한다. 경영진은 데이터의 정합성과 정확성을 확보하기 위한 통제활동을 개발하고 운영해야 한다. 정보시스템은 자동화된 프로세스와 수동 프로세스를 통합하여 일관성 있는 데이터를 수집, 저장, 집계할 수 있도록 설계되어야 한다.

4) 정보 처리 과정에서 품질 유지 · 관리

- 정보 품질 유지: 정보의 품질은 데이터 원천에서 시작되며, 부정확하거나 불완전한 데이터는 잘못된 의사결정의 원인이 될 수 있다. 정보의 품질 요소에는 접근가능성, 정확성, 현재성, 보안성, 보존성, 충분성, 적시성, 유효성, 입증가능성이 포함된다.
- 책임 관계: 경영진은 정보 관리 정책을 수립하고, 데이터 유형화, 처리, 저장, 접근 등을 관리해야 한다. 또한 허가 받지 않은 접근과 변경을 방지하며, 필요한 기간 동안 정보를 보관할 책임과 권한을 명확히 해야 한다.

5) 비용과 효익 고려

- 정보 관리의 비용과 효익: 회사는 정보 관리의 성격, 양, 상세한 정도를 내부회계관리제도의 목적에 맞게 관리해야 하며, 이를 위한 비용과 효익을 고려하여 합리적인 판단을 내려야 한다.

(2) 원칙14 : 내부 의사소통

통제요소	통제환경						
원칙	원칙 14. 내부 의사소통 P14. 회사는 내부회계관리제도의 운영을 지원하기 위하여 필요한 내부회계관리제도에 대한 목적과 책임 등의 정보에 대해 내부적으로 의사소통한다.						
적용기법 / 중점고려사항	A1. 내부회계관리 제도의 목적과 내부통제 관련 의사소통	A2. 내부회계관리 제도의 책임에 대한 의사소통	A3. 이사회 보고 및 논의를 위한 지침 수립	A4. 경영진과 이사회 간의 의사소통	A5. 회사 임직원에 대한 내부고발 제도 홍보	A6. 대체적인 보고 방식을 통한 의사소통 활성화	A7. 부서 내외 간 다방면의 내부통제 의사소통 프로세스 및 회의체 구성
F1. 내부회계관리제도 정보에 대한 의사소통 – 모든 직원이 내부회계관리제도 책임을 이해하고 이행하기 위해 필요한 정보를 교환하는 프로세스가 존재한다.	P14F1A1	P14F1A2					P14F1A7
F2. 경영진과 이사회 간의 의사소통 – 경영진과 이사회는 회사의 내부회계관리제도 목적과 관련한 각자의 역할 수행을 위해 요구되는 정보를 얻을 수 있도록 양자 간에 의사소통한다.			P14F2A3	P14F2A4	P14F2A5		
F3. 별도의 의사소통 라인 제공 – 통상적인 의사소통 채널이 비효과적인 경우를 대비하여 익명 또는 비밀이 보장된 의사소통이 가능하도록 내부고발제도 같은 별도의 의사소통 채널이 갖추어져 있다.					P14F3A5	P14F3A6	P14F3A7
F4. 적절한 의사소통 방법 선택 – 시기, 대상자 및 정보의 성격을 고려하여 의사소통의 방법을 선택한다.	P14F4A1	P14F4A2	P14F4A3				

1) 내부회계관리제도 정보에 대한 의사소통

- 의사소통 내용: 내부회계관리제도와 관련된 정책과 절차, 통제활동의 중요성, 역할과 책임, 통제 미비점 등이 의사소통 되어야 한다. 고위 경영진은 이러한 정보를 명확히 전달하여 임직원이 자신의 역할과 회사 목적 간의 관계를 이해할 수 있도록 해야 하며, 회사에서 전달 · 공유되는 의사소통 정보에는 다음과 같은 것들이 있다.
  - 임직원들의 내부회계관리제도 책임의 수행을 지원하는 정책과 절차
  - 효과적인 내부회계관리제도의 중요성, 목적적합성 및 효익

- 통제활동을 수행하는 경영진 및 직원들의 역할과 책임
- 통제의 미비점 사례를 포함한 내부회계관리제도 관련 중요한 문제가 회사 내 · 외부에 원활하게 의사소통 될 것이라는 사실

• 의사소통 활성화: 회사는 내부 의사소통을 위한 정책과 절차를 수립하고, 경영진이 이를 통해 임직원들에게 내부회계관리제도의 중요성을 강조해야 한다. 경영진은 전달된 메시지를 강화하기 위한 적절한 조치를 취해야 한다.

2) 경영진과 이사회 간의 의사소통

• 이사회와 경영진 간 의사소통: 이사회는 경영진으로부터 내부회계관리제도와 관련된 정보를 충분히 제공받아야 하며, 문제가 발생할 경우 시의적절한 대응이 이루어질 수 있도록 해야 한다. 이사회와 다른 임직원 간의 직접적인 의사소통도 중요하다.

3) 별도의 의사소통 라인 제공

• 독립된 의사소통 채널: 공식적인 의사소통 채널이 효과적이지 않을 경우, 익명성과 비밀을 보장하는 독립된 의사소통 채널을 제공해야 한다. 이를 통해 직원들은 보복에 대한 두려움 없이 윤리 위반 사항을 보고할 수 있어야 한다.

4) 적절한 의사소통 방법 선택

• 의사소통 방법: 경영진은 구두, 서면, 온라인 교육, 이메일, 소셜미디어 등 다양한 방법을 통해 의사소통을 수행해야 하며, 상대방의 특성과 법적 요건 등을 고려해야 한다. 긴급한 경우 비공식적인 채널이 효과적일 수 있고, 중요한 정보는 문서화가 필요하다.

(3) 원칙15 : 외부 의사소통

통제요소	통제환경				
원칙	원칙 15. 외부 의사소통 P15. 회사는 내부회계관리제도의 운영에 영향을 미치는 사항에 대해 외부 관계자와 의사소통한다.				
중점고려사항 \ 적용기법	A1. 외부 관계자에게 정보 제공	A2. 외부 정보의 입수	A3. 외부 관계자에 대한 설문조사	A4. 외부 관계자에게 내부고발 제도 소개	A5. 외부 감사 논의사항에 대한 검토
F1. 외부 관계자와의 의사소통 – 주주, 협력업체, 소유주, 규제기관, 고객, 재무분석가 등 외부 관계자와 관련 있는 정보를 적시에 의사소통할 수 있는 프로세스가 구축되어 있다.	P15F1A1			P15F1A4	
F2. 외부로부터의 의사소통 – 고객, 소비자, 공급자, 외부감사인, 규제기관, 재무분석가 등 외부 관계자의 의견을 수렴하여 경영진과 이사회에 관련있는 정보를 제공할 수 있는 개방된 의사소통 채널을 마련한다.		P15F2A2	P15F2A3	P15F2A4	P15F2A5
F3. 이사회와의 의사소통 – 외부관계자가 수행한 평가로부터 도출된 관련 있는 정보는 이사회와 의사소통된다.					P15F3A4
F4. 별도의 의사소통 라인 제공 – 통상적인 의사소통 채널이 작동하지 않거나 비효과적인 경우를 대비하여 익명 또는 비밀이 보장된 의사소통이 가능하도록 내부고발 제도와 같은 별도의 의사소통 채널이 갖추어져 있다.			P15F4A3	P15F4A4	
F5. 적절한 의사소통 방법 선택 – 의사소통의 시기, 대상, 성격뿐만 아니라 법률, 규제, 주주 및 이해관계자의 요구사항 및 기대를 고려하여 의사소통 방법을 선택한다.					

1) 외부 관계자와의 의사소통

- 의사소통의 중요성: 회사 내부 정보를 외부 관계자에게 의사소통함으로써 상대방의 이해도를 높이고, 상호작용에 영향을 미칠 수 있는 사건이나 활동을 공유할 수 있다. 경영진은 외부 공급자와 고객에게 회사의 윤리강령을 전달하여 그들의 책임을 명확히 인식시켜야 한다. 이를 통해 외부 관계자가 회사의 윤리강령을 준수하는지 판단할 수 있다.

2) 외부로부터의 의사소통

- 외부에서 제공되는 정보: 외부 관계자와의 의사소통은 내부회계관리제도에 중요한 정보를 제공할 수 있다. 예를 들어, 외부서비스제공자의 내부통제 평가, 고객 피드백, 규제기관의 검토 및 조사 결과 등이 포함된다.
  - 회사의 재무보고와 관련된 외부서비스제공자의 내부통제에 대한 독립적인 평가
  - 회사의 내부회계관리제도에 대한 독립적인 외부감사인의 평가
  - 제품의 품질, 부적절한 대금 청구, 분실되거나 오류가 있는 영수증 등과 관련한 고객의 피드백
  - 신규 또는 변경된 법률, 규정, 표준 및 기타 요구사항
  - 규제기관(금융감독원, 국세청 등 관계기관)의 규정 준수 관련 검토 및 조사 결과
  - 판매된 제품에 대한 대금 회수 지연 또는 납품 대금 미납과 관련된 구매처의 문의사항
  - 회사가 운영하는 소셜미디어 웹사이트 또는 의사소통 채널에 기재된 내용

3) 이사회와의 의사소통

- 외부 평가에 대한 보고: 경영진은 외부 평가로부터 얻은 정보를 검토하고, 이사회에 보고한다. 이를 통해 재무보고에 영향을 미칠 수 있는 내부회계관리제도의 미비점을 파악하고, 이사회가 감독 책임을 수행할 수 있도록 한다.

4) 별도의 의사소통 라인 제공

- 복잡한 사업관계: 외부서비스제공자와의 계약이나 합작사업 등으로 인해 회사와 외부 관계자 간의 복잡성이 증가할 수 있으며, 갈등이 발생할 수 있다. 이를 해결하기 위해 별도의 의사소통 채널을 구축하여 외부 관계자가 경영진 및 임직원과 직접 소통할 수 있도록 해야 한다.

5) 적절한 의사소통 방법 선택

- 의사소통 방법의 선택: 경영진은 외부와의 의사소통 시 대상, 성격, 법적 요구사항 등을 고려하여 적절한 의사소통 방법을 선택해야 한다.

5 모니터링 활동

(1) 원칙16 : 상시적인 모니터링과 독립적인 평가 수행

통제요소	통제환경							
원칙	원칙 16. 상시적인 모니터링과 독립적인 평가 수행 P16. 회사는 상시적인 모니터링과 독립적인 평가 방안을 수립하여 내부회계관리제도 설계 및 운영의 적정성을 평가한다.							
적용기법 / 중점고려사항	A1. 모니터링 활동의 조합에 대한 정기적인 검토	A2. 출발점(Baseline)의 설정	A3. 업무성과 검토 시 측정지표 설정 및 적용	A4. 현황판의 사용	A5. 모니터링 활동을 위한 IT 활용	A6. 독립적인 평가의 수행	A7. 내부통제전담부서(혹은 내부감사부서)를 활용한 독립적인 평가 수행	A8. 외부서비스 제공자의 통제 이해
F1. 상시적인 모니터링과 독립적인 평가의 결합 고려 – 경영진은 상시적인 모니터링과 독립적인 평가의 균형을 고려한다.	P16F1A1					P16F1A6	P16F1A7	
F2. 변화의 정도 고려 – 경영진은 상시적인 모니터링과 독립적인 평가를 선택하고 구축할 때, 업무와 업무프로세스의 변화의 정도를 고려한다.	P16F2A1							
F3. 출발점(Baseline)의 설정 – 내부회계관리제도의 설계와 현재 상태는 상시적인 모니터링과 독립적인 평가를 위한 출발점을 수립하는데 활용된다.		P16F3A2	P16F3A3					
F4. 충분한 지식을 갖춘 인력 활용 – 상시적인 모니터링과 독립적인 평가를 수행하는 평가자들은 평가 대상에 대한 충분한 지식을 보유하고 있다.				P16F4A4		P16F4A6	P16F4A7	
F5. 업무프로세스와의 통합 – 상시적인 모니터링은 업무프로세스에 내재되고 변화하는 상황에 따라 조정된다.			P16F5A3	P16F5A4	P16F5A5			
F6. 범위와 빈도 조정 – 경영진은 위험의 중요성에 따라 독립적인 평가의 범위와 빈도를 달리 한다.	P16F6A1							P16F6A8
F7. 객관적인 평가 – 객관적인 피드백을 제공하기위해 주기적으로 독립적인 평가가 수행된다.						P16F7A6	P16F7A7	P16F7A8

1) 상시적인 모니터링과 독립적인 평가의 결합

- 상시적인 모니터링: 일상적인 업무 수행 과정에서 이루어지며, 변화에 따라 절차를 수정한다. 독립적인 평가는 객관성을 가진 내부 또는 외부 인력이 주기적으로 수행하는 평가로, 그 범위와 빈도는 경영진의 판단에 따른다. 두 평가 방식의 결합 여부는 회사 상황에 따라 결정되며, 운영 범위와 성격, 내 · 외부 요소, 관련된 위험을 고려해야 한다.

2) 변화의 정도 고려

- 변화 요인: 회사나 산업군의 변화가 클수록 더 빈번한 독립적인 평가 또는 두 평가 방식의 결합이 필요할 수 있다.

3) 출발점(baseline) 설정

- 내부회계관리제도의 설계를 이해함으로써, 상시적인 모니터링과 독립적인 평가에 필요한 유용한 기초정보를 획득할 수 있다. 모니터링 활동 수행 시, 경영진이 내부회계관리제도를 설계한 방식과 5가지 구성요소의 통제활동들이 원칙을 어떻게 효과적으로 달성하고 있는지를 이해함으로써 회사 내 어떠한 영역에 더 중요한 위험이 있는지 판단할 수 있는 기준을 마련할 수 있으며, 상시적인 모니터링과 독립적인 평가의 계획 수립에 도움을 줄 수 있다. 내부회계관리제도의 5가지 구성요소 내에서 변동이 발생할 경우, 현재의 모니터링 활동이 적절한지, 아니면 변동사항에 맞게 개선되어야 할지 평가하기 위해서는 내부회계관리제도의 설계 및 운영 현황에 대한 출발점을 설정할 필요가 있다.

4) 상시적인 모니터링

- 수작업 및 자동화 방식: 상시적인 모니터링은 수작업 또는 자동화 방식으로 수행되며, 특히 정보기술을 통해 객관적이고 효율적인 방식으로 대량의 데이터를 처리할 수 있어, 전산화된 상시적인 모니터링은 높은 객관성을 가진다.

5) 독립적인 평가

- 객관성 확보: 독립적인 평가는 객관적인 인력을 통해 이루어지며, 질문, 관찰, 문서 검사 등을 통해 수행된다. 독립적인 평가의 범위와 빈도는 위험의 중요성과 상시적인 모니터링 결과에 따라 조정된다.

6) 충분한 지식을 갖춘 인력 활용

- 평가자의 지식: 평가자들은 평가 대상에 대해 충분한 지식을 가지고 있어야 하며, 내부회계관리제도의 구성요소가 어떻게 작동하는지 이해할 필요가 있다.

7) 독립적인 평가의 접근법 및 객관성

- 다양한 평가 방식: 내부감사, 교차평가, 자기평가 등 다양한 평가 방식이 가능하지만, 자기평가는 객관성 결여의 가능성이 있어 신중히 사용해야 한다.

8) 외부서비스제공자

- 일반적으로 회사는 회사의 목적 달성을 위해 다양한 외부서비스제공자를 이용하고 있으며, 해당 외부서비스제공자의 내부통제가 회사의 내부회계관리제도에 미치는 위험 및 영향을 다양한 방식으로 파악할 필요가 있다. 회사는 외부서비스제공자와 계약 시, 감사 수행 권리와 관련한 문구를 포함하여 제공되는 서비스의 내부통제에 대한 독립적인 평가를 수행할 수 있는 근거를 마련하여야 한다. 외부서비스제공자의 내부통제를 이해하기 위한 방법으로는 직접적으로 외부서비스제공자의 내부통제에 대해 독립적인 평가를 수행하거나, 외부 인증보고서를 이용하는 등 다양한 형태가 될 수 있다.

(2) 원칙17 : 미비점 평가와 개선활동

통제요소	통제환경		
원칙	원칙 17. 미비점 평가와 개선활동		
	P17. 회사는 내부회계관리제도의 미비점을 평가하고 필요한 개선활동을 적시에 수행한다.		
적용기법 / 중점고려사항	A1. 정책 및 절차 수립 및 문서화	A2. 사업본부장 혹은 부서장을 통한 통제활동의 적용	A3. 정책, 절차 및 통제활동의 정기적/비정기적 유효성 평가
F1. 결과 평가 - 경영진과 이사회는 상시적인 모니터링과 독립적인 평가 결과에 대해 적절히 평가한다.	P17F1A1		
F2. 미비점 의사소통 - 내부회계관리제도의 미비점은 개선활동을 수행할 책임이 있는 담당자와 책임자(일반적으로 차상위자, 필요시 고위 경영진과 이사회 포함), 이사회와 적절하게 의사소통된다.	P17F2A1		P17F2A3
F3. 개선활동에 대한 모니터링 활동 - 경영진은 통제 미비점들이 적시에 개선되는지 확인한다.		P17F3A2	

1) 결과 평가

- 회사는 상시적인 모니터링 및 독립적인 평가 등 모니터링 활동을 수행함으로써 주의가 필요한 사항들을 식별한다. 이러한 사항들 중 신뢰성 있는 재무보고 목적 달성에 부정적 영향을 미치는 내부회계관리제도의 잠재적인 문제점 또는 실제 발생한 결함을 통제 미비점이라고 한다. 경영진은 통제 미비점을 통해 내부회계관리제도의 효과성을 개선시킬 수 있는 기회를 발굴하거나 현재의 내부회계관리제도를 개선하여 회사의 신뢰성 있는 재무보고 목적을 달성할 수 있다. 회사의 통제 미비점은 다양한 원천을 통해 확인될 수 있으므로, 경영진은 확인된 미비점을 종합하여 내부회계관리제도의 결과를 평가하여야 한다.

2) 미비점 의사소통

- 회사 내 담당자와 통제 미비점에 대해 의사소통하여 개선사항을 도출하는 것은 내부회계관리제도

목적을 달성하기 위해 중요한 사항이다. 의사소통할 내용은 회사가 설정한 기준, 문제가 발생했을 때 대처할 수 있는 개인의 권한, 그리고 상급자의 감독 활동 등 다양할 수 있으며 관련된 내부 규정에 따라 통제 미비점들이 경영진과 이사회에 보고된다. 만약 통제 미비점이 전사적으로 영향을 미친다면, 이는 모든 관련된 부서뿐만 아니라 관련된 부서에 적절한 조치를 취할 수 있는 충분한 위치의 경영진에게 보고되어야 한다. 일반적으로 통제 미비점은 개선조치를 취할 책임이 있는 담당자와 그 담당자의 최소한 한 단계 위의 경영진에게 보고된다. 통제 미비점의 의사소통 여부는 해당 미비점의 잠재적인 영향력과 회사 내 보고 절차를 고려하여 판단하여야 한다. 의사소통되는 내용이나 수준은 규정에 따른 미비점의 평가 절차, 미비점 처리에 대한 직원의 권한 및 상급자의 감독 활동 수준에 따라 다를 수 있다. 또한, 외감법 및 평가·보고 기준을 고려하여야 한다.

3) 개선활동에 대한 모니터링 활동

- 통제 미비점을 평가하고 해당 미비점에 대한 개선 책임이 있는 임직원과의 의사소통이 이루어진 후, 경영진은 통제 미비점의 개선을 위한 노력이 시의적절하게 수행되는지 점검하여야 한다. 개선조치의 수행을 점검하는 자와 실제로 개선조치를 수행하는 자는 분리하여야 한다. 통상적으로, 적시에 개선조치가 이루어지지 않은 통제 미비점은 해당 담당자의 상급자에게 보고가 이루어져야 하며, 경영진은 통제 미비점에 대한 개선조치가 완료될 때까지 모니터링 활동을 다시 수행할 것을 고려하여야 한다.

제4절 연결내부회계관리제도 고려 요소

1 그룹차원의 통제 설계 및 운영

(1) 그룹차원의 통제 설계 시 고려사항

개별적으로 또는 다른 부문과 합쳤을 때 연결재무제표에 중요한 왜곡표시를 발생시킬 가능성이 낮은 부문에 대해 그룹 수준의 위험평가와 부문의 재무보고 결과에 대한 모니터링 등 그룹 차원의 통제를 통하여 잔여 부문의 위험에 대응해야 한다(평가보고 대상범위 선정 가이드라인, 4 다). 그룹차원의 통제는 그룹경영진이 그룹의 재무보고에 대하여 설계, 실행하고 유지하는 통제로 정의된다(감사기준서 600, 9).

그룹차원 통제는 연결 경영관리 및 내부회계관리제도 운영을 위한 체계(Framework) 수립과 각 부문에 대한 관리 및 모니터링 체계로 이루어진다. 단순히 그룹 내 각 부문의 내부회계관리제도를 합산하는 방식이 아니라, 실질적인 연결 기준의 내부회계관리 체계로 기능하기 위해서는, 지배기업 차원의 그룹차원 통제가 적절히 설계되고 효과적으로 운영되어야 한다.

그룹차원의 통제는 정책, 절차, 조직과 같이 운영에 있어 근간이 되는 요소를 포함함과 동시에 거래수준 통제에 비해 상대적으로 간접적인 성격을 갖고 있는 것이 일반적이다. 그럼에도 불구하고, 그룹차원의 통제는 개별적으로 또는 다른 부문과 합쳤을 때 연결재무제표에 중요한 왜곡표시를 발생시킬 가능성이 낮은 부문의 거래수준 통제절차가 구축되지 않은 경우 이에 대한 위험에 대응하는 절차로 기능하는 것을 포함하는 것으로, 해당 부문의 재무정보 왜곡위험을 실질적으로 감소시킬 수 있도록, 가능하면 직접적이고 정교한 통제활동으로 설계되어야 한다.

이러한 그룹차원의 통제는 지배기업에서 수행되는 것이 일반적이므로, 지배기업은 해당 그룹차원의 통제를 수행할 수 있는 인프라와 역량을 갖추고 있는지를 먼저 확인하고 기업의 상황에 적합한 구축 전략을 수립 및 이행해야 한다.

그룹차원의 통제가 충분히 작동하기 위하여는 지배기업의 연결 결산프로세스 내에서 종속기업 재무정보의 적정성을 검토하고 연결 정보를 관리함은 물론 개별 종속기업의 유의적 계정과목 등의 적정성 확보를 위한 분석적 검토 및 추가 확인 절차가 수립되어야 할 것이며, Compliance monitoring, 실효성 있는 내부감사 체계 등도 중요한 요소이다.

예를 들어 내부감사기능이 중앙집중화되어 있을 때는 내부감사기능을 그룹차원의 통제의 일부로 간주할 수 있을 것이다. 그룹업무팀이 내부감사기능의 업무를 활용할 것으로 기대하는 경우, 감사기준서 610은 내부감사기능의 조직 내 위상과 관련 정책 및 절차가 내부감사인의 객관성을 적절하게 지원하는지 여부, 내부감사기능의 적격성 수준 그리고 내부감사기능이 체계적이고 규율된 접근법을 적용하는지 여부에 대한 그룹업무팀의 평가를 다룬다(감사기준서 600 보론2).

그룹차원의 통제의 충분성에 대한 판단은 주관적인 요소가 강하여 외부감사인의 판단이 중요하게 작용할 수 있는 부분이므로 그룹차원의 통제를 통하여 대응해야 하는 통제위험 범위가 넓은 경우에는 그룹차원의 통제의 구축 방향과 접근 방법론에 대하여 외부감사인과 사전에 협의를 하는 것이 필수적이다.

이러한 접근법은 내부회계관리제도 감사기준에도 반영되어 있는데, 내부회계관리제도 감사기준에 따르면 다수의 부문을 운영하고 있는 경우 위험이 낮은 부문에 대해서, 전사적 수준 통제(조직 전체에 걸쳐 적합한 통제가 존재한다는 확신을 제공하기 위해 가동 중인 통제를 포함함)를 테스트하는 것이 충분한 증거를 제공하는지 여부를 우선 평가하고, 그 결과에 따라 내부회계관리제도 평가의 대상 범위를 조정할 수 있다.

감사기준서 1100 발췌

A109 위험이 낮은 부문에서는, 그룹업무팀은 먼저 전사적 수준 통제(조직 전체에 걸쳐 적합한 통제가 존재한다는 확신을 제공하기 위해 가동 중인 통제를 포함함)를 테스트하는 것이 감사인에게 충분한 증거를 제공하는지 여부를 평가할 것이다. 그룹업무팀 또는 그룹업무팀을 대신하는 부문감사인이 특정 위험에 대한 통제 또는 그룹차원의 통제의 운영효과성을 테스트할 수 있다.

(2) 그룹차원의 통제 예시

그룹차원의 통제는 다음 사항의 조합을 포함하고 있을 것이다(감사기준서 600 보론2).

- 사업동향을 논의하고 그 성과를 검토하기 위한 그룹경영진과 부문경영진과의 정규 회의
- 통상적인 정기보고 등 부문의 영업과 그 재무결과에 대한 모니터링. 이를 통해 그룹경영진은 부문의 예산 대비 실적을 모니터링하고 적합한 조치를 취할 수 있다.
- 그룹경영진의 위험평가절차, 즉 그룹재무제표에 중요한 왜곡표시를 초래할 수 있는 사업위험(부정위험 포함)을 식별, 분석, 관리하는 절차

- 그룹 내부거래 및 미실현이익, 그룹 내부거래 계정잔액에 대하여 그룹수준에서 수행하는 모니터링, 통제, 조정 및 제거 절차
- 부문에서 제공받은 재무정보의 적시성을 모니터링하고 해당 정보의 정확성 및 완전성을 평가하기 위한 절차
- 그룹의 전체 또는 일부에 적용되는 공통의 정보기술 일반통제에 의해 통제되는 중앙 정보기술시스템
- 모든 부문이나 일부 부문에 공통으로 적용되고 있는 정보시스템 내부의 통제활동
- 내부감사기능 및 자체평가 프로그램의 활동 등 통제에 대한 모니터링
- 그룹재무보고절차에 대한 매뉴얼 등 일관된 정책과 절차
- 윤리규정이나 부정예방 프로그램 등 그룹차원의 프로그램
- 부문경영진에게 권한과 책임을 위임하는 절차

참고로 일반적으로 적용해 볼 수 있는 재무관련 그룹차원의 통제의 예시는 다음과 같다.

〈표 5-1〉 **그룹차원의 통제의 예시**

통제활동명	통제활동 상세 예시
특수관계자 완전성 검토	특수관계 담당자는 1) 매 분기별로 지주사가 제공하는 관계사 List(대상회사 관리자료) 및 2) 공정위에 공시된 대규모기업집단 리스트를 확인하여 특수관계자를 식별하고 식별 결과를 상위관리자에게 보고한다.
특수관계자거래 증감분석	회사의 특수관계 담당자는 매분기 특수관계자거래 공시 전 각 특수관계자와의 거래의 내용을 파악하고, 특수관계자와의 거래금액이 전분기 대비 중요성 금액 이상 변동한 경우 사유를 파악하여 변동내역이 합리적인 수준인지 확인하고 결과는 상위관리자에게 보고한다.
종속기업/관계기업/공동기업 투자주식 손상검토	투자주식 담당자는 연 1회 종속기업/관계기업/공동기업 투자주식의 손상 징후를 검토하고 손상 징후가 파악된 경우 손상 평가를 수행하여 상위관리자의 승인을 득한다.
소송 및 클레임 목록 완전성 확인	소송충당부채 담당자는 우발 및 claim 사항을 완전히 식별하기 위하여 다음의 업무를 수행한다. - 특허 클레임 내역 확인 - 법무팀 내역 확인 - 당월에 개최된 이사회의사록 확인 - 본사, 해외법인 및 자회사의 언론 보도내역 확인 - 당사 공시사항 확인 - 우발 및 claim 사항 완전성 검토 결과는 보고
지분증권 공정가치평가보고서 검토	회사의 회계실무기준서에 따라 공정가치평가 대상 지분상품 및 복합금융상품은 외부 전문가를 사용하여 공정가치평가를 수행한다. 담당자는 외부평가내역을 리뷰하고 예외사항(평가방법 변경, 주요한 가정의 적용 차이 등)에 대하여 그 사유의 적정성을 검토한다.

통제활동명	통제활동 상세 예시
영업권 손상검토	영업권 손상평가 담당자는 연1회 영업권 손상검토를 수행한다. 손상 검토 결과는 상위관리자 승인을 득한다.
판매보증충당금의 회계처리 적정성 검토 및 승인통제	매출 담당자는 판매보증충당금계산 파일을 작성하여 판매보증충당금을 계산하고 전표를 기표한다. 해당 전표는 상위관리자의 승인을 득한다.
연결매출장과 개별회사 시산 시스템대사확인	연결매출담당자는 D+1일의 본사매출마감 및 D+2일 자회사 매출마감 완료 후 매출마감의 완전성을 확인한다. 매출마감의 완전성을 확인하기 위하여 연결결산시스템의 법인별 연결매출 Report 와 내부거래인식액 및 개별시산과 대사하여 차이를 확인한다.
연결매출 검증통제	연결정산표 담당자는 매출 및 매입과 관련한 연결조정사항이 완전하게 입력되었는지 확인하기 위하여 연결매출을 검증한다.
보고기간후 사건 검토	담당자는 보고기간 말과 재무제표 발행 승인일 사이에 발생한 공시사항 점검, 뉴스검색, 이사회의사록 확인을 통해 보고기간후 사건의 재무적 영향에 대하여 검토하고 상위관리자의 승인을 받는다.
자회사결산완료 모니터링	본사 및 자회사의 시산, 증감분석 제출내역 및 시산검증현황을 확인후 연결결산을 수행한다.
관계회사 재무제표 증감분석 검토	지분법결산담당자는 관계회사가 제출한 재무제표에 기초하여 증감분석을 수행한다. 분석적검토로 재무제표의 변동이 설명되지 않는 경우, 관계회사의 결산담당자에게 질문을 통하여 관계회사 재무제표의 변동사유를 파악하여 관계회사 재무제표의 적정성을 확인한다.

외감법상 내부회계관리제도 적용 대상에서 제외되는 SPC가 연결재무제표에서 유의적인경우, 어떻게 고려해야 하는가(모범 규준 등 적용 FAQ, 50)?

외감법상 내부회계관리제도의 적용대상에서 제외되는 SPC가 연결재무제표에서 유의적인 경우를 생각해보면, 외감법상에서 SPC를 내부회계관리제도 대상에서 제외한 취지는 실제 SPC에 소속되어 내부회계관리제도를 운영하는 조직과 규정을 갖추는 것이 실무적으로 불가능한 측면을 고려한 것이다. 이러한 취지에 따라, 연결내부회계관리제도가 적용되어야 하는 유의적인 SPC라 하더라도 SPC에 내부회계관리제도를 구축하는 것이 요구되지는 않으나, SPC가 연결내부회계관리제도 관점에서 유의적인 경우 해당 부분을 제외한 한정의견 표명이 허용되지 않기 때문에, 지배회사는 SPC에 대한 충분한 통제활동을 제시하는 것이 필요하다. 이러한 경우에는 그룹 수준에서 SPC를 관리 감독하는 활동과 관련된 통제활동이 필요한 것이다. 회사는 SPC내에 내부통제를 적용하는 대신, 중요한 왜곡표시가 발생하지 않도록 지배회사 관점에서 충분한 통제활동을 설계하고 적용하는 것을 고려해야 한다.

2 재무적으로 유의적인 부문으로 선정된 종속회사의 전사적 수준 통제

지배회사의 별도 기준 내부회계관리제도에서 설계된 모든 전사적 수준 통제가 재무적으로 유의적인(모범규준 등 적용FAQ, 59 참조) 부문으로 선정된 종속회사에 필요한 것은 아니다. 각 통제활동 별로 종속회사의 관련된 프로세스와 통제활동을 확인하고, 특정 통제활동의 주체가 종속회사인 경우 해당 통제활동을 종속회사의 전사적 수준 통제로 설계한다.

예를 들어, 지배회사가 윤리강령을 배포하고 관리 및 운영하는 역할을 수행하면 해당 사항은 지배회사의 통제활동이라 할 수 있고, 지배회사의 지침에 따라 종속회사 임직원의 윤리강령 준수서약서 작성 및 관리와 관련된 통제활동은 종속회사의 통제활동이라 할 수 있다. 내부회계관리규정이나 평가 결과 보고 등과 관련된 통제활동은 주로 지배회사의 전사적 수준 통제로 설계되는 것이 일반적이나, 지배회사의 전사적 수준 통제만으로 충분하지 않고 종속회사 관점에서 별도 통제활동의 설계 및 평가가 수행될 필요가 있다고 판단한 경우에는 종속회사가 수행하는 역할에 대한 전사적 수준 통제가 추가로 설계될 수 있다(모범 규준 등 적용 FAQ, 54).

제5절 내부회계관리 조직[84)]

1 연결내부회계관리제도 조직 고려사항

연결 내부회계관리제도 조직은 연결 실체 내 산업 및 지역의 다양성, 그룹의 운영 방식, 부문의 기존 내부통제 조직 유무 등을 고려하여 다양한 방안이 가능하며, 경영진의 의사결정에 따른 운영단위의 변경 발생시 해당 현황에 맞게 조정하여 운영할 수 있으며 다음과 같은 3가지 운영형태가 가능하다.

구분	방안
Local 모델	개별 종속회사별로 내부회계관리제도 전담조직(인력)을 구성하여 개별적으로 내부회계관리제도를 운영 및 평가하여 지배회사에 보고
Corporate 모델	지배회사 내부회계관리제도 전담조직이 그룹 차원의 내부회계관리제도 설계, 운영 및 평가에 직접 관여
지역거점 모델	사업부문별 혹은 지역별 거점부문을 선정하여 자체적인 내부회계관리제도 전담조직(인력)을 구성하여 해당 사업부문 및 지역에 대한 내부회계관리제도를 운영 및 평가하고 지배회사에 보고

또한, 각 조직별로 담당하는 부문의 범위와 업무양을 분석하여 전담 인력의 구성 및 유지 여부를 검토하며, 평가 업무 등에서는 그룹 내 유관부서 인력으로 TF팀을 구성하거나 외부전문가에게 아웃소싱하는 방안을 고려할 수 있다.

연결 내부회계관리제도 구축 및 운영, 평가에 대한 책임은 지배기업에 있다. 지배기업 경영진은 지배기업은 물론 부문인 종속기업의 내부회계관리제도가 운영되도록 규정, 절차, 조직 등 전체 체계(framework)를 수립하고 시행(implementation)되도록 하여야 하며, 주기적인 평가를 수행하여 내부보고를 하고 외부감사인의 감사까지 받아야 한다. 또한, 연결 내부회계관리제도의 지속적인 운영을 위하여 변화관리체계를 수립하고 시행하며 미비점이 발견되는 경우 개선활동을 수행하여야 하는 책임을 가지게 된다.

연결 내부회계관리제도의 구축 및 운영, 평가에 대한 책임은 지배기업에 있으며, 종속기업은 지배기업이 수립한 정책과 절차를 준수하여 주어진 역할을 이행하고 개별 거래수준 통제를 설계 · 운영하며 미비점을 식별하고 개선할 책임이 있다.

---

84) 한국상장사협의회/한국공인회계사회의 연결내부회계관리제도 구축운영평가 방안에 관한 연구보고서(2021)의 관련 내용을 인용한 것임

❷ 지배기업의 역할

연결 내부회계관리제도 운영조직의 형태별 유형에서 살펴본 바와 같이, 어떤 방식의 운영 모델을 채택하든지 지배기업의 내부회계관리제도 운영 조직은 전체를 총괄하는 "control tower"로서의 역할을 수행하여야 한다. 지배기업 내부회계 운영조직은 개별 종속기업 수준에서 이루어지는 거래수준 통제 및 관련 IT시스템에 대한 정보기술 일반통제가 그룹 전체 관점에서 효과적으로 운영되고 있는지에 대한 사항을 포함하여 지배기업에서 적용하고 있는 내부회계관리제도가 연결 실체 내의 모든 부문에서 작동할 수 있도록 운영방안을 수립하여야 한다. 지배기업의 운영 조직은 연결 실체 내 내부회계관리제도 구축의 일관성 유지를 위하여 각 종속기업의 거래수준 통제 및 정보기술 일반통제의 설계 및 운영에 관하여도 일정 수준의 정책이나 지침을 제공하여야 한다.

지배기업 내부회계관리제도 운영 조직에서 연결 기준 운영을 위하여 각 항목별로 고려하여야 할 사항은 다음과 같다.

1) 정책 및 규정

- 사업 단위, 법적 실체, 지역적 분포, 외부서비스 제공자 등을 포함한 그룹 전반의 구조와 분석
- 그룹의 다른 정책/지침의 체계 및 내부회계관리제도 관련 정책과의 연관성 (상호 영향도)
- 그룹내 부문별, 조직별, 운영단위별 권한과 책임
- 그룹내 운영단위 정의 (법인 단위, 사업부 단위, 지역별 단위 등)
- 보고체계
- 그룹 전반 수준의 변화관리체계
- 교육요건 등

2) 운영 절차

- 연간 운영계획 수립, 평가 및 보고 관련 절차와 방식
- 위험 평가 체계 수립
- 정보 및 의사소통을 위한 방안 수립 및 관리
- 그룹내 부문, 조직과의 의사소통체계
- 부문에 대한 지속적인 모니터링 절차 및 체계
- 그룹내 복수의 상장사가 존재할 경우 각각의 회사가 적용하고 있는 정책 및 절차 간의 연계 방안

3) 운영 조직

- 그룹 구조, 운영조직의 규모/역량 등을 고려한 모델 (본사/권역/부문 등 그룹의 단계별 구조와 각각의 역할을 고려한 운영모델)
- 운영조직 권한과 책임, 보고체계

- 운영조직의 인원 규모 및 예산

4) 운영 시스템

- 운영정책에 따른 권한과 책임, 운영 절차, 운영 조직에 따라 내부회계관리제도 운영 솔루션에 대한 설계 필요

3 종속기업 내부회계관리 조직

종속기업의 내부회계관리 조직은 기본적으로 지배기업에서 수립한 전체 연결 내부회계관리제도 운영 조직 체계에 따라 구성될 것이다. 국내 종속기업은 상장 여부, 비상장대기업여부에 따라 외부감사법상의 내부회계관리제도 감사 또는 검토 관련 규정의 적용을 받는 경우에는 이에 상응하는 역할 및 조직을 구성하고 있으므로 이를 연결 전체의 조직 체계와 연계시킬 필요가 있다. 해외 종속기업과 자산총액 5천억 원 미만 국내 비상장 종속기업의 경우에는 외부감사법 등 법규의 적용을 받지는 않으나 내부회계관리자의 지정 여부와 전담조직 구성 및 규모는 지배기업의 정책에 따르는 것이 일반적이다.

종속기업 내부회계관리 조직의 주요 역할은 다음과 같다.

- 연결 전사적 수준 통제 적용 내역 점검 및 평가
- 거래수준 내부회계관리제도 설계/운영 평가 및 보고 (지배기업 지침에 따른 평가 범위 및 평가 기준 준수)
- 미비점 식별에 대한 보고 및 개선 조치 실행
- 외부감사인의 내부회계관리제도 감사 수검
- 내부회계관리제도 산출물의 유지 및 업데이트
- 변화 및 이슈사항에 대한 신속한 보고

Chapter 06

업무프로세스의 거래수준 통제 설계 및 운영

6 업무프로세스의 거래수준 통제 설계 및 운영

제1절 업무프로세스의 거래수준 통제

1 업무프로세스의 거래수준 통제 개요

거래수준 통제(Process Level Control: PLC 또는 Transaction Level Control: TLC)[85]: 영업, 구매, 자금, 결산, 인사급여, 자산관리 등 회사에서 발생하는 거래흐름이나 업무프로세스에서 재무제표가 왜곡표시될 위험을 감소시키는 통제활동으로 구성되어 있다. 즉, 거래가 실제로 발생하고 처리되고 기록되며, 보고되는 과정에서 필요한 통제활동을 의미하는 것으로 재무제표의 연관된 계정과목에 직접적인 영향을 주게 된다.

업무프로세스는 회사가 관련 업무를 완수하고 목표를 달성할 수 있도록 거래가 처리되는 일련의 과정이다. 이러한 거래들은 단순한 활동수행(예를 들어, 전표처리)에서부터 사업의 핵심요소 관리(예를 들어, 도매업자의 재고관리 및 배분 시스템), 기능적 업무수행(예를 들어, 조직의 재무기록 유지), 상호기능적 요소(예를 들어, 인력관리부문) 등 보다 복잡한 분야에까지 연결되어 발생할 수 있다(설계 및 운영 개념체계, 보론B).

거래수준 통제는 경영진의 목적을 달성하기 위해 구축된 업무프로세스의 위험에 직접적으로 대응하기 때문에 회사의 가장 기본적인 통제활동이다. 거래수준 통제는 전사적 수준의 재무보고 프로세스부터 특정 부서의 고객지원 프로세스까지 업무프로세스가 존재하는 곳이라면 어디든지 선택되고 구축된다. 업무프로세스는 각각의 위험 및 위험에 대한 대응방식을 가진 다양한 목적 및 하위목적을 포함하게 되는데, 정보처리목적(완전성, 정확성, 유효성)에 따라 그룹화하게 되면 업무프로세스의 위험을 보다 쉽게 관리할 수 있다(설계 및 운영 개념체계, A51).

- 완전성 - 발생된 거래는 모두 기록된다.
- 정확성 - 거래는 각각의 거래처리 단계에서 적시에 올바른 계정으로 정확한 금액이 기록된다.
- 유효성 - 기록된 거래는 실제로 발생되고 정책과 규정에 따라 적법하게 수행된 경제적 사건을 나타낸다.

접근제한은 대부분의 업무프로세스상 중요한 고려사항이며, 종종 정보처리목적의 항목으로 포함되기도 한다. 이는 업무프로세스상 거래에 대한 접근제한이 적절하지 않을 경우, 해당 업무프로세스의 통제활동이 우회될 수 있고 업무분장이 달성되지 못할 수 있기 때문이다. 특히, 회사의 프로세스와 사업에서 정보시스템의 기술에 의존하는 정도가 클수록 접근제한은 중요하게 고려되어야 한다(설계 및 운영 개념체계, A52).

85) 내부회계관리제도 실무상 거래통제, 거래수준 통제, 업무프로세스의 거래수준 통제의 명칭은 동일한 의미로 사용된다.

② 위험평가와의 통합

위험평가 결과 확인된 위험을 관리하고 줄일 수 있는 통제활동을 마련한다(설계 및 운영 개념체계, 47.1).

통제활동은 모든 내부회계관리제도 구성요소를 지원하지만, 특히 위험평가 절차와 연계된다. 위험평가 결과와 함께 경영진은 특정 위험에 대응하기 위하여 필요한 효과적인 대응 방안을 식별하고 설계한다. 일반적으로 통제활동은 회사가 특정 위험을 수용하거나 회피하는 것을 선택할 때에는 필요하지 않다. 그러나 회사가 위험을 회피하지 않기로 결정하고 이를 위한 통제활동을 설계하기로 결정하는 경우, 위험을 감소시키거나 분산시키려는 이러한 행동은 통제활동을 선택하고 설계할 때 고려되어야 한다. 위험에 대한 대응 및 관련된 통제활동의 성격과 범위는 경영진이 허용할 수 있는 위험의 수준에 영향을 받는다(설계 및 운영 개념체계, A48).

③ 회사의 고유한 요인 고려

경영진은 통제활동 선택 및 구축 시, 회사의 고유한 특성뿐만 아니라 사업 환경, 복잡성, 성격 및 범위 등의 영향을 고려한다(설계 및 운영 개념체계, 47.2).

각 회사는 그 회사만의 목적과 접근방식을 가지고 있기 때문에, 목적, 위험, 위험에 대한 대응방식, 관련된 통제활동이 각기 다를 것이다. 두 회사가 동일한 목적과 구조를 갖고 있다 하더라도 통제활동은 다를 수 있다. 각 회사는 내부통제에 영향을 미치는 각기 다른 결정을 하고, 다른 능력을 보유한 인원에 의해 운영된다. 더욱이 통제활동은 조직의 복잡성, 역사, 문화, 성격, 사업영역뿐만 아니라 회사가 속한 환경 및 산업을 반영한다. 내부회계관리제도를 지원하기 위해 필요한 통제활동에 영향을 미치는 회사의 고유한 요인은 다음과 같다(설계 및 운영 개념체계, A49).

- 회사의 환경과 복잡성, 영업활동의 성격과 범위는 통제활동에 영향을 미친다.
- 규제를 많이 받는 회사일수록 일반적으로 그렇지 않은 회사보다 복잡한 위험평가 절차 및 통제활동을 설계한다.
- 여러 나라에 걸쳐서 다양한 영업활동을 수행하는 회사는 내수 중심의 단순한 영업활동을 수행하는 회사보다 더 복잡한 통제활동을 설계한다.
- 복잡한 ERP 시스템을 사용하는 회사는 간단한 범용소프트웨어를 사용하는 회사와는 다른 통제활동을 설계한다.
- 영업활동이 분산되어 있고 지역적인 자율성이 강조되는 회사는 영업활동이 유사하고 높은 수준으로 중앙화 되어 있는 회사와 다른 통제환경에 놓여 있다.

제2절 업무프로세스의 거래수준 통제의 설계 및 운영 절차

업무프로세스의 거래수준 통제는 프로세스 이해단계, 위험 및 통제식별/설계 단계 및 통제활동 평가의 단계로 구분해 볼 수 있다.

[그림 6-1] **업무프로세스의 거래수준 통제 구축절차**

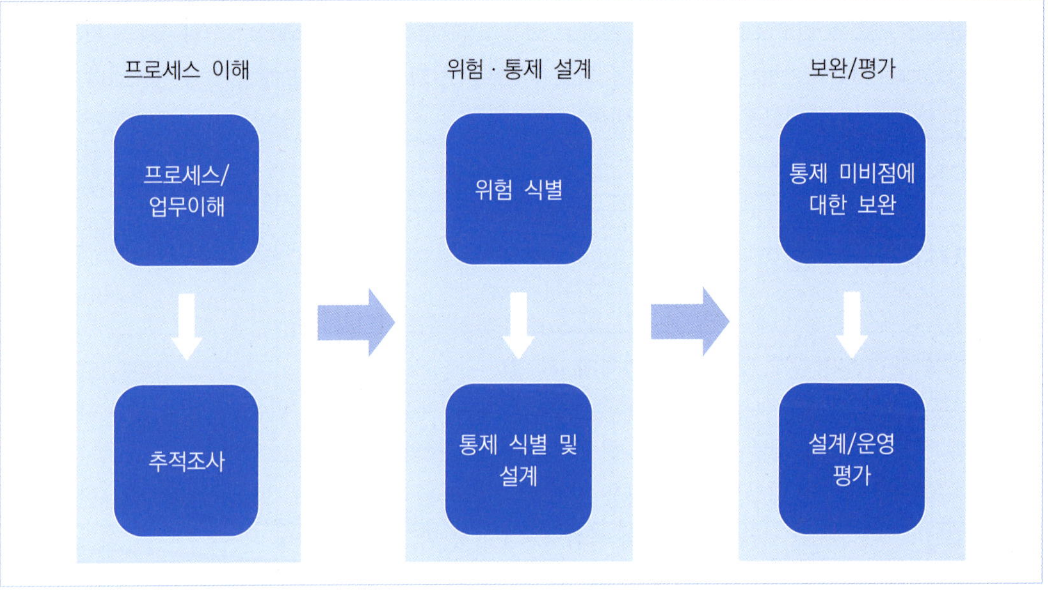

프로세스 이해단계에서는 현업담당자 인터뷰와 회사의 각종 프로세스 정의 문서 혹은 규정, 업무지침의 제반 문서등의 자료를 이용하여 Scoping 단계에서 구분된 하위 프로세스에 대해 분석 및 검토한 내용을 업무기술서와 업무흐름도에 문서화한다.

위험 및 통제식별의 단계에서는 업무기술서와 업무흐름도에서 분석된 세부 프로세스 및 업무절차에 대한 이해를 바탕으로 위험을 식별하고, 그 위험에 대응하는 통제활동을 설계한다. 일반적으로 이는 위험 · 통제 매트릭스라고 불리는 RCM(Risk Control Matrix)에 기술하며, 모범규준 등에서는 "통제기술서"로 표현하고 있다.

평가의 단계는 이렇게 설계 · 운영된 업무프로세스의 거래수준 통제활동이 설계 · 운영상 효과적인지를 검토하는 과정으로 이는 "8장 내부회계관리제도 설계 및 운영평가"에서 상세하게 다루기로 한다.

1 업무 프로세스의 이해

경영진주장과 관련된 거래 흐름(이하 '업무 프로세스')를 적절하게 이해하지 못하면 왜곡표시의 원천을 제대로 이해할 수 없게 되고, 많은 경우 각 관련경영진주장의 평가된 왜곡표시위험에 충분히 대처하는 통제를 적절하게 식별할 수 없게 된다. 업무 프로세스 이해의 목적은 프로세스에 내재된 잠재적 왜곡표시 원천(위험)을 파악하고, 이에 대응하는 통제활동을 분석 · 식별하기 위함이다.

업무 프로세스를 이해할 때에는 다음에 유의할 필요가 있다.

- 업무프로세스내에 통제활동과 비통제활동을 구분함
- 거래의 개시부터 시작하여 거래의 끝까지 파악함
- 데이터가 언제 한 단계에서 다음 단계로 이동하는지 유의하면서 각 단계를 이해함
- 거래가 총계정원장에 기록(궁극적으로 보고)되는 시점까지의 거래 흐름을 이해함

이런 점을 감안하여 기업의 업무프로세스를 이해하기 위해서는 업무흐름도 및 업무기술서를 작성한다. 물론 회사는 기존부터 보유한 전결규정, 업무수행 기준 및 절차서, 각종 업무 매뉴얼등의 문서를 유지관리하고 있는 경우가 많을 것이다. 그러나 이러한 기존의 문서들은 내부회계관리제도에서 중요시하는 재무제표 왜곡표시 위험 및 내부통제의 목적으로 작성된 것이 아니기 때문에 내부회계관리제도의 재무제표 작성 및 보고의 신뢰성을 담보하기에 충분하지 않을 가능성이 높다. 이는 곧 내부회계관리제도 관점에서의 업무프로세스 분석 및 문서화가 필요하다는 의미이며, 회사는 기존의 문서를 부분적으로 활용하여 내부회계관리제도 목적에 적합하도록 신규 작성하는 것을 적극적으로 고려하여야 한다.

적절한 통제활동을 식별하거나 설계하기 위해는 해당업무 담당자 간의 논의과정이 필요하다. 예를 들어, 해당 프로세스 담당자, 통제활동 담당자, 회계부서 및 내부회계관리제도 전담팀 또는 내부통제 전문가를 포함한 논의를 진행한다. 효과적인 논의를 위해서는 추적조사의 방법 등을 통해 문서화한 업무흐름도와 통제기술서가 유용할 것이다(설계 및 운영 적용기법, 91).

(1) 추적조사

업무흐름도와 업무기술서는 추적조사(Walk-through)와 병행하여 작성함으로써, 실제 업무 프로세스상 거래 흐름과 위험요소 및 주요 통제 지점을 체계적으로 식별 · 문서화할 수 있어, 통제 설계의 정합성과 완전성을 높이는 데 기여할 수 있다.

추적조사를 수행하는 경우 기업 담당자가 사용하는 동일한 문서와 정보기술을 이용하여 거래를 따라간다. 추적조사는 적합한 담당자에 대한 질문, 특정 통제의 적용의 관찰, 관련 문서의 검사 및 통제 재수행을 포함하며 이 절차들의 어떤 조합이라도 선택할 수 있으나 질문만으로는 충분하지 않다(감사기준서 1100, A43).

추적조사를 수행할 때, 기업 담당자에게 중요한 거래 처리절차가 수행되는 시점에 기업의 규정된 절차 및 통제에 의하여 요구되는 사항에 대한 기업 담당자의 이해에 관해 질문한다. 이러한 탐색적 질문(probing question)은 다른 추적조사 절차와 결합하여 해당 프로세스에 대한 충분한 이해를 얻고 필요한 통제가 누락되거나 효과적으로 설계되지 않은 중요한 지점을 식별할 수 있게 한다. 또한, 추적조사의 기초로 사용된 단일거래에 대한 제한된 초점을 넘어서는 탐색적 질문은 해당 프로세스에 의해 다루어지는 상이한 유형의 유의적인 거래에 대한 이해를 제공한다(감사기준서 1100, A44).

실무적으로 추적조사는 다음과 같은 두가지 측면에서 모두 사용은 되고 있지만 그 목적, 초점, 범위 등에서는 차이가 있음을 구별할 필요가 있다.

〈표 6-1〉 두가지의 추적조사 비교

구분	End-to-End Walk-through (전체 프로세스 기반)	통제 설계평가 목적의 Walk-through (개별 통제 중심)
목적	전체 프로세스를 따라가며 거래의 흐름상 위험과 통제를 식별하기 위함	특정 통제 항목이 설계상 적절하게 설계되었는지를 확인하기 위함
초점	프로세스 전반에 내재된 위험, 통제의 누락, 중복 등 거시적 식별	개별 통제의 설계 목적, 수행주체, 문서화 등 미시적 검토
범위	전체 프로세스(예: 매출주문 → 출하 → 청구 → 수금 등)를 처음부터 끝까지 따라감	특정 통제 활동 하나(예: 매출 승인 절차)를 중심으로 확인
수행방식	하나 또는 소수의 거래 사례를 기준으로 관련된 위험, 통제 식별 및 파악	특정 통제에 대해서 인터뷰, 문서검토, 등으로 확인
결과물	업무흐름도, 업무기술서, 관련 증빙	해당 통제가 문서화, 수행 책임자 지정, 빈도 등 설계상 적정성 판단
활용시점	내부회계관리제도 처음 설계 또는 재구축 시, 변화관리 시	설계평가 단계 중 특정 통제 설계의 존재 여부 확인 시

다음은 자금 지출에 대한 업무기술서와 거래의 흐름을 이해하기 위하여 자금지출 1건에 대해 추적조사를 수행한 후 잠재적 위험 및 통제를 식별한 사례이다. 실제로는 거래 흐름에 따라 관련 증빙을 입수하며 해당 내용에 대한 상세한 이해 및 분석을 통해 업무흐름을 이해한 후 잠재적 위험 및 통제를 식별하게 된다.

〈표 6-2〉 추적조사 예시

활동번호	활동명	활동 기술	관련 증빙	위험코드	위험기술	통제코드	통제명
1	각 사업부서의 대금 지급요청 및 승인	각 사업부서 담당자가 대금지급을 요청하면, 전결권자는 이를 검토 후 승인한다.	지급요청서 및 승인 화면				
2	지급 order 생성	승인된 대금 지급 요청에 한하여 지급리스트 생성 및 변경 권한을 가진 자금팀 담당자가 자금 order를 생성한다. ERP상 이체를 위한 지급리스트 생성/변경할 수 있는 권한은 자금팀 내 적격한 담당자로 제한되어 있으며, 담당자 외 유저의 지급리스트 생성 및 변경은 시스템상 차단된다.	미지급 AP 조회 화면 지급 매치 생성 화면	R1	자금이체정보가 임의로 생성/변경되어 임의의 자금거래가 발생할 위험	C1	지급리스트 생성 및 변경의 접근 제한

활동번호	활동명	활동 기술	관련 증빙	위험코드	위험기술	통제코드	통제명
3	자금이체 승인	전결권자가 지급계좌, 거래내역 등을 검토하고 승인한 후 자금이 이체된다.	지급 배치 결재 요청 화면 지급 배치 승인 화면	R2	거래가 임의로 생성/변경되어 임의의 자금거래가 발생할 위험	C2	자금이체시 승인
4	자금이체 처리	자금이체 실행 권한을 가진 자금팀 담당자가 자금이체를 처리한다. 자금이체를 실행할 수 있는 권한은 적격한 담당자로 제한되어 있으며, 담당자 외 유저의 이체 실행은 시스템상 차단된다.	자금이체 실행권한 형황 화면	R3	거래가 임의로 생성/변경되어 임의의 자금거래가 발생할 위험	C3	자금 이체 실행의 접근제한
5	자금이체 승인권자 적정성 검토	자금이체 승인 권한을 가진 서명권자의 적정성에 대하여, 인사발령시 적절한 자금의 전결권자의 검토 및 승인을 득한다.	펌뱅킹 전송 및 펌뱅킹 결재 요청 화면	R4	적정하지 않은 서명권자에 의해 대금지급이 이루어질 위험	C4	자금이체를 승인하는 서명권자에 대한 전결권자의 검토 및 승인

2 위험 및 통제활동의 설계

중요한 왜곡위험이 경영자 주장별로 식별되어 평가되면, 다음과 같이 고유위험[86]이 발생하는 프로세스를 확인하고 각각의 위험을 감소시킬 수 있는 통제활동을 수립하게 된다. 이러한 위험에는 부정위험을 포함하는 것이 필요하다(설계 및 운영 적용기법, 88).

- 각 계정의 전표가 기표되는 프로세스와 전표의 기초 정보의 확인
- 전표의 기초 거래가 시작되고 처리되는 프로세스 확인
- 각 프로세스의 정책 및 절차를 고려하여 발생할 수 있는 위험과 연계
- 위험은 계정별 경영자 주장 혹은 정보처리위험(완전성, 정확성, 유효성, 접근제한)을 고려
- 위험의 평가 결과를 고려한 통제 수준의 선택 및 설계

회사는 위험평가 수행 과정 혹은 이후 통제 설계 과정에서 계정과목 프로세스 연계도를 작성하는 것이 다음과 같이 유용하다(설계 및 운영 적용기법, 89).

- 계정과목과 관련된 통제활동을 확인할 수 있는 가시성 증대
- 특정 프로세스의 변화 시, 혹은 계정의 변화 시 검토 대상이 되는 프로세스와 통제활동에 대한 파악이 용이
- 추적조사의 단위 설정이 유용

86) 고유위험 : 모든 관련 통제를 고려하기 전에 거래유형, 계정잔액 혹은 공시에 대한 경영자 주장이 개별적으로 또는 다른 왜곡표시와 합칠 때 중요하게 왜곡표시 될 가능성이 내재된 위험이다.

일반적으로 경영진은 외부 재무보고 과정의 신뢰성을 제고하기 위한 회계정책 및 절차를 수립하고, 회계정보의 기반이 되는 거래처리에도 적용할 수 있는 업무처리 정책, 절차 및 지침 등을 마련하여 임직원에게 제시하거나 시스템을 통해 이러한 정책과 절차를 내재화하기도 한다. 이러한 전사적 수준 통제의 정책 절차가 미흡할수록 관련 회계처리 및 거래처리와 관련된 통제활동은 더욱 정교하게 설계되어야 할 것이다(설계 및 운영 적용기법, 90).

통제활동의 수립은 다양한 방법을 통해 이뤄질 수 있으며, 다음의 방안을 포함한다(설계 및 운영 적용기법, 92).

- 통제기술서, 업무흐름도 등의 문서를 기반으로 식별된 위험에 대응하는 통제활동을 식별
- 식별된 위험을 관리하기 위한 통제활동 식별을 위한 미팅 및 워크샵 수행
- 유사 업종, 시스템을 사용하는 회사의 통제활동의 수정 적용

(1) 왜곡표시원천 - 위험

유의적인 계정과 관련경영진주장에서 “무엇이 잘못될 수 있는가? (What Could Go Wrong?)” 라고 자문함으로써 잠재적 왜곡표시의 가능한 원천(이하 ‘왜곡표시원천’ : 위험)을 결정할 수 있다.

왜곡표시원천을 더 많이 이해하기 위하여, 그리고 테스트 대상 통제(또는 핵심통제)를 선정하는 것의 일부로써, 다음의 절차를 수행한다(감사기준서 1100, 33).

- 거래가 개시, 승인, 기록, 처리 및 보고되는 방법을 포함하여, 관련경영진주장과 관련된 거래의 흐름을 이해한다.
- 개별적으로 혹은 다른 왜곡표시와 결합하여 중요한 왜곡표시(부정으로 인한 왜곡표시 포함)가 발생할 수 있는 기업 프로세스 내의 지점을 식별한다(예를 들어, 정보가 개시, 이전 또는 수정되는 지점).
- 잠재적 왜곡표시에 대처하기 위한 통제를 식별한다.
- 재무제표에 중요한 영향을 미칠 수 있는 승인되지 않은 기업 자산의 취득, 사용 또는 처분을 예방하거나 적시에 발견·수정하기 위해 경영진이 실행한 통제를 식별한다.

재무제표 왜곡표시 위험(Misstatement Risk)은 재무제표에 포함된 정보가 실제 회사의 재무상태나 경영성과를 정확하게 반영하지 못하고 잘못된 정보가 포함될 가능성을 의미한다. 이러한 왜곡은 의도적이든 비의도적이든 발생할 수 있으며, 재무정보의 사용자들에게 잘못된 결정을 유도할 수 있는 위험이 있다.

재무제표 왜곡표시 위험은 크게 세 가지 유형으로 나눌 수 있다.

- 고유 위험(Inherent Risk)
- 통제 위험(Control Risk)
- 적발 위험(Detection Risk)

위험을 식별할 때 통제위험이 아니라 고유위험(Inherent Risk)으로 정의해야 한다. 반면, 통제위험은 위험 식별이 아닌 통제 효과성 평가 단계에서 고려하는 개념이다.

위험 식별 단계는 통제 설계 이전에 수행되며, 해당 업무 또는 거래가 본질적으로 내포하는 가능성(고유위험)을 드러내는 데 목적이 있다. 고유위험을 식별한 후, 그에 대한 내부통제가 어떻게 설계되었는지를 설명함으로써 통제의 타당성과 적정성을 평가할 수 있다. 만약 위험 자체를 통제위험으로 정의하면, 위험-통제 간 대응 관계가 불명확해지고 통제 설계의 정당성이 약화된다.

위험은 통제가 왜 필요한가? 에 대한 질문이며, 위험식별은 통제실패위험이 아닌 고유위험으로 정의되어야 함

- 잘못 정의된 위험 : 거래처 정보가 **적절한 승인을 득하지 아니하고** 시스템에 등록 또는 변경될 위험 → 통제실패위험으로 정의하는 경우이다. "통제절차가 안 지켜져서 위험하다"고 표현하는 건 잘못이다. 그건 위험이 아니라 통제가 실패한 결과일 뿐이다. 따라서 업무 자체에서 생기는 진짜 위험을 먼저 파악해야 한다. 위험은 "통제 실패"가 아니라, 업무의 본질적인 고유위험을 의미한다.
- 올바른 위험 정의 : 거래처 정보가 임의로 추가/변경/삭제되어 매입채무가 왜곡될 위험 → 고유위험으로 정의해야 한다. (1)직접적으로 영향을 미치는 요소 + (2)재무제표에 미치는 영향(자산보호 및 부정방지 포함)[경영자의 주장 포함시킬 수 있으면 구체적인 언급할 수 있음] + (3)~할 위험. 여기서 직접적으로 영향을 미치는 요소는 어떤 상황이나 요인이 그 업무에 직접적으로 문제를 일으킬 수 있는지를 생각해야 하며, 재무제표에 미치는 영향은 위 문제가 생기면 재무제표에 어떤 영향을 주는지를 고려해야 한다.

개정 감사기준서안(ISA 315 2019 Revised)에서는 위험 식별 단계에서 고유위험을 기준으로 평가 및 문서화하도록 규정하고 있다.

고유위험 요소란 특정 거래유형, 계정잔액, 공시에 대한 주장이 사기 또는 오류로 인한 왜곡 가능성에 영향을 미치는 사건이나 조건의 특성을 말한다. 이러한 요소는 내부통제를 고려하기 이전의 상태에서 판단되어야 한다(ISA 315 2019 Revised, Appendix 2). 위험 식별 및 평가 시점에서는 통제를 고려하지 않고, 거래 · 계정의 고유한 특성을 기준으로 위험을 판단해야 한다는 것이다.

또한, 고유 위험은 정적인 개념이 아니라, 다양한 수준(스펙트럼)에서 존재할 수 있다. 재무제표 왜곡위험은 경영자 주장마다 다르게 나타날 수 있으며, 이는 왜곡 발생가능성과 왜곡 시 영향 크기에 따라 달라진다. 위험평가는 이 스펙트럼을 기준으로 각 주장 수준에서의 고유위험을 평가해야 하며, 이 접근이 위험 평가의 일관성과 정교함을 향상시킨다(ISA 315 2019 Revised 결론근거, 60). 왜곡 발생가능성과 왜곡 크기의 조합이 가지는 중요성을 사용하여 고유위험 스펙트럼 상에서의 위치(범위)를 결정한다. 왜곡 발생가능성과 왜곡 크기 조합이 클수록 고유위험 평가는 높아지고, 조합이 작을수록 고유위험 평가는 낮아진다. 왜곡 발생가능성은 낮지만, 매우 큰 영향이 예상되는 경우도 고유위험이 높다고 평가될 수 있다(ISA 315 2019 Revised, A212~213).

중요왜곡위험으로 평가된 위험이 고유위험 스펙트럼 상의 상단부에 가까운지 여부, 그리고 따라서 그것이 유의한 위험(Significant Risk)에 해당하는지는 전문적 판단 사항이다.

고유위험의 속성들에 대한 상세 설명(ISA 315 2019 Revised, Appendix 2)

- 복잡성 (Complexity)
  - 재무정보 자체의 성격이나 정보 생성 방식이 복잡한 경우 발생.
  - 예시: 다양한 공급업체와 상이한 계약 조건이 존재하는 리베이트 계산, 다양한 특성을 가진 데이터 출처들을 사용하여 회계추정을 계산해야 하는 경우.
- 주관성 (Subjectivity)
  - 재무정보를 객관적으로 작성하는 데 지식이나 정보의 제한이 있어, 경영진이 선택 또는 주관적 판단을 내려야 하는 경우.
  - 결과적으로 동일한 회계기준을 적용하더라도 여러 다른 결과가 나올 수 있음.
- 변화 (Change)
  - 회계기준, 비즈니스 모델, 산업환경 등의 변화가 회계처리 방식, 추정, 공시 등에 영향을 미치는 경우.
    예: 새로운 수익기준 도입, 비즈니스 구조조정 등.
- 불확실성 (Uncertainty)
  - 정보 작성 시 정확하고 검증 가능한 데이터가 부족한 경우.
  - 일부 추정은 가용한 데이터를 활용해 합리적인 가정을 적용해야 하며, 이는 본질적으로 불확실성을 수반함.
    예: 미래 현금흐름 예측 시 수치가 확정되지 않고 추정에 의존해야 하는 경우.
- 경영자 편향 또는 부정 위험 요소 (Management Bias / Fraud Risk)
  - 경영진이 정보 작성 시 중립성을 유지하지 않을 가능성이 존재.
  - 고의 또는 비고의적 편향이 포함될 수 있으며, 이는 부정으로 간주될 수 있는 중대한 왜곡으로 이어질 수 있음.
  - 주요 유인 요소: 이익 목표, 자본비율 등 도달하려는 경영 목표, 중립성을 위협하는 유혹 또는 기회.

고유위험의 스펙트럼(ISA 315 2019 Revised 결론근거, 60)

고유위험의 스펙트럼(Spectrum of inherent risk)은 개별적으로 또는 결합되어 존재하는 고유위험 요소들이 고유위험의 수준을 다양한 정도로 증가시킬 수 있으며, 어떤 경영자 주장은 다른 주장보다 더 높은 고유위험을 가질 수 있음을 인정한다.

비록 이 개념이 명확히 정의되지는 않았지만, 고유위험의 정도가 달라지는 것을 '고유위험의 스펙트럼'이라고 하며, 왜곡이 발생할 가능성(가능성, likelihood)과 왜곡이 발생했을 때의 영향 크기(중요성, magnitude)의 상대적인 정도에 따라 고유위험 스펙트럼의 어느 지점에서 그 위험이 평가되는지가 결정된다.

IAASB는 고유위험의 스펙트럼 개념 도입이 감사인이 중요 왜곡위험을 보다 일관되게 식별하고 평가하는 데 도움이 될 것으로 보며, 감사인이 왜곡의 가능성과 영향 규모 및 고유위험 요소의 영향력을 고려할 수 있는 참조 틀(reference frame)을 제공한다고 판단하였다.

유의한 위험 예시(ISA 315 2019 Revised, A220)

[예시 1]
슈퍼마켓 소매점의 현금은 일반적으로 유용(횡령) 위험이 높아 왜곡 발생 가능성이 높은 항목으로 판단된다. 그러나 실제 취급되는 현금의 양이 작기 때문에, 왜곡 발생 시 영향 크기(중요성)는 매우 낮다. 이 두 요소(발생가능성과 영향 크기)를 고유위험 스펙트럼에 따라 조합해 보면, 해당 항목은 유의한 위험(Significant Risk)으로 평가되지 않을 수 있다.

[예시 2]
어떤 기업이 사업부 매각을 협상 중일 때, 영업권 손상(Goodwill Impairment)에 미치는 영향을 고려한다.
이 경우, 고유위험 요소(주관성, 불확실성, 경영자 편향 등)의 영향으로 인해 왜곡 발생가능성과 영향 크기 모두 높다고 평가될 수 있다. 결과적으로, 해당 영업권 손상 항목은 유의한 위험으로 간주될 수 있다.

COSO 전사적 리스크 관리 2017 통합 프레임워크에서도 위험 평가 시 고유 위험을 먼저 고려하고, 이후에 통제나 대응 조치를 반영하여 잔여 위험(통제위험)을 평가하는 접근 방식을 취하고 있다. 이는 조직이 위험 대응 조치를 고려하기 전에 고유 위험의 본질과 중요성을 이해하게 한다.

(2) 통제유형

회사는 내부회계관리제도의 목적 달성을 저해하는 위험을 수용 가능한 수준으로 줄일 수 있는 통제활동을 선택하고 구축하게 될 때 통제기술서(RCM : Risk Control Matrix), 워크샵 및 동일 업종의 통제활동 등을 이용하여 식별 및 분석된 위험에 대응하는 통제활동을 설계하는 것이 필요하다(설계 및 운영 적용기법, 10.1).

회사는 다양한 유형의 거래통제를 선택하고 구축할 수 있다(설계 및 운영 개념체계, A53).

- 승인 – 승인은 거래가 유효하다는 사실을 확인한다. 승인은 일반적으로 상위 경영진이 거래의 유효성을 검증 및 확인하는 형식을 취한다.
- 검증(혹은 확인, Verification) – 두 개 이상의 항목(금액 등)을 서로 비교하거나 회사정책과 비교, 혹은 제3의 data와 대사하여 두 항목이 일치하지 않거나 회사정책에 부합하지 않을 때 후속조치를 수행한다.
- 검토(review) – 경영진이 적정성에 대해 검토하는 '검토요소'가 포함되어 있는 유형의 통제. 통제의 수행에 있어 판단, 지식 및 경험이 요구된다.
- 물리적 통제 – 설비, 재고자산, 유가증권, 현금 및 기타 자산은 물리적으로 안전하게 보관되며, 주기적으로 점검되고, 기록된 수량과 비교/대사된다.
- 기준정보 관리통제 – 가격 마스터 파일과 같은 기준 정보는 종종 업무프로세스상 거래처리를 지원하는 데 사용된다. 회사는 기준 정보의 정확성, 완전성 및 유효성을 관리하는 프로세스에 대한 통제활동을 설계한다.
- 대사 – 대사는 두 개 이상의 데이터를 비교하는 것이다. 차이가 발견될 경우 해당 차이내역의 소명

을 위한 조치가 취해진다. 대사는 일반적으로 거래처리의 완전성 및 정확성과 관련된다.

- 감독통제 – 감독통제는 다른 거래통제(즉, 특정한 검증, 대사, 승인, 기준정보 관리 통제, 물리적 통제)가 완전하고, 정확하며, 정책 및 절차에 따라 수행되었는지 평가하는 것이다. 경영진은 일반적으로 위험이 높은 거래에 대하여 감독통제를 구축한다.

통제활동의 설계시에는 다양한 유형의 통제활동을 조합하여 적용하는 것이 바람직하다. 이때 업무분장, 거래 관련 다양한 통제활동 및 업무성과 검토 등의 통제활동을 고려하여야 하며, 경영진은 일반적으로 자동통제를 우선적으로 고려할 것이나, 자동통제의 적용이 불가능하거나 비효율적으로 판단한 경우에는 수동통제를 적용하는 것을 고려하게 된다(설계 및 적용기법, 93). 업무성과 검토통제의 적용을 고려하는 경우에는 거래수준 통제활동과의 연계하는 방안을 고려하며, 적발통제만으로 구성된 프로세스의 경우 위험에 대한 대응이 늦어질 수 있는 가능성을 고려한다(설계 및 운영 적용기법, 100).

회사는 위험을 감소시키기 위하여 어떤 통제활동을 설계할 것인지 결정할 때, 경영진은 유사한 통제활동이 필요한 업무프로세스, 정보기술, 지역 등을 고려하게되며, 이러한 경우 공유서비스센터(shared service center), 데이터 센터, 아웃소싱업체에서 수행되는 기능과 같이 회사의 업무부서 밖에서 운영되는 통제활동도 고려할 필요가 있다(설계 및 운영 개념체계, A50).

내부회계관리제도 전담팀 혹은 이와 유사한 부서는 내부회계관리제도 변화관리체계의 일환으로 통제활동의 유지 관리가 적절히 이뤄졌는지 확인하기 위해 주기적으로 통제기술서 및 업무흐름도의 검토를 수행하는 것이 바람직하다. 업무흐름도 및 통제기술서의 변화관리가 적절하게 이뤄지지 않은 경우에는 확대된 추적조사를 수행하여 내부회계관리제도 설계의 적정성을 확인할 수도 있다(설계 및 운영 적용기법, 91).

프로세스(활동)와 통제의 구분 필요

실무에서 프로세스(활동)을 통제로 혼동하는 사례들이 자주 발생되고 있다.

- 프로세스(활동)란 어떤 산출물이나 결과를 얻기 위해 수행되는 일련의 연속적인 활동을 말한다. 예를 들어, 문서를 작성하거나, 수치를 계산하거나, 특정 사안을 발의하는 등의 활동이 이에 해당한다. 이러한 프로세스는 조직 내에서 특정 목적을 달성하거나 업무를 완수하기 위해 체계적으로 이루어지는 절차들을 포함한다.
- 한편, 통제란 재무제표에 중요한 왜곡표시가 발생할 수 있는 부정이나 오류를 사전에 예방하거나, 이미 발생한 부정·오류를 적시에 발견하고 수정할 수 있도록 설계된 절차를 의미한다. 구체적인 예로는 승인 절차, 업무 결과에 대한 검토 및 대사, 업무분장, 또는 정보시스템을 활용한 자동화된 통제 절차 등이 있다.

(3) 통제위험을 고려

통제위험(Control risk)은 특정 거래유형, 계정잔액 또는 공시에 대해 중요한 왜곡이 발생할 수 있으나, 해당 조직의 내부통제 시스템에 의해 시의적절하게 방지되거나 발견 및 수정되지 못할 위험을 의미한다(ISA 315 2019 Revised, 2). 중요왜곡위험을 구성하는 고유위험과 통제위험을 반드시 구분하여 평가해야 한다(ISA 315 2019 Revised, 3). 고유위험과 통제위험은 재무제표 왜곡위험의 구성요소로, 이를 분리하지 않고 평가하면 전체 재무제표 왜곡위험에 대한 통제 및 대응이 불명확해질 수 있다.

그러나 내부통제는 아무리 잘 설계되고 운영된다 해도, 재무제표에 대한 중요왜곡위험을 완전히 제거할 수는 없으며, 오직 감소시킬 수 있을 뿐이다. 이는 내부통제가 본질적으로 한계를 가지고 있기 때문이다.

경영진은 통제활동 수립 시, 통제활동별로 통제가 효과적으로 운영되지 않을 위험을 고려한다. 즉 잔여위험을 고려할 때, 왜곡표시 위험이 일정 수준 이하로 감소하였는지를 확인하는 것이다. 통제활동별 통제위험 평가 시 다음을 포함하는 다양한 요인을 평가한다(설계 및 운영 적용기법, 100).

- 통제의 유형(예: 수동 또는 자동) 및 운영 빈도
- 통제의 복잡성
- 경영진의 통제 무시 위험
- 통제를 수행하는 데 필요한 판단의 정도
- 통제를 수행하는 인원에게 요구되는 역량
- 통제를 수행하는 핵심 인력의 변경
- 통제가 예방 또는 적발하고자 하는 왜곡표시의 성격 및 중요성
- 통제가 다른 통제(예: 정보기술 일반통제)의 효과성에 의존하는 경우 해당 통제의 평가 결과
- 과거 기간의 통제 운영에 대한 증거

재무보고와 관련된 중요한 회계 추정이나 각종 평가, 특수관계자 거래 또는 판단의 정도가 큰 회계정책의 적용은 통제위험이 높은 것으로 평가된다. 통제활동의 위험이 높거나 여러 개의 통제활동으로 구성된 경우에는 왜곡표시 발생을 방지할 수 있도록 더욱 정교하게 설계되어야 한다. 예를 들어, 경영진의 검토 통제는 통상적으로 보고서를 검토하는 활동으로 구성된다. 이러한 경우, 해당 보고서를 검토함으로써 왜곡표시 위험을 방지하기 위해서는 명확한 검토 항목과 항목별 허용치를 기준으로 비교하고 확인하는 절차를 포함한다. 검토 항목에는 중요 가정들의 적정성, 근거 자료의 신뢰성 및 적용된 각종 계산 방법의 적정성이나 올바른 계산결과 등을 포함한다. 동 항목은 다양한 평가보고서의 적정성을 검토하는 통제활동에 포함하여야 하는 항목과 동일하다(설계 및 운영 적용기법, 101).

(4) 핵심통제의 선정

위험평가 절차에 기반하여 선정된 유의한 계정과목에 대해 경영자 주장별로 다양한 통제활동이 존재하는 것이 일반적이다.

회사의 모든 통제에 대해 설계와 운영의 효과성을 평가하기 보다는 핵심통제를 평가 대상으로 선정하는 것이 위험기반평가 방식에 부합하는 평가 방법이다. 경영진은 내부회계관리제도 문서 등을 기반으로 내부회계관리제도 설계와 운영의 평가 대상이 되는 핵심통제를 선정한다(평가 및 보고 가이드라인, 17 나).

통제를 테스트 대상으로 선정할 것인지 여부에 대한 결정(핵심통제의 결정)은, 통제가 어떻게 분류되는지(예를 들어, 전사적 수준 통제, 거래수준 통제, 통제활동, 모니터링 통제, 예방통제, 적발통제 등)보다는, 해당 통제가 개별적으로 혹은 결합하여 특정 관련경영진주장의 평가된 왜곡표시위험에 충분히 대처할 수 있는지 여부에 달려 있다(감사기준서 1100, A47).

1) 핵심통제 선정시 고려사항(평가 및 보고 가이드라인, 18)

핵심통제는 특정 계정과목에 대한 경영자 주장별로 발생가능한 위험에 대응하는 통제 중 없어서는 안 될 통제를 의미한다. 예를 들어, 매출에 대한 판매단가의 적용이 잘못되는 경우를 방지하기 위해 다양한 통제가 존재할 수 있다. 판매단가 적용 시 시스템에서 제시된 단가 이외에는 선택할 수 없도록 하는 입력통제나 판매주문서 승인 시 판매금액을 검토하는 통제, 전표 기표 시 관련 계약서와 거래 증빙 등을 확인하여 판매금액을 검토하는 통제 등이 사용될 수 있다. 회사의 특정 매출 유형에 예외 없이 적용되는 판매단가에 대한 입력통제는 핵심통제로 선정될 수 있을 것이다. 다른 매출 유형은 매출 확정 시 조정이 발생하는 경우가 존재하여 조정과 관련한 통제가 핵심통제로 선정될 수 있을 것이다. 이러한 핵심통제는 일반적으로 계정과목별 경영자 주장을 고려하여 선정되는 것이 필요하며 주의 깊은 사고와 판단을 요구한다. 다음과 같은 특성을 지니고 있는 통제가 핵심통제로 결정될 수 있다.

- 재무제표 왜곡표시 위험을 줄이는데 가장 직접적인 영향을 미치는 통제로 어떤 다른 통제보다도 회사가 해당 계정과목의 왜곡표시 위험을 방지하는 데 가장 우선적으로 고려하는 통제이다. 재고자산의 실재성과 관련한 경영진 주장을 만족시키기 위한 재고자산에 대한 강력한 물리적 보안 통제나 정기적인 실사를 예로 들 수 있다.
- 하나 또는 그 이상의 유의한 계정과목, 거래유형과 공시사항의 왜곡표시 감소를 위한 통제로 이러한 통제를 핵심통제로 선정하는 이유는 중요한 재무보고에 대한 주장과 관련된 통제에 대하여 테스트를 집중함으로써 평가를 효율적으로 수행하기 위함이다.
- 회사는 철저한 위험관리를 위해 중복적으로 통제를 설계하기도 하고 단계적으로 통제를 설계하기도 한다. 그러므로 보완적이고 중복적으로 설계된 통제는 핵심통제로 선정하지 않는 것이 일반적이다. 그러나, 단계적 통제로 수행되는 통제의 정교함이 다르거나 통제가 실패할 위험을 고려하여 의도적으로 핵심통제에 포함할 수도 있다.
- 중소기업의 경우에는 일반적으로 경영진이 일상적 업무의 일부분으로서 수행하는 모니터링(예: 거래의 승인, 예외사항의 검토, 성과지표의 검토 등)이나 중요한 실물자산에 대한 접근통제 및 정기적인 실사, 외부 증빙과의 상호대사 등을 위주로 핵심통제를 선정할 수 있다.

회사는 내부회계관리제도 평가 시 핵심통제를 꼭 선정하여야 하나요(모범규준 등 적용 FAQ 18)?

외감법이나 모범규준 등에서 핵심통제의 선정을 강제하지는 않습니다. 그러나 모든 통제활동의 설계와 운영의 효과성을 평가하기보다는 핵심통제에 집중하는 것이 위험기반의 접근방법에 부합하고 평가의 효율성을 높일 수 있는 방식입니다. 내부회계관리제도 평가 대상으로 선정된 주요 계정과목이나 주석과 관련된 왜곡표시 위험을 줄이기 위해 다양한 통제활동이 존재하는 것이 일반적이며, 이러한 통제들은 때로 보완적으로 혹은 중복적으로 설계되어 운영되기도 합니다.
핵심통제는 특정 계정과목에 대해 경영자의 주장별로 발생가능한 위험에 대응하는 통제활동 중 없어서는 안 될 통제활동, 즉 재무제표 왜곡표시 위험을 줄이는데 가장 직접적인 영향을 미치거나, 하나 또는 그 이상의 유의한 계정과목, 거래유형과 공시사항의 왜곡표시를 줄이기 위한 통제활동을 의미합니다.
핵심통제를 선정하는 이유는 중요한 재무보고에 대한 주장과 관련된 통제에 대하여 테스트를 집중함으로써 내부회계관리제도의 평가의 효율성을 높이기 위함입니다(이상 평가 · 보고 적용기법 문단 89 참조).

핵심통제 중에 통제위험이 낮게 평가된 경우 평가에서 제외하는 것이 가능한가요(모범규준 등 적용 FAQ 19)?

핵심통제는 통제위험이 낮더라도 평가에 포함되어야 합니다.

'통제위험'이란 재무보고 요소에 대한 위험을 적절하게 처리할 수 있도록 식별된 통제가 효과적으로 설계 및 운영되지 않을 위험(평가 · 보고 모범규준 문단 52)을 의미합니다. 또한, 설계 및 운영의 효과성 평가 시 내부회계관리제도의 구성요소 및 고유위험과 통제위험을 종합적으로 고려하여 평가자, 평가방법 등을 유연하게 적용할 수 있습니다. 예를 들어, 통제위험이 낮은 것으로 분류된 통제활동은 다소 낮은 독립성을 보유한 인원에 의해, 다소 약화된 평가방법을 적용할 수 있습니다.

그러나, 핵심통제는 재무제표의 왜곡표시를 방지하기 위해 반드시 필요한 통제활동이기 때문에 평가에서 제외하거나 통제 운영자 본인이 직접 평가하는 방식은 적정하지 않습니다(평가 · 보고적용기법 문단 92).

핵심통제를 판단한 결과가 감사인과 다른 경우에는 어떻게 되나요(모범규준 등 적용 FAQ 19)?

회사가 선정한 핵심통제와 감사인이 선정한 핵심통제가 일치하지 않는 경우도 있을 수 있습니다. 또한 양자가 선정한 핵심통제가 다르다는 그 자체만으로 내부회계관리제도에 대한 경영진의 운영실태 보고나 감사(위원회)의 평가 또는 외부감사인의 감사의견에 영향을 미치지는 않습니다.

한편, 감사인의 테스트 결과 특정 통제에서 중요한 취약점이 발견되었다면, 이는 동 통제가 회사의 핵심통제에 포함되었는지 여부와는 무관하게 내부회계관리제도에 대한 감사인의 의견이 변형될 수 있습니다. 또한, 동 통제가 회사의 핵심통제에 포함되지 않았다면, 회사는 이를 핵심통제에 추가하는 것을 고려하는 것이 바람직합니다.

3 거래수준 내부회계관리제도 문서화의 유형

내부회계관리제도 설계의 문서화 목적상 거래의 흐름을 파악하기 위한 업무흐름도와 업무프로세스 수준에서의 통제목표(또는 위험), 통제활동, 경영자 주장, 관련 계정과목 등을 일목요연하게 정리할 수 있는 통제기술서를 일반적으로 사용하며 업무기술서 및 업무분장표를 추가할 수 있다. 단, 업무프로세스가 단순하고 인력이 충분하지 않은 중소기업의 경우에는 통제기술서를 위주로 거래수준의 내부회계관리제도를 문서화할 수 있다(평가 및 보고 가이드라인 29).

(1) 업무흐름도

업무흐름도는 조직 내에서의 업무흐름 및 제반 문서 등을 도식적, 동태적으로 표현하기 위한 것으로 주로 하위프로세스 단위로 작성된다.

- 업무흐름도에는 특정 계정과 관련된 업무프로세스의 시작과 끝을 포함하고 있으며 거래과정의 위험과 통제가 통제 설계의 적정성을 확인할 수 있도록 제시된다. 필요한 경우 몇 개의 하위프로세스를 통합하거나 하나의 하위프로세스를 세분하여 작성할 수 있다.
- 업무흐름도를 통해 업무프로세스 내에서 발생 가능한 위험 및 관련 통제 등을 쉽게 파악할 수 있는 장점이 있으나 그 자체만으로는 통제목표나 경영자 주장 및 재무제표 계정과목 등과 연계하여 표시하기 어려운 단점이 있어 일반적으로는 통제기술서를 보완하는 목적으로 활용된다.

[그림 6-2] **업무흐름도 예시**

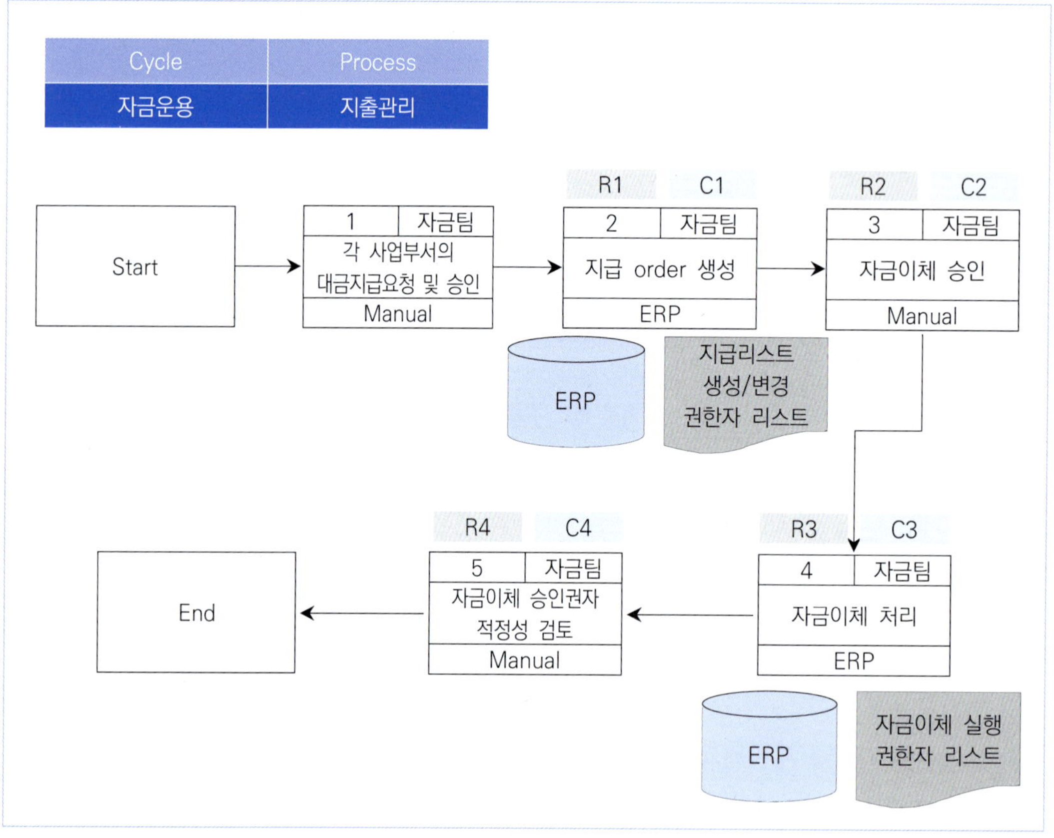

(2) 업무기술서

업무기술서는 각 업무프로세스에서 수행되는 업무의 내용을 설명 형식으로 기술한 문서로 업무의 출발점, 수행되는 업무처리 절차, 통제의 내용 및 관련 서류 등을 명확하게 기술한다.

- 업무흐름이 복잡하지 않고 단순하여 설명 형식으로 기술하기가 용이할 때 이용할 수 있는 방법으로 업무흐름도와 유사한 목적을 가진다. 업무기술서는 업무프로세스에서 수행되는 업무, 통제 및 관련 문서 등을 시간의 흐름에 따라 순차적으로 표현할 수 있는 장점이 있다.
- 반면, 프로세스가 복잡한 경우 프로세스와 관련된 위험과 통제의 일목요연한 파악이 어려워 통제설계의 적정성을 파악하기에 부적절할 수 있다. 또한, 기술된 통제의 내용을 관련 통제목표나 경영자 주장 및 재무제표 계정과목 등과 연계시키기 어렵기 때문에 통제기술서를 대체하기에는 부적절하며 업무흐름도를 보완하는 문서나 간단한 프로세스의 경우 업무흐름도를 대체하는 수단으로 활용될 수 있다.

〈표 6-3〉 업무기술서 예시

활동 번호	활동명	활동 기술	위험 코드	위험기술	통제 코드	통제명
1	각 사업부서의 대금 지급요청 및 승인	각 사업부서 담당자가 대금지급을 요청하면, 전결권자는 이를 검토 후 승인한다.				
2	지급 order 생성	승인된 대금 지급 요청에 한하여 지급리스트 생성 및 변경 권한을 가진 자금팀 담당자가 자금 order를 생성한다. ERP상 이체를 위한 지급리스트 생성/변경할 수 있는 권한은 자금팀 내 적격한 담당자로 제한되어 있으며, 담당자 외 유저의 지급리스트 생성 및 변경은 시스템상 차단된다.	R1	자금이체정보가 임의로 생성/변경되어 임의의 자금거래가 발생할 위험	C1	지급리스트 생성 및 변경의 접근 제한
3	자금이체 승인	전결권자가 지급계좌, 거래내역 등을 검토하고 승인한 후 자금이 이체된다.	R2	거래가 임의로 생성/변경되어 임의의 자금거래가 발생할 위험	C2	자금이체시 승인
4	자금이체 처리	자금이체 실행 권한을 가진 자금팀 담당자가 자금이체를 처리한다. 자금이체를 실행할 수 있는 권한은 적격한 담당자로 제한되어 있으며, 담당자 외 유저의 이체 실행은 시스템상 차단된다.	R3	거래가 임의로 생성/변경되어 임의의 자금거래가 발생할 위험	C3	자금 이체 실행의 접근제한
5	자금이체 승인권자 적정성 검토	자금이체 승인 권한을 가진 서명권자의 적정성에 대하여, 인사발령시 적절한 직급의 전결권자의 검토 및 승인을 득한다.	R4	적정하지 않은 서명권자에 의해 대금지급이 이루어질 위험	C4	자금이체를 승인하는 서명권자에 대한 전결권자의 검토 및 승인

(3) 업무분장표

- 상충되는 업무의 적절한 분장은 오류 및 부정을 사전에 예방하고 적시에 발견할 수 있는 강력한 통제수단이 된다. 업무분장표는 업무프로세스 내에서 거래의 승인기능, 자산의 보관기능 및 회계기능 등 상충되는 업무가 적절히 분장 되었는지 여부를 확인하는데 유용하게 활용될 수 있다.
- 그러나, 업무분장표 그 자체로 내부회계관리제도의 문서화 목적을 모두 충족시키기는 어렵고 보조적인 수단으로 활용된다. 즉, 업무분장표를 별도로 작성 및 유지하는 것이 권장될 수는 있으나 업무분장과 관련된 내용을 통제기술서 등 타 문서에 충분히 기술하고 내부회계관리제도 설계 및 운영의 효과성 평가를 수행할 수 있다.
- 단, 회사의 업무분장에 대한 규정과 지침은 명확하게 제시되는 것이 필요하다.
- 다음은 이해 상충되는 업무를 분리하는 업무분장표의 예시이다.

〈표 6-4〉 업무분장표 예시

프로세스	거래	구매									은행조정	분개입력	
		구매요청 생성	구매요청 승인	발주서 생성	발주서 승인	매입전표 생성	매입전표 승인	대금지급	공급업체 등록/ 수정	공급업체 승인	은행 조정	분개 입력	분개 승인
구매	구매요청 생성		고위험					고위험	고위험	고위험	고위험		
	구매요청 승인	고위험						고위험	고위험	고위험	고위험		
	발주서 생성				고위험			고위험	고위험	고위험	고위험		
	발주서 승인			고위험				고위험	고위험	고위험	고위험		
	매입전표 생성						고위험	고위험	고위험	고위험	고위험		
	매입전표 승인					고위험		고위험	고위험	고위험	고위험		
	대금지급	고위험	고위험	고위험	고위험	고위험	고위험		고위험	고위험	고위험	고위험	고위험
	공급업체 등록/수정	고위험	고위험	고위험	고위험	고위험	고위험	고위험		고위험			
	공급업체 승인	고위험	고위험	고위험	고위험	고위험	고위험	고위험	고위험				
은행 조정	은행 조정	고위험	고위험	고위험	고위험	고위험	고위험	고위험				고위험	고위험
분개 입력	분개 입력							고위험					고위험
	분개 승인							고위험					

(4) 통제기술서

통제기술서는 업무프로세스 내의 하위프로세스별 통제목표 또는 위험과 이를 관리하기 위한 통제활동 및 경영자 주장, 통제 유형 및 수행빈도 등을 일목요연하게 표현하는데 매우 유용하며, 내부회계관리제도 문서화 목적으로 널리 사용된다.

- 통제기술서는 주로 통제활동에 대한 설명과 유형, 수행빈도 등의 항목을 포함하여 작성되는 문서이나, 프로세스의 시작부터 재무제표에 반영되는 복잡한 프로세스에 대한 기술과 관련된 위험을 포함하지 않는 것이 일반적이다. 이에 회사 프로세스에 대한 설명과 관련된 위험을 확인하고 통제활동 설계의 적정성을 검토하기 위해 업무흐름도와 업무기술서는 매우 유용할 것이다.
- 또한, 통제기술서 상에 각각의 통제활동과 관련되어 실제로 회사가 수행하는 절차("회사 현황")를 구체적으로 기술함으로써 내부회계관리제도 설계의 효과성 평가에 활용할 수 있다.

〈표 6-5〉 통제기술서 예시

Cycle명	프로세스명	위험코드	위험	통제코드	통제명	통제활동기술	Key control 여부	통제유형1	통제유형2	수행빈도	관련계정	통제수행자	출발점	모집단의 정의	모집단의 완전성 확인	테스트 절차
자금운용	지출관리	R1	자금이체정보가 임의로 생성/변경되어 임의의 자금거래가 발생할 위험	C1	지급리스트 생성 및 변경의 접근제한	ERP상 이체를 위한 지급리스트 생성/변경할 수 있는 권한은 자금팀 내 적격한 담당자로 제한되어 있으며, 담당자 외 유저의 지급리스트 생성 및 변경은 시스템상 차단된다.	Y	예방	자동	상시	현금 및 현금성자산, 매입채무 및 기타채무, 미지급금, 미지급비용, 판매비와관리비, 기타영업외비용	자금팀 IT운영팀	2023-12-31	지급리스트 생성/변경 권한 리스트	자동통제이므로 해당사항 없음	속성 #01. 자금팀 담당자에게 지급리스트 생성/변경 요청시 프로세스와 최종 생성/변경 권한은 누구에게 부여되어 있는지 질문한다. 속성#02.ERP에서지급리스트생성/변경권한리스트를추출하여,지급리스트생성/변경권한이자금팀내적격한담당자에게만부여되어있는지확인한다.
자금운용	지출관리	R2	거래가 임의로 생성/변경되어 임의의 자금거래가 발생할 위험	C2	자금이체시 승인	전결권자가 지급계좌, 거래내역 등을 검토하고 승인한 후 자금이 이체된다.	Y	예방	수동	수시	현금 및 현금성자산, 매입채무 및 기타채무, 미지급금, 미지급비용, 판매비와관리비, 기타영업외비용	자금팀	2023-12-31	출금 전표 리스트	ERP에서 테스트 기간에 발생한 모든 출금 전표를 추출하여 모집단의 완전성에 대한 확신을 득함	속성 #01. 모든 송금내역에 대해 전결권자의 검토가 이루어지고 있는지 질문한다. 속성#02.테스트대상기간동안발생한출금전표를 Sampleguide에따라선정하여출금전표상자금팀장의승인을득하였는지확인한다.
자금운용	지출관리	R3	거래가 임의로 생성/변경되어 임의의 자금거래가 발생할 위험	C3	자금 이체 실행의 접근제한	자금이체를 실행할 수 있는 권한은 적격한 담당자로 제한되어 있으며, 담당자 외 유저의 이체 실행은 시스템상 차단된다.	Y	예방	자동	상시	현금 및 현금성자산, 매입채무 및 기타채무, 미지급금, 미지급비용, 판매비와관리비, 기타영업외비용	자금팀 IT운영팀	2023-12-31	이체 실행 권한 리스트	자동통제이므로 해당사항 없음	속성 #01. 자금팀 담당자에게 이체 실행 권한은 누구에게 부여되어 있는지 질문한다. 속성#02.ERP에서이체실행권한리스트를추출하여,이체실행권한이자금팀내적격한담당자에게만부여되어있는지확인한다.
자금운용	지출관리	R4	적정하지 않은 서명권자에 의해 대금 지급이 이루어질 위험	C4	자금이체를 승인하는 서명권자에 대한 전결권자의 검토 및 승인	자금이체 승인 권한을 가진 서명권자의 적정성에 대하여, 인사발령시 적절한 직급의 전결권자의 검토 및 승인을 득한다.	Y	예방	수동	수시	현금 및 현금성자산, 매입채무 및 기타채무, 미지급금, 미지급비용, 판매비와관리비, 기타영업외비용	자금팀	2023-12-31	이체 실행 권한 리스트	ERP상 이체 실행 권한자 리스트를 추출하여 모집단의 완전성에 대한 확신을 득함	속성 #01. ERP에서 이체 실행 권한 리스트를 추출하여, 테스트 기간 동안 이체 실행 권한을 득한 권한자에 대해 인사발령시 부서 및 직책에 대해 검토되어 적절한 직급의 전결권자의 승인을 득하였는지 확인한다. 속성#02.ERP에서이체실행권한리스트를추출하여,이체실행권한이자금팀내적격한담당자에게만부여되어있는지확인한다.

❹ 문서화에 포함할 사항

내부회계관리제도 설계의 문서화는 효과적인 내부회계관리제도의 설계 및 운영을 위하여 회사의 각 조직 및 기능별로 역할과 통제절차를 명확하게 이해하고 수행할 수 있도록 한다는 측면에서 매우 중요하며, 내부회계관리제도의 효과적인 운영 및 평가를 위한 출발점이 된다(평가 및 보고 가이드라인, 28).

1) 통제목표 또는 통제실패위험

- 통제목표란 경영자가 수립한 목표로써, 통제목표가 달성되는 경우 식별된 위험을 허용가능한 수준으로 감소시킬 수 있다. 내부회계관리제도 목적상으로는 유의한 계정과목 등에 내재된 경영자 주장 및 자산의 보호, 부정방지 등을 달성하는 것이 통제목표를 구성한다.
- 통제실패위험이란 통제목표가 달성되지 않을 경우 재무제표 왜곡표시를 야기할 가능성을 의미한다. 예를 들어 "완전성"이라는 경영자 주장과 관련되어 "구매부서는 매월 결산 시, 구매 주문의 진행상태를 확인하고 실재 현황에 따라 거래의 현황을 업데이트 한다"라는 통제목표가 설정된 경우, "구매 주문 물품이 입고되었음에도 불구하고 입고처리 되지 않을 위험"이나 "구매주문 물품이 입고처리 되었음에도 불구하고 매입채무 기표가 이뤄지지 않을 위험" 등의 위험이 존재할 수 있다.
- 구체적인 통제목표는 통제실패위험을 유추할 수 있으므로, 통제목표와 통제실패위험 모두 문서화하는 것이 필수적이지는 않으나, 통제목표의 다양한 기술 수준을 고려하는 측면을 고려하면 양자를 모두 문서화에 포함하는 것이 바람직하다. 또한, 통제목표가 구체적으로 기술될수록 관련 통제위험과 통제활동을 유추할 수 있다는 사항을 고려한다. 이러한 통제목표는 외부 재무보고 목적을 중점적으로 기술하되, 자산의 보호나 부정방지 목적으로 기술되고 구분될 수 있다.

2) 통제활동

- 통제활동이란 통제목표를 달성하기 위해(또는 위험을 허용가능한 수준으로 감소하기 위해) 경영진이 수립한 정책이나 절차, 활동 및 체계 등을 의미한다. 특히, 내부회계관리제도와 관련해서는 회사의 재무제표를 일반적으로 인정된 회계원칙에 따라 작성 및 공시하는 목적을 달성하기 위한 정책이나 절차 등을 의미한다.
- 유의한 계정과목 등에 대한 경영자 주장 및 이와 관련된 유의한 업무프로세스가 파악되면, 경영진은 유의한 업무프로세스에서 재무제표 왜곡표시가 발생할 수 있는 위험을 관리하기 위한 통제활동을 식별하고 문서화한다.
- 통제활동은 회사 일상 업무의 일부가 되어야 하며, 개별 통제목표에 따라 그 형태 및 세부 운영수준은 다를 수 있으나 목적과 관리 대상 위험이 불명확한 경우는 통제 설계의 미비점이 될 수 있다.

3) 관련 계정과목 및 경영자 주장

- 각 통제활동과 관련된 계정과목 및 경영자 주장은 통제목표의 구체적인 기술을 통해 확인될 수도 있으나 별도로 관련 계정과목이나 경영자 주장을 문서에 명시하는 것이 바람직하다. 단, 중소기업의 경우에는 통제목표의 구체적인 기술을 통해 경영자 주장을 확인할 수 있는 경우 이를 별도로 문서화

하지 않을 수 있다.

- 통제활동이 프로세스에 존재하고 발생하므로 선행하는 프로세스의 통제활동은 관련된 계정이 너무 많거나 확정되지 않은 경우도 존재한다. 이러한 사항을 고려하여 해당 프로세스의 대상 거래의 정보처리목적(Information Processing Objectives)에 해당하는 완전성, 정확성, 유효성 및 접근제한을 이용한 표시도 가능하다. 이러한 접근 방식은 특정 프로세스에서 발생할 수 있는 통제실패위험을 누락 없이 고려하여 적절한 통제활동 설계의 기반이 되기도 한다.

4) 통제의 속성

- 통제유형, 수행빈도 등 통제의 속성은 내부회계관리제도 운영 효과성 평가의 방법 및 범위 등을 결정하는 요소가 될 뿐만 아니라, 통제활동의 설계가 적절히 이뤄졌음을 확인할 수 있는 방안이므로 식별된 통제활동에 대한 속성을 파악하여 문서화한다.
- 즉, 통제유형(예를 들면, 자동통제와 수동통제)과 수행빈도는 운영 효과성 평가를 위한 테스트 절차 및 표본 수 결정 시 고려되며, 통제활동이 통제목표를 달성하기에 충분한 빈도로 수행되지 않는다면(예를 들어, 은행의 예금잔고와 장부의 일치 여부를 확인하는 절차가 연 1회만 수행되는 경우 등) 설계 상의 미비점이 될 수도 있다. 또한, 하나의 유형에 편중되거나 고려되지 않은 경우에도 설계상의 미비점이 될 수 있다.
- 회사가 통제활동을 관리하기 위한 추가적인 유형을 구분한 경우(예: 승인, 검증, 물리적 통제, 기준정보 관리 통제, 대사, 감독통제 등)에는 해당 구분을 추가하여 문서화한다.

5) 통제유형: 예방통제와 적발통제(Preventive/Detective)

- 예방통제란 거래처리 시 재무제표의 왜곡표시를 야기하는 오류나 부정위험이 발생하지 않도록 사전에 예방하는 통제를 말하며 거래의 사전 승인, 시스템의 입력통제, 자산에 대한 물리적 접근통제, 전산시스템에의 논리적 접근통제, 업무분장 등이 이에 해당한다.
- 적발통제란 오류나 부정이 이미 발생하여 이로 인해 재무제표의 왜곡표시가 발생했거나 가져올 것으로 예상되는 경우 당해 오류나 부정을 적시에 적발하는 것을 목적으로 하는 통제를 말하며 중간관리자의 검토, 실물자산 실사, 매출채권 · 은행 거래 조회 등이 이에 해당한다.

6) 통제유형: 자동통제와 수동통제(Automated/Manual)

- 거래처리 시 재무제표의 왜곡표시를 야기하는 오류나 부정위험을 회사의 시스템을 통해 자동으로 관리하는 활동을 자동통제(예: 신용한도를 초과한 주문에 대한 전산을 통한 주문 입력 발생 시, 시스템이 해당 거래를 자동으로 잠금 처리하는 통제활동은 신용한도를 초과한 주문위험을 시스템이 자동으로 관리한다), 수작업으로 수행되는 통제(예: 구매주문서 승인 절차에서, 승인자가 거래처의 현재 거래총액을 확인하고 한도 내에 존재하는 경우 승인을 하는 통제절차는 신용한도를 초과한 주문위험을 관리한다)는 수동통제로 분류한다.
- 구매주문 승인자가 거래총액을 확인하는데 시스템에서 산출되는 정보를 기반으로 통제활동을 수행

하는 경우, 이는 IT의존 수동통제(IT Dependent Manual Control)로 구분한다. 이러한 IT의존 수동통제와 자동통제가 핵심통제로 구분되는 경우 관련된 시스템은 정보기술 일반통제의 대상을 파악하는데도 유용하다.

7) 수행빈도

- 수행빈도는 실제 업무에서 통제가 수행되는 주기 또는 빈도를 의미하며 일별 수시(More Than Daily), 일별, 주별, 월별, 분기별, 반기별, 연간 또는 수시(Event Driven : 특정한 주기 없이 거래 발생시마다 이루어지는 통제, 예 : 유형자산 취득 또는 처분의 승인) 등으로 구분될 수 있다.
- 수행빈도는 거래규모, 거래 또는 통제의 속성, 회사의 인력구성 등을 고려하여 경영진이 합리적으로 결정할 수 있으나 부정이나 오류에 의한 재무제표 왜곡표시를 적절히 예방 또는 적발하기에 충분한 빈도 또는 주기로 수행되어야 한다.

8) 통제운영자의 적격성 요건

직무기술서나 기타 문서를 통해 통제수행자의 적격성 요건이 명시되는 것이 바람직하나, 재무보고와 관련된 인원의 적격성의 관리가 실무적으로 어려운 경우, 통제기술서에 포함된 통제운영자의 적격성 요건을 기술하고 평가 대상에 포함할 수 있다.

9) 관련된 정책 및 절차

통제활동은 별도로 존재하는 것이 아닌 회사의 정책 및 절차의 일부이다. 기술된 통제활동이 효과적으로 운영되기 위해서는 회사의 정책 등으로 명문화되는 것이 바람직하며, 공식적인 문서화가 부족한 경우에는 조직 및 하부 조직의 관리자 등의 관련자가 해당 절차와 통제활동을 명확하게 인지할 수 있는 체계를 갖추는 것이 필요하다.

10) 출발점(Baseline)

통제활동의 변화 여부를 확인하고 설계평가를 수행하여야 하는지 판단하기 위해 가장 최근의 내부통제설계평가를 수행한 시점을 문서화한다. 예를 들어 매출 프로세스 등의 변화가 발생한 경우, 관련된 통제를 확인하고 각 통제활동별 출발점으로 기술된 일자의 설계평가 문서 등을 확인하고, 해당 통제가 변경되어야 하는지 여부를 확인할 수 있다. 통제활동이 변경되는 경우, 해당 통제설계의 적정성을 평가하고 출발점으로 기술된 일자를 업데이트 한다.

11) 통제운영책임자(Control Owner)

통제활동의 설계와 운영의 책임을 지는 인원을 통제 운영 책임자로 기술하고, 필요에 따라 통제를 실제 수행하는 부서, 책임자, 수행자 등을 구분하여 표시하는 것이 해당 통제활동의 권한과 책임을 명확히 하고, 미비점에 대한 개선조치를 포함한 변화관리에도 유용하다.

회사가 보유하고 있는 기존의 문서(전결규정, 업무절차서, 업무매뉴얼 등)로 내부회계관리제도 설계의 문서화를 갈음할 수 있나요? (모범규준 증 적용 FAQ, 10)

경영진은 정책 및 절차를 수립하여 업무프로세스 및 구성원의 일상적인 활동에 통제활동이 내재화되도록 하여야 합니다(설계 · 운영 개념체계, 49.1). 또한, 경영진은 외부 재무보고 과정의 중요한 모든 통제활동과 관련된 정책 및 절차를 수립하고 문서화하며, 회사가 선택한 회계기준에 부합하는 회사의 회계기준과 관련된 업무절차서 등은 내부회계관리제도가 효과적으로 운영되기 위한 기반에 해당합니다(설계 · 운영 적용기법, 117).

회사의 문서화된 정책이나 규정 등은 그 자체로 내부통제(또는 내부회계관리제도)의 중요한 일부분을 구성합니다. 그러나, 기존의 업무매뉴얼 등은 통제보다는 업무의 흐름을 중심으로 작성되어 당해 프로세스에 내재된 통제를 구체적으로 식별하지 못하거나, 평가 · 보고 적용기법(62~87)에서 제시하는 내부회계관리제도 설계 문서화에 필요한 중요한 내용을 포함하지 않는 경우가 많습니다. 따라서, 회사가 기존에 보유하고 있는 문서는 그 자체로 내부회계관리제도 설계의 문서화 목적을 충족한다기 보다는 그 내용의 관련성과 적합성 정도에 따라 내부회계관리제도 설계 관련 문서의 일부를 구성하거나 보완하는 목적으로 사용할 수 있습니다.

내부회계관리제도 설계의 문서화가 필요한 이유는 무엇이며, 문서화의 적정성은 어떻게 확인할 수 있나요? (모범규준 증 적용 FAQ, 11)

내부회계관리제도 설계의 문서화는 효과적인 내부회계관리제도의 설계 및 운영을 위하여 회사의 각 조직 및 기능별로 역할과 통제절차를 명확하게 이해하고 수행할 수 있도록 한다는 측면에서 매우 중요하며, 내부회계관리제도의 효과적인 운영 및 평가를 위한 출발점이 됩니다(평가 · 보고 적용기법, 62). 내부회계관리제도 설계 문서화의 범위에는 내부회계관리제도의 다섯 가지 구성요소(전사적 수준과 거래 수준의 내부회계관리제도)가 포함되어야 합니다. 또한, 외부 재무보고목적 상 중요하다고 판단하는 유의한 업무프로세스가 모두 포함되어야 하나(평가 · 보고 적용기법, 63), 이러한 프로세스 내에 존재하는 모든 통제를 문서화할 필요는 없고 경영진이 재무보고 위험을 적절하게 해결할 수 있다고 결정한 통제만 포함할 수 있습니다(평가 · 보고 모범규준, 45).

내부회계관리제도 설계 문서는 업무수행 담당자뿐만 아니라 합리적인 지식을 보유한 제3자가 업무흐름과 수행되는 통제를 이해할 수 있을 정도로 구체적으로 기술하여야 합니다. 거래 수준의 내부회계관리제도 설계의 문서화에는 통제기술서가 널리 사용되며, 업무흐름도, 업무기술서, 업무분장표 등을 통제기술서를 보완하는 목적으로 활용할 수 있습니다(평가 · 보고 적용기법, 81~87). 또한, 통제목표 또는 통제위험, 통제활동, 관련 계정과목 및 경영자 주장, 통제의 속성, 통제유형, 수행빈도, 통제운영자의 적격성 요건, 관련된 정책과 절차, 출발점(Baseline), 통제운영책임자(Control Owner) 등이 포함되는 것이 바람직합니다(평가 · 보고 적용기법, 64~77).

제3절 경영진 검토 통제 및 IT 연관 항목

1 경영진 검토 통제

(1) 경영진 검토 통제 개요(PCAOB STAFF AUDIT PRACTICE ALERT NO. 11, 40~41)

경영진 검토 통제(MRC:Management Review Controls)는 다음과 같이 기업의 운영 성과를 모니터링하기 위한 수단으로 활용된다.

- 실제 실적과 예산 또는 예측 수익 간의 월별 비교

- 매출총이익률, 매출 대비 비용 비율 등 주요 재무지표 간의 비교
- 분기별 재무상태표 검토 등

이러한 검토는 보통 재무제표의 계정 금액을 사전에 설정된 기대값과 비교하고, 유의적인 차이가 발생한 경우 그 원인을 분석하는 과정을 포함한다. 다른 통제 유형과 마찬가지로, 해당 통제가 재무제표 왜곡표시를 효과적으로 예방하거나 발견할 수 있도록 적절하게 설계되고 운영되고 있는지 확인하기 위한 절차를 수행해야 한다. 단순히 검토 결과가 승인되었다는 사실만으로는 통제의 효과성에 대한 충분한 평가 증거가 될 수 없다.

(2) 경영진 검토 통제의 정밀성(PCAOB STAFF AUDIT PRACTICE ALERT NO. 11, 42~43)

경영진 검토 통제는 일반적으로 전사적 수준의 통제로 분류되며, 전사적 통제는 그 성격과 정밀성 수준이 다양하며, 일부 통제는 중요왜곡표시를 적시에 적절히 예방하거나 발견할 수 있을 만큼 충분한 정밀도로 작동할 수 있다. 다만, 일부 통제는 단독으로는 한계가 있을 수 있으며, 다른 통제와 결합되어야 효과를 발휘할 수 있다.

경영진 검토 통제 설계 시 주요 고려사항:

- 검토의 목적: 단순한 차이 식별보다는, 왜곡표시를 직접적으로 예방하거나 식별하는 데 중점을 둔 검토가 더 정밀하다.
- 집계 수준: 지점별 또는 제품별 등 보다 세분화된 수준의 검토가 전체 집계 기준 분석보다 정밀도가 높다.
- 수행 일관성: 검토가 정기적이고 일관되게 수행될수록 통제의 정밀성이 높아진다.
- 관련 주장과의 직접성: 해당 통제가 특정 재무제표 주장을 직접적으로 다룰수록 왜곡표시를 예방·식별할 가능성이 높다.
- 기대치의 예측 가능성: 기대치가 명확하고 예측력이 클수록, 잠재적인 왜곡표시를 효과적으로 드러낼 수 있다.
- 조사 임계치: 재무제표 중요성 기준에 너무 근접한 임계치를 설정할 경우, 왜곡표시를 간과할 위험이 커져 통제의 정밀성이 낮아질 수 있다.

(3) 경영진 검토 통제 사례

중요한 추정이나 판단을 필요로 하는 회계처리 등 통제위험이 높은 거래나, 거래 수준에서 운영되는 통제활동의 결과를 모니터링하기 위해 경영진 검토 통제를 설계 한다. 대표적인 경영진 검토 통제로는 수주산업의 예정원가, 손상평가, 수익인식, 비상장 주식공정가치평가, 충당금 평가, 개발비 자산화, 이연법인세 실현가능성 등이 될 수 있다. 공정가치 등 외부평가 보고서를 입수하는 경우도 외부평가결과를 그대로 재무제표에 반영하는 것이 아니라, 경영진의 검토포인트를 정의하고 검토 수행한 근거를 남겨야 한다.

경영진 검토 통제 설계 시 다음의 항목을 고려해야 한다.

- 검토 항목 정의: 중요 가정들의 적정성, 근거 자료의 신뢰성 및 적용된 각종 계산 방법의 적정성이나 올바른 계산 결과 등에 대한 검토
- 항목별 허용치 설정
- 허용치를 기준으로 비교하고 확인하는 절차
- 통제활동 수행주체의 적격성
- 근거 자료의 정확성과 완전성 검토 절차(IPE)

[대손충당금 경영진 검토 통제 사례 예시]

해당 통제는 경영진 검토 통제로서 CFO가 수행하는 것이 바람직함. 주요 검토 요소별로 유의적 차이로 판단하는 기준 설정이 있어야 함(예: 2% 차이 등)

- **통제 수행자의 적격성**
  - 통제 수행자가 통제 목적을 이해하고, 적절한 판단을 내릴 수 있으며, 통제 활동을 수행할 수 있는 지식, 기술, 경험, 전문성을 갖추고 있는지

- **신용위험 유의적 증가여부 판단**
  - 신용위험의 유의적 증가 여부 판단기준의 적정성
  - 정성적 기준(예: 경영진 판단)과 정량적 기준(예: 연체일수 기준)의 제시가 적정한지 여부

- **가정 및 추정에 대한 타당성 검토**
  - 미래예측정보(예: 거시경제 변수, 업종 전망 등), 부도율(발생가능성), 부도손실율(손실규모) 등 가정 및 추정에 대한 합리적 근거 검토
  - 외부 벤치마크 데이터와 비교 시 적정성 여부

- **재검토(Retrospective Review)**
  - 회사가 적용하고 있는 대손충당금 설정의 로직은 매년 유효한가
  - 로직의 변화를 가져올 가정의 변화는 있는가

- **기초 정보의 신뢰성(정확성과 완전성)에 검토(IPE)**
  - 대손충당금계산(엑셀) 기초자료는 ERP의 거래별 매출채권 Aging명세이며, 기준일자의 ERP의 거래별 Aging명세와 엑셀Aging 총계가 일치하는지를 확인
  - ERP의 매출채권명세서상 (-)금액이 있는지를 확인하고 예외사항발견 시 Follow-up
  - 외화의 경우 외화환산이 정확하게 이루어졌는지 확인

- **계산 로직의 검토(IPE)**
  - 집합평가의 경우 정확한 전이율 산정을 위한 계산이 정확하게 반영되었는지(해당 수식 및 관련 참조 셀의 정확성 검토)
  - 연도별 전이율 및 평균전이율이 정확하게 계산되었는가
  - 과거 분기별 전이율 데이터를 정확한가

• **기초 데이터의 입력 패러미터 검토(IPE)**
  - 매출채권의 대상기간이 적절한지 검토 - ERP 시스템 매출채권 Aging명세서가 해당 회계기간 데이터인지 검토

(4) 기업이 생성한 정보 고려

경영진 검토통제를 수행하는 과정에서 회사 내부적으로 산출된 정보의 완전성과 정확성을 검증하는 통제도 중요하다. 이러한 정보를 기업이 생성한 정보(IPE : Information Produced by Entity)라고 하는데 기업이 생성한 정보가 정확하거나 완전하기 않다면 경영진 검토통제가 적절히 수행되더라도 재무제표의 왜곡이 발생할 수 있기 때문이다.

경영진 검토 통제에 포함되는 통제의 유형은 무엇인지, 그리고 다른 거래수준 통제를 경영진 검토 통제를 대신하여 식별하고 테스트 대상으로 선정할 수 있는지(감사 FAQ 23)?

경영진 검토 통제는 주관적이고 복잡한 판단이 필요하여 특별한 설계 · 운영 테스트가 필요한 유형의 검토 통제를 의미합니다. 따라서 감사인은 통제가 대응하는 관련경영진주장의 왜곡표시위험이 높으며 주관적이고 복잡한 판단이 수반되는 통제를 경영진 검토 통제로 식별합니다. 통제의 목적과 유형을 고려하여 단순한 대사 · 승인 목적의 통제 등 지나치게 많은 통제가 경영진 검토 통제로 선정되지 않도록 유의할 필요가 있습니다.
경영진 검토 통제를 대신할 수 있는 다른 거래 수준 통제가 존재할 수 있습니다. 따라서 감사인은 회사의 활동을 세분화하여 경영진 검토 통제를 대신할 수 있는 다른 거래 수준 통제를 식별하고 해당 통제가 효과적으로 설계 · 운영될 것으로 기대하는 경우 해당 통제를 테스트 대상으로 선정할 것입니다. (관련 기준: 감사기준서 1100 문단 36, A46~A47)

2 정보기술에 의존하는 거래수준 통제

정보기술에 의존하는 거래수준 통제[87] 크게 두 가지 방식으로 구분된다.

• 자동통제(Auto Controls): 시스템에서 자동으로 이루어지는 통제
• IT의존 수동통제(ITDM, IT Dependent Manual Controls): 사람이 수행하지만 시스템이 제공한 정보를 기반으로 하는 통제로 전산에 기반한 수동통제를 의미

(1) 자동통제

자동통제는 거래 처리 시 재무제표의 왜곡표시를 야기하는 오류나 부정위험을 회사의 시스템을 통해 자동으로 관리하는 통제활동을 의미한다. 다음은 자동통제의 유형 및 예시이다.

87) 정보처리통제는 기업의 정보정책의 효과적인 실행을 지원하는 절차이다. 정보처리통제는 자동화되거나(즉, IT 응용프로그램(IT applications)에 내재되거나) 또는 수작업(예: 입력 또는 출력 통제)일 수 있으며 다른 정보처리통제나 정보기술 일반통제를 포함한 기타 통제에 의존할 수 있다. 정보처리통제는 응용통제와 같은 의미로 사용되기도 한다.

구분	설명	예시
업무분장/접근제한	담당자의 업무 권한에 따라 시스템 접근이 자동으로 제한됨	등록자와 승인자의 분리, 벤더마스터의 접근권한은 제한됨
시스템 설정	시스템이 사전 설정된 규칙에 따라 자동으로 판단 · 처리함	출고 수량 초과 시 출고 불가, 이중지급을 방지하는 시스템 설정
인터페이스	시스템 간 데이터가 자동으로 연동됨	제조시스템 → 회계시스템으로 정보 자동 전송
자동계산	회계처리 계산이 시스템에 의해 자동 수행됨	감가상각비 자동 계산 등

(2) IT의존 수동통제

사람이 수행하지만 시스템이 생성한 정보에 의존하는 통제를 의미한다. 예를 들어, 관리자가 ERP에서 출력한 매출현황 리포트를 보고 실적을 분석하거나 승인하는 통제이다.

자동통제와 IT의존 수동통제가 유효하기 위해서는 관련 프로그램에 대한 정보기술 일반통제가 유효하다는 전제조건이 충족되어야 한다.

자동통제 또는 회사의 제반 IT 기능은 효과적인 정보기술 일반통제에 의존한다. 따라서, 재무보고 위험과 관련된 핵심통제가 자동통제 또는 전산에 기반한 수동통제인 경우 해당 통제의 효과성에 영향을 미치는 정보시스템의 정보기술 일반통제를 평가한다(평가 및 보고 가이드라인, 24 나).

[사례 1] 자동통제의 경우

ERP가 출고 수량이 재고보다 많으면 자동으로 출고 차단됨

- 만약 해당 자동통제에 관련된 시스템의 정보기술 일반통제가 비효과적이면
  - 누군가 몰래 설정을 바꿔 차단 규칙을 해제해도 아무도 모름
  - 즉 자동통제는 작동하지 않지만, 형식상은 정상처럼 보일 수 있음
  - 형식상 자동통제는 존재하되 실질은 무력화될 수 있음

[사례 2] IT의존 수동통제의 경우

관리자가 ERP에서 추출한 매출 리포트를 보고 이상 여부 판단함

- 만약 해당 IT의존 수동통제와 관련된 시스템의 정보기술 일반통제가 비효과적이면

- 시스템 리포트가 잘못된 기준, 잘못된 데이터로 생성되었을 가능성
- 관리자의 분석 자체가 왜곡된 정보에 기반하는 것임
- IT의존 수동통제의 판단 근거가 무력화될 수 있음

[그림 6-3] 정보기술에 의존하는 거래수준 통제

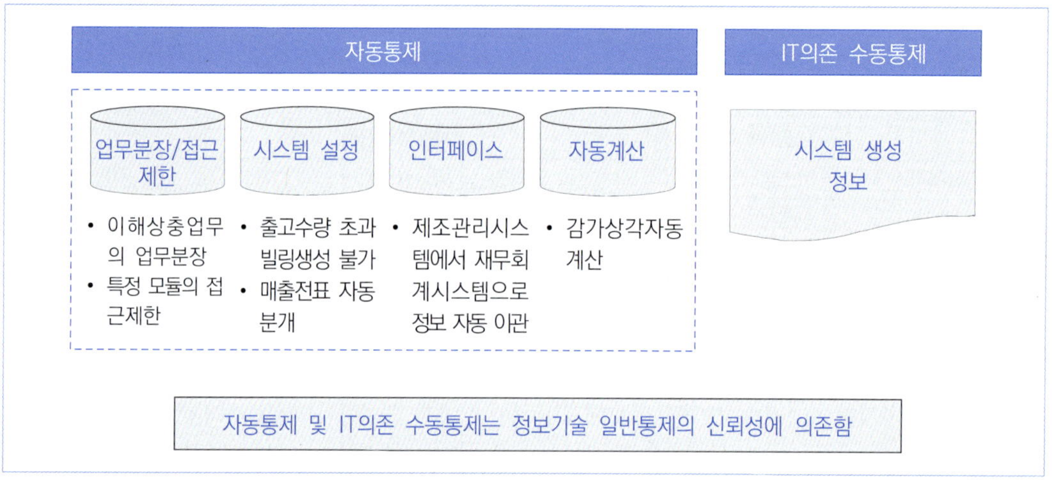

자동으로 수행되는 자동계산, 인터페이스는 통제에 해당하는지요(감사FAQ,20)?

자동계산은 부정확한 계산을 방지하기 위해 일관된 처리를 보장하므로 통제에 해당합니다. 다만 자동계산 통제를 테스트할 때는 시스템상 로직이 거래나 제품 유형별로 적용되는 다양한 사업규칙이나 요건들을 반영하고 있는지, 계산이 실행될 때 입력되는 매개변수와 계산에 사용되는 데이터가 완전하고 정확한지 등을 고려해야 합니다.
기업은 시스템 간 데이터가 전송되는 과정에서 수작업의 개입으로 데이터가 훼손, 변경될 위험을 방지하기 위하여 자동 인터페이스를 설계, 운영할 수 있습니다. 이러한 자동 인터페이스 과정에서 다른 위험, 예를 들어 부정확한 데이터가 전송될 위험, 데이터가 훼손·변경될 위험, 같은 데이터가 두 번 이상 전송될 위험 등이 발생할 수 있습니다. 많은 경우 기업은 record count, control totals, hash-totals, 유효성 체크 등의 자동통제를 해당 위험에 대처하는 인터페이스 과정에 통합하여 수행하며 감사인은 데이터 전송 및 처리 과정에서 발생할 수 있는 위험을 이해하고 식별된 위험에 대응하는 회사의 적절한 통제를 식별하여 테스트하여야 합니다. 인터페이스 과정에서 이러한 자동통제가 수행되지 않는 경우 감사인은 유사한 수동통제를 회사의 프로세스상에서 추가로 식별하고 테스트할 필요가 있을 수도 있습니다(감사기준서 1100 문단 35, 36, A45).

❸ 기업이 생성한 정보

기업이 생성한 정보(IPE, Information Produced by the Entity)는 통제활동을 수행하는 데 사용된 모든 중요한 내부 및 외부 정보를 의미한다(내부회계관리제도 설계 및 운영 적용사례, P99). 통제활동에 사용된 기업이 생성한 정보가 잘못됐거나 불완전하면, 아무리 좋은 통제가 결과는 왜곡될 수 있다. 예를 들어, 회계팀이 ERP에서 추출한 매출 리포트를 검토했는데 리포트 자체가 잘못된 기준으로 추출됐다면 해당 검토 통제가 아무리 잘 돼도 왜곡 표시를 막지 못하기 때문이다.

따라서, 기업이 생성한 정보의 테스트가 필요하며, 일반적으로 다음과 같이 3가지 관점에서 테스트가 수행된다.

테스트 종류	설명
원천 정보의 완전성과 정확성 확인	보고서에 사용된 원천 시스템(예: ERP) 데이터가 누락되거나 왜곡 없이 정확하게 반영되었는지를 확인
로직의 적정성	보고서를 생성할 때 사용하는 수식, 계산 방식, 필터 등이 의도한 대로 정확하게 작동하고 있는지를 확인
추출 조건의 타당성	보고서 생성 시 설정한 기간, 조직, 조건 등의 필터가 목적에 부합하고 정확하게 적용되었는지를 검토

회사는 통제활동에 포함된 기업이 생성한 정보를 식별하여 주요정보목록(IPE Inventory)을 작성 및 관리한다. 기업의 생성 정보 테스트는 모든 통제가 아닌 핵심 통제에 사용된 기업생성정보를 대상으로 하고, 커스터마이즈 정보(Customized)와 최종 사용자 컴퓨팅 정보만을 대상으로 하며, 표준정보는 테스트 대상이 아니다.

다음은 기업이 생성한 정보의 유형과 테스트 여부를 정리한 것이다.

구분	설명	테스트 필요 여부
표준 정보(Standard)	ERP 등 시스템에 기본으로 내장되어 있는 표준 보고서. 예: SAP에서 제공하는 표준 리포트와 같이 사용자가 수정할 수 없는 형태의 보고서	일반적으로 테스트 대상이 아님. 변경이 불가능하므로 신뢰도가 높다고 판단됨
커스터마이즈 정보 (Customized)	회사가 자체적으로 설정을 변경하거나 필터·필드를 추가하여 수정한 보고서. 예: 특정 조건을 반영해 구성한 맞춤형 ERP 리포트	테스트 필요. 내부 설정이나 필터가 변경되었을 수 있으므로, 로직의 정확성 및 적정성을 검토해야 함
최종 사용자 컴퓨팅 정보 (End User Computing)	사용자가 엑셀이나 기타 툴을 사용해 직접 만든 정보. 시스템 데이터를 가공하여 수기로 작성하거나 계산한 형태	테스트 필요. 사람이 수작업으로 작성했기 때문에 오류나 일관성 문제 발생 가능성이 높음

[그림 6-4] 기업이 생성한 정보

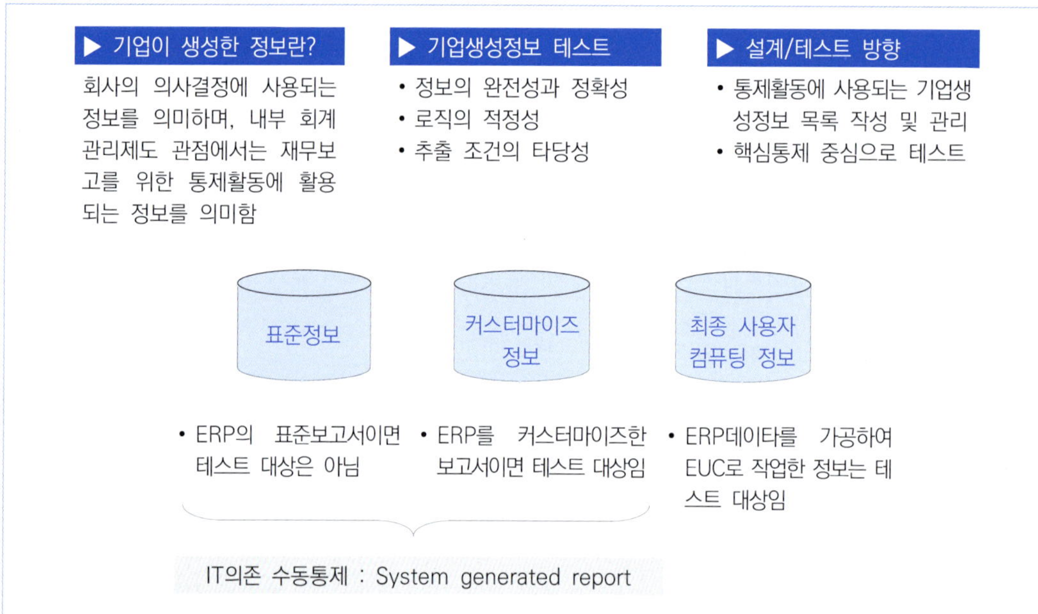

기업이 생성한 정보의 완전성과 정확성에 대한 회사의 통제에 미비점이 있다면 해당 정보를 사용하는 통제에도 미비점이 있는 것인지요(감사 FAQ, 24)?

기업이 생성한 정보의 완전성과 정확성에 대한 통제에 미비점이 있으면서 다른 보완 통제가 없다면 통제 운영에 해당 정보를 사용하는 통제 역시 미비점이 있는 것으로 식별하고 미비점의 심각성을 평가하여야 합니다. (관련 기준: 감사기준서 1100 문단 48, A77~A80, 감사기준서 330 문단 10.(b), A30~31)

내부회계관리제도 감사에서 기업이 생성한 정보의 완전성과 정확성을 확인할 목적으로 감사인이 해당 정보에 대해 실증절차(direct test)를 수행해도 되는지요(감사 FAQ, 25)?

내부회계관리제도 감사 목적상 감사인이 수행하는 절차는 회사가 기업이 생성한 정보의 완전성과 정확성을 확인하기 위하여 설계/운영하는 통제를 식별하고 테스트하는 것입니다. 내부회계관리제도의 감사 목적상 감사인이 직접 실증절차를 수행하여 해당 정보의 완전성과 정확성을 확인하는 것으로 통제 효과성 테스트를 대신할 수 없습니다. (관련 기준: 감사기준서 1100 문단 41, 감사기준서 330 문단 10.(b), A30~31)

4 최종 사용자 컴퓨팅

최종 사용자 컴퓨팅(End User Computing, 이하 "EUC"라 함)은 경영진이 재무보고의 중요한 프로세스나 관련 통제활동에 사용하는 엑셀, 스프레드시트 등을 말한다(설계 및 운영 적용기법, 106).

경영진은 재무보고의 중요한 프로세스나 관련 통제활동에 사용되는 엑셀, 스프레드시트 등을 포함한 최종 사용자 컴퓨팅의 사용 현황을 확인하고, 해당 EUC의 사용으로 인해 발생할 수 있는 재무제표 왜곡위험을 평가한다. 평가된 고유위험과 통제위험의 수준에 따라 회사는 다음과 같은 절차에 관련된 통제활동들을 설계하고 운영한다. 이는 정보기술 일반통제 항목과 유사하다(설계 및 운영 적용기법, 106).

- 정보기술 인프라 관련 통제활동
- 보안 관리 통제활동
- EUC 개발 및 유지 관리 통제활동
- EUC 정보와 다른 시스템 간 완전성 및 정확성 관련 통제활동

EUC 항목에 대한 위험평가 결과가 높은 것으로 판단되는 경우, 해당 EUC를 시스템의 애플리케이션으로 전환하는 것을 고려한다. 일반적으로 EUC에 대한 통제활동은 시스템 애플리케이션에 대한 정보기술 일반통제와 같이 강력하게 설계하지 않는다. 따라서 EUC의 복잡성이 증가하여 왜곡위험이 증가될수록 EUC 통제활동으로 충분하지 않을 수 있다(설계 및 운영 적용기법, 107).

회사는 통제활동에 포함된 EUC를 식별하여 EUC 목록(EUC Inventory)을 작성 및 관리한다. EUC 테스트는 모든 통제가 아닌 핵심 통제에 사용된 EUC를 대상으로 한다. EUC 목록은 기업이 생성한 정보목록(IPE Inventory) 중 EUC로 체크된 정보와 일치하게 된다.

구분	통제활동 예시
정보기술 인프라 관련 통제활동	데이터 복구를 위해 적절한 백업주기, 백업 위치 등을 정해져 있으며, 허용저장위치는 패스워드로 접근 제한
보안 관리 통제활동	EUC 파일에 대한 접근 권한은 제한되고 패스워드가 설정되어 보호
EUC 개발 및 유지 관리 통제활동	• EUC 파일의 로직 변경 시 test를 수행하고 변경된 내역과 Test결과를 포함하여 승인을 득함 • 버전관리 및 현재 유효한 파일을 별도 디렉토리 보관을 통해 EUC사용자가 최신 버전의 EUC 파일 버전을 사용함
EUC 정보와 다른 시스템 간 완전성 및 정확성 관련 통제활동	EUC 원천데이터의 정확성 및 완전성에 대한 확인 • 원천데이타 합계 값과 EUC의 합계 값을 대사

최종 사용자 컴퓨팅(end-user computing)을 감사하는 특정한 방법이 있는지요(감사 FAQ, 28)?

최종 사용자 컴퓨팅을 감사하는 특정한 방법이 정해져 있지는 않으며 감사인은 해당 상황에 적합한 감사 방법을 전문가적 판단으로 결정하여야 합니다. 감사인은 최종 사용자 컴퓨팅에서 발생할 수 있는 왜곡표시 위험에 상응하는 통제를 식별하고 테스트하여야 하며, 특히 수작업으로 데이터를 입력, 변경하거나 논리(logic)을 변경할 수 있는 경우 수작업에서 발생하는 위험에 적합한 통제를 식별 · 테스트하여야 합니다. (관련 기준: 감사기준서 1100 문단 33~36, A45, 감사기준서 315 문단 A104~A105)

제4절 연결내부회계관리제도 설계, 운영 시 고려사항88)

1 그룹 표준통제 수립

그룹은 그룹의 구조 분석을 통해 그룹 전체의 사업프로세스를 파악하고, 사업프로세스별 표준통제 구축 여부를 결정할 필요가 있다. 표준통제를 수립하기로 결정한 프로세스에 대해서 그룹차원에서 그룹 전체에 적용할 표준통제를 구축하는 것이 필요한데, 해당 부문은 표준통제가 수립된 프로세스에 대해서 관련 표준통제와 동일한 통제를 수행할 수 있는지 판단하고, 동일한 통제를 수행할 수 있다면 그룹에서 구축한 표준통제를 그대로 적용할 수 있는 것이다. 그러나 그룹이 구축한 표준통제를 부문이 그대로 활용하기 어려운 경우에는 표준통제의 목적 달성을 추구하면서 부문에서 적용 가능하도록 구체적 통제활동을 조정하여 부문에서 효율적이고 효과적인 통제를 수립할 수 있다. 그룹의 표준통제가 수립되지 않은 프로세스에 대해서는 부문이 독립적으로 해당 프로세스에 대한 통제를 구축하여 그룹과 커뮤니케이션 하는 것이 중요하다.

2 공통통제(Common control) / 중앙집중화된 통제(Centralized control) 고려

부문이 그룹에서 수립한 표준통제를 통제의 구체적 수행 단계에서도 변경 없이 그대로 운영한다면 이러한 통제는 공통통제(Common Control; 모범규준 등 적용 FAQ, 41)에 해당할 수 있다. 공통통제를 활용하는 경우 그룹 차원에서 결정한 통제활동이 해당 공통통제를 적용하는 부문에 동일하게 적용되는 것이므로 연결내부회계관리제도를 더욱 효율 · 효과적으로 운영할 수 있게 된다.

또한, 공유서비스센터는 업무 프로세스의 표준화, 서비스 품질의 균질화, 업무 효율성 제고, 비용 절감, 내부통제 강화 등을 주요 목적으로 하는 대표적인 중앙집중 운영모델이다.

일반적으로 공유서비스센터는 매출 · 매입 송장 처리, 전표 처리와 같은 특정한 업무부터 자금, 인사, IT 운영 등 보다 포괄적인 프로세스까지 다양한 서비스를 그룹 내 여러 부문에 제공한다.

공유서비스센터는 다수의 부문에 해당하는 대량 거래를 사전에 정의된 규칙에 따라 처리하며, 예외사항이 발생할 경우에도 정해진 규정 및 보고 절차에 따라 일관되게 대응한다. 이를 위해 표준화된 업무

88) 한국상장협의회/한국공인회계사회의 연결내부회계관리제도 구축운영평가 방안에 관한 연구보고서(2021)의 관련 내용을 인용한 것임

프로세스와 정책, 절차 및 통제활동을 일관성 있게 적용 · 운영함으로써, 내부통제 관점에서도 높은 수준의 효율성과 안정성을 확보할 수 있다.

다만, 공유서비스센터는 설계상 운영 효율성에 중점을 두기 때문에, 내부회계관리제도를 최초 도입하는 시점에서는 공유서비스센터 내 프로세스에 대한 위험 식별 및 통제절차 설계가 미흡할 수 있다. 따라서 초기 구축 단계에서는 내부회계관리 목적에 맞는 통제 체계의 정비 및 보완이 필요하다.

Chapter 07

정보기술 일반통제 설계 및 운영

7 정보기술 일반통제 설계 및 운영

제1절 정보기술 일반통제의 의미

대부분의 업무프로세스상 통제는 회사의 이용 가능한 정보기술에 따라 수동통제와 자동통제의 조합으로 이루어진다. 자동통제는 정보기술 일반통제의 효과성에 따라 달라질 수 있으나, 인적 판단 및 오류의 영향을 덜 받기 때문에 더 신뢰성이 높으며 일반적으로 더 효율적이다.

내부회계관리제도에서의 정보기술 일반통제(Information Technology General Controls[89])는 정보시스템의 안정성과 신뢰성을 보장하기 위해 정보기술 환경 전반에 걸쳐 이루어지는 기본적인 통제 활동을 의미한다. 이러한 정보기술 일반통제는 시스템의 안전성과 데이터 무결성, 보안을 확보하고, 비즈니스 프로세스 전반에서 정보기술 시스템이 신뢰할 수 있는 정보를 생성할 수 있도록 지원하는 역할을 한다.

정보기술 일반통제는 모든 종류의 시스템(mainframe, client/server, desktop, end-user computing, portable computer, mobile device 등)에 적용될 수 있으며, 시스템의 복잡성 및 시스템이 지원하는 업무프로세스의 위험 등을 고려하여 통제활동의 범위와 강도는 달라질 수 있다. 업무프로세스 수준의 통제와 유사하게 정보기술 일반통제도 수동통제 및 자동통제를 모두 포함한다.

1 정보기술의 위험 및 정보기술 일반통제의 역할

(1) 정보기술의 위험

정보기술의 사용은 회사의 업무환경과 밀접한 관계가 있다. 날로 발전하는 정보기술로 수작업 처리 업무절차가 시스템에서 자동화되고 각종 문서들이 전자적인 형식으로 대체된다. 이러한 정보기술은 회사의 업무처리의 효율성과 효과성을 증대시키기도 하지만 다음과 같은 위험을 초래하기도 한다(평가 및 보고 가이드, 24).

- 데이터를 잘못 처리하거나 잘못된 데이터를 처리하는 시스템에 의존할 위험
- 데이터에 대한 승인되지 않은 접근으로 데이터가 위조, 변조, 훼손 및 파기될 위험
- 정보기술부서 인원이 과도한 권한을 보유하여 업무분장이 적절하지 않을 위험
- 승인되지 않은 마스터 파일의 수정
- 승인되지 않은 시스템 및 프로그램의 수정
- 시스템이나 프로그램에 필요한 변경이 적절히 이루어지지 못할 위험
- 데이터 유실 위험 또는 필요한 데이터를 사용하지 못할 위험

89) 정보기술 일반통제는 GITC(General Information Technology Controls)로 표기하는 회사도 있으나, 동일한 용어이다.

(2) 정보기술 일반통제의 역할(평가 및 보고 가이드라인, 24)

정보기술 일반통제란 정보기술 사용에 따른 위험을 적절히 예방 · 적발하기 위한 통제로 정보시스템이 구입 · 개발되고 유지 · 보수되며 운영되는 전반적인 통제를 의미한다.

정보기술 일반통제는 단독으로 재무보고 위험을 적발 또는 예방할 수 없는 것이 일반적이나 자동통제 또는 회사의 제반 IT 기능은 효과적인 정보기술 일반통제에 의존한다. 따라서, 재무보고 위험과 관련된 핵심통제가 자동통제 또는 전산에 기반한 수동통제인 경우 해당 통제의 효과성에 영향을 미치는 정보시스템의 정보기술 일반통제를 운영하고 평가한다.

중소기업의 경우에는 정보기술 일반통제의 평가범위는 정보시스템에의 의존 정도, 정보시스템의 복잡도, 회사의 규모나 업종 등에 따라 달라질 수 있다. 예를 들어, 중소기업의 정보기술 환경은 규모가 작고 복잡도가 낮을 수 있어 관리가 중앙집중화되고 관련 규정이나 절차가 공식적으로 문서화되지 않을 수도 있다. 또한, 인력 제한 등으로 인하여 프로그램 개발자가 운영환경에 직접 접근하는 등 충분한 업무 분장이 이루어지지 않을 수도 있다. 이러한 경우에는 시스템에서 산출된 자료의 정확성을 확인하는 통제 위주로 내부회계관리제도를 설계 · 운영할 수 있다.

2 정보처리통제와 정보기술 일반통제와의 관계

정보처리통제(자동통제 및 IT 의존 수동통제)는 개별 업무 프로세스에서 핵심적인 내부통제 역할을 하지만, 그 자체만으로 신뢰할 수 있는 통제가 되지는 않는다. 해당 통제들이 신뢰 가능한 기반 위에서 작동하려면, 정보기술 일반통제가 효과적으로 설계 및 운영되어야 한다. 예를 들어, 자동계산 기능이 잘 구현되어 있더라도, 그 프로그램이 누구나 변경할 수 있는 구조라면 재무보고 신뢰성에 심각한 위협이 될 수 있다. 따라서, 정보기술 일반통제가 취약하면 그 위에 존재하는 자동통제 및 IT의존 수동통제도 신뢰할 수 없게 됨을 의미한다.

[그림 7-1] 정보처리통제와 정보기술 일반통제 관계

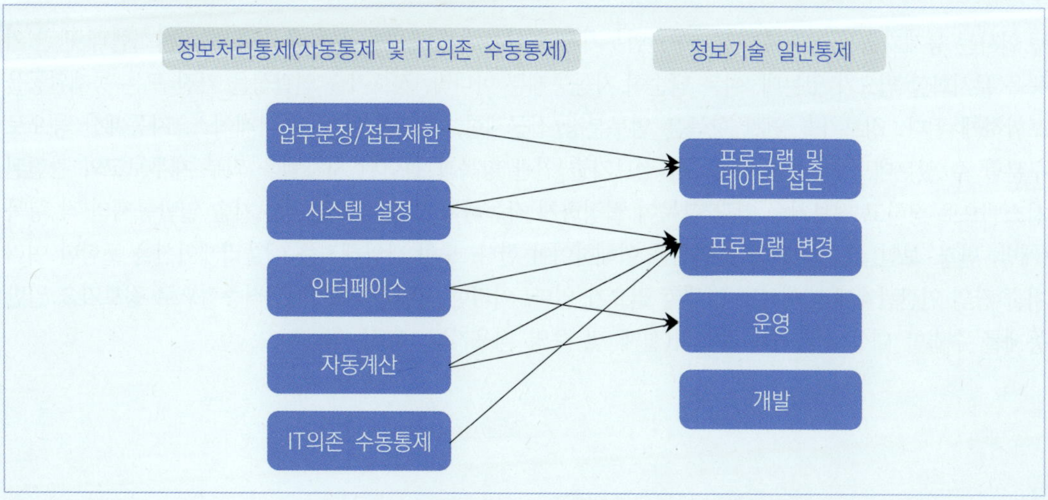

이 그림은 정보처리통제(자동통제 및 IT 의존 수동통제)와 정보기술 일반통제간의 관계를 시각적으로 설명하고 있다. 각 정보처리통제가 어떤 방식으로 정보기술 일반통제의 통제 항목과 연결되는지를 화살표로 표현하고 있으며, 이를 바탕으로 다음과 같이 해석할 수 있다.

- 업무분장 / 접근제한 → 정보기술 일반통제 중 프로그램 및 데이터에 대한 접근보안이 효과적이어야 자동통제인 업무분장 및 접근제한 해당 통제가 효과적임
- 시스템 설정 → 정보기술 일반통제 중 프로그램 및 데이터에 대한 접근보안, 프로그램 변경통제가 효과적이어야 자동통제인 시스템 설정 해당 통제가 효과적임
- 인터페이스 → 정보기술 일반통제 중 프로그램 및 데이터에 대한 접근보안, 컴퓨터 운영통제가 효과적이어야 자동통제인 인터페이스 해당 통제가 효과적임
- 자동계산 → 정보기술 일반통제 중 프로그램 및 데이터에 대한 접근보안, 컴퓨터 운영통제가 효과적이어야 자동통제인 자동계산 해당 통제가 효과적임
- IT의존 수동통제 → 정보기술 일반통제 중 프로그램 변경통제가 효과적이어야 IT의존 수동통제의 해당 통제가 효과적임

제2절 정보기술 일반통제 범위 선정

1 정보기술 일반통제 범위 선정의 의미

회사는 내부회계관리제도 목적 달성을 지원하는 정보기술 일반통제를 선정하고 구축하여야 한다. (설계 및 운영 개념체계, 원칙11)

(1) 통제기술서를 이용한 IT 연관 항목(IT dependency) 문서화

회사는 통제기술서, 업무흐름도 또는 업무기술서를 통해 통제활동 적용에 사용되는 시스템과 관련 기능을 문서화할 필요가 있는데, 이는 단순히 자동통제뿐 아니라, 정보기술 연관성을 가진 모든 통제활동을 포함하게 된다. 정보기술 연관 항목은 업무분장/접근제한, 시스템 설정, 인터페이스, 자동계산 등으로 구분할 수 있는데, 경영진은 문서화된 정보기술 연관 항목과 관련된 시스템을 외부 재무보고와 관련된 시스템으로 정하고 정보기술 연관 항목이 적정하게 작동하기 위해 필요한 정보기술 일반통제의 각 항목(개발, 변경, 보안, 운영)과의 연관관계를 이해하여야 한다. 또한 다양해지는 애플리케이션을 포함한 여러 기술 간의 연관관계에 대해서도 이해할 필요가 있다. 이러한 이해를 기반으로 최종적으로 정보기술 일반통제를 수립할 대상 시스템을 정한다(설계 및 운영 적용기법, 105).

[그림 7-2] 정보기술 일반통제 범위 선정

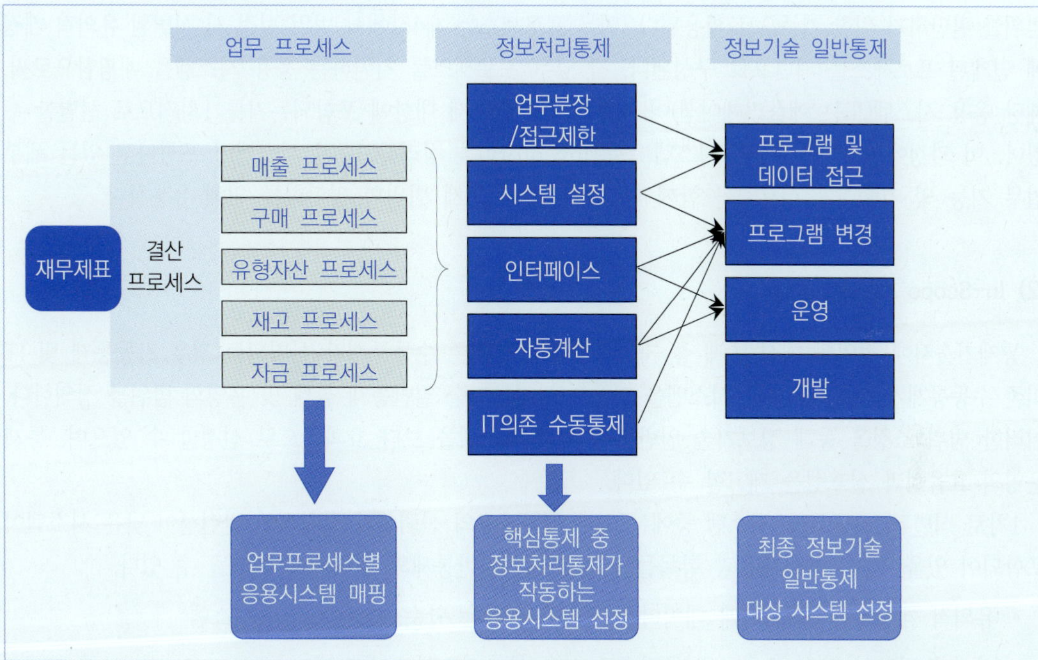

2 정보기술 일반통제 범위 선정 절차

앞서 위험평가 및 업무 프로세스별 거래수준 통제의 설계 및 운영 단계에서 언급하였듯이 내부회계관리제도의 대상은 잠재적 왜곡표시원천을 더 많이 이해하고 중요한 왜곡표시가 발생할 수 있는 기업 프로세스 내의 지점(예를 들어, 정보가 개시, 이전 또는 수정되는 지점)을 식별하는 것이 중요한 절차임을 설명하였다. 이를 통해 경영진은 잠재적 왜곡표시에 대응하기 위하여 해당 프로세스 내의 위험과 통제를 식별한다. 정보기술 일반통제는 이러한 프로세스와 연관된 애플리케이션과 시스템을 범위로 구축하게 되는 것이다. 아래는 이러한 범위 선정시의 판단 단계를 보여준다.

(1) 업무 프로세스별 응용시스템 매핑

[그림 7-3] 업무 프로세스-응용 시스템 매트릭스

No	응용시스템			업무프로세스								ITGC In-Scope 대상시스템
	이름	이름	업무영역	재무결산	매출	생산원가	구매	유형자산	인사	자금	세무관리	
1	ERP	-	FI(재무회계), MM(구매 및 자재관리), CO(관리회계), PP(생산관리), SD(판매/영업관리), QM(품질관리)	O	O	O	O	O	O	O		V
2	그룹웨어	전자결재	구매, 출장, 경조, 비용정산 등 각종 품의 및 결재	O			O			O		V
3	R&D	연구개발	설계변경, BOM, 설계문서, 전자소자, 시험평가 관리		O	O						V
4	POGR	발주입고	수불/비수불 자재발주, 입고, 품질검사 등 구매업무		O		O					V
5	HRM	인사정보	인사정보, 근태, 연차, 급여, 평가 등 인사업무						O			V

이 표는 각 업무 프로세스와 이를 지원하는 응용 시스템을 연계하여, 정보기술 일반통제의 1차 적용 범위를 판단하기 위한 기준으로 활용된다. 업무 프로세스는 제4장에서 범위 선정 시 식별된 유의적 계정에 연계된 프로세스를 기반으로 구성된다. 각 업무 프로세스를 지원하는 응용 시스템을 매핑함으로써, 해당 응용 시스템(또는 애플리케이션)이 정보기술 일반통제 대상에 포함되는지를 1차적으로 선별할 수 있다. 이 과정에서 회사 전체의 시스템 목록(inventory)을 정리하고, 각 시스템이 포함하고 있는 세부 업무 기능 및 기술적 구성요소를 함께 파악하는 것이 통제 범위의 명확화를 위해 유용하다.

(2) In-Scope 시스템 식별

통제기술서에 정의된 핵심 통제 중 자동통제 및 IT 의존 수동통제가 식별되는 경우 자동통제 및 IT 의존 수동통제가 작동하는 응용시스템을 기준으로 정보기술 일반통제 설계 및 운영의 범위를 정의한다. 이러한 범위 조정을 통해 정보기술 일반통제 대상 시스템을 보다 효과적으로 선정할 수 있으며, 통제 운영의 효율성과 실효성을 제고할 수 있다.

1차로 식별된 In-scope 시스템 중에는 외부 재무보고의 신뢰성과 직접적인 관련성이 낮은 시스템이 포함되어 있을 수 있으며 다음과 항목들은 정보기술 일반통제의 범위에서 제외될 수 있다.

- 유의적 계정과목 관련 거래 데이터를 처리하지 않는 단순 지원 목적의 시스템
- 거래나 정보의 단순 조회만을 목적으로 사용하는 시스템
- ERP 시스템과 연결되어 재무제표 작성에 활용되는 인터페이스가 없는 시스템
- 현재 구축 중이거나 사용되지 않고 있거나, 폐기가 예정된 시스템

(3) 정보기술 일반통제 대상 시스템 확정 및 추가고려 사항

상기 (1), (2)번의 판단을 통해 선정된 시스템은 최종 정보기술 일반통제영역으로 확정하여 운영하게 된다. 이와 같이 In-scope 시스템 선정에 대한 합리적이고 명확한 회사의 논리는 반드시 필요하며, 이러한 선정 논리가 포함된 정보기술 범위 선정문서를 통해 관리하는 것이 필요하다. 특히, 최근 회사의 정보기술환경은 급격히 클라우드 환경, AI 환경으로의 변화를 추구하고 있기 때문에 내부회계관리제도의 범주에서 관리해야 할 In-scope 시스템의 변화관리는 매우 중요한 절차 중 하나이다.

그리고 정보기술 일반통제를 지원하는 Supporting Tool도 범위 선정대상에 포함 (예, 배포관리, DB 접근제어 Tool 등)하여 최소한 접근통제, 슈퍼유저관리 통제 등의 보안관련 통제활동을 설계, 운영하는 것을 고려할 필요가 있다. 아래는 회사에서 대표적으로 사용하는 supporting tool의 예시이다.

- 형상관리, 버전관리(프로그램 이관 및 배포툴) : Github, Jekins, Soft Manager 등
- DB / OS 접근제어 툴 : DB safer, ChakraMax 등
- 네트워크 접근제어 툴
- 권한관리(IAM, Identity & Access Management), 사용자 통합관리(SSO, Single Sign On)

재무제표에 영향을 미치는 관련 전산시스템에 중요한 변화가 있을 경우 경영진은 내부회계관리제도에 대하여 어떻게 평가하여야 하나요(모범규준 등 적용 FAQ, 27)?

전산시스템의 중요한 변화는 정보기술 일반통제 뿐만 아니라 일반 프로세스에 내재된 자동통제, 수동통제 등 내부회계관리제도의 다양한 부문에 영향을 미칠 수 있습니다. 따라서, 전산시스템의 중요한 변화가 있는 경우 내부회계관리제도에 미치는 영향을 확인하고 그 정도를 평가하며, 기존 통제의 개선이나 신설이 필요한지를 결정합니다. 통제가 변경되거나 신설되는 경우에는 설계의 효과성을 평가하고 적용하는 것이 필요합니다(설계 · 운영 적용기법 문단 83). 또한, 변화사항을 내부회계관리제도 설계 문서에 반영하여야 합니다.

정보기술 일반통제를 식별하고 테스트하는 대상 시스템의 범위는 어떻게 결정하는지요(감사 FAQ, 19)?

관련 기준: 감사기준서 1100 문단 35, A45

내부회계관리제도 감사 목적으로 정보기술 일반통제를 식별하고 테스트하는 대상 시스템은 감사인이 테스트 대상으로 선정한 정보처리통제(자동화된 정보기술 일반통제 포함)가 운영되거나 통제에 사용하는 정보, 데이터 등이 생성, 보관되는 시스템입니다.

해당 시스템이 기업의 재무보고 프로세스에 핵심적인 시스템이 아니고 일상적인 사업거래를 수작업 개입이 거의 또는 전혀 없이 처리하는 고도의 자동화된 시스템이 아닌 경우, 해당 시스템에 의존하는 응용통제 등 정보기술 의존 항목이 제한적이라면 감사인은 판단에 따라 다음과 같은 접근법을 취할 수 있습니다.

- 해당 시스템의 정보기술 일반통제를 테스트하지 않고 이를 대체하는 다른 통제(예: 한 종류의 리포트만 생성하는 시스템의 경우 리포트의 완전성과 정확성을 확인하는 수동 통제)를 추가 식별하여 테스트하거나 정보기술 의존 항목에 대하여 대체적인 테스트 방법, 즉 정보기술 일반통제가 효과적이지 않을 때 적용할 수 있는 테스트 방법을 적용(FAQ 21 참조)
- 일부 정보기술 일반통제 범주에 대한 테스트 간소화. 예를 들어 프로그램이나 데이터 변경 권한이 부여되지 않은 경우, 프로그램 변경이 불가능한 경우, 배치 처리(batch job)를 적용하지 않는 경우 등

제3절 정보기술 일반통제의 설계 및 운영 절차

1 정보기술부문의 전사적 수준 통제 고려

회사는 간접전사통제로써의 정보기술 일반통제에서는 별도의 전사적 수준 통제항목을 별도 표시하여 설계 · 운영하지 않는 것이 일반적이다. 그러나 전사적 수준 통제차원에서 정보기술 부문내에 포함해서 관리해야 할 포인트들이 몇 가지 있는데, 정보기술 부문내서의 업무분장, 책임과 권한의 기준 준수, 재무회계부서 등의 현업부서와의 커뮤니케이션 및 협력방법의 정의 등은 전사적 수준 통제항목의 설계 · 운영 시 포함여부를 반드시 확인해 볼 필요가 있다.

〈표 7-1〉 정보기술 전사적 수준 통제 예시

No.	영역	통제 예시	통제활동 예시
1	정보기술 업무 수행내역에 대한 보고절차	주기적으로 CIO에게 정보기술관련 변경 사항 및 정보기술관련 내부감사, 내부회계관리평가 결과를 보고하고 결재를 득하도록 되어 있다.	정보기술 활동 내역은 주기적으로 CIO/경영진에게 보고되며 다음의 내용이 보고된다. • 계획 대비 달성율 (예산 및 실제 성과 관점) • 정보기술 인원, 정보기술 경영진 및 내부감사자에 의한 정보기술 활동 평가결과 • 기타 주요 정보기술 활동 (장애/문제/오류 및 정보기술 환경 변동 등) • 내부회계관리 정보기술 일반통제 평가 결과
2	정보기술 거버넌스 및 조직 업무 분장	명문화된 체계적인 회사의 정보기술 조직은 정보기술정책과 절차에 따라 수립된 업무분장 기준에 따라 업무가 구분 되어있으며, 주기적으로 실제 내역과 일치하는지 검토 및 보고되며 CIO/경영진의 승인을 득하고 있다.	경영진은 정보기술부서에 대한 적절한 업무분장과 관련한 정책과 절차를 마련하고 있으며 다음을 고려한다. • 정보기술 전략기획, ERP운영조직, 기존(Legacy) 운영 조직 간의 업무 분장은 명령 및 보고 전달체계를 포함, 업무분장을 고려하여 문서상에 명확히 정의되어 있다. • 개발업무와 운영환경으로의 이관업무는 업무분장 되어 있다. • 정보기술 업무 및 애플리케이션/거래에 대한 접근권한은 업무분장 되어 있다. • 개발과 운영업무는 업무분장 되어 있다.
3	정보기술 환경 변화에 따른 주요 리스크 및 변화 관리	정보기술 기능과 관련된 주요한 위협을 인식하고 해당 위협을 감소시킬 수 있는 조치를 고려하기 위해, 주기적인 위험평가 수행 후 통제를 변경하거나 신규 통제를 설계하고 있다.	경영진은 정보기술 환경과 관련하여 다음의 항목에 대한 주요 변화사항에 대해서 관리하고 있다. • 회사의 비즈니스 프로세스의 변동 • 정보기술 주요 개발 프로젝트 • 정보기술 업무인원의 변동 • 정보기술 프로세스의 변동 • 정보기술 대외 환경의 변화 사항

2 정보기술 일반통제 설계 방법

정보기술 일반통제에는 전산화 계획의 수립, 재난복구계획 등 다양한 영역이 존재하며, 회사의 정보시스템에의 의존 정도, 회사의 규모나 업종 등에 따라 달라질 수 있으나 앞에서 언급했듯이 내부회계관리제도 목적상으로는 일반적으로 다음의 영역이 포함된다.

- 프로그램 개발(PD, Program Development)
- 프로그램 변경(PC, Program Changes)
- 프로그램과 데이터에 대한 접근보안(APD, Access to Program and Data)
- 컴퓨터 운영(CO, Computer Operations)

각 영역별로 범위 선정 시스템을 대상으로 어떤 통제를 어느정도 설계하여야 할지는 회사의 현황 및 감사인의 의견 등을 고려하는 것이 필요하다. 아래는 표준적인 정보기술 일반통제를 설계하기 위해 회사가 검토하여야 할 영역 및 영역별 통제 설계 방안을 제시하고 있다. 이는 거래수준 통제의 왜곡표시의 원천을 찾아가는 과정과 동일한 개념으로 접근하는 것을 의미한다.

상기표를 통해 정보기술부문의 왜곡표시의 원천을 찾아가는 절차적 검토를 수행하게 되면 통제 설계의 방향이 정해지게 되며 회사의 시스템 특징(예, 자체개발 ERP사용, 클라우드 서비스 사용 등)을 충분히 고려하여 회사의 현황에 적합한 개별 통제활동을 설계·운영할 수 있게 되는 것이다.

- 프로그램 개발(PD, Program Development)

항목	질문	판단	통제활동예시
1	평가대상 기간 내 중요 시스템 신규 도입 또는 업그레이드 여부	Yes/No → 해당 시 통제 설계 필요	• 신규 시스템은 운영환경에 반영되기 전에 적절하게 테스트되고 승인된다. • 신규 시스템/프로그램에 대한 데이터는 완전하고 정확하게 이관/ 전환된다. • 신규 시스템/프로그램 개발 시 발생한 이슈 및 오류 내용은 관리되고 있으며, 적시에 해결된다. • 신규 시스템/프로그램에 대한 적절한 교육이 수행된다.

- 프로그램 변경(PC, Program Changes)

항목	질문	판단	통제활동예시
1	회사가 소스코드에 접근 가능한가?	Yes → 2 / No → 4	
2	자체적으로 유지보수 수행 중인가?	Yes → 3 / No → 4	
3	유지보수 대상이 재무보고에 중요한가?	Yes → 통제 설계 / No → 절차 개선 후 통제 설계	• 어플리케이션에 대한 프로그램 또는 설정사항 변경에 대해 운영에 이관되기 전 사용자의 테스트가 수행되고 승인권자의 승인을 득한다. • 개발/테스트, 운영 환경은 분리되어 있다. • 프로그램 이관 권한은 개발을 수행하지 않는 담당자에게 부여되며, 권한의 적정성은 주기적으로 검토된다.
4	외부 서비스업체가 유지보수 수행 중인가?	Yes → 통제 설계 / No → 절차 개선 후 통제 설계	어플리케이션에 대한 프로그램 또는 설정사항 변경에 대해 운영에 이관되기 전 사용자의 테스트가 수행되고 승인권자의 승인을 득한다.

• 프로그램과 데이터에 대한 접근보안(APD, Access to Program and Data)

항목	질문	판단	통제활동예시
1	신규 계정 생성 시 승인 절차 있는가?	Yes → 신규 계정 생성 및 권한 부여 시 요청 및 승인절차에 대한 통제활동 설계 / No → 절차 수립 후 통제 설계	애플리케이션 신규 계정 생성 및 권한부여 요청은 적절하게 검토 및 승인된다.
2	퇴사자/부서이동자 권한 조정 적시 수행 여부	Yes → 퇴사자에 대한 권한 적시 삭제 통제활동은 설계 / No → 절차 수립 후 통제 설계	• 애플리케이션 사용자가 퇴사할 경우 적시에 해당 사용자 계정을 잠금처리 한다. • 부서이동자의 어플리케이션에 대한 접근은 적시에 잠금처리 및 권한이 회수된다.
3	사용자 권한의 적정성 주기적 모니터링 여부	Yes → 사용자 권한 주기적 모니터링 통제 설계 / No → 절차 수립 후 통제 설계	애플리케이션 권한 현황을 주기적으로 추출하여 검토하고, 검토결과를 보고 및 승인을 득한다.
4	패스워드 정책 운영 여부	Yes → 패스워드 설정을 검토하는 통제활동 설계 / No → 절차 수립 후 통제 설계	각 애플리케이션에 접근 할 경우 적용되는 패스워드와 시스템 보안 관련 설정은 회사 정책을 반영하여 효과적으로 설정되어 있다.
5	OS 접근 가능한가?	Yes → 6 및 7 / No → 해당 없음	
6	OS 계정 생성 시 승인 절차 있는가?	Yes → 신규 계정 생성 요청 및 승인 절차에 대한 통제활동 설계 / No → 절차 수립 후 통제 설계	OS에 대한 계정생성 요청은 적절하게 검토 및 승인된다.
7	OS 패스워드 정책 운영 여부	Yes → 패스워드 설정을 검토하는 통제활동 설계 / No → 절차 수립 후 통제 설계	OS 패스워드와 보안 Configuration은 효과적으로 설정되어 있다.
8	DB 접근 가능한가?	Yes → 9 / No → 해당 없음	
9	DB 계정 생성 시 승인 절차 있는가?	Yes → 신규 계정 생성 요청 및 승인 절차에 대한 통제활동 설계 / No → 절차 수립 후 통제 설계	DB에 대한 계정 생성 요청은 검토 및 승인된다.
10	DB 직접 데이터 변경 있는가?	Yes → 데이터 직접변경에 대한 요청 및 승인 통제활동 설계 / No → 해당 없음	운영 DB에 직접 접근하여 데이터를 생성/변경/삭제하는 경우 적절한 요청과 승인이 존재하여야 한다.
11	DB 패스워드 정책 운영 여부	Yes → 패스워드 설정을 검토하는 통제활동 설계 / No → 절차 수립 후 통제 설계	DB 패스워드와 보안 Configuraton은 효과적으로 설정되어 있다.
12	OS/DB 계정에 대한 주기적 모니터링 있는가?	Yes/No → 포함 여부 판단필요	OS에 대한 접근 권한은 적절한 담당자에게 제한되어 있으며, 권한의 적정성은 주기적으로 모니터링 된다.
13	OS 변경에 대한 테스트 및 승인여부	Yes/No → 포함 여부 판단필요	OS에 대한 변경은 운영에 이관되기 전에 적절히 테스트되고 승인된다.

• 컴퓨터 운영(CO, Computer Operations)

항목	질문	판단	통제활동예시
1	재무관련 배치작업 존재 여부	Yes → 2 / No → 해당 없음	
2	배치 등록/수정 권한이 내부에 있는가?	Yes → 배치작업 등록 권한자 모니터링 통제활동 설계하고 3으로 이동 / No → 4	어플리케이션에 대한 배치 관련 권한을 분기별로 추출하여 모니터링 하고 승인을 득한다.
3	배치 등록 시 승인 절차 있는가?	Yes → 배치작업 등록 요청서 작성 및 승인 통제활동 설계 / No → 절차 개선 후 통제 설계	애플리케이션에서 배치잡을 생성/변경 하는 경우 적절한 요청과 승인이 존재해야 한다.
4	배치 결과에 대한 모니터링 있는가?	Yes → 배치작업 모니터링 통제활동 설계 / No → 절차 개선 후 통제설계	배치잡 오류 발생시 해당 정보는 시스템 담당자에게 통지되고, 즉시 해결한다.
5	백업 수행 결과에 대한 사내 모니터링 있는가?	Yes → 백업 수행결과 모니터링에 대한 통제활동 설계 / No → 6 이동	데이터 백업 이상발생시 인프라 담당자가 적시에 해결 하며, 백업 결과는 주기적으로 보고되고 있다.
6	외부 백업 수행 결과를 회사가 검토하는가?	Yes → 정기보고서 검토 통제 / No → 절차 수립 후 통제 설계	데이터 백업 이상발생시 인프라 담당자가 적시에 해결 하며, 백업 결과는 주기적으로 보고되고 있다.
7	장애 처리 및 보고 절차 있는가?	Yes → 외부업체가 수행한 모니터링 결과에 대한 보고문서를 회사가 검토하는 통제활동 설계 / No → 절차 수립 후 통제 설계	시스템 운영 중 발생한 오류는 적시에 해결되며 해당 오류해결 현황은 매월 집계되어 보고되고 있다.
8	정보기술 주요시설에 인가된 관리자만 접근하는가	Yes → 물리적 통제 및 출입로그 검토 통제활동 설계 / No → 절차 수립 후 통제 설계	회사의 데이터센터에는 지정된 인프라 담당자만 접근 가능하도록 설계되어 있으며, 출입 로그는 주기적으로 검토되고 있다.

③ 영역별 정보기술 일반통제 통제활동

다음은 각 영역별로 내부회계 모범규준에서 제시하는 통제활동의 항목을 살펴본다.

평가 및 보고 가이드라인(25)과 설계 및 운영적용기법(108~116)에서 기술된 영역별 정보기술 일반통제는 다음과 같다.

(1) 프로그램 개발(Program Development)

프로그램 개발과 관련되어 고려되어야 할 통제활동에는 일반적으로 다음의 항목을 포함한다. 단, 사업의 구조가 단순하고 복잡한 정보시스템이 요구되지 않는 중소기업에서 회사의 개별적인 수정이 허용되지 않는 범용소프트웨어를 도입하는 경우에는 일반적인 프로그램 개발방법론의 모든 영역을 고려하지 않을 수 있다.

- 새로운 시스템의 개발 및 도입은 적절한 경영진에 의해 승인된다.
- 전산시스템 및 응용 프로그램의 개발은 적절한 통제가 내재된 개발방법론을 적용하여 수행한다.

- 새로운 시스템의 구축에 의해 영향을 받을 수 있는 기존의 통제는 수정되거나 완전성의 유지를 위해 재설계한다.
- 전산시스템 및 응용프로그램의 개발은 현업부서 및 전산관련 부서의 적절한 테스트과정을 거친다.
- 새로운 전산시스템과 응용프로그램에 대해 시스템, 사용자, 관련 통제에 대한 적절한 문서화가 이루어진다.
- 새로운 시스템을 운영환경으로 이전함에 있어서 접근통제가 수행된다.
- 새로운 시스템으로 이전된 데이터는 완전성을 유지한다.
- 시스템 사용자는 새로운 시스템과 응용프로그램을 사용하기에 적절한 수준의 지식을 보유하고 있다.

1) 정보기술의 취득, 개발, 유지보수 프로세스에 대한 통제활동 수립(설계 및 운영 개념체계, A65~66)

- 정보기술 일반통제는 정보기술의 취득, 개발, 유지보수 활동을 지원한다. 정보기술 개발방법론은 정보기술의 취득, 개발, 유지보수 활동과 관련하여 시스템 설계 및 구축, 특정 개발단계에 대한 개요, 문서화 요건, 승인 체계, 점검항목에 대한 통제활동의 구조를 제공한다. 동 방법론은 변경 요청 사항의 정합성 검토와 승인, 변경된 사항에 대한 검토와 승인, 테스트 결과, 변경이 적절히 이루어졌는지 판단하기 위한 이관 절차 등을 포함하는 정보기술 변경의 적절한 통제활동을 제공한다. 어떤 회사에서는 개발방법론이 대규모의 개발 프로젝트부터 아주 작은 변경까지 포괄하는 경우도 있고, 다른 회사에서는 새로운 정보기술을 도입하는 프로세스와 변화관리 프로세스를 별도로 설계하기도 한다. 어떤 경우라도 변화관리 프로세스는 변화의 시작부터 최종 적용까지의 일련의 과정을 추적할 수 있도록 설계될 것이다. 변화는 정보기술 변화에 따른 수정이 필요한 경우에도 발생할 수도 있고 시스템 사용자들의 요청에 의해서 발생하기도 한다.
- 개발방법론에 포함되는 정보기술 일반통제의 정도는 정보기술의 위험에 따라 다를 것이다. 대규모의 복잡한 개발이 진행된 경우 일반적으로 소규모 또는 단순한 개발보다 높은 위험을 가질 것이다. 자체개발의 대안으로 범용소프트웨어를 사용할 수 있다. 범용소프트웨어는 허용된 커스터마이징의 정도 및 해당 소프트웨어의 신뢰성 및 범용성에 따라 위험이 달라지며, 범용소프트웨어의 선정과 도입에 대한 통제활동을 구축하고 적용한다. 또 다른 대안은 아웃소싱이다. 원칙적으로 내부에서 통제가 적용되든 혹은 아웃소싱업체에 의하여 통제가 적용되든 상관없이 동일한 고려사항이 적용되어야 하나, 아웃소싱을 하는 경우 고려해야 할 특수한 위험이 존재하여 종종 아웃소싱업체와 주고받는 정보의 완전성, 정확성, 유효성에 대한 추가적인 통제를 선택하여 구축할 필요가 있다.

2) 패키지 소프트웨어에 대한 시스템 개발 방법론 적용(설계 및 운영 적용기법, 114~115)

- 경영진은 새로운 패키지 소프트웨어를 선택할 때 기능성, 응용 프로그램 통제, 보안 기능 및 데이터 변환 요구사항을 포함한 많은 요소를 고려한다. 경영진은 충분한 능력을 보유한 내부 인력을 활용하거나 외부의 공급 업체를 통해 조직의 요구사항을 고려하여 소프트웨어를 구현한다.
- 경영진은 재무적으로 중요한 패치를 설치하거나 시스템을 업그레이드하기 위해 정의된 변경절차를 준수한다. 동 절차는 업그레이드나 패치의 성격과 적합한 사항인지를 확인하는 것을 포함한다. 이후

적절한 것으로 판단되면 패치 또는 업그레이드를 실제 운영시스템에서 적용하기 전에 실제 운영시스템과 동일한 환경의 시스템에서 시스템 테스트 및 사용자 테스트를 수행한다. 변경 대상 기능 사용자, 재무팀 및 정보기술팀과 같은 주요 이해관계자는 변경사항이 적용되기 전에 이를 검토 승인하고 변경 절차가 적절히 이뤄졌음을 증명하는 문서화를 수행한다.

3) 사내에서 개발된 소프트웨어(In-House 시스템)에 대한 시스템 개발 방법론 적용(설계 및 운영 적용 기법, 116)

경영진은 주요 시스템 개발 및 변경 관련 문제 해결을 다루는 시스템 개발 방법론을 따른다. 동 방법론은 다음 항목을 포함한 여러 프로세스 및 통제활동을 제시한다.

- 개시, 진행에 대한 승인, 증적 기록 및 분석 - 프로그램 변경사항은 변경로그가 빠짐없이 기록되고 개발사항은 개발사양서에 기록된다. 프로그램 변경 및 개발의 진행사항은 추적이 가능하고, 적절한 이해관계자는 진행 여부에 대한 검토와 승인 절차를 수행한다. 외부 재무보고 내부통제, 즉 내부회계관리제도에 미칠 수 있는 영향이 존재하는 프로그램 변경 및 개발의 경우 관련 재무보고 절차의 담당자의 승인이 필요하다.
- 설계 및 구성 - 설계 단계에서 프로그래밍 표준을 따르고 프로그램 버전 통제(version control)를 수행한다.
- 테스트 및 품질 보증 - 실제 운영시스템에 적용하기 전(Go-Live 하기 전에) 변경사항이 요청사항을 만족하고 기존 소프트웨어에 의도하지 않은 문제를 발생시키는지 여부를 확인하는 테스트를 수행한다. 테스트의 양과 종류는 변경의 성격(크기, 복잡성 등)에 따라 단위, 시스템, 통합 및 사용자 승인 테스트가 다양하게 고려될 수 있다.
- 데이터 변환 - 데이터가 변환되는 경우 기존 시스템의 데이터가 완전하고 정확하며 유효하게 변환될 수 있는 절차와 통제를 수행한다.
- 프로그램 적용 및 이관 승인 - 변경사항은 실제 운영시스템에 적용하기 전에 관련 이해 관계자가 승인하고, 승인된 프로그램만이 적용될 수 있는 절차와 통제를 수행한다.
- 문서화 및 교육 - 필요한 경우 최종 사용자 매뉴얼 및 정보기술 매뉴얼을 업데이트하고 교육을 수행한다.

(2) 프로그램 변경(Program Change)

프로그램(하드웨어 및 네트워크 포함) 변경 과정이 적절하게 통제되지 않는 경우 재무제표의 신뢰성에 중요한 영향을 미칠 수 있으며 '프로그램 변경'과 관련된 통제는 일반적으로 다음의 사항들을 충족시킬 수 있도록 설계 · 운영한다. 단, 범용소프트웨어를 사용하는 중소기업의 경우에는 회사의 재무보고 프로세스에 직접적인 영향을 미치는 사항의 변경이 있는지를 확인하고 기존에 설계 · 운영 중인 내부회계관리제도의 변경 필요성을 판단하여 조치하는 것으로 시스템 변경에 대한 통제를 수행할 수 있으며 동 과정의 문서화가 대기업에 비해 덜 공식적일 수 있다.

- 시스템 변경의 영향을 적절히 반영하기 위해 관련 시스템, 사용자, 관련 통제문서 등을 적절히 수정한다.
- 시스템의 변경을 적절히 테스트하고, 그 결과를 문서화한다.
- 운영환경에 적용된 시스템은 적절한 관리자의 승인 없이 변경되지 않는다.
- 변경된 시스템과 응용 프로그램을 운영환경으로 이전되기 전에 적절한 관리자가 승인한다.
- 각 사용자는 변경된 시스템 및 응용프로그램을 사용하기에 적절한 지식을 보유하고 있다.

(3) 프로그램과 데이터에 대한 접근보안(Access to Program and Data)

재무제표의 신뢰성을 유지하기 위해서는 프로그램 및 데이터에 대한 접근보안이 전제되어야 한다. '프로그램과 데이터에 대한 접근보안'과 관련된 통제는 일반적으로 다음의 사항들을 충족시킬 수 있도록 설계 및 운영한다. 단, 소규모의 덜 복잡한 정보기술 환경을 보유한 중소기업의 경우에는 보안관리가 중앙집중화되고 규정과 절차의 문서화 수준이 높지 않으며 소수의 인원 또는 한 명의 개인이 파트타임으로 보안 관리와 모니터링을 지원하는 경우도 있다. 이러한 경우 운영체제, 데이터, 응용 프로그램에 대한 접근제한 및 업무분장의 결여로 야기되는 위험은 관련 업무에 대한 적발통제 혹은 모니터링 절차 등을 통해 보완할 수 있다.

- 정보보안 정책을 수립하고 있으며, 보안실무를 고려하여 그 적정성을 정기적으로 검토한다.
- 구성원이 수행하는 업무의 내용 및 직무기술서 등을 고려하여 시스템 접근권한의 적정성을 정기적으로 검토한다.
- 정보기술 자원(하드웨어, 소프트웨어, 데이터를 포함)에 대한 접근을 관리하기 위한 물리적인 접근통제 및 논리적인 접근통제(식별, 인증, 승인 메커니즘 등)를 수립하고 적용하고 있다.
- 적시에 사용자 계정을 추가, 수정, 삭제할 수 있는 절차를 수립하고 적용하고 있다.
- 보안활동에 대한 기록, 발생가능한 보안위반 사항에 대한 식별, 이에 대한 전달 및 적시대응 등을 포함한 효과적인 보안체제를 구축하고 있다.

1) 보안관리 프로세스에 대한 통제 수립 (설계 및 운영 개념체계, A62~64)

- 보안관리는 애플리케이션 시스템의 거래를 처리할 수 있는 권한을 포함하여 회사의 정보기술에 대한 접근권한을 누가 어떤 수준으로 보유하고 있는지에 대한 프로세스 및 통제활동을 포함한다. 일반적으로 데이터베이스, 운영체제, 네트워크, 애플리케이션 시스템 및 물리적 접근권한을 관리한다. 접근권한에 대한 보안 통제활동은 부적절한 접근권한 부여 및 인가되지 않은 시스템 사용을 방지하며, 업무분장이 잘 이뤄질 수 있도록 지원한다. 시스템의 인가되지 않은 사용 및 변경을 방지함으로써 악의적인 의도 또는 단순한 오류로부터 데이터 및 프로그램의 무결성을 보호할 수 있다.
- 보안 위협은 내부와 외부로부터 모두 발생할 수 있다. 외부 위협은 네트워크와 인터넷에 의존하는 정도가 큰 회사일수록 특히 중요하다. 다양한 정보기술 발전과 침입 경로는 보안관리의 중요성을 강조한다. 오늘날의 서로 긴밀하게 연결된 업무 환경에서 외부위협은 일반적인 현상이기 때문에,

이러한 위험에 대처하기 위한 지속적인 노력이 필요하다. 내부 위협은 회사시스템과 프로세스에 익숙하여 관련 접근권한을 보유한 퇴직자나 불만을 가진 임직원에 의해 발생할 수 있다. 회사는 사업의 특징, 산업환경 및 내부회계관리제도와의 연관성을 고려하여 관련된 통제활동을 구축하고 적용한다.

- 정보기술에 대한 사용자의 접근은 일반적으로 승인된 사용자 계정에 기반한 인증 통제활동을 통하여 제어된다. 정보기술 일반통제는 오직 인증된 사용자만 시스템 접근이 가능하도록 설계된다. 이러한 통제활동은 일반적으로 직무책임에 상응하도록 인증된 사용자에게만 시스템 접근권한을 허용하고, 적절한 업무분장을 유지하기 위한 정책이 적용될 수 있도록 지원한다. 회사는 승인된 인원에 대해서만 접근요청을 검토하고, 직무나 역할의 변경이나 퇴사에 따른 접근권한을 변경하는 통제활동을 구축하고 적용한다. 또한, 회사의 정책에 따라 접근권한이 적절하게 유지되고 있는지를 확인하기 위한 정기적인 검토절차도 고려하여야 한다.

2) 접근제한 및 업무분장이 실행될 수 있는 시스템 구성(설계 및 운영 적용기법, 111)

재무적으로 중요한 프로세스를 지원하는 응용 프로그램, 데이터베이스, 운영 체제 및 네트워크에 회사의 정책 및 절차에 따라 접근제한과 업무분장을 구현한다. 특히 재무적으로 중요한 기능이나 데이터에 대한 접근제한이 적절히 이뤄져야 한다. 보안관리 프로세스 관련 통제활동 수립 시 이러한 접근제한과 업무분장을 고려한다. 이러한 통제활동에는 권한관리절차, 사용자 및 시스템 인증절차, 암호설정 등이 모두 포함된다. 시스템의 광범위한 접근권한을 보유하는 슈퍼유저 권한 사용으로 인한 위험 역시 관리하여야 한다. 업무분장이 이뤄지기 어려운 경우에 보완통제가 필요한 것과 마찬가지로 접근제한이 이뤄지기 어려운 경우에도 보완통제가 필요하다.

3) 거래 및 데이터 처리의 완전성, 정확성 및 유효성을 지원하는 시스템 구성(설계 및 운영 적용기법, 112)

경영진은 배치(batch) 단위든 실시간(real-time)이든 상관없이 거래가 완전하고 정확하며 유효하게 처리되도록 하는 통제활동을 선택하고 개발한다. 거래 및 데이터 처리 과정에 문제가 존재하는지 여부를 확인하기 위해 시스템 상태 및 로그를 수작업으로 일일이 검토할 수 있고, 문제 발생시 자동 경보체계를 갖춘 시스템을 사용할 수도 있다. 경영진은 문제가 누락 없이 확인되고 확인된 문제에 필요한 조치가 적시에 취해질 수 있는 통제활동을 수립한다. 경영진은 중요 재무 데이터 및 프로그램이 주기적으로 백업되며, 완전하고 정확하게 복원될 수 있는 절차와 통제를 마련한다. 이러한 복원절차는 실제 복원의 적정성 확인을 위해 주기적으로 테스트하여 백업 및 복원 프로세스가 올바르게 작동하는지 확인한다. 이는 외감법에서 요구하는 회계정보를 기록 · 보관하는 장부(자기테이프 · 디스켓, 그 밖의 정보보존장치를 포함)의 관리 방법과 위조 · 변조 · 훼손 및 파기를 방지하기 위한 통제에 해당한다.

4) 보안 및 권한 관리(설계 및 운영 적용기법, 113)

재무 관련 경영진 혹은 관리자는 재무적으로 중요한 시스템 및 프로세스에 대해 수행할 업무에 필요한 적절한 접근권한을 정의하는 정책을 수립한다. 동 정책은 업무분장을 포함하며 일반적으로 직무기술서와 연계된다. 시스템 접근제한 정책의 적절한 운영을 위해서는 각 기능별로 필요한 화면, 프로그램, 보고서 등을 정의하는 것을 고려한다. 시스템(예: 응용 프로그램, 데이터베이스, 운영 체제 또는 네트워크)에 새로운 접근권한의 요청이나 변경 요청이 발생하는 경우 접근 요청을 승인하는 인원은 수립된 시스템별 접근제한 정책에 따른 검토를 수행하여야 한다. 일반적으로 이러한 통제절차는 계속적인 프로세스 및 시스템의 변경으로 인해 통제위험이 높아질 수 있다. 이에 경영진은 재무적으로 중요한 접근제한과 업무분장이 적절히 준수되는지를 확인하는 통제활동을 주기적으로 수행하는 것이 바람직하다. 이와 같은 통제활동은 외감법에서 요구하는 회계정보를 기록 · 보관하는 장부의 관리 방법과 위조 · 변조 · 훼손 및 파기를 방지하기 위한 통제에 해당한다. 이외에 부적절한 경로 등을 통해 과다하게 시도되는 로그인 등과 같은 문제를 포함한 문제보고서(Problem report)는 주기적으로 검토하며, 문제가 확인되면 적절한 후속 조치를 취한다.

(4) 컴퓨터 운영(Computer Operation)

재무제표의 신뢰성을 확보하기 위해서는 재무정보가 입력, 처리 및 산출되는 제반 정보시스템을 적절히 운영하여야 한다. '컴퓨터 운영'과 관련된 통제는 다음의 사항을 충족시킬 수 있도록 통제를 설계 및 운영한다. 단, 소규모의 덜 복잡한 정보기술 환경을 보유한 중소기업의 경우에는 공식적인 정보시스템 운영기능이나 장애 관리 또는 데이터의 저장 및 보존에 관한 공식적인 정책이 존재하지 않거나 관련 절차들이 수작업으로 진행될 수도 있다.

- 재무보고에 필요한 데이터, 거래, 프로그램을 복구하기 위해 적절한 백업 및 복구절차가 존재한다.
- 복구절차의 효과성과 백업자료의 질을 정기적으로 테스트하기 위한 절차가 존재한다.
- 백업자료에 대한 접근을 승인된 구성원에게만 허용할 수 있는 통제절차가 존재한다.
- 시스템과 관련된 장애나 오류 등을 기록하고 분석하여 동일한 문제의 재발을 방지할 수 있는 절차가 존재한다.
- 재무보고와 관련된 응용 프로그램이나 데이터에 관한 일괄처리(Batch Job) 및 온라인(On-Line) 거래가 정확하며 완전하고 적시에 처리된다.

(5) 정보기술 기능의 제3자 아웃소싱 시 통제활동 수립 혹은 평가

경영진은 정보기술 기능의 특정 부분을 외부업체에 아웃소싱할 수 있다. 외부서비스제공자는 인증업무기준서 3402에 따른 "서비스조직의 통제에 대한 인증보고서"를 제공하거나 제공하지 않을 수 있다. 보고서를 이용할 수 있는 경우 경영진은 다음 항목을 확인한다.

- 재무적으로 중요한 정보기술 관련 기능과 프로세스가 대상으로 포함되었는지
- 서비스제공업체의 통제활동이 적절하게 설계되고 운영되었는지

- 관련 프로세스 및 기능에 대한 회사의 통제가 적절한지
- 적절한 인증보고서가 존재하지 않는 경우, 경영진은 외부 재무보고의 중요한 왜곡이 발생하지 않도록 외부서비스제공자와 회사의 통제활동을 수립하여야 한다. 또한, 내부회계관리제도의 평가 시 외부서비스제공자의 통제활동을 직접 평가하거나 외부서비스제공자의 통제활동의 적정성을 모니터링하는 절차를 평가하는 방안이 적용될 수 있다.

제4절 연결내부회계관리제도 설계 및 운영 시 고려사항

각 종속회사의 거래수준 프로세스가 평가 대상에 추가되는 경우 각 프로세스에 존재하는 IT 연관 항목(IT dependency)이 존재할 수 있으며, 이 경우 관련 시스템의 정보기술 일반통제에 대한 평가도 추가로 수행되어야 한다. 이 경우 해당 시스템의 정보기술 일반통제에 미비점이 존재하여 신뢰성을 확보할 수 없는 경우 대체적인 방법이 요구될 수 있다.

또한, 지배기업 차원에서도 연결재무제표 결산 프로세스에 정보기술 의존 항목이 있는 경우 마찬가지로 해당 연결결산시스템에 대한 정보기술 일반통제 테스트가 수행되어야 한다. 마찬가지로 연결 시스템에 대한 정보기술 일반통제의 유효성 확보와 미비점이 존재하는 경우의 대체적인 방법에 대하여 사전에 대비를 하여야 한다.

그룹차원에서 동일한 정보기술시스템을 사용하는 경우, 적용 대상 종속기업 및 부문을 확인 후 그룹차원에서 단일 평가를 수행하는 방법을 고려해볼 수 있다.

사례 : 재무보고관련 어플리케이션 시스템에 대한 정보기술 평가 범위 선정

재무보고 어플리케이션 시스템 평가 범위에 포함되어야 하는 정보기술 어플리케이션은 다음의 사항을 고려하여 선정한다.

지배회사 또는 종속회사의 통제기술서에서 재무보고 위험과 관련된 핵심통제가 자동통제(접근제한/업무분장, 인터페이스 등)로 식별되는 경우 자동통제가 작동하는 정보기술 어플리케이션을 핵심 재무 어플리케이션 시스템 평가범위에 포함한다.

지배회사 또는 종속회사의 통제기술서에서 식별된 주요 IT의존 수동통제를 정보기술에서 생성된 정보(예: 시스템에서 생성된 보고서)로 지원하는 경우 해당 보고서를 생성하는 정보기술 어플리케이션을 평가 범위에 포함한다.

종속회사의 내부회계관리제도 대상 In-scope 시스템 범위를 설정하는 방안은 무엇인가요(모범규준 등 적용 FAQ, 72)?

연결내부회계관리제도의 In-scope 시스템 범위를 선정하는 방식은 별도 기준 내부회계관리제도와 동일합니다. 통제기술서를 기반으로 자동통제 및 정보기술 연관 항목을 확인하고 이와 관련된 시스템을 In-scope 시스템으로 선정합니다(설계 · 운영 적용기법 문단 105). 연결내부회계관리제도 범위에 포함된 종속회사의 경우에도 종속회사의 통제기술서를 기반으로 정보기술 연관 항목(정보기술 Dependency)과 관련 시스템을 확인하는 동일한 방식을 적용합니다. 또한, 회사의 주요 시스템 리스트(시스템 별 주요 기능 및 평가 대상 프로세스 연계 자료)를 기반으로 In-scope 시스템

을 확인하는 상향식 접근 방식을 보조 방안으로 활용할 수 있습니다.
참고로, 대상 시스템의 정보기술 연관성의 정도가 적고, 정보기술에 의존하지 않는 수작업 통제활동으로 관련 위험이 충분히 관리되는 경우, 내부회계관리제도 목적상 정보기술 일반통제(정보기술 일반통제)의 적용 대상에서 제외할 수 있는 것은 별도내부회계관리제도와 동일합니다.

In-scope 시스템에 해당하는 정보기술 일반통제(정보기술 일반통제)는 종속회사에도 모두 설계되고 운영되어야 하나요(모범규준 등 적용 FAQ, 73)?

In-scope 시스템에 해당하는 정보기술 일반통제는 종속회사에도 모두 설계되고 운영되어야 합니다. 다만 정보기술 일반통제별 수행 주체와 동질적인(homogeneous) 통제활동 여부를 확인하고 일괄 평가를 수행할 수 있습니다.
동질적인 통제활동 여부 확인을 위해서는 식별된 In-scope 시스템의 정보기술 일반통제 주요항목(프로그램 개발, 프로그램 변경, 프로그램과 데이터에 대한 접근보안, 컴퓨터 운영)별로 업무를 수행하는 주체의 확인이 필요합니다. 업무를 수행하는 주체는 지배회사 정보기술 부서, 종속회사 정보기술 부서, 현업 부서 (해외종속회사), 외부 정보기술 서비스 업체 등으로 구분될 수 있으며, 각 주체가 수행하는 업무에 따라 관련된 통제활동이 동질적인(homogeneous) 통제활동으로 파악된 경우에는 일괄적으로 설계 및 운영 평가가 가능합니다. 예를 들어 지배회사 혹은 특정 조직에서 다수 혹은 특정 시스템을 통합 관리하는 경우 이는 동질적인 통제활동에 해당할 가능성이 높습니다. 반면 지배회사정책에 따라 표준통제활동을 적용하여도 시스템의 관리주체가 종속회사별로 존재하는 경우에는 동질적인 통제활동에 해당하지 않을 수 있음에 유의하여야 합니다.

그룹에서 GSI(Global Single Instance) 방식의 시스템을 구축하여 종속회사가 사용하고 있는 경우, 정보기술 일반통제 설계 및 설계 평가 시 고려할 사항은 무엇인가요(모범규준 등 적용 FAQ, 74)?

회사가 GSI 방식의 시스템을 구축하여 종속회사가 이를 사용하는 경우에는 다음 단계를 적용할 수 있습니다.
1단계: GSI 시스템 사용 여부 확인
2단계: 주요 정보기술 일반통제와 관련된 절차와 업무 수행 조직
3단계: 각 조직 별로 수행하는 통제활동의 적정성 평가 및 적용
상기 과정은 일반적인 경우와 동일한 과정이나, 실제 시스템 유지보수 등의 주요 업무를 지배회사에서 일괄적으로 수행하는 경우가 대부분입니다. 종속회사에 별도 정보기술 조직이 존재하고 시스템 유지보수 등의 업무를 수행한다면, GSI 방식의 시스템이 아닌 경우가 많습니다. 만일 지배회사에서 일괄적으로 시스템 유지보수 등의 업무를 수행한다면, 지배회사와 동일한 통제활동이 종속회사에도 적용되는지 확인하고 평가 시에 종속회사 관련 사항을 모집단에 포함하여 평가하는 것이 합리적이고 효율적인 방안입니다. 감사인 역시 공통으로 적용되는 지배회사 통제활동에 대해서는 일괄평가 결과를 종속회사 감사인과 공유하고, 종속회사 수준에서 개별적인 평가가 필요한 통제활동의 범위를 선정하는 것이 일반적입니다.

* GSI(Global Single Instance): 동일한 Application 시스템으로, 시스템 내 주요 업무 처리 절차가 동일함에 따라 시스템의 주요 기능, Report가 동일하게 적용된다. 복수의 종속회사가 동일한 업무를 동일한 시스템에서 처리하므로 (부분적으로 다른 부분이 존재하지만) 일관된 관리가 가능하다는 장점이 존재한다. 이에 따라 정보기술부서의 주요 활동인 프로그램 변경, 개발, 보안 및 운영과 관련된 프로세스와 통제활동이 통합되어 이뤄지는 경우가 일반적이다.

• 정보기술 일반통제 및 자동통제 평가 계획 수립 절차 예시

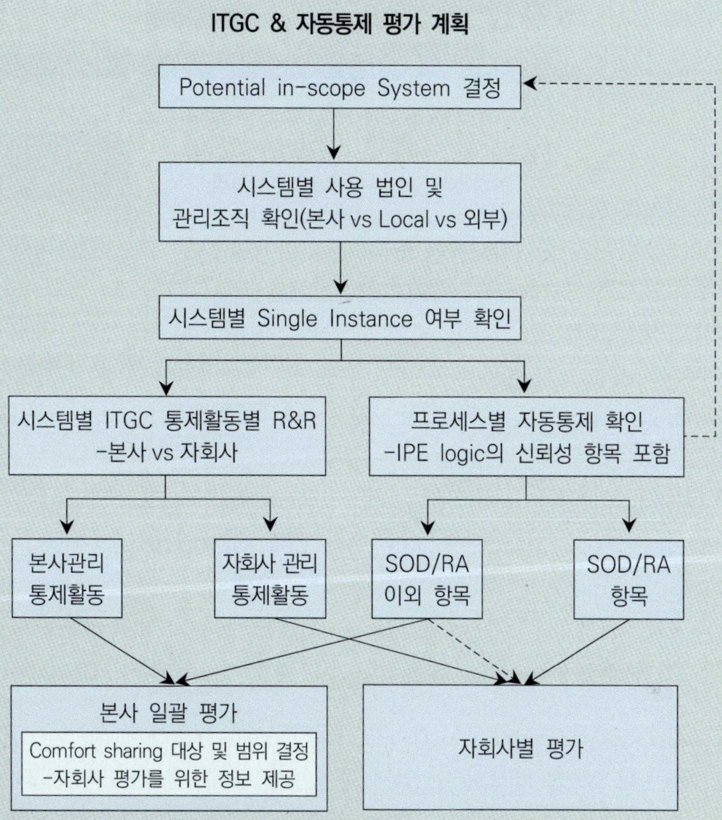

* SOD: Segregation of duties(업무분장), RA: Restricted Access(접근제한)
* Comfort sharing: 내부통제 평가 결과를 공유하는 행위

예시와 같이 파악된 In-scope 시스템의 사용법인, 관리조직 및 Single-instance 여부를 확인합니다.
정보기술 일반통제 수립 및 평가를 위해서 각 통제활동의 수행 주체를 확인하고, 본사(지배회사 등) 및 종속회사의 통제활동을 구분하여 평가 계획을 수립합니다. 이는 자동통제 및 IPE의 시스템 로직의 적정성을 검토하는 과정에도 동일하게 적용할 수 있습니다. 여기에서 관리조직은 사례에 제시된 본사 및 종속회사에 국한하지 않고, Shared service center 및 외부 Outsourcing조직 등으로 다양할 수 있습니다. 이에 일괄평가 수행 계획과 평가 결과는 관련 법인에 공유(comfort sharing)되고, 각 법인은 공유된 정보를 기반으로 해당 법인의 내부통제 적정성을 확인하는 것이 필요합니다.

사례

	Comfort Sharing 대상		
	본사 ITGC 확대		자회사 ITGC 신설
System	동일한 시스템/ 본사관리	상이한 시스템/ **본사관리**	상이한 시스템/ Local관리
SAP	HQ, 미국, 유럽, 중국	N/A	AA Country
MES	HQ	미국, 유럽, 중국	N/A
DMS	HQ, 미국, 중국	AA Country	유럽
EHR	N/A	N/A	N/A
FRM	HQ	N/A	N/A (EUC 활용)

동 사례는 연결 대상 종속회사의 정보기술 일반통제 평가 대상 시스템이 5개(SAP, MES, DMS, EHR FRM)로 정해진 경우입니다.

먼저 종속회사가 활용하는 5개의 시스템이 동일한 시스템인지 확인 후 정보기술 일반통제의 주요 업무활동 별로 수행 주체를 확인합니다. 예를 들어, 4개 법인이 사용하는 SAP가 동일한 시스템이고 본사에서 통합관리하는 경우 이는 동일한 통제활동으로 판단하여 일괄 평가가 가능합니다. 즉, 지배회사가 수행하고 있는 정보기술 일반통제와 종속회사의 통제활동이 동일한지 검토하고 확대 적용 여부를 결정합니다. 지배회사가 관리하는 동일한 통제에 대해서는 일괄평가를 수행합니다. 물론 상이한 시스템이라 하더라도 지배회사에서 통합 관리하는 경우 시스템 별 통제활동이 동질적인 경우가 존재할 수 있습니다. 종속회사가 사용하는 상이한 시스템의 관리주체가 종속회사인 경우에는 본사의 표준통제활동을 적용하였다 하더라도 동질적인 통제활동으로 판단하기는 어렵습니다. 이에 해당 통제활동에 대해서는 일괄평가를 수행하지 않고 별도로 구분하여 평가를 수행하여야 합니다.

참고1 형상관리 및 버전관리

1 형상관리 (Configuration Management)

- **의미**: 형상관리는 소프트웨어 개발 과정에서 소스 코드, 문서, 라이브러리 등 모든 구성 요소의 변경 사항을 추적하고 관리하는 프로세스를 말한다. 이를 통해 변경된 요소가 시스템에 미치는 영향을 명확히 이해하고, 무결성을 유지하며, 변경 기록을 체계적으로 관리할 수 있다.
- **관리범위**: 전체 시스템의 구성요소(코드, 문서, 라이브러리, 환경설정 등)를 포함하여 통합적으로 관리한다. 프로젝트의 전체 구조와 상태를 관리하여, 변경 사항이 전체 시스템에 미치는 영향을 파악하고 통합적으로 관리하며 시스템 구성 요소 간의 관계와 상태를 관리하여 **시스템의 일관성과 무결성** 유지할 수 있다.
- 이는 소프트웨어 코드, 문서, 빌드 환경, 테스트 환경, 배포 환경 등 **전체 시스템과 프로세스**를 대상으로 한다.
- 기능: 변경 관리(Change Management), 구성 요소 식별(Configuration Identification), 상태 기록 및 통제(Configuration Status Accounting), 변경 승인 및 검토이다.
- **내부회계관리제도에서의 중요성**:
  - 변경사항이 무단으로 발생하지 않도록 보장하고,
  - 변경의 승인 및 검토 프로세스가 투명하게 운영되고 있는지 확인하며,
  - 변경 이력 추적 가능성으로 인해 감사 및 검토에 유용하다.

2 버전관리 (Version Control)

- **의미**: 버전관리는 소스코드 등 관련 파일의 변경 사항을 기록하고 특정 시점의 상태를 저장하여 언제든지 과거 버전으로 복구하거나 비교할 수 있도록 하는 시스템이다. 주로 소프트웨어 개발 및 유지보수 과정에서 사용되며, 변경 관리 및 협업 환경에서 중요하다.
- **관리범위**: 주로 소스 코드 및 개별 파일의 변경 이력 관리에 초점을 두고 있다. 소스 코드나 파일의 변경 이력을 관리하고 특정 시점으로 복구하거나 변경 내역을 추적 가능하게 하는 것이다. 또한 파일의 개별 변경 사항 기록 및 관리하고 개발 참여자간 **협업과 과거 상태 복원을** 지원하게 된다.
- 기능: 파일 변경 이력 관리, 특정 버전으로 복구, 협업 및 충돌(conflict) 관리를 할 수 있다.
- **내부회계관리제도에서의 중요성**:
  - 변경 사항이 기록되어 누가 언제 어떤 변경을 했는지 명확히 파악 가능하고,
  - 특정 시점의 프로그램 상태를 복원할 수 있어, 오류 발생 시 빠르게 문제를 해결 가능하며,
  - 승인된 변경만이 운영 환경에 반영되도록 보장할 수 있다.

❸ 내부회계관리제도와 형상관리/버전관리의 연계

- **통제 목적**: 시스템 및 프로그램 변경이 승인된 절차를 통해 이루어지고, 변경 기록이 투명하게 관리되며, 변경이 비즈니스 목표 및 통제 요구사항에 부합하도록 보장한다.
- **활용 사례**:
  - 시스템 변경 시 변경 요청서(Change Request)를 통한 승인 절차 관리하고,
  - 변경 이력 저장 및 검증을 통해 적절성 평가가능 하며,
  - 프로그램 배포 시 승인된 버전만을 운영 환경에 반영 가능하게 한다.

형상관리와 버전관리는 상호 보완적이다. 형상관리의 일부 프로세스에서 버전관리가 활용되며, 버전관리는 소스코드 수준의 변경 사항 추적을 통해 형상관리의 일부 역할을 수행한다. 형상관리와 버전관리 툴은 내부회계관리제도에서 정보기술 일반 통제의 중요한 부분으로, 프로그램 변경 통제가 제대로 이루어지고 있음을 입증할 수 있는 기반이 된다. 이를 통해 시스템의 무결성과 안정성을 확보할 수 있다.

참고2 DB/OD 접근제어 의미

❶ DB 접근제어 툴

- **의미**: DB 접근제어 툴은 데이터베이스에 대한 사용자 접근을 관리하고, 데이터 조회, 수정, 삭제와 같은 작업을 승인된 사용자와 권한 내에서만 수행할 수 있도록 제한하는 도구이다. 이를 통해 데이터의 무결성, 기밀성, 가용성을 보장한다.
- **정의**: 데이터베이스에 대한 접근 권한을 설정, 관리, 모니터링하고 비 인가된 접근을 방지하며, 데이터 조작 및 접근 이력을 기록하여 데이터 보안을 강화하는 솔루션이다.
- **내부회계관리제도에서의 중요성**:
  - 재무 데이터와 관련된 데이터베이스의 무단 접근 방지할 수 있고,
  - 데이터 변경 및 조회에 대한 이력 추적 가능하며,
  - 사용자 권한 분리를 통해 비인가된 데이터 조작을 방지하는 것이 가능하다.

❷ OS 접근제어 툴

- **의미**: OS 접근제어 툴은 시스템의 운영체제 수준에서 사용자 접근을 관리하고, 시스템 자원에 대한 접근 권한을 제한하며, 비인가 사용자가 운영 체제에 접근하거나 시스템 자원을 변경하지 못하도록 보장하는 도구이다.
- **정의**: 운영 체제의 사용자 계정 및 접근 권한을 설정, 관리하며, 비인가 접근 및 시스템 자원에 대한 무단 조작을 방지하고, 로그를 통해 접근 기록을 모니터링하는 보안 도구이다.

- 내부회계관리제도에서의 중요성:
  - 서버 및 시스템 파일에 대한 무단 변경 방지할 수 있고,
  - 사용자 활동 기록을 통해 접근 통제 및 감사 가능하며,
  - 사용자 권한을 분리해 업무 상 불필요한 접근을 제한하는 것이 가능하다.

참고3 정보기술 일반통제의 대표적인 미비점 사례

미비점	개선조치
재무보고와 관련된 프로그램 식별 미비로 정보기술 일반통제 구축 미비	회사의 전체시스템에서 주요 정보의 흐름을 분석하고 재무보고와 관련한 주요 프로그램을 정보기술 일반통제의 대상으로 선정하는 문서(정보기술 범위 선정)를 작성하고 동 프로그램에 대한 정보기술 일반통제 설계
공용 ID의 사용으로 인해 권한 없는 자의 접근 통제 불가	인별로 ID를 부여하거나 공용ID를 사용하더라도 개인별 업무수행자를 식별하도록 설정
특정 시스템 및 프로그램에 대한 권한 적시 회수 미비	인사발령과 연계한 권한을 회수하는 시스템 설정을 하거나 권한 담당자가 수작업으로 인사 발령시점마다 권한을 회수하는 통제를 수행함. 또한 주기적인 권한을 조회하여 모니터링을 실시
정보기술 부서의 업무분장 미비로 개발자와 이관자의 분리가 미흡	정보기술부서의 인력을 충원하여 개발자와 이관자를 구분하거나, 분리가 어려울 경우 상급자가 개발과 이관업무에 대한 모니터링을 강화
프로그램 및 데이터 변경에 대한 모집단 확보 미비로 테스트 불가	Supporting Tool(DB 접근제어, 배포 Tool 등)을 도입하여 변경에 대한 이력관리를 통해 모집단을 확보하여 평가 업무 수행

Chapter 08

내부회계관리제도 설계 및 운영평가

8 내부회계관리제도 설계 및 운영평가

제1절 내부회계관리제도 평가 개요

1 내부회계관리제도 평가의 의미

내부회계관리제도에 대한 평가는 신뢰할 수 있는 회계정보의 작성과 공시를 위한 회사의 내부회계관리제도가 회계연도 말 현재 회사에 적합한 형태로 효과적으로 설계 · 운영되는지에 대한 합리적인 확신을 제공하는 것을 목적으로 한다(평가 및 보고기준, 3). 내부회계관리제도에 대한 평가는 재무보고 위험의 식별, 재무보고 위험에 대처하는 통제의 식별, 식별된 통제의 설계 및 운영의 효과성을 평가하는 절차로 이루어지며, 그 효과성을 평가할 때에는 회사가 선택한 내부통제체계[90]의 내부통제 구성내용이 효과적인 내부회계관리제도에 필요한 정책, 절차 및 활동을 포함하고 있는지 여부를 평가하는 것이다(평가 및 보고기준, 5).

또한, 경영진은 내부회계관리제도 평가 결과에 대한 합리적 확신을 제공하기 위해 다음 사항을 포함하여 문서화하여야 한다(평가 및 보고기준, 6).

- 내부회계관리제도 평가 계획, 대상, 범위 및 과정
- 내부회계관리제도 설계의 효과성 평가
- 내부회계관리제도 운영의 효과성 평가
- 내부회계관리제도의 효과성에 대한 최종 결론
- 내부회계관리제도의 평가 결과의 보고

경영진은 수립된 회사의 내부회계관리제도 설계 및 운영의 적정성에 대한 평가 절차에 따라 평가대상기간에 대한 평가가 이뤄졌음을 충분히 문서화한다. 문서화 된 내역은 경영진의 책임하에 내부회계관리제도가 효과적으로 설계, 운영 및 평가되고 있다는 근거로서 감사(또는 감사위원회) 및 주주총회 보고뿐 아니라 외부감사인의 내부회계관리제도 및 운영실태에 대한 검토 및 감사에 대한 근거로 사용된다(평가 및 보고 가이드라인, 7).

2 내부회계관리제도 평가의 일반원칙

경영진은 효율적이고 효과적인 내부회계관리제도의 평가를 위해 위험기반 접근방법(하향식 접근방법)을 적용한다(평가 및 보고 기준, 4).

---

90) 경영진이 선택한 일반적으로 인정되는 내부통제체계로 내부회계관리제도운영위원회가 발표한 '내부회계관리제도 설계 및 운영 개념체계'나 'COSO Framework' 등을 선택하는 것을 의미한다(평가 및 보고 가이드라인, 3).

- 재무제표의 중요한 왜곡표시 위험이 발생할 가능성이 낮지 않은 재무보고요소 및 중요한 왜곡표시를 적시에 예방하거나 적발하지 못할 위험에 대처하기 위한 통제가 적절히 설계되었는지에 중점을 두어 평가한다.
- 통제 운영에 대한 평가를 진행함에 있어 위험 평가 결과에 따라 평가 절차의 성격과 범위를 결정한다.
- 중소기업의 경우에는 위험기반 접근방법을 보다 적극적이고 광범위하게 적용함으로써 보다 효율적으로 내부회계관리제도를 평가할 수 있는데, 중소기업과 금융회사가 아닌 비상장 대기업은 회사가 처한 환경과 상황을 고려하여 보다 유연하고 완화된 방식으로 내부회계관리제도를 평가할 수 있다. 또한, 비상장 중소기업은 법령[91]에서 정한 내부회계관리규정과 이를 준수하는 내부회계관리제도를 갖춘 경우에는 '내부회계관리제도 평가 및 보고 기준'을 준수한 것으로 볼 수 있다.

내부회계관리제도에 대한 위험기반 접근방법(하향식 접근방법)의 적용에 따라 다양한 규모와 복잡성을 가진 회사들이 내부회계관리제도에 대한 평가를 효과적이고 효율적으로 수행할 수 있다(평가 및 보고 가이드라인, 4).

- 위험기반 접근방법을 적용하기 위해서는 경영진이 회사의 사업 내용, 업무프로세스 및 회계처리에 대한 축적된 지식과 경험 및 판단을 합리적으로 활용하여야 한다.
- 내부회계관리제도는 재무제표에 대한 합리적 확신을 제공하는 것을 목적으로 하기 때문에 재무제표상의 모든 계정과목이나 회사의 모든 업무프로세스를 대상으로 하지 않을 수 있다. 따라서 경영진은 중요한 재무제표 왜곡표시가 발생할 가능성이 상대적으로 높은 계정과목 및 주석정보와 이와 관련된 업무프로세스나 거래유형에 집중함으로써 내부회계관리제도의 평가를 효율적이고 효과적으로 수행할 수 있다.
- 재무보고의 신뢰성에 위험을 초래하는 정도에 따라 평가 절차의 성격과 범위를 결정함에 따라 경영진은 위험이 낮은 부문의 증거자료를 수집할 경우 자가평가와 같은 좀 더 효율적인 접근방식을 적용할 수 있으며 위험이 높은 부문의 증거자료를 수집할 경우 좀 더 광범위한 테스트를 수행할 수 있다.

3 내부회계관리제도 평가대상

경영진은 내부회계관리제도 효과성 평가 대상으로 선정한 핵심통제에 대한 통제위험을 평가하여야 한다(평가 및 보고 기준, 12가). 경영진은 내부회계관리제도 문서 등을 기반으로 내부회계관리제도 설계와 운영의 평가 대상이 되는 핵심통제를 선정한다(평가 및 보고 가이드라인, 17 나).

내부회계관리제도 평가대상은 내부회계관리제도의 5가지 구성요소(통제환경, 위험평가, 통제활동, 정보 및 의사소통, 모니터링 활동)가 모두 내부회계관리제도의 평가 대상에 포함된다(평가 및 보고 가이드라인, 5).

91) 「주식회사 등의 외부감사에 관한 법률」 제8조제1항, 「주식회사 등의 외부감사에 관한 법률 시행령」 제9조제2항

- 회사가 선택한 내부통제체계에서 제시된 각 통제구성요소별 원칙과, 회사가 선택한 중점고려사항에 대한 전사적 수준의 통제 평가와 업무프로세스의 거래수준 통제 평가로 구분할 수 있다.
- 회사는 선택한 내부통제체계에서 제시하는 내부통제제도의 외부 재무보고 목적에 해당하는 효과적인 내부통제제도의 요건을 고려하여야 한다. 내부통제 요소의 각 원칙별로 문서화된 회사의 중점고려사항과 적용기법을 확인하고 각 원칙의 주요 항목별로 다음 사항을 확인하여 평가한다.
  - 정책 및 절차가 존재하고 원칙과 중점고려사항에 부합하는지
  - 해당 절차가 잘 지켜질 수 있는 통제가 파악되어 통제기술서에 문서화되어 있는지
  - 해당 통제의 설계와 운영은 적절한 것인지
- 내부회계관리제도의 평가 대상은 회사가 선택한 내부통제체계에서 제시된 각 통제구성요소별 원칙과 회사가 선택한 중점고려사항에 대한 전사적 수준의 통제와 외부감사법 등 법규에서 요구하는 사항이 포함되도록 한다.
  - 통제환경 : 효과적인 내부회계관리제도를 위해 내부회계관리조직과 규정을 정비하여 외부 재무보고와 연관되는 임직원의 권한 및 책임을 제시하고 적격한 인력을 유지할 수 있는 정책과 통제활동이 설계되고 운영되는지 확인한다. 윤리 · 행동강령의 운영, 내부고발제도 및 감사(또는 감사위원회)의 관리감독 기능 등도 포함한다.
  - 위험평가 : 회사의 통제 환경과 주요 변화사항을 고려하여 재무제표의 주요 계정, 주석사항 및 관련 프로세스에 대한 위험의 평가가 수행될 수 있는 절차와 통제가 설계되고 운영되는지 확인한다. 또한, 부정위험에 대한 평가도 포함한다.
  - 통제활동 : 평가된 위험에 근거하여 경영진이 통제활동을 설계할 수 있는 체계를 유지 · 운영하고 연계된 정책 및 절차가 관리되는지 확인한다. 재무보고와 연관된 정보기술 일반통제를 포함하여 확인한다.
  - 정보 및 의사소통 : 임직원의 책임을 수행할 수 있는 시의적절한 정보를 제공할 수 있는 체계 및 이에 기반한 내 · 외부 의사소통이 원활하게 이뤄질 수 있는 체계와 통제활동이 설계되고 운영되는지 확인한다.
  - 모니터링 활동 : 내부회계관리제도의 설계 및 운영 여부를 주기적으로 평가하는 체계를 수립하여 적용하고 있고 미비점에 대해 필요한 조치를 취하고 있음을 확인한다. 평과 결과와 미비점에 대한 개선계획이 포함된 내부회계관리제도 운영실태보고와 감사(또는 감사위원회)의 독립적인 평가가 이뤄지는지 확인한다.

4 내부회계관리제도 평가절차

내부회계관리제도의 평가의 일반적인 절차는 다음과 같다(평가 및 보고 가이드라인, 6).

1) 재무보고 위험의 식별

① 전사적 수준에서의 내부회계관리제도 고려

② 유의한 계정과목 및 주석정보의 파악

③ 경영자 주장의 식별

④ 유의한 업무프로세스 파악

2) 재무보고 위험에 적절히 대처하기 위한 통제의 식별

3) 내부회계관리제도 설계의 효과성 평가

4) 내부회계관리제도 운영의 효과성 평가

5) 내부회계관리제도 평가 결과 보고

재무보고 위험의 식별 과정은 위험기반 접근방법(하향식 접근방법)을 적용하여 재무제표에 중요한 왜곡표시가 발생할 수 있는 위험을 식별하고 평가하기 위한 과정으로 내부회계관리제도의 '위험평가' 절차를 주로 구성한다. 이러한 위험평가 절차는 일반적으로 최초로 내부회계관리제도를 설계하는 단계와 매 평가기간 초반에 이루어진다. 매 평가기간 초반에 당기의 내부회계관리제도 평가 계획을 수립할 때 수행하고 중요한 변화사항이 발생할 때마다 위험평가를 수행하고 필요한 후속조치를 취한다. 이를 위해 경영진은 중요한 변화사항을 확인하고 기존의 위험평가 결과 및 통제에 미치는 영향을 확인하여 대응할 수 있는 변화관리체계를 유지하는 것이 일반적이다. 중요한 변화사항은 합병이나 사업양수도 등으로 인한 사업단위의 변경, 중요한 신규 거래의 발생, 회계처리방법의 변경 등을 포함한다.

제2절 내부회계관리제도 평가계획 및 평가절차 수립

1 평가계획의 수립

회사의 경영진은 내부회계관리제도 전담조직이나, 회사 내부의 담당자를 통해 내부회계관리제도의 평가계획을 수립하도록 한다. 내부회계관리제도의 실제 평가에 앞서 1년동안의 평가계획을 수립하고 전사적으로 공지하는 것은 제도의 효과적인 운영에 있어 중요한 업무라 할 수 있다. 특히 연결내부회계관리제도의 운영에 있어 지배회사에서는 종속회사 내부회계관리제도 책임자로부터 설계 및 운영평가 전에 각 종속회사의 변화사항에 대한 보고 요청 및 검토를 수행하여, 위험평가 및 통제 평가 계획에 이를 반영하는 것이 필요하다. 내부회계관리제도의 평가계획의 수립시에는 전기에 운영된 내부회계관리제도와 대비하여 다음과 같은 관점에서 본사인 지배회사와 종속회사의 변화사항을 평가하고, 필요할 경우 보완조치를 수행한다.

- 프로세스의 변경에 따른 신규 재무보고 위험 유무 확인
  - 신규 사업이나, 신설 조직 및 합병 등의 사유로 새로운 프로세스가 발생되면 추적조사 등의 방법을 통해 해당프로세스와 관련된 위험에 대한 검토 및 평가를 수행하고 통제기술서, 테스트절차의 문서화를 수행한다.
  - 기존 통제를 조정하고 새로운 위험을 해결하기 위해 추가 통제가 필요한지 결정하였다면, 해당 위험에 대응하기 위해 가장 효과적이고 효율적인 통제 활동을 식별하여 통제를 최적화할 필요가 있는지를 면밀히 검토하여야 한다.

- 관련 정책, 절차 및 관련 지침이 업데이트되었는지 확인하고 이를 문서화에 반영한다.

• 인원의 변경내역 확인
  - 새로운 통제수행자 또는 통제운영책임자가 내부회계관리제도의 요구 사항을 이해하고 있으며 적격한 인력인지 확인하고 업무 분장에 대한 변경 여부 확인한다.

• IT 기술 변경내역 확인
  - 기술의 변경이 해당 프로세스의 통제에 미치는 영향을 이해하고 자동통제 및 IT의존 수동통제의 변경 필요성을 확인한다.
  - 재무보고관련 통제와 연관된 시스템에 설정된 접근제한 및 업무 분장 적정성 확인하는 등의 IT기술에 대한 고유 위험을 식별하고 추가 통제가 필요한지 결정한다.
  - 기술 변경이 기업이 생성한 정보(IPE) 및 최종 사용자 컴퓨팅(EUC)에 미치는 영향을 이해하고 추적조사등을 수행하여 시스템 산출 보고서 및 보고서의 정합성을 검증한다.

내부회계관리제도의 평가는 매년 수행되는 업무로 어느정도 표준화된 절차 및 시기를 정할 수 있다. 평가계획의 수립은 내부회계관리제도의 효율적인 운영과 보고를 위해 사전에 평가시기를 정하여 진행하는 것이 바람직하다. 다음 그림은 회사의 일반적인 평가 및 보고 계획의 순서를 보여주고 있다.

[그림 8-1] **내부회계관리제도 평가계획 예시**

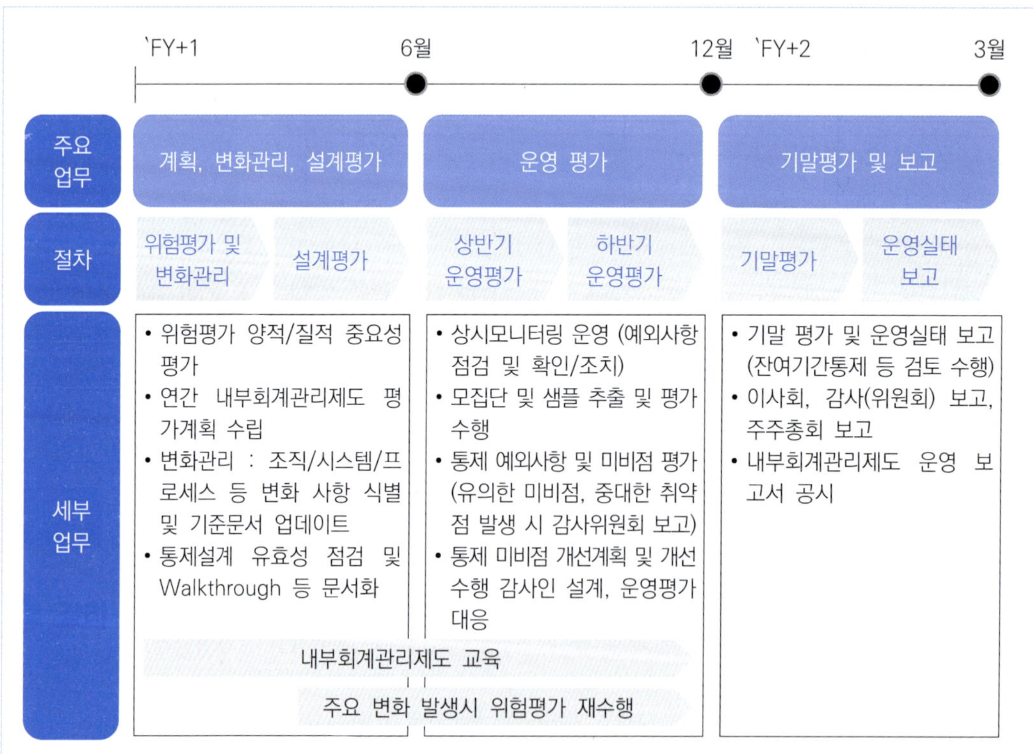

평가계획의 수립 후 평가계획의 각 단계마다 내부회계관리제도 전담부서와 통제운영부서 사이의 적시 커뮤니케이션은 매우 중요하다. 통제 운영 부서인 현업 부서는 내부회계관리제도의 통제활동을 수행함에 있어, 각 평가 단계가 언제 시작되고 종료되는지를 명확히 인지하고 있어야 한다. 이를 통해 평가자에게 적시에 정확한 통제 평가 증빙을 제공할 수 있으며, 평가 과정에서 식별된 예외사항이나 미비점에 대해서도 명확한 역할과 책임에 기반한 적절한 개선 조치를 신속히 이행할 수 있다.

2 통제위험의 평가

경영진은 내부회계관리제도 효과성 평가 대상으로 선정한 핵심통제에 대한 통제위험을 평가하여야 한다.

선정된 핵심통제에 대해서는 이미 평가된 계정과목 및 프로세스의 고유위험 및 통제실패위험을 고려한 통제위험을 평가하여 효과성 평가시 수집해야 할 증거량 및 평가 방안을 결정한다. 위험평가에 기반한 핵심통제 선정과 내부회계관리제도의 효과성 평가 계획은 일정한 형식에 따라 문서화하고 내부회계관리자의 검토 및 감사(또는 감사위원회)의 평가 과정을 거쳐 확정되어야 한다. (평가 및 보고 가이드라인, 31 가)

통제위험 평가시에는 통제와 관련된 계정과목 및 프로세스의 고유위험 평가 결과와 통제실패위험 평가결과를 함께 고려하여야 하며, 고유위험 평가시에는 "제4장 내부회계관리제도 범위선정" 에서 설명하는 양적, 질적 요소를 고려하고, 통제실패위험 평가시에는 다음의 항목을 고려하는 것이 필요하다(평가 및 보고 가이드라인, 31 나).

- 통제 유형(수동통제, 자동통제)과 수행빈도
- 통제의 복잡성
- 경영진의 권한남용에 의한 통제 무시 위험
- 통제 수행 시 요구되는(필요한) 판단의 수준(정도)
- 통제를 수행하는 인력의 역량
- 통제를 수행하는 주요 인력의 변동 여부
- 통제가 대처하고자 하는 왜곡표시의 성격과 중요성
- 다른 통제에 대한 의존 정도(예: 정보기술 일반통제)
- 과거 통제 운영에 대한 평가 결과

(1) 특수관계자거래, 추정 및 판단이 개입되는 재무보고 요소

특수관계자 거래, 추정이나 판단이 개입되는 재무보고요소들은 일반적으로 높은 왜곡표시 위험을 가진 것으로 평가된다. 이러한 재무보고요소들과 관련된 통제의 속성이 경영진의 통제 무시 위험에 취약하고 중요한 판단을 수반하거나 복잡할 때 해당 통제의 통제위험은 높은 것으로 평가되어야 한다(평가 및 보고 가이드라인, 31 다).

(2) 둘 이상의 통제를 조합하여 설계 및 운영하는 경우 평가 시의 주의사항

재무보고위험에 적절히 대응하기 위해 두 개 이상의 통제를 조합하는 통제의 경우에는 각 통제의 위험 특성을 개별적으로 평가하여야 한다. 예컨대, 중요한 추정을 수반하는 재무보고요소에는 원천 데이터를 집계하는 자동통제와 높은 수준의 판단이 필요한 수동통제의 조합이 필요할 수 있다. 이러한 경우 자동통제는 정보기술 일반통제에 의존하는 구조일 경우 낮은 위험으로 분류될 수 있으나, 수동통제는 판단과 개입의 여지가 많아 상대적으로 높은 위험으로 간주된다. 다시 말해 큰 변화가 없는 시스템의 효과적인 정보기술 일반통제에 의존하는 자동통제는 낮은 위험을 가진다고 평가될 수 있는 반면, 수동통제는 높은 위험을 가진다고 평가된다(평가 및 보고 가이드라인, 31 라).

(3) 전사적 수준 통제 및 정보기술 일반통제의 효과성 반영

통제위험 평가 시에는 관련된 전사적 수준의 통제 및 정보기술 일반통제의 효과성을 함께 고려한다. 예를 들어, 통제가 효과적으로 운영되지 못할 가능성에 대한 경영진의 판단은 통제환경의 효과성에 의해 영향을 받을 수 있고 이로 인하여 해당 통제를 평가하기 위한 증거에 영향을 미칠 수 있다. 하지만, 잘 갖추어진 통제환경이라 하더라도 직접적이지 않은 전사적 수준의 통제를 근거로 통제 운영에 대한 평가를 수행하지 않을 수는 없다(평가 및 보고 가이드라인, 31 마).

전사적 수준의 통제의 설계와 운영의 효과성을 평가하는 방식은 거래수준 통제의 효과성 평가방식과 크게 다르지 않다. 회사의 통제 기술방식이 회사의 정책과 절차만을 기술하는 것은 바람직하지 않으며, 관련된 정책과 절차가 존재한다는 사실만으로 관련된 원칙과 회사의 중점고려사항이 적절히 준수되고 있다고 할 수 없음을 유의한다(평가 및 보고 가이드라인, 31 바).

간접 전사통제의 운영효과성을 테스트할 때 테스트 표본 수는 어떻게 결정하는지요?(감사 FAQ 6)

간접 전사통제의 성격상 많은 경우 질문과 문서검사로 설계효과성 테스트를 수행하고 1~2개 표본을 추출하여 운영효과성 테스트를 수행하는 것으로 충분한 감사증거를 입수할 수 있습니다(예: 윤리강령 운영, 부정위험 평가 등).
다만 간접 전사 통제에 통제활동과 같이 구별되는 절차나 활동이 있다면 거래 수준 통제와 유사하게 실제 활동의 빈도 수에 따라 테스트 표본을 추출할 필요가 있습니다(예: 행동강령 준수 여부 서약, 내부고발 프로그램 고발건 후속 조치 등).

3 증거량

계정과목 등의 고유위험과 통제실패위험 및 그에 따른 증거량의 관계는 다음과 같다(평가 및 보고 가이드라인, 32).

[그림 8-2] 증거량

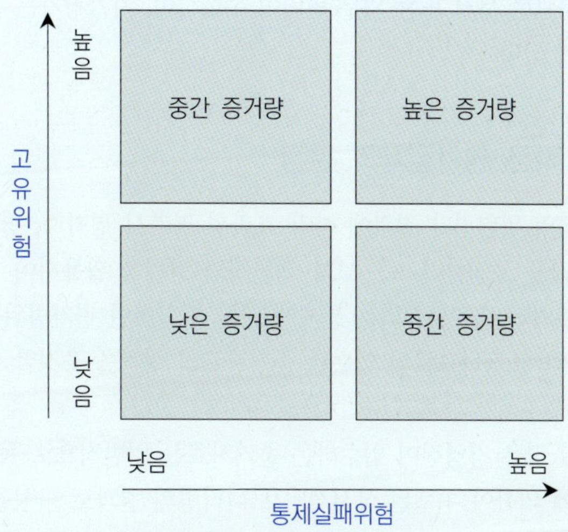

* 높은(낮은) 증거량 : 테스트 방법, 범위, 시기를 보다 높은(낮은) 확신이 부여될 수 있도록 고려했을 때의 증거를 의미

4 내부회계관리제도 평가를 위한 증거자료의 결정 및 수집

경영진은 통제위험 평가 결과에 따라 내부회계관리제도의 효과성 평가에 필요한 증거량 및 증거자료를 수집하기 위한 평가방법 및 절차를 결정한다. 내부회계관리제도 평가를 위한 증거자료는 통제에 대한 독립적인 평가와 상시적인 모니터링을 통해 얻을 수 있으며 통제위험의 크기에 따라 독립적인 평가의 평가 범위 및 평가 대상기간, 평가 수행자의 객관성 정도 등 평가절차의 성격을 조정하게 되며, 경영진은 평가 수행 시 평가 대상이 되는 기간 중 일반적으로 회계연도 말을 포함하는 충분한 기간에 대한 증거자료를 고려한다. 중간평가를 통해 발견된 통제 미비점을 개선한 경우 개선된 통제가 회계연도 말을 기점으로 충분한 기간동안 운영되어 향후에도 효과적인 것으로 판단할 수 있어야 한다. 또한, 평가에 필요한 증거자료를 결정할 때 전사적 수준 통제의 영향을 고려하여야 한다(평가 및 보고기준, 13).

내부회계관리제도 효과성 평가를 위한 증거자료는 통제에 대한 독립적인 평가와 상시적인 모니터링 또는 두 가지 방법의 조합으로 얻을 수 있다(평가 및 보고 가이드라인, 33).

- 일반적으로 통제에 대한 독립적인 평가는 검토 대상 통제에 대하여 높은 수준의 객관성을 가진 인원에 의해 정기적으로 수행된다. 독립적인 평가는 특정 시점의 증거를 제공하며 상시적인 모니터링의 신뢰성에 대한 근거를 제공할 수 있다.
- 상시적인 모니터링에는 자가평가 절차와 통제 운영 여부를 확인할 수 있도록 설계된 성과지표를 분석하는 절차를 포함한다. 자가평가는 다양한 수준의 객관성을 가진 인원에 의하여 수행되는 여러 유형의 절차를 포함한다.
- 자가평가는 평가대상 통제를 운영할 책임이 있는 인원이 수행하는 평가는 물론 평가 대상 통제의 운영책임이 없는 경영진 등이 실시하는 평가를 포함하는 개념이다. 자가평가가 제공하는 증거자료의 성격은 평가자나 평가 수행 방식 등에 따라 달라진다. 내부회계관리제도의 효과성 평가에 있어

증거는 독립적인 평가와 상시적인 모니터링 또는 이들의 조합을 통해 수집된다. 독립적인 평가는 일반적으로 통제와 무관한 부서 또는 외부 인력이 수행하며, 자가평가는 운영부서나 그 상위 경영진에 의해 이루어질 수 있다.

5 통제위험 평가에 따른 평가절차의 결정

경영진은 평가대상 통제의 위험평가 결과에 따라 효과성 평가시 평가자, 평가방법을 유연하게 적용하여 입수된 증거자료의 성격을 조정한다. 즉, 보다 객관적인 인원을 활용하여 상시적인 모니터링에 대한 증거자료를 추가하거나, 주기적으로 수행되는 통제에 대한 독립적인 평가범위를 증가시킬 수 있다. 또한 독립적인 평가의 대상기간을 조정함으로써 입수된 증거자료의 성격을 조정할 수 있다(평가 및 보고 가이드라인, 34 가).

통제위험이 높게 평가된 경우 경영진이 입수하는 증거자료는 일반적으로 독립적인 평가 또는 높은 수준의 객관성을 가진 인원에 의하여 수행된 상시적인 모니터링의 결과로 구성될 것이다. 즉, 높은 수준의 독립성과 전문성을 보유한 인원이 평가를 수행하고 평가방법은 문서검사 및 재수행, 잦은 빈도의 평가 및 많은 수의 샘플을 평가하는 방식을 적용한다. 상시적인 모니터링이 객관성이 낮은 인원에 의하여 수행된 경우 통제 운영과 독립된 인원에 의한 독립적인 평가로 보강하는 것을 고려한다. 이러한 경우 통제에 대한 독립적인 평가는 상시적인 모니터링 및 모니터링 대상 통제의 운영 평가에 대한 증거자료를 제공한다. 선정된 핵심통제는 재무제표의 왜곡표시 방지를 위해 반드시 필요한 통제이므로 평가에서 제외하거나 통제 운영자 본인이 직접 평가하는 방안은 적정하지 않다(평가 및 보고 가이드라인, 34 나).

통제위험이 낮게 평가된 경우에는 다소 낮은 독립성을 보유한 인원에 의해 다소 약화된 평가방법을 적용할 수 있다. 경영진은 상시적인 모니터링에 의해 입수된 증거자료가 충분하다면 독립적인 평가는 필요하지 않다고 결론지을 수도 있다(평가 및 보고 가이드라인, 34 다).

6 평가시기 결정

증거 수집과 관련하여 또 하나 중요한 결정은 평가의 시기이다.

외부감사법규에 따라 매 사업연도마다 내부회계관리제도의 운영실태를 보고하기 위해서는 내부회계관리제도의 설계와 운영의 효과성을 평가하여야 한다. 일반적으로 내부회계관리제도의 평가는 중간평가와 기말평가 과정을 통해 이루어진다(평가 및 보고 가이드라인, 35).

- 내부회계관리제도의 평가는 경영진이 평가기준일 현재 내부회계관리제도가 효과적으로 설계 · 운영되고 있는지에 대한 합리적인 확신을 얻는 것을 목적으로 한다. 그러나, 재무제표에 기록된 거래는 회계기간 중 지속적으로 발생하기 때문에 충분한 기간을 대상으로 평가를 수행하여야 한다. 특히, 평가기준일과 가까운 시기는 반드시 평가 대상기간으로 포함되어야 한다. 그러나 평가기준일과 가까운 시기에 모든 평가 절차를 실시하는 것은 불가능하므로 당해 평가 대상기간의 중간에 평가를 실시하고 기중에 평가된 중요한 통제 중 평가 실시 이후 변경된 부분은 없는지, 기말 현재에도 여전히 효과적인지 등을 확인하는 평가 절차가 효율적일 수 있다.
- 또한, 기중에 식별된 내부회계관리제도 상의 미비점(또는 취약점)을 개선하고 평가기준일 현재(또는

근접한 시점)에 충분한 기간 동안 통제의 설계와 운영이 적정함을 확인하는 경우에는 최종적인 내부회계관리제도 평가는 적정하다고 결론 내릴 수 있다. 이에 회사는 중간평가를 통해 미비점(취약점)을 조기에 확인하고 개선하는 것이 일반적이다.

- 그러나, 중간평가만으로는 평가기준일 현재의 내부회계관리제도의 효과성에 대해 합리적 확신을 제공하기에는 부족하므로 중간평가 기준일 현재 내부회계관리제도의 효과성에 대한 평가 결론이 평가기준일 현재에도 여전히 유효한지를 확인하기 위하여 평가기준일 혹은 이에 근접한 일자에 추가적인 평가를 통해 보완하는 절차가 필요하다. 이를 '기말평가'라 하며 기말에 이루어지는 기말 결산 절차 중 중간평가에 포함되지 않는 통제는 기말평가에 포함되어야 한다.
- 중간평가 실시 후 평가기준일까지의 잔여기간의 길이, 평가 대상 통제의 위험평가 결과, 통제환경, 통제 발생 횟수, 중간평가 이후 통제의 유의적 변동 여부 등을 고려하여 잔여기간에 대한 기말평가의 범위, 방법 등을 결정한다.

통제위험이 클수록 테스트의 수행 시기는 빈번할 수 있으며 위험이 높은 통제는 가급적 평가기준일에 평가하는 것이 효과적인 평가 방법이다(평가 및 보고 가이드라인, 36).

- 경상적으로 반복되는 거래에 대한 통제는 기중평가가 가능하지만, 평가기준일에 근접하여 발생하는 중요하고 비일상적인 거래에 대한 통제, 또는 통제수행자의 주관적 판단이나 복잡한 추정에 크게 의존하는 통제는 기말에 가까운 시점에서 평가를 수행해야 신뢰성 있는 결론을 도출할 수 있다.
- 기말 재무보고 절차에 포함된 통제는 그 성격상 평가기준일 당일에는 실질적인 평가 수행이 어렵기 때문에, 통제가 실제로 작동하는 시점인 기말 이후에 효과성 평가를 수행하게 된다. 이는 해당 통제가 기말 보고를 목적으로 설계된 특수한 성격의 통제임을 고려하는 것이다.

내부회계관리제도 평가의 주기는 어떻게 되나요?(모범규준 등 적용 FAQ, 21)

외감법에 따라 회사의 대표자는 매사업연도마다 내부회계관리제도의 운영실태를 주주총회, 이사회및 감사(위원회)에 보고하고, 감사(위원회)는 운영실태를 평가하여 이사회에 보고하여야 합니다(제8조 제4항 및 제5항). 따라서 외감법상 내부회계관리제도의 평가는 매 사업연도마다 수행합니다.

한편, 내부회계관리제도의 "평가"는 경영진이 평가기준일 현재 내부회계관리제도가 효과적으로 설계 · 운영되고 있는지에 대한 합리적인 확신을 얻기 위한 과정을 의미합니다. 그러나 재무제표에 기록된 거래는 회계기간 중 지속적으로 발생하기 때문에 충분한 기간을 대상으로 평가를 수행하여야 하며, 특히 평가기준일과 가까운 시기는 반드시 평가 대상기간으로 포함되어야 합니다. 그러나 평가기준일과 가까운 시기에 모든 평가절차를 실시하는 것은 불가능하므로 당해 평가대상기간의 중간에 평가를 실시('중간평가')하고 기중에 평가된 중요한 통제 중 평가 실시 이후 변경된 부분은 없는지, 기말 현재에도 여전히 효과적인지 등을 확인하는 평가('기말평가')하는 것이 효율적일 수 있습니다(평가 · 보고 적용기법 문단 11).

또한, 기중에 식별된 내부회계관리제도 상의 미비점(또는 취약점)을 개선하고 평가기준일 현재(또는 근접한 시점)에 충분한 기간 동안 통제활동의 설계와 운영이 적정함을 확인하는 경우에는 최종적인 내부회계관리제도는 효과적이라고 평가할 수 있습니다. 따라서, 미비점(또는 취약점)을 조기에 확인하고 개선하여 평가기준일 현재 시점에서 충분한 기간 동안 효과적으로 설계 및 운영되었다는 결론을 얻기 위해(평가 · 보고 적용기법 문단 12), 혹은 특정 시점의 평가업무 부담을 완화하거나 내부회계관리제도에 대한 임직원의 인식수준을 높이기 위해 통제의 효과성을 연중(예: 월별, 분기별)으로 나누어 테스트하는 방법도 고려할 수 있을 것입니다.

이 때 '충분한 기간'은 내부회계관리제도가 효과적으로 설계 · 운영되고 있는지에 대한 합리적인 확신을 줄 수 있을 정도의 기간을 의미하며, 통제활동의 위험과 빈도를 고려하여 결정하는 샘플수와 연관하여 판단하는 것이 일반적입니다. 예를 들어, 월별 통제활동의 미비점이 8월에 확인되어 해당 사항을 개선한 후 9월부터 적용하는 경우, 해당 통제의 운영평가 시 수행빈도와 위험을 고려할 때 3개의 샘플이 적정하다고 판단한다면 9월부터 12월까지의 기간은 '충분한 기간'에 해당할 수 있습니다. 그러나 해당 통제활동이 11월과 12월에만 적용되었다면 3개의 샘플을 확인하기에 기간이 충분하지 않기 때문에 평가기준일 현재 미비점으로 남습니다.

내부회계관리제도 효과성 평가의 평가기준일 및 대상기간은 언제인가요?(모범규준 등 적용 FAQ, 22)

외감법에서는 회사의 대표자가 사업연도마다 주주총회, 이사회 및 감사(위원회)에게 내부회계관리제도의 운영실태를 보고하고(제8조 제4항), 감사는 내부회계관리제도의 운영실태를 평가하여 이사회에 사업연도마다 보고(제8조 제5항)하도록 규정하고 있습니다. 따라서 내부회계관리제도 효과성을 평가하는 대상기간은 사업연도가 됩니다.
또한, 내부회계관리제도의 평가는 경영진이 평가기준일 현재의 내부회계관리제도가 효과적으로 설계 · 운영되고 있는지에 대한 합리적인 확신을 얻는 것을 목적으로 하기 때문에(평가 · 보고 적용기법 문단 11) 내부회계관리제도의 평가기준일은 사업연도 종료일이 됩니다.

7 평가자 선정 및 평가 조직 운영

외감법에서는 회사가 내부회계관리규정과 이를 관리 · 운영하는 조직을 갖추도록 정하고 있으나(제8조 제1항), 내부회계관리제도 평가를 위한 전담조직을 요구하지는 않는다. 한편, 설계 및 운영 적용기법(문단 164)에서는 내부회계관리제도에 대한 객관적인 관점에서의 평가를 수행하기 위해 독립적이고 전문성을 지닌 인원으로 구성된 내부통제전담부서나 내부감사부서를 이용한다고 규정하고 있다.

경영진은 내부회계관리제도의 독립적인 평가를 위해 평가 시점마다 별도의 임시조직(Task Force팀 등)을 구성하거나 일반 현업부서와는 독립적인 상시조직(예를 들어, 내부통제팀 등)을 통해 평가할 수 있다(평가 및 보고 가이드라인, 37 가).

설계 및 운영 적용기법(문단 164)과 평가 및 보고 가이드라인(문단37)의 내용이 일부 상충되는 것으로 보일 수 있으나, 내부회계관리제도 모범규준 등의 전반적인 취지 상 평가를 위한 전담조직을 구성하는 것이 필수적인 사항은 아니다.

내부회계관리제도의 평가는 평가를 수행하는 인원이 누구인지(이하 "평가자")에 따라 자가평가에 해당되는지, 핵심통제를 평가할 수 있는지를 판단할 수 있으며, 핵심통제 평가 시에는 일반적으로 자가평가가 허용되지 않는다(아래 표 참조). 또한, 동일부서의 다른 인원의 평가 및 전담부서가 아닌 다른 부서의 평가는 낮은 수준의 독립성이나 전문성을 갖는다고 할 수 있다. 이는 다음과 같은 방안을 종합적으로 반영하여 보완될 수 있다(평가 및 보고 가이드라인, 37 다).

(1) 내부통제팀 등 독립적인 평가자가 테스트 절차(테스트 방법, 표본의 선정방법 및 개수) 및 결론 등의 적정성 확인

(2) 내부통제팀 등 독립적인 평가자가 문서검사 및 재수행을 통하여 평가결과의 일정 부분을 검토

(3) 내부통제팀 등 독립적인 평가자가 테스트 모집단과 샘플을 직접 선정하여 평가자에게 전달

(모범규준 등 적용 FAQ,17) 평가자의 독립성에 따른 구분

평가자 구분	독립성수준	평가유형	핵심통제 평가
통제운영자	매우 낮음	자가평가	불가능
업무담당자(통제운영자)와 동일부서 인력	낮음	자가평가	보완조치시 가능
업무담당자(통제운영자)와 타 부서 인력	낮음과 중간사이	독립적평가	보완조치시 가능
내부통제 주관조직	중간 또는 높음	독립적평가	가능
외부 아웃소싱	높음	독립적평가	가능

아래와 같은 상황에서는 보완절차를 생략할 수 있다(평가 및 보고 가이드라인, 37 라).

(1) 테스트 절차가 구체적으로 기술되어 별도의 전문성이 필요 없다고 판단되는 경우

(2) 평가를 적절하게 수행하지 않은 인원에 대한 성과 반영이 이뤄지는 경우

중소기업은 내부회계관리제도의 독립적인 평가를 수행하는 것이 어려운 경우 통제업무를 수행하는 담당자가 평가를 수행할 수 있다. 이 경우에도 통제환경, 기말 재무보고 절차 및 중요한 추정이나 판단이 필요한 통제 등 특히 위험이 높은 것으로 평가된 통제에 대해서는 해당 통제와 독립적인 다른 부서의 인원 또는 외부의 전문가가 문단 37 다.(1)~(3)의 절차 등을 통해 해당 평가의 적정성을 확인하는 것이 필요하다. 단, 문단 37 라.(1)~(2)의 상황에서는 동 보완 절차를 생략할 수 있다(평가 및 보고 가이드라인, 37 마).

8 사업단위별 평가 범위 설정

재무보고에 영향을 미치는 통제는 다수의 사업장, 사업부 또는 종속회사에 걸쳐 운영될 수 있으므로, 경영진은 평가대상 사업단위를 명확히 정의해야 한다. 일반적으로 법적 실체, 사업부문, 생산설비, 지점 등의 독립된 단위가 이에 해당되며, 사업단위의 중요성과 고유위험, 회계처리 복잡도 등을 기준으로 평가 범위를 선정한다.

일반적으로 별도의 사업단위로 보는 예시는 다음과 같다(평가 및 보고 가이드라인, 38 가).

- 법적실체(연결재무제표에서 종속회사, 유한회사, 파트너쉽 등)
- 사업부문 또는 영업시설(예 : 사업부, 생산설비, 판매조직) 등
- 특정 단위조직의 사업목적, 업무프로세스, 전산환경 등이 타 조직과 독립적인 경우 별도의 사업단위로 봄

개별 사업단위별 식별된 통제에 대한 위험을 평가할 때 사업단위 특유의 위험이 존재하는지 고려하게 되는데 사업연도 중에 인수(합병)한 사업단위나, 평가기준일에 중단영업 등으로 회계처리된 사업단위도 평가대상 사업단위 결정 시 기존의 사업단위와 함께 고려한다. 다만, 다음 (1)~(4) 해당하는 경우에는 1년을 초과하지 않는 범위 내에서 당해 사업연도의 내부회계관리제도 평가 대상에서 제외할 수 있다(평

가 및 보고 기준, 14 다).

(1) 평가기준일 현재 인수(합병)일로부터 1년이 경과하지 않은 법인 또는 사업단위

(2) 평가기준일 이전에 매각, 분할, 폐지가 완료된 사업단위

(3) 평가기준일 현재 매각, 분할, 폐지가 완료되지 않은 사업단위로서 직전 평가기준일 이후 중요한 변화 없이 단기간 동안 운영된 경우

(4) 평가기준일 이전에 분할된 사업단위가 신규로 연결내부회계관리제도 적용대상에 편입되는 경우

그리고 상기 (1), (3), (4)중 어느 하나에 해당하는 사업단위를 당해 연도의 내부회계관리제도 평가 대상에서 제외한 경우, 그 사실과 사유 및 해당 부문에 관한 정보(자산총액, 매출액 등 주요 재무제표의 금액 및 전체 회사에서 차지하는 비중 등)를 운영실태보고서에 포함한다(평가 및 보고 기준, 14 라).

복수의 사업단위가 존재하는 경우 경영진은 각 사업단위의 재무적 비중 및 고유위험, 특수한 회계처리 방법의 적용여부, 내부감사 또는 외부감사 결과 등의 과거경험, 사업환경의 변화 등 개별 사업단위가 지니는 상대적 중요성 및 위험을 고려하여 어느 사업단위가 평가대상에 포함되는지 결정한다(평가 및 보고 가이드라인, 38 나).

평가대상 사업단위 결정 시 경영진은 각 사업단위의 재무제표 상 중요한 왜곡표시 위험을 고려하여야 하며 동 위험에 따라 사업단위 별로 평가 절차를 달리할 수 있다. 예를 들어, 경영진은 개별적으로 또는 타 부문과 결합되었을 때 재무제표 상 중요한 왜곡표시의 발생가능성이 낮은(Do Not Present a Reasonable Possibility) 사업단위의 통제는 설계 및 운영 평가 대상에서 제외할 수 있다. 연결재무제표의 종속회사의 경우 범위에 포함된 유의한 계정과목과 관련된 모든 종속회사를 범위에 포함할 수 있으나 실무적으로는 중요한 왜곡표시의 발생가능성이 낮은 사업단위를 제외하는 것이 일반적이다. 사업단위를 제외하였음에도 충분한 범위의 선정은 이뤄져야 하며 이는 특정 유형의 매출이나 거래의 경우에도 동일하게 적용될 수 있다(평가 및 보고 가이드라인, 38 다).

경영진은 개별 사업장 또는 사업부에서 운영되는 통제위험이 낮다고 판단할 수 있는 경우가 있다. 이러한 경우 경영진은 반복적인 자가평가 또는 상시적인 모니터링을 통하여 입수된 증거자료들이 개별 사업장의 운영 결과를 모니터링하는 중앙집중화된 통제로부터 입수된 증거들과 결합되었을 때 평가를 위한 충분한 증거자료가 구성되었다고 판단할 수 있다. 반대로, 경영진은 개별 사업장의 통제 운영이 복잡하거나 판단이 개입되어 통제가 효과적으로 운영되지 않을 위험이 높다고 판단할 경우 사업장 통제의 효과적인 운영에 대하여 더 많은 증거자료가 필요하다고 결정할 수 있다(평가 및 보고 가이드라인, 38 라).

지점, 영업점 등 복수의 사업단위에서 중앙의 본사 차원에서 설계되어 전체 사업부 또는 지점에서 일관되게 수행되도록 하는 동질적 통제(공통 통제)가 존재하는 경우 해당 동질적 통제의 설계평가는 본사 차원에서 한번 수행하고 운영평가는 전체 사업부 또는 지점을 모집단으로 두고 표본을 추출하여 테스트할 수 있다. 즉, 4개의 지점에서 매달 1회씩 수동통제를 수행한다면 연간 총 48개의 모집단에 해당하는 표본을 추출하여 운영의 효과성을 테스트하는 것이다. 이 때 각 지점의 양적 · 질적 위험요소를 함께 고려하여 표본을 추출할 지점을 선정하는 것이 바람직하다. (평가 및 보고 가이드라인, 38 마).

동질적 통제(공통통제)를 판단할 때에는 다음 사항을 고려한다(평가 및 보고 가이드라인, 38 바).

(1) 해당 통제가 본사 차원에서 설계되어 일부 또는 전체 사업부(또는 지점)가 수정 없이 적용하도록

요구되는가? 해당 통제에 대한 상세한 설명이나 관련된 정책과 절차가 본사 차원에서 개발되고 관리되며 적용되는 사업부(또는 지점)에 공유되는가?

(2) 해당 통제가 비슷한 수준의 역량이나 전문성, 권한을 가진 개인에 의해 수행되는가?

(3) 해당 통제가 자동통제라면 해당 사업장(또는 지점)이 동일한 시스템 설정(Configuration)이 적용된 동일한 응용프로그램에서 작동하는가?

(4) 해당 통제가 정보시스템에서 산출되는 정보를 사용한다면 해당 사업장(또는 지점)이 동일한 정보시스템을 사용하는가?

(5) 해당 통제를 수행하기 위해 요구되는 판단이나 추정의 정도가 높지 않은가?

9 평가 계획의 보고

경영진의 운영실태 평가 계획은 매년 상반기 내에 감사(위원회) 보고를 진행하는 것이 필요한데 이때는 전기 미비점에 대한 개선이행 사항과 변화관리를 통해 변화된 프로세스, 위험평가 결과, 변화된 통제에 대한 내용을 포함하여 보고한다.

연결내부회계관리제도를 운영하는 경우, 지배회사 내부회계관리제도 전담조직은 각 종속회사의 위험평가 결과와 각 종속회사로부터 회신 받은 변화사항을 고려하여 평가대상을 확정하고 매년 1분기 중, 각 종속회사 내부회계관리제도 책임자에게 평가일정 등을 공지하는 것이 필요하다. 또한 지배회사 내부회계관리제도 책임자는 연간 내부회계관리제도 운영실태 점검계획을 매년 상반기내 지배회사 감사(위원회)에 보고하는 것이 일반적이다.

제3절 설계의 효과성 평가

내부회계관리제도의 설계는 재무보고의 신뢰성을 확보하기 위한 핵심적인 기초 작업으로, 설계의 적정성 여부에 따라 운영 단계의 효과성 또한 크게 좌우된다. 따라서 경영진은 재무제표의 왜곡표시 가능성을 예방하거나 적시에 적발할 수 있도록 통제가 충분히 설계되었는지를 평가할 책임이 있다.

효과적으로 설계된 내부회계관리제도는 각 업무프로세스별 통제목표 달성을 위한 예방통제와 적발통제가 적절히 결합되는 것이 바람직하다. 예를 들어, 승인받지 않은 자금거래의 발생을 방지하기 위한 예방통제(펌뱅킹상의 승인절차, 접근제한, 인증서 관리 등) 없이 주기적인 예금결산절차를 통한 예금잔액과 장부와의 대사를 수행하는 절차(적발통제)만으로는 실재성, 완전성 등 예금계정에 대한 경영자 주장을 만족시키기에 충분하지 않을 수 있다. 단, 업무프로세스가 상대적으로 단순하고 예방통제와 적발통제의 균형을 고려할 정도의 인력이 뒷받침되지 않는 중소기업의 경우에는 예방통제나 적발통제 중 보다 효과적인 유형을 중심으로 통제를 설계할 수 있다(평가 및 보고 가이드라인, 39 다).

설계의 효과성 평가는 전사적 수준 통제와 업무프로세스의 거래수준 통제를 포괄하며, 각 통제의 목적과 기능이 해당 위험을 효과적으로 완화할 수 있도록 구성되었는지를 확인하는 작업이다. 이 과정에서는 통제가 관련 정책과 절차에 연계되어 있으며, 적정한 빈도와 수행 주체, 수행 기준 및 예외사항 대응

방안이 명확히 정의되어 있는지가 핵심 평가요소가 된다.

특히, 업무프로세스 내의 통제가 재무제표에 대한 경영진의 주장 및 통제목적을 효과적으로 달성하고 발생가능한 위험을 충분히 관리할 수 있는 통제의 설계 여부를 확인하기 위해 다음과 같은 항목을 고려한다(평가 및 보고 가이드라인, 39 나).

- 통제는 정책과 절차에 연계되어야 하며,
- 관련 통제위험을 적절히 완화할 수 있을 정도로 정교해야 하고,
- 예외사항 정의 및 적시 대응 방안이 존재해야 하며,
- 통제를 수행하는데 사용되는 정보의 신뢰성이 보장되어야 한다.
- 또한, 통제가 설계되어 수행된 기간은 충분한지,
- 통제수행자의 적격성이 정의되어 있고 통제 수행 빈도가 위험을 적시에 예방하거나 적발 할 수 있는지,
- 그리고 유의한 계정과목의 중요한 왜곡표시 원천이 완전하게 고려되었는지도 포함된다.

또한, 설계의 효과성 평가 방식을 결정할 때는 회사의 내부회계관리제도의 최초 설계와 변화관리체계 수립 및 적용의 적정성을 고려하여야 한다(평가 및 보고기준, 15 다).

설계 평가 고려 요소

(1) 통제활동이 정책과 절차와 연계되는지(통제의 일관성)
- 통제는 회사의 정책이나 절차와 잘 연결되어 일관되게 설계 되어 있는지 평가해야 함

(2) 위험을 실질적으로 감소시키도록 통제가 설계되었는지 여부
- 통제가 경영진 주장과 적절히 mapping 되었는지, 확인된 통제가 식별된 위험에 직접적으로 대처하는 통제인지 확인해야 함
- 통제의 수행자, 통제수행방법, 통제주기, 모집단 등이 명확히 정해져 있어야 함

(3) 예외사항의 정의와 적시 대응 방안이 포함되는지 여부
- 통제를 수행하다가 예외가 생기면, 원인을 분석하고 반복적인 문제인지 평가하며 해결방향 및 기한을 정해서 문서화하는지를 확인해야 함

(4) 통제의 적용 기간 및 통제 수행 빈도가 적절한지 여부
- 업무가 얼마나 자주 발생하는지를 고려해서 해당 통제가 적절한 빈도로 설정되었는지를 평가해야 함
- 예를 들어, 매출이 매일 발생하는 회사라면 → 매출 관련 통제도 매일 또는 자주 수행되어야 적절하고, 손상검토처럼 연 1회 평가되는 업무라면 → 그에 맞춰 연 1회 통제 수행도 적절

(5) 통제수행자의 적격성 여부
- 통제가 통제수행자의 높은 지식 및 경험 등의 능력 또는 주관적인 판단을 요구하는 통제인 경우와 판단의 요소가 적거나 거래가 빈번하여 건 별로 승인이 이루어지는 통제에 따라 통제 수행자의 능력과 권한을 평가해야 함

(6) 통제를 수행하는데 사용되는 정보의 신뢰성이 보장되는지 여부
- 해당 통제가 수행하는데 사용되는 기업생성정보(IPE)의 정확성과 완전성을 확인하는 통제에 대하여 기술하고, 해당 통제를 어디서 테스트하였는지 테스트 결과는 무엇인지 기술해야 함

월별로 수십 건의 개별 건을 검토하는 통제는 월 통제인가?

어떤 통제가 형식상으로는 월 1회 작성되는 보고서 형태를 갖추고 있더라도, 그 보고서가 수십 건의 개별 거래에 대한 일상적 승인 · 검토 결과를 집약한 것이라면, 이는 실질적으로 수시(또는 고빈도) 통제로 간주하는 것이 타당하다.

이러한 경우를 단순히 "월 통제"로 분류하고, 월 단위로 구성된 보고서 하나에서 거래 몇 건만을 샘플링하여 테스트를 수행할 경우, 이는 재샘플링이라는 통계적 의미에서 편향을 유발하거나 잘못된 결론을 내릴 수 있다. 이는 곧, 통제의 전 범위에 대해 충분하고 적절한 평가 증거를 확보하지 못하는 결과로 이어진다. 따라서 해당 통제는 설계 평가 단계에서는 명확한 통제 빈도 구분이 어려울 수 있으나, 운영효과성 평가 시 실제 운영 방식을 근거로 하여 수시 통제로 재분류 및 설계하는 것이 바람직하다. 이는 통제의 성격과 빈도를 정확히 반영하고, 평가 증거의 대표성과 신뢰성을 확보하기 위한 필수 절차이다.

1 설계의 효과성 평가방법

설계의 효과성 평가는 추적조사, 관찰, 문서검사, 재수행과 같은 방법으로 단독 혹은 조합하여 수행되며, 구체적으로는 다음의 평가기법을 활용한다:

- 추적조사(Walkthrough): 주요 거래유형별 1~2건의 거래를 표본으로 추출하여 거래의 최초 발생부터 회계처리 및 재무제표 반영에 이르는 전 과정을 문서 및 시스템상 흐름에 따라 추적하며, 관련된 위험을 파악하여 관련 통제 설계의 적정성을 확인한다. 〈표 6-1〉에서 언급했듯이 특정 통제설계평가 목적의 추적조사와 위험 및 통제 활동 설계 목적의 전체 프로세스 기반의 추적조사는 실무적으로 구별할 필요가 있다.
- 관찰 및 문서검사: 통제가 현장에서 어떻게 설계되어 있는지, 관련 증적이 존재하는지를 확인한다.
- 재수행(Test of Reperformance): 평가자가 동일한 조건 하에서 통제를 직접 실행해보는 방식으로 설계의 타당성과 실현 가능성을 검증한다.

중소기업의 경우, 복잡한 추적조사 대신 질문 및 문서검사 중심의 접근도 허용될 수 있다. 이는 인적자원이나 시스템이 제한적인 환경에서 실질적인 위험에 대한 통제 설계의 실효성을 중심으로 평가하기 위함이다.

최초 설계평가 시에는 복잡하고 유의한 프로세스는 추적조사를 적용하고, 나머지 프로세스는 업무흐름도와 통제기술서를 검토하고 질문이나 관찰 등의 절차를 이용하여 평가할 수 있다. 추적조사 대신에 각 프로세스에서 계정과목의 중요한 왜곡표시 원천이 되는 위험을 관리하기 위한 통제를 확인하는 절차를 통해 설계 평가를 수행할 수도 있다(평가 및 보고 가이드라인, 40 다).

2 변화관리체계와 설계평가[92)]

설계의 효과성 평가 방식을 결정할 때는 회사의 내부회계관리제도의 변화관리체계 수립 및 적용의 적

92) 평가 및 보고 가이드라인, 41

정성을 고려하여야 한다. 회사는 일반적으로 변화관리체계를 통해 중요한 변경이 존재하는 경우 추적조사를 수행하고, 그렇지 않은 경우에는 다른 방법을 적용하여 통제 설계의 적정성을 확인하고 관련 절차를 문서화한다. 이는 통제기술서를 포함한 업무흐름도, 관련 정책 및 절차의 업데이트를 포함한다.

변화관리는 업무흐름도가 존재하지 않거나 대규모 변화가 발생하는 경우 변화된 사항으로 인한 위험의 변화가 파악되기 어려운 경향이 존재하므로 업무흐름도 등의 기반 문서가 충분하지 않거나 구체적이지 않은 부분에 대해 추적조사를 수행하는 것을 고려한다.

경영진은 매년 통제의 설계 평가를 수행하여야 한다. 다만, 최초 설계 평가 이후 관련된 프로세스, 조직 및 시스템의 변화가 없거나 미미한 경우에는 통제에 영향을 미치는 변경이 존재하지 않음을 확인하는 것으로 설계 평가를 할 수 있다. 최초 설계와 변화관리체계가 잘 수립되고 운영되어 기중에 발생하는 프로세스, 조직 및 시스템의 변경사항에 따른 변화사항을 파악하고 통제 설계의 적정성을 평가하는 절차가 효과적으로 수행되는 경우에는 해당 절차를 평가하고 변화 여부를 확인하는 통제를 평가하는 것으로 설계 평가를 대체할 수 있다. 후속 연도마다 내부회계관리제도 전체의 설계 문서를 새로 작성하지 않더라도 전년 대비 변화사항에 대한 설계 평가가 적시에 이뤄졌을 것이기 때문이다.

통제의 변경 정도를 파악하기 위해서는 다음과 같은 요소를 고려한다.

(1) 통제 설계의 변경 정보

(2) 통제 설계 및 운영의 효과성에 부정적인 영향을 미칠 수 있는 거래량 및 거래성격의 변경 정도

(3) 해당 통제가 다른 통제(예를 들면, 통제환경, 정보기술 일반통제 등)의 효과성에 의존하는 정도

(4) 통제를 수행하는 중요 담당자의 변경 여부

(5) 이전 평가에서 해당 통제에서 미비점이 식별되었는지 여부

3 설계평가의 문서화

경영진은 내부회계관리제도 설계의 효과성 평가결론을 뒷받침하기 위해 충분하고 적합한 근거를 확보하여야 하며 설계의 효과성에 대한 평가 절차 및 그 결과에 대해 문서화하여야 한다(평가 및 보고 가이드라인, 42).

설계의 효과성 평가는 향후 감사 대응 및 내부 모니터링의 근거자료로 기능하기 때문에, 평가 절차 및 결과는 다음 기준을 충족할 수 있도록 문서화되어야 한다:

- 평가 대상 통제의 설명
- 평가자, 평가 방법 및 결과 요약
- 관련 정책 및 프로세스 문서, 조직도, 통제기술서 등

특히, 독립적인 제3자가 평가절차의 적정성을 확인할 수 있을 정도로 문서화되어야 하며, 전사적으로 공유 및 재활용 가능한 통제지식 기반으로 활용될 수 있도록 구성해야 한다.

〈표 8-1〉 설계평가 문서 예시

통제 설명							
통제 요약							
Mega Process	자금	Major Process	대금의 지급				
통제 번호		통제명		통제수행자	수동/자동	통제 빈도	관련 시스템
C2		자금이체의 승인		CFO	수동통제	건별	SAP, 인터넷 뱅킹, Excel
통제활동 기술		전결권자가 지급계좌, 거래내역 등을 검토하고 승인한 후 자금이 이체된다.					
통제의 출발점(baseline)		2024.6.25		핵심통제여부		Key	
Risk					재무제표 계정		고유위험평가
권한이 없는자가 임의로 자금을 집행해 자금유용과 같은 부정이 발생할 위험					1. 보통예금	2. 기타	LOW

통제 설계의 효과성 테스트				
설계 테스트의 수행				
설계평가 방법	속성 #01. 모든 송금내역에 대해 전결권자의 검토가 이루어지고 있는지 질문한다. 속성 #02. 테스트 대상 기간 동안 발생한 출금전표를 Sampleguide에 따라 선정하여 출금전표상 자금 팀장의 승인을 득하였는지 확인한다.			
설계평가 고려요소	1. 통제의 일관성 여부 (통제활동이 정책과 절차와 연계되는지)	관련 계정과목에 대한 경영자의 주장별로 발생가능한 위험이 완전하게 고려되었고, 해당 통제활동은 식별된 위험을 유의적으로 감소시킬 수 있도록 설계되어 있음.		
	2. Risk를 실질적으로 감소시키도록 통제가 설계되었는지 여부	해당 통제활동은 통제수행자, 통제주기, 통제수행방법, 모집단, 관련 통제위험이 적절히 식별되어 설계된 대로 통제활동을 수행할 경우 관련 통제위험을 유의적으로 감소시킬 수 있도록 설계되었음.		
	3. 예외사항의 정의와 적시 대응 방안이 포함되는지 여부	동 통제활동 수행 중 예외사항이 발생하는 경우 발견 즉시 예외사항의 근본 원인을 충분히 이해하고, 체계적이고 반복적인 예외사항인지 여부 및 모집단을 대표하는지를 확인하여 통제상 미비점에 해당하는지를 평가함. 발견된 미비점은 관련 조직과 미비점의 개선방향 및 개선기한에 대해 논의하고 이를 문서화함. (내부회계관리제도 운영실태보고서)		
	4. 통제의 적용 기간 및 통제 수행 빈도가 적절한지 여부	모집단의 규모와 발생 빈도를 고려하였을 때, 건별로 통제 수행빈도를 설정하는 것이 적합함.		
	5. 통제수행자의 적격성 여부	해당 통제활동의 수행자는 통제활동과 직접적으로 연관되는 조직의 담당자로서 인터뷰 및 제공되는 증빙을 검토한 결과 적격한 지식과 권한을 보유한 것으로 확인하였음.		
입수한 감사증거	자금요청서, 자금일보, 출금전표		감사증거에 대한 링크/참조	설계평가증빙
통제가 다른 통제에 의존하는가?	No			
다른 통제 번호				
다른 통제의 효과성을 테스트한 절차와 결론(또는해당조서참조)				
통제 수행에 기업이 생성한 정보(IPE)를 사용하는가?	No			
IPE 목록				
IPE의 정확성과 완전성을 확인하는 통제에 대하여 기술하고, 해당 통제를 어디서 테스트하였는지 테스트 결과는 무엇인지 기술				
설계의 효과성에 대한 결론	효과적			
발견된 예외사항의 평가 및 결론도출(해당시)	설계 효과성에 대한 테스트를 수행한 결과 예외사항이 발견되지 않음			

제4절 운영의 효과성 평가

내부회계관리제도가 실질적으로 작동하고 있는지를 판단하기 위해서는 해당 제도가 문서상으로만 존재하는 것이 아니라 실제로 설계된 대로 일관되고 효과적으로 운영되고 있는지를 점검하는 과정이 필수적이다. 이러한 점검을 '운영의 효과성 평가'라 부르며, 이는 전사적 수준과 업무 프로세스의 거래수준에 대한 내부회계관리제도의 운영 평가를 수행하는 것을 의미한다.

평가 대상의 통제위험 평가 결과를 고려하여 테스트 수행자, 테스트 방법, 범위 및 시기 등을 달리 적용할 수 있다(평가 및 보고 가이드라인, 43 가).

경영진은 운영의 효과성 평가를 통해 조직의 내부통제가 일관되게 적용되고, 재무제표의 중요한 왜곡표시를 방지하거나 적시에 적발할 수 있도록 기능하고 있는지에 대해 합리적 확신(reasonable assurance)을 확보해야 한다.

1 운영의 효과성 테스트 계획 수립

운영의 효과성 평가는 임의적으로 수행하는 것이 아니라, 체계적 계획 수립을 통해 진행되어야 한다. 이는 해당 회계연도 초기에 수립하는 평가계획에 수립한 내용에 더해 상세일정 및 평가 방법을 포함하는 것이 필요하다는 것을 의미한다. 상세일정은 반드시 통제수행부서의 준비를 위해 전사공지 등의 방식으로 커뮤니케이션 될 필요가 있으며, 일반적으로 운영평가 테스트 계획에는 다음의 요소들이 포함된다.

(1) 테스트 대상 통제 식별

모든 통제가 테스트 대상이 되는 것은 아니며, 재무제표 왜곡표시에 결정적 영향을 미치는 핵심통제를 중심으로 테스트 범위가 설정된다.

(2) 테스트 방법 결정

질문(Inquiry), 관찰(Observation), 문서검사(Inspection), 재수행(Reperformance)의 4가지 방법 중 통제의 성격에 따라 한 가지 또는 두 가지 이상을 조합하여 활용한다.

(3) 테스트 범위 설정

모집단 정의와 통제빈도에 따라 표본 수(Sample Size)를 산정한다. 이는 통제의 수행 주기(예: 연 1회, 월 1회 등) 및 위험평가 결과(High, Moderate, Low)에 따라 달라진다.

(4) 테스트 시기 계획

연중 수행되는 중간평가와 결산기 직전 또는 직후의 기말평가 시기를 명확히 계획해야 하며, 두 시기 사이 통제 변화 여부를 반드시 확인할 수 있도록 한다.

(5) 문서화 요소 정의

테스트 수행자, 테스트 목적, 절차, 예상 증거 유형 및 예외사항 발견 시 처리방안 등을 포함한 운영평가 계획 문서를 작성한다.

(6) 예외사항 처리

테스트 계획에는 어떻게 예외사항이 조사되고 파악되며 언제 추가적인 테스트가 수행될 것인지를 설명한다.

2 운영효과성 평가 방법

운영의 효과성을 평가하기 위한 각 테스트 방법의 특성과 확신 수준은 다음과 같다.

- 질문(Inquiry): 가장 낮은 확신 수준을 제공하며 단독 사용은 적절치 않다.
- 관찰(Observation): 통제가 수행되는 절차를 관찰함으로써 관련된 위험이 감소하는지 확인하는 절차로 질문보다 높은 확신을 제공한다.
- 문서검사(Inspection): 통제의 결과가 문서화되어 생성된 해당 문서(예: 승인서류, 보고서)를 검토하여 객관적인 증거를 확보한다.
- 재수행(Reperformance): 평가자가 직접 동일한 조건 및 상황을 가정하여 통제를 수행해 봄으로써 실행 여부와 정확성을 검증한다. 가장 높은 수준의 확신을 제공한다.

통제평가시 평가자는 이러한 방법을 단독으로 적용하거나, 여러 방법을 조합하여 적용함으로써 운영효과성에 대한 확신을 얻게 되는데, 통제위험이 높게 평가된 경우에는 2가지 이상의 테스트 방법을 조합하여 사용하는 것이 바람직하며, 반대로 낮은 위험 통제에 대해서는 상대적으로 간략한 절차로도 확신을 얻을 수 있다.

또한, 평가 대상 통제의 성격 및 속성에 따라 수행되어야 할 테스트 방법을 적절히 선정한다. 예를 들어, 승인, 증빙 대조, 연관된 보고서 간의 상호 검증 등 문서 증거가 존재하는 통제에 대하여는 문서검사의 방법으로 통제 운영의 효과성을 평가할 수 있다. 반면에 통제환경과 관련된 문서화된 증거가 존재하지 않을 수도 있다. 통제의 문서화된 증거나 통제성과가 존재하지 않거나 존재하지 않을 것으로 기대되는 경우에는 질문과 관찰을 조합한 방법 등이 사용될 수 있다(평가 및 보고 가이드라인, 44 마).

감사인이 승인 통제의 운영효과성을 테스트할 때 승인 대상이 되는 내용까지 테스트해야 하는지요(감사 FAQ 14)?

운영효과성 테스트 시 승인 대상이 되는 내용까지 검토해야 하는지는 통제의 성격에 따라 다릅니다.
해당 통제가 단순히 거래의 유효성을 확인하고 승인하는 통제(예: 특정 금액이하의 구매 승인)라면 전결규정에 따른 승인 여부만 테스트할 수 있습니다.
그러나 해당 통제에 검토 활동(review element), 즉 특정한 정보를 검토하고 검토의 결과에 기초하여 필요한 조치를 취하는 활동이 포함되고 이러한 검토활동이 해당 통제의 목적을 달성하는 데 중요하다면 감사인은 승인권자가 검토하는 정보, 승인 전에 이루어지는 일련의 검토 과정 등을 테스트하여야 합니다.

▣ 관련 기준 : 감사기준서 1100 문단 38~40, A56~A57, A59~A60, 감사기준서 330 문단 A26

❸ 테스트 범위

일반적으로 테스트의 범위는 표본조사 방법에 기반한 방식을 적용한다(평가 및 보고 가이드라인, 45 가, 나).

일반적으로 통제의 빈도가 많아질수록(모집단의 규모가 커질수록) 표본 위험은 증가하므로 테스트의 범위, 즉 테스트 대상 통제의 운영평가 표본 개수는 증가한다. 또한, 통제의 빈도가 동일하더라도 위험평가 결과에 따라 표본을 달리 적용할 수 있다.

통제빈도와 통제수행 모집단 개수별 표본 수를 결정할 때에는 다음의 예시를 참고할 수 있다(모범 규준 등 FAQ, 34).

허용가능오류를 0개로 기대하는 경우의 모집단별 테스트 표본의 개수(예시)

통제활동의 빈도	통제수행 모집단 개수	위험별 테스트 대상 표본 수 (위험수준을 고려하여 판단)
연간	1	1
분기	4 이하	2
월간	12 이하	2-4
주간	52 이하	5-10
일간	250 이하	15-40
하루에 한 번 이상	250 초과	25-60

다만, 다음과 같은 상황이 발생하는 경우에는 테스트 계획을 수립함에 있어 평가 대상 통제의 수를 확대할 것을 고려하여야 한다(평가 및 보고 가이드라인, 45 다).

(1) 전사적 수준 또는 업무프로세스 수준의 통제 설계가 비효과적인 것으로 평가된 경우

(2) 정보기술 일반통제의 설계가 비효과적인 것으로 평가된 경우

(3) 상시적인 모니터링을 수행한 결과 내부회계관리제도가 비효과적이라고 판단되는 경우 등

자동통제의 경우, 해당 통제가 시스템적으로 일관되게 작동한다는 전제하에 정보기술 일반통제가 효과적으로 작동하고 있는 경우에는 적은 양의 표본으로도 운영의 효과성에 대한 확신을 얻을 수 있다. 대표적인 자동통제의 사례는 특정 시스템에 데이터를 입력할 때 사용되는 편집체크(Edit Check)이다. 편집체크 기능은 허용 가능한 입력 값의 특성(문자, 숫자, 날짜 등)을 사전에 정의하고 유효하지 않은 입력값이 입력되지 않도록 방지한다. 이러한 통제의 운영의 효과성을 테스트하기 위해서는 유효하지 않은 가격의 조합이 입력가능한지 여부에 대해 확인하는 방법 등이 있다(평가 및 보고 가이드라인, 45 라).

수동통제는 자동통제보다 더 넓은 범위의 테스트를 요구한다. 즉, 각 거래가 발생할 때마다 사람이 수행하는 수동통제의 경우에는 통제가 효과적으로 운영되고 있는지에 대한 확신을 얻기 위하여 충분한 기간에 대해 다수의 테스트를 수행할 필요가 있다. 예를 들면, 연 1회 발생되는 수동통제의 경우는 모집단이 1개뿐이므로 전체에 대해 테스트를 수행하고, 분기별로 수행하는 수동통제의 경우는 총 4개의 모집단에서 2개 정도의 표본을 선택해서 테스트를 수행한다. 월 1회 발생되는 수동통제의 경우는 총 12개의

모집단에서 2~4개 정도의 표본을 선택해서 테스트를 수행한다(여기서 2~4개로 범위를 표시한 이유는 위험이 더 높다고 판단되는 경우는 표본 수를 더 늘릴 수 있기 때문이다). 마찬가지로 주단위로 수행되는 수동통제의 표본 테스트 범위는 증가될 것이다. 월별 계정잔액 대사나 특정기간의 재무보고절차에 대한 통제와 같이 발생 빈도가 낮은 통제의 경우 적은 수의 표본을 테스트하므로 이러한 통제에 대한 평가는 자주 운영되는 통제에 대한 테스트보다 주의 깊게 이루어져야 한다(평가 및 보고 가이드라인, 45 라).

즉, 수동통제는 자동통제에 비해 상대적으로 수행자의 판단과 행위에 의존하기 때문에, 그 운영의 일관성과 정확성을 확인하기 위해 보다 광범위하고 세심한 테스트가 요구된다. 이는 각 거래 발생 시점마다 사람이 수동으로 개입하는 특성 때문이다. 따라서 수동통제의 테스트 범위는 통제 수행의 빈도 및 통제위험 평가 결과를 반영하여 충분한 수의 표본을 확보하는 방식으로 계획되어야 한다.

보고기간말 재무보고 프로세스(결산 프로세스)에서 중요한 결산 항목을 대부분 결산 체크리스트에 포함하고 결산 체크리스트를 작성, 검토, 승인하는 통제활동을 설계, 운영하는 경우 미비점에 해당하는지요(감사 FAQ, 17)?

결산 체크리스트의 관리와 작성은 결산 절차에 대한 완전성 확보와 관련하여 효과적인 통제활동이나 결산 체크리스트만으로 각 항목에 대한 통제활동이 충분하게 수행되었다는 증거를 제시할 수는 없습니다. 따라서 유의적인 회계추정이나 특수관계자 거래 등과 같이 위험이 높은 항목에 대한 통제는 결산 체크리스트에 통합하기보다는 별도의 통제로 구분하여 설계, 운영하는것이 바람직합니다.

위험이 높지 않은 결산 항목은 결산 체크리스트에 포함하고 체크리스트 작성, 검토 · 승인하는 통제를 설계, 운영할 수 있습니다. 기업이 체크리스트 통제를 운영하는 경우 감사인은 통제 테스트 시 다음과 같은 사항을 고려합니다.

- 결산 조정 금액의 정확성/완전성을 확인하기 위한 목적 달성을 위해 결산 체크리스트가 충분한지?
- 결산 체크리스트 작성 시 설정된 기준에 따라 이상항목(outliers)을 식별하고 조사하고 해결하는 절차가 적절하게 설계되어 있는지?
- 이상 항목들을 적시에 식별하고 조사하고 해결하기에 결산 체크리스트 작성 빈도가 충분한지?
- 결산 체크리스트 작성에 이용되는 내 · 외부 정보가 결산 체크리스트 목적을 달성하기에 충분하고 적절한지 (즉, 관련성이 있고 신뢰할 수 있는지)?

▣ 관련 기준 : 감사기준서 1100 문단 27, 28, 36, A35

수동통제의 경우 표본을 선택하는 사례

① 연 1회 수행되는 수동통제
연 1회만 수행되는 통제는 모집단이 1개뿐이므로 전체 모집단을 전수 테스트하는 것이 원칙이다. 예를 들어, 사업연도 말에 1회 수행되는 재무제표 검토 절차나 연간 손익분석 승인 절차 등이 이에 해당한다.

② 분기별 수행되는 수동통제
분기별로 수행되는 통제는 총 4개의 모집단(각 분기당 1회 수행)을 가지므로, 일반적으로 2건 정도의 표본을 추출하여 테스트를 수행한다.

③ 월 1회 수행되는 수동통제
월별로 1회 수행되는 통제는 연간 12개의 모집단을 가지며, 위험 수준에 따라 최소 2건에서 최대 4건 정도의 표본을 선택하여 테스트를 수행한다. 예를 들어, 월간 계정잔액 대사나 월간 예산 집행 검토 통제가 이에 해당한다. 위험 수준이 높다고 판단되는 경우 표본 수를 상한선까지 확대하는 것이 바람직하다.

④ 주 1회 이상 수행되는 수동통제
주 단위(주 1회 또는 그 이상)로 수행되는 수동통제는 모집단이 커지므로, 통제의 중요성과 위험도에 따라 보다

많은 수의 표본을 테스트해야 한다. 예를 들어, 매주 재고실사 결과의 차이 분석 또는 현금보관 상태 검토 등의 통제는 52건이하의 모집단을 갖게 되며, 일반적으로 5~10건 이상의 샘플이 요구된다.

⑥ 수시 통제

통제의 수행빈도를 알 수 없는 경우 실무적으로 수시통제라고 불리운다. 이 경우는 모집단을 확보한 후 모집단의 규모에 따라 표본을 선택하면 하면 된다. 예들들어, 모집단이 약 52개 이하의 경우는 5~10개의 표본을 선택하면된다.

테스트 범위는 경영진의 판단과 테스트를 통해 얻고자 하는 확신의 수준(Level of Assurance)에 영향을 받는다. 즉, 경영진이 판단한 테스트 대상 통제의 중요성과 부여하고자 하는 확신수준에 따라 표본의 수가 달라진다. 더 적은 수의 표본이 테스트 될수록 잘못된 결론에 도달할 위험이 증가한다. 그러므로 매우 중요한 통제(예를 들어, 복수의 경영진 주장과 관련된 통제나 기말 시점의 적발통제는 예방통제보다 더 중요할 수 있다) 또는 중요한 계정과목에 대한 재무제표 주장을 뒷받침하는 유일한 수동통제인 경우에는 표본의 크기를 증가시켜야 한다(평가 및 보고 가이드라인, 45 마).

감사인이 평가기준일 전에 운영효과성 테스트를 수행할 때 표본 수는 어떻게 결정하는지요(감사 FAQ, 12)?

감사인이 평가기준일 전 기중에 운영효과성을 테스트 할 때에 다음 둘 중 하나의 방법으로 표본수를 결정할 수 있습니다.

- 기중 일자를 기준으로 결론을 형성하고 잔여기간 테스트 수행 중간기간에 운영테스트를 수행할 때 운영효과성에 대한 결론을 내릴 수 있는 수준으로 테스트를 수행(conclude at interim)하고 잔여기간 테스트(roll-forward) 절차 수행
  (예) 운영효과성 테스트 결론을 내릴 수 있는 표본 수가 25개라면, 중간기간에 25개 테스트, 중간기간~기말 잔여기간 테스트
- 테스트 표본 수를 중간기간과 이후 기간에 배분하는 방법 운영효과성에 대한 결론을 내릴 수 있는 수준의 표본 수를 중간기간과 이후 기간에 배분하되 테스트 결론은 중간기간에 내리지 않고 평가기준일 테스트가 완료된 후 내리는 방법
  (예) 운영효과성 테스트 결론을 내릴 수 있는 표본 수가 25개라면, 중간기간에 20개 테스트, 중간기간~평가기준일 5개 테스트 다만 표본 수를 배분하는 방식을 사용할 때에는 다음 사항에 유의하여야 합니다.
- 배분 방식을 사용하면 중간기간에 통제가 효과적인지 결론을 확정할 수 없고 중간기간 이후 표본을 추가적으로 테스트하여야 통제 효과성에 대한 최종 결론을 확정할 수 있음
- 거래 빈도수에 계절성 · 주기성이 있으면 가정을 통해 배분한 표본 수가 실제 거래 빈도수에 상응하지 않을 수 있음

▣ 관련 기준 : 감사기준서 1100 문단 43, 44, A63~A68

4 테스트 시기에 따른 고려사항[93]

내부회계관리제도의 운영이 효과적으로 이루어졌는지를 평가하기 위해서는 통제가 운영된 시기를 기준으로 적절한 테스트 시기를 설정하는 것이 중요하다. 테스트 시기는 중간평가와 기말평가로 나뉘며, 각 시기의 평가 목적과 접근 방식에 따라 적용되는 절차와 방법이 달라질 수 있다.

93) 평가 및 보고 가이드라인, 46

(1) 기말평가의 목적 및 고려사항

기말평가는 평가기준일 현재 내부회계관리제도가 설계된 대로 효과적으로 운영되고 있는지를 확인하기 위한 절차이다. 중간평가 이후 기말까지의 기간 동안 통제의 변경 여부를 판단하고, 필요시 추가적인 평가를 통해 그 효과성을 검증해야 한다. 이를 위해 다음 사항을 고려하여 평가 범위와 방법을 구성한다.

- 상시 모니터링 결과의 효과성: 기중 상시 모니터링 활동이 충분하고 효과적으로 수행되었는지 여부를 검토한다.
- 통제에 영향을 주는 변경 발생 여부: 조직 구조, 시스템, 업무 프로세스 등에 변경이 발생했는지를 확인하고, 변경이 있는 경우 해당 변경사항이 통제의 효과성에 미친 영향을 평가한다.
- 기반 통제의 유지 여부: 해당 통제가 다른 기반 통제(예: 정보기술 일반통제, 전사 수준 통제 등)에 의존하고 있다면, 해당 기반 통제가 여전히 효과적으로 운영되고 있는지를 검토한다.

(2) 중간평가 이후 기말평가 수행 시 고려사항

중간평가를 통해 이미 특정 수동통제의 운영 효과성에 대해 일정 수준의 확신을 얻은 경우라도, 다음과 같은 상황에 따라 기말평가의 범위나 필요성이 달라진다.

- 기중 식별된 미비점의 개선: 특정 통제가 중간평가에서 효과적이지 않았으나, 평가기준일 이전에 통제 미비점을 개선하고 이후 충분한 기간 동안 효과적으로 운영된 경우, 개선 완료 시점 이후부터 평가기준일까지의 기간에 대한 표본을 확보하여 기말평가를 수행해야 한다. 예를 들어, 9월에 개선을 완료한 월간 통제의 경우 9~12월 사이 최소 3건 이상의 샘플을 확보할 수 있어야 합리적인 확신을 확보할 수 있다.
- 중간평가의 증거 불충분: 중간평가에서 충분한 증거가 확보되지 않은 경우, 기말평가 시 추가적인 테스트 절차를 수행하여야 한다.
- 중간 ~ 기말 간 장기 간격: 평가기준일까지의 기간이 중간평가 시점으로부터 상당히 길 경우, 해당 기간을 위한 별도의 평가를 수행해야 하며, 중간평가 결과는 활용이 제한적이다.
- 중요 변경 존재: 중간평가 이후에 해당 통제에 구조적 또는 절차적 변경이 발생한 경우, 해당 변경을 별도의 통제로 간주하고 독립적인 기말평가를 수행한다.

경영진의 입장에서 중간평가의 결과를 가능한 많이 활용하기 위해서는 기말평가 대상기간이 짧은 것이 유리하며 기말평가 대상기간이 지나치게 긴 경우에는 중간평가 결과의 활용이 불가능하게 된다. 즉, 기말평가 대상기간이 지나치게 길다면 중간평가 여부에 관계없이 중간평가일로부터 평가기준일까지의 기간에 대하여 평가를 다시 수행한다.

(3) 변화관리체계 기반 평가의 활용

내부회계관리제도의 변화관리체계가 효과적이고 다음의 요건들이 모두 충족되는 경우에는 기말평가 시 질문기법만을 사용하여도 평가기준일 현재 통제의 효과성에 대한 합리적인 확신을 얻을 수 있다. 다음의 요건 중 하나라도 충족되지 않는 경우에는 평가기준일 시점 또는 평가기준일에 근접한 시점에서 질문 외의 추가적인 방법에 의한 테스트를 수행한다. 질문 외의 추가적인 기법은 관찰, 문서검사, 재수행이 사용될 수 있다(평가 및 보고 가이드라인, 46 마).

① 중간평가 시 테스트된 통제의 위험평가 결과가 높지 않고 경영진이 통제를 무시할 가능성이 높지 않음

② 재무보고에 전반적인 영향을 미치는 통제가 아니며 기말 재무보고 관련 통제나 정보기술 일반통제에 해당하지 않음

③ 중간평가 시 해당 통제의 운영이 효과적으로 운영되었음을 확인함

④ 중간평가일 이후 해당 통제의 설계에 중요한 변경이 없음

⑤ 중간평가일 이후 해당 통제의 운영 효과성에 영향을 미칠 만한 다른 통제의 효과성이나 환경적 위험요인에 큰 변화가 없음

기말평가 절차로써 질문 기법을 활용하는 경우에는 충분하고 구체적으로 질문을 수행한다. 다음은 질문 기법의 수행 시 질문자가 고려하는 요소들이다. 또한, 질문 기법을 수행하는 경우에는 질문의 결과에 대해 주의 깊게 고려하여 추가적인 테스트가 필요한지 여부를 판단한다(평가 및 보고 가이드라인, 46 바).

① 정보시스템의 신규 적용 또는 중요한 변동 여부

② 업무프로세스의 중요한 변동 여부

③ 이직 등 통제수행자의 중요한 역할 및 책임의 변동 여부

④ 산업 또는 회사 위험의 중요한 변동 여부

⑤ 회계 또는 재무보고 원칙의 변동 여부

⑥ 부정 또는 오류 발생 징후

⑦ 법규 개정 등 감독 환경의 변화 여부

또한, 모든 질문 및 그에 대한 답변은 문서화되는 것이 필요하다.

(4) 자동통제에 대한 적용

자동통제 역시 수동통제와 동일한 요건들이 모두 충족되는 경우에는 자동통제의 운영 효과성에 대한 추가적인 기말평가 절차를 생략할 수 있다. 단, 중간평가일 이후 해당 통제의 설계에 중요한 변경이 없다는 것을 확인하기 위해 해당 프로그램의 변경 여부를 확인하는 절차(Benchmarking Approach) 등을 통해 변화가 존재하지 않음을 테스트 하여야 하며, 정보기술 일반통제에 대한 기말 평가는 반드시 수행되어야 한다(평가 및 보고 가이드라인, 46 사).

5 운영의 효과성 평가의 문서화

내부회계관리제도 운영의 효과성에 대한 평가는 단순한 테스트 수행에 그치지 않고, 그 절차와 결과가 명확하게 문서화되어야만 의미 있는 관리적, 객관적 판단과 외부 검토가 가능해진다. 문서화는 경영진의 평가에 대한 정당성을 뒷받침하는 핵심 수단이며, 나아가 제3자가 해당 평가 결과를 검토하고 신뢰할 수 있도록 만드는 중요한 내부통제 활동의 일부이다.

(1) 문서화 수준의 기본 원칙

운영의 효과성 평가 결과는 동일하거나 유사한 경험과 지식을 가진 독립적인 제3자가 해당 평가가 적정하게 수행되었는지를 이해하고 검토할 수 있는 수준으로 문서화되어야 한다. 이는 내부감사팀, 외부감사인, 감사위원회 등 평가 결과의 검토 주체가 테스트 수행의 타당성과 결론의 근거를 객관적으로 확인할 수 있도록 하기 위함이다.

문서화는 평가 과정의 각 단계가 합리적으로 수행되었는지를 보여줄 수 있어야 하며, 단순한 확인의 의미를 넘어 평가의 전 과정을 재구성할 수 있을 정도로 충분하고 명확해야 한다.

(2) 문서화 항목의 구체적 구성

문서화 시 포함되어야 할 필수 요소는 다음과 같다.

- 테스트 절차: 수행한 테스트의 구체적인 방법(예: 문서검사, 재수행 등), 테스트 계획서, 표본선정 방식 등
- 테스트 대상의 모집단 정의: 예를 들어, '2024년 1월부터 12월까지 발생한 3백만 원 초과 유형자산 구매 품의서'와 같이 평가의 모집단을 명확히 규정
- 모집단의 완전성 확인: 테스트 대상의 모집단의 전체 규모가 완전한지에 대한 확인절차 필요
- 표본 정보: 추출된 표본의 개수 및 표본 각각의 식별 정보(예: 품의서 번호, 거래처, 금액, 승인 일자 등)

- 테스트의 통제 속성: 평가하고자 하는 통제가 어떤 성격을 갖는지(예: 이중 승인 여부, 금액 한도 이내 여부 등)
- 테스트 수행자 및 일자: 누가 언제 테스트를 수행했는지
- 테스트 결과 및 결론: 표본별 적정 여부, 발견된 예외사항 여부, 전체 통제의 효과성에 대한 평가 결론 등

이러한 정보를 포함한 문서는 회사 내부적으로 통합되어 관리되어야 하며, 평가의 일관성과 품질관리를 위해 표준 양식 및 내부회계관리시스템을 사용하는 것이 바람직하다.

모집단의 올바른 정의

내부회계관리제도 운영 효과성을 테스트할 때, 모집단(Population) 설정은 결과의 신뢰성과 타당성을 결정짓는 중요한 요소이다. 모집단이 부정확하게 정의되면 통제의 효과성에 대한 잘못된 결론을 유도할 수 있다.

사례: 통제명 - 근태 승인

잘못된 모집단 설정 예시

- "이미 승인된 문서"를 모집단으로 설정한 후, 해당 문서의 승인 여부를 검토
- 문제점: 이미 통제가 적용된 결과만을 대상으로 평가하므로, 통제가 실제로 작동했는지를 객관적으로 확인할 수 없음
- 이는 통제가 실패한 사례(예: 미승인 또는 누락된 건)를 모집단에서 제외시킴으로써 편향된 결과를 유도함

올바른 모집단 설정 예시

- "인사시스템상의 인사 변동 내역 전체"를 모집단으로 설정
- 이 모집단에는 승인된 내역뿐 아니라 승인되지 않았거나 누락된 내역도 포함되므로, 통제의 완전성과 일관성을 평가할 수 있음
- 적절한 표본을 추출하여 승인이 적시에 이루어졌는지 여부를 검토할 수 있게 됨

모집단의 완전성 확보 필요성

모집단(Population)은 통제테스트의 출발점이다. 이 모집단이 완전하지 않으면, 그 이후의 테스트 결과도 신뢰할 수 없게 된다. 따라서 모집단을 제시할 때는, 그 모집단이 전체 거래를 포괄하고 있는지(=완전성)를 검증할 수 있는 근거를 함께 제시해야 한다.

• 모집단 완전성 확보 방안 예시

구분	구체적인 확보 방안	예시
시스템 기반 모집단 사용	ERP 또는 공식 전산시스템에서 직접 생성된 로그 또는 원장 데이터를 모집단으로 사용	인사시스템에서 추출된 모든 인사변동 로그, SAP의 총계정원장(GL)에서 발생기준 거래 목록 등
제3의 자료와 대사	모집단의 총 수량, 금액 등을 다른 독립된 자료와 비교하여 일치 여부 확인	매출 모집단: 매출총액 vs 재무제표 매출액
시스템 매개변수 확인	모집단 추출 시 사용된 시스템 쿼리(Query), 필터링 조건 확인 및 검토	"조건 없음", "전체 기간" 등 쿼리 확인 로그

(3) 문서화의 예외적 간소화 - 중소기업의 실무적 고려사항

일부 중소기업의 경우, 조직 규모와 운영 자원의 제한으로 인해 별도의 증거자료 사본을 생성하거나 보관하는 것이 비효율적일 수 있다. 이러한 경우에도 경영진은 다음 조건을 충족할 때 한해 예외적으로 문서화를 간소화할 수 있다.

- 회사 장부 및 기록된 증거자료 자체가 평가 결과를 입증하기에 충분하며,
- 경영진의 일상적 상호작용과 통제의 참여 행위 자체가 실질적인 평가 근거로 작용하고 있는 경우

이 경우에도 평가의 신뢰성과 정당성을 확보하기 위해 다음과 같은 방식으로 문서화 대체 근거를 제시해야 한다.

- 경영진과 관련 인력 간에 공유된 이메일, 지침 문서, 정책자료
- 메모 형태로의 상호작용 기록, 예를 들어 "2024년 10월 3일, 자금팀 통제 절차 관련 재무이사 확인 결과 적정 판정" 등
- 공유 시스템 내 기록, 예: ERP 내 승인 이력, 내부 회의록 등

이러한 형태의 문서화는 최소한의 수준을 충족하는 것으로 간주되지만, 해당 통제가 중요하거나 외부 이해관계자의 신뢰 확보가 필요한 경우에는 보다 구체적인 문서화가 요구될 수 있다.

(4) 문서화의 품질 관리와 감사 대응

마지막으로, 운영의 효과성 평가 결과의 문서화는 내부회계관리제도 자체의 품질관리 차원에서도 중요하다. 내부감사 또는 외부감사인의 리뷰 과정에서 문서화가 미흡하면 평가 절차 자체가 인정되지 않거나, 효과적인 통제운영에 대한 판단이 보류될 수 있다.

따라서 경영진은 다음을 충족할 수 있도록 문서화에 대한 관리가 필요하다.

- 평가 문서화 체계에 대한 내부 지침 및 표준화된 양식 보유
- 문서화 교육 및 검토 체계 운영
- 문서보관 및 접근제어 절차 운영 및 관리

경영진이 테스트 절차를 충분히 문서화하지 않았다면 감사인은 이를 미비점으로 식별하여야 하는지요(감사 FAQ 41)?

모범규준 등*에 따르면 경영진의 테스트 절차는 독립적인 제3자가 평가 절차와 결과를 이해하고 테스트의 적정성을 검토할 수 있도록 충분하게 문서화되어야 합니다.

* 평가 및 보고 적용기법 문단 122

감사인은 모니터링 통제를 테스트할 때 경영진의 테스트 절차가 상기 수준으로 충분히 문서화되었는지 평가하고 그 결과를 모니터링 통제의 효과성에 영향을 미치는 요소 중 하나로 고려하여야 합니다.

▣ 관련 기준 : 감사기준서 1100 문단 7, 24, A10~A11, A31~A32를 검토할 수 있게 됨

〈표 8-2〉 운영평가 문서화 예시

통제 설명							
통제 요약							
Mega Process	자금	Major Process	대금의 지급				
통제 번호		통제명		통제수행자	수동/자동	통제 빈도	관련 시스템
C2		자금이체의 승인		CFO	수동통제	건별	SAP, 인터넷 뱅킹, Excel
통제활동 기술			전결권자가 지급계좌, 거래내역 등을 검토하고 승인한 후 자금이 이체된다.				
통제의 출발점(baseline)			2024.6.25	핵심통제여부		Key	
Risk					재무제표 계정		고유위험평가
권한이 없는자가 임의로 자금을 집행해 자금유용과 같은 부정이 발생할 위험					1. 보통예금	2. 기타	LOW

통제와 연관된 위험(통제실패위험)		
통제와 연관된 위험 평가 절차와 고려사항		
통제의 유형, 통제의 수행빈도, 통제의 복잡성, 경영진의 통제무시위험, 통제를 수행하기 위하여 필요한 판단의 정도, 통제를 수행하거나 통제 운영의 적정성을 모니터링하는 인원의 역량, 통제를 수행하거나 통제 운영의 적정성을 모니터링하는 중 인원의 변동 여부, 통제가 예방 또는 적발하고자 하는 왜곡표시의 성격과 중요성, 통제가 다른 통제활동의 효과성에 의존하는 정도, 과거연도 통제 운영의 효과성 평가 결과 등의 위험을 높음과 낮음으로 구분하여 집계하여 높음의 빈도수와 낮음의 빈도수를 비교하고 질적인 면을 고려하여 통제와 연관된 위험을 높음 또는 낮음으로 판단함		
통제와 연관된 위험 평가 결과	LOW	

통제 운영의 효과성 테스트

운영 테스트의 성격, 시기, 범위 결정

테스트 대상 기간	2024.01.01 ~ 2024.09.30
통제테스트의 성격	질문 ☑ 관찰 ☑ 검사 ☑ 재수행 ☐
통제테스트 절차	속성 #01. 모든 송금내역에 대해 전결권자의 검토가 이루어지고 있는지 질문한다. 속성 #02. 테스트대상기간동안발생한출금전표를Sampleguide에따라선정하여출금전표상 전결권자의승인을득하였는지확인한다.
모집단 정의	출금 전표 리스트
모집단의 완전성을 확인하기위해 수행한 절차	출금 전표 리스트의 합계가 시산표와 일치하는지 대사한다
입수한 증거	자금요청서, 자금일보, 출금전표

증거량(고유위험 * 통제실패위험)	낮은 증거량				
통제 주기 또는 빈도수	건별	표본의 규모	Sample guide 따라 추출 (25개)		

통제수행자의 권한과 적격성

통제 수행자	CFO	통제를 수행하는 사람이 통제를 효과적으로 수행하는 데 필요한 권한과 적격성을 갖추었는지?	Yes
통제수행자의 권한과 적격성에 대한 추가 설명(필요 시)			

테스트 결과

통제테스트 결과를 아래에 문서화하거나 해당 조서를 참조합니다.

번호	확인한 증빙명			결과	비고
1	2024-02-28 - 1500000110			예외사항 없음	자금요청서, 자금일보, 출금전표
2	2024-09-25 - 1000000745			예외사항 없음	자금요청서, 자금일보, 출금전표
3	2024-09-27 - 1500000625			예외사항 없음	자금요청서, 자금일보, 출금전표
4	2024-06-28 - 1500000437			예외사항 없음	자금요청서, 자금일보, 출금전표
5	2024-09-06 - 1500000583			예외사항 없음	자금요청서, 자금일보, 출금전표
6	2024-08-19 - 1000000630			예외사항 없음	자금요청서, 자금일보, 출금전표
7	2024-07-24 - 1000000548			예외사항 없음	자금요청서, 자금일보, 출금전표
8	2024-07-25 - 1000000554			예외사항 없음	자금요청서, 자금일보, 출금전표
9	2024-07-02 - 1000000557			예외사항 없음	자금요청서, 자금일보, 출금전표
10	2024-07-05 - 1000000466			예외사항 없음	자금요청서, 자금일보, 출금전표
11	2024-07-05 - 1500000462			예외사항 없음	자금요청서, 자금일보, 출금전표
12	2024-05-21 - 1500000317			예외사항 없음	자금요청서, 자금일보, 출금전표
13	2024-06-18 - 1000000420			예외사항 없음	자금요청서, 자금일보, 출금전표
14	2024-05-08 - 1500000291			예외사항 없음	자금요청서, 자금일보, 출금전표
15	2024-04-30 - 1000000280			예외사항 없음	자금요청서, 자금일보, 출금전표
16	2024-04-18 - 1000000263			예외사항 없음	자금요청서, 자금일보, 출금전표
17	2024-04-17 - 1500000111			예외사항 없음	자금요청서, 자금일보, 출금전표
18	2024-05-30 - 1500000348			예외사항 없음	자금요청서, 자금일보, 출금전표
19	2024-05-28 - 1000000345			예외사항 없음	자금요청서, 자금일보, 출금전표
20	2024-05-27 - 1500000451			예외사항 없음	자금요청서, 자금일보, 출금전표

상기 절차의 수행 및 입수한 증거에 따라 통제이탈이 식별되었는가?	No	
통제이탈이 변이에 해당하는가?		
통제이탈이 변이라고 판단한 근거 및 이를 뒷받침하는 증거		
통제이탈이 변이에 해당하는 경우, 표본을 확대하여 테스트를 수행하였는가?		
어떻게 표본을 확대하였는지, 확대 테스트의 결과는 어떠한지 문서화		
통제이탈이 미비점에 해당하는지에 대한 최종결론 및 근거		
운영의 효과성에 대한 결론	효과적	운영 효과성에 대한 테스트를 수행한 결과 예외사항이 발견되지 않음

잔여기간에 대한 테스트 (roll-forward)

잔여기간에 대한 추가 증거를 결정하기 위한 위험요소에 대한 고려

업무시스템의 신규 적용 또는 변동이 있습니까?
해당 업무프로세스의 변동이 있습니까?
통제수행자가 변경되거나 역할/책임의 변동이 있습니까?
해당 통제의 회계처리 절차상 변동이 있습니까?
부정 또는 오류발생 징후가있습니까?

잔여기간 테스트의 수행

잔여기간 테스트 대상 기간	2024.10.1 ~ 2024 12.31	
잔여기간 테스트의 성격		
통제테스트 절차	업무시스템의 신규 적용 또는 변동이 있습니까?(No) 해당 업무프로세스의 변동이 있습니까?(No) 통제수행자가 변경되거나 역할/책임의 변동이 있습니까?(No) 해당 통제의 회계처리 절차상 변동이 있습니까?(No) 부정 또는 오류발생 징후가 있습니까?(No)	
통제테스트 결과	효과적	

잔여기간에 대해 세부 표본테스트를 수행하는 경우 테스트 절차와 결과

모집단 정의	출금전표 리스트			
모집단의 완전성을 확인하기위해수행한절차	출금 전표 리스트의 합계가 시산표와 일치하는지 대사한다			
표본의 규모	Sample guide 따라 추출 (5개)			

테스트 결과

통제테스트 결과를 아래에 문서화하거나 해당 조서를 참조합니다.

번호	확인한 증빙명				결과	비고
1	2024-10-04-1500000642				예외사항 없음	자금요청서, 자금일보, 출금전표
2	2024-10-22-100000841				예외사항 없음	자금요청서, 자금일보, 출금전표
3	2024-10-25-1500000685				예외사항 없음	자금요청서, 자금일보, 출금전표
4	2024-11-14-1500000718				예외사항 없음	자금요청서, 자금일보, 출금전표
5	2024-12-30-100001043				예외사항 없음	자금요청서, 자금일보, 출금전표

통제 이탈의 식별과 평가

잔여기간 테스트 수행 결과 통제이탈이 식별되었는가?	No	
통제이탈이 변이에 해당하는가?	No	
통제이탈이 변이라고 판단한 근거 및 이를 뒷받침하는 증거		
통제이탈이 변이에 해당하는 경우, 표본을 확대하여 테스트를 수행하였는가?		
어떻게 표본을 확대하였는지, 확대 테스트의 결과는 어떠한지 문서화		
통제이탈이 미비점에 해당하는지에 대한 최종결론 및 근거		
잔여기간 테스트의 결론	효과적	통제 효과성에 대한 테스트를 수행한 결과 예외사항이 발견되지 않음

6 운영의 효과성 테스트에서 발견된 예외사항의 평가 절차[94)]

내부회계관리제도 운영의 효과성 테스트는 설계된 통제가 실제로 일관되게 수행되고 있는지를 확인하기 위한 절차로서, 평가 과정에서 예외사항이 발견되는 경우 해당 사항이 단순하고 제한적인 통제이탈사항 인지, 통제상 실질적인 미비점인지를 구분하고 그 중대성을 적절히 판단하는 것이 핵심이다. 이러한 예외사항에 대한 판단 및 대응은 경영진의 판단이 요구되는 영역이며, 그 과정은 표준화된 절차에 따라 일관되게 수행되는 것이 필요하다.

(1) 예외사항 발생 시 초기 판단 절차

테스트 수행 중 예외사항이 발견된 경우, 경영진은 예외사항의 원인과 성격을 분석하고, 이를 통해 해당 예외사항이 통제 미비점에 해당하는지를 검토해야 한다.

- 근본 원인(Root Cause)을 충분히 이해하는 것이 중요하다.
  - 체계적이고 반복적이지 않고 극히 예외적인 경우는 단순한 예외사항임
  - 담당자의 교체, 특정 시기에 거래나 업무가 집중되는 현상이나 인적 오류와 같은 원인이면 일반적으로 미비점임

(2) 예외사항의 대표성에 대한 판단

단일 예외사항이라도, 그것이 전체 모집단을 대표하는지 여부에 따라 미비점으로 구분될 수 있다. 다음 기준을 활용하여 대표성을 판단한다.

- 테스트 허용오차 기준 대비 초과 여부: 한 예로 1개의 예외만 허용되는 테스트 설계에서 2개가 발생했다면 추가 테스트 고려 필요
- 통제 위험수준과 연계한 샘플링 검토시 위험이 높은 통제에 대해 예외가 발생하면 보수적으로 판단

이러한 상황에서는 추가적인 표본을 추출하여 테스트를 수행하고, 새로 확인된 표본에서는 예외가 없다는 점을 입증할 경우 최초 예외사항의 대표성을 부정할 수 있게 되는 것이다.

(3) 예외사항에 대한 추가 테스트의 판단 기준

특히 모집단의 크기가 작은 경우(예: 연간 1회, 분기 1회 수행되는 통제)는 하나의 예외도 전체를 대표할 가능성이 크므로 예외사항을 미비점으로 판단하는 것이 원칙이다.

반면, 하루 1회 이상 발생하는 일간 통제활동과 같이 모집단이 충분히 큰 경우 다음 요건을 모두 충족하는 경우에 한하여 추가 테스트를 통해 예외를 단순한 건으로 판단할 수 있다.

- 해당 예외사항이 반복적이지 않고 일회성 또는 비정형적인 것으로 판단되는 경우
- 예외사항으로 인해 재무제표에 왜곡표시가 발생하지 않을 것으로 판단되는 경우

---

94) 평가 및 보고 가이드라인, 48

(4) 추가 테스트의 절차 및 요건

추가 테스트를 통해 예외사항이 모집단을 대표하지 않음을 입증하고자 하는 경우에는 다음 요건을 충족해야 한다.

- 추가 표본의 수는 최초 표본 수의 50% 이상이어야 하며
- 최초 표본과 추가 표본을 합한 전체 표본 수는 최소 40개 이상이 되는 것이 바람직하다. (예시: 일간 통제의 경우, 최초 25개의 표본 중 1개 예외 → 추가로 15개 테스트 실시 → 추가 예외 없음 → 단순 예외사항으로 분류 가능)

[그림 8-3] 운영의 효과성 테스트에서 발견된 예외사항에 대한 평가

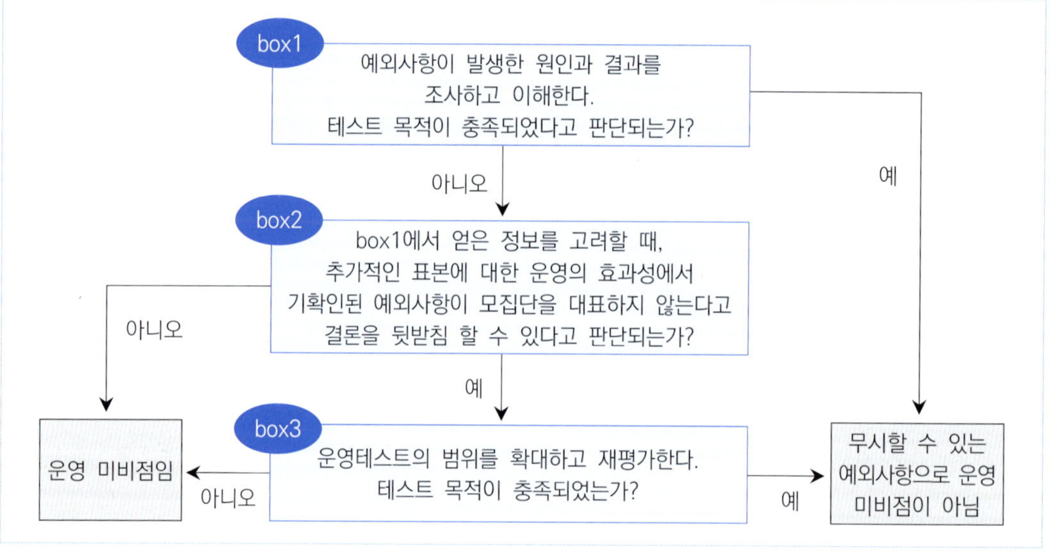

(5) 추가 테스트 결과에 따른 최종 결론

- 추가 테스트에서 예외가 더 이상 발견되지 않으면 최초 예외사항은 무시할 수 있는 예외사항으로 분류
- 추가 테스트에서도 예외가 다시 발견되면, 해당 통제는 통제상 미비점으로 분류되며, 그 심각성 평가에 따라 단순한 미비점, 유의한 미비점 또는 중요한 취약점으로 평가되어야 한다.

7 평가기준일 이전 통제상 미비점 수정 및 확인 절차[95)]

경영진은 내부회계관리제도 운영의 효과성 평가를 수행함에 있어, 평가기준일 이전에 이미 식별된 통제상 미비점에 대해 적절한 시정조치가 이루어진 경우, 해당 통제가 효과적으로 재설계 및 운영되었는지

95) 평가 및 보고 가이드라인, 49

여부를 확인해야 한다. 이는 통제상 미비점을 개선한 이후, 내부회계관리제도가 효과적으로 운영되고 있다는 결론을 내리기 위해 필수적인 절차이다.

(1) 개선된 통제의 운영 기간과 최소 검증 요건

통제 미비점이 수정되었더라도, 해당 통제가 실제 운영되는 시점부터 평가기준일까지의 기간이 너무 짧아 충분한 증거를 확보하지 못한다면, 해당 통제가 효과적으로 운영되었다는 확신을 확보하기 어렵다. 이 때문에 경영진은 수정(혹은 개선)된 통제가 일정 기간 이상 실질적으로 작동되었는지 여부를 평가하여야 한다.

- 일반적으로, 통제가 효과적으로 운영되었는지를 판단하기 위해 필요한 최소 기간은 2개월 이상이 권장된다.
- 다만, 이 기간은 통제의 성격 및 수행 빈도에 따라 달라질 수 있다. 예를 들어, 월 1회 수행되는 통제라면 최소 2회의 수행 여부가 검증되어야 하며, 분기 1회 수행되는 통제의 경우, 1분기 이상이 실행되어야 한다.

경영진은 이러한 표본 기반의 테스트를 통해 수정된 통제가 평가기준일까지 충분히 운영되었음을 입증할 수 있어야 하며, 이를 통해 해당 통제의 운영 효과성에 대해 합리적인 확신(reasonable assurance)을 확보할 수 있다.

예를 들어, 8월에 특정 통제상의 미비점이 식별되었고, 이를 9월 초에 수정하여 재실행했다고 가정할 때, 이 통제가 월 단위로 수행되는 통제라면, 9월부터 12월까지의 4개월 동안 총 4회의 통제 수행 내역이 존재하게 된다. 이 경우, 최소 2개 이상의 표본에 대해 테스트를 수행하여 효과적으로 운영되었는지를 확인할 수 있으며, 이는 '충분한 기간'에 해당한다고 볼 수 있다.

(2) 연단위 통제의 한계와 기말시점 통제의 평가

연 1회 수행되는 통제(예: 기말 재무보고 절차)의 경우에는 평가기준일 이후가 되어야 통제가 수행되므로, 평가기준일 전에 시정조치를 완료하더라도 운영의 효과성을 평가할 수 있는 시간이 부족하다는 한계가 존재한다. 이 경우, 기말 이후 통제의 수행 여부를 테스트할 수 없기 때문에, 해당 통제는 여전히 통제상 미비점으로 간주될 가능성이 높다. 이런 경우 다음과 같은 조치를 고려하는 것이 필요하다.

- '모의 테스트(Dry Run)'의 수행: 통제가 실제로 적용될 기말 이전 시점에, 동일한 조건을 가정하고 통제를 시뮬레이션 형태로 운영해 봄으로써 통제의 실행 가능성과 설계 적정성을 미리 검증하는 방법이다. 이는 특히 연단위 통제에 대해 평가기준일 기준으로 운영 증거 확보가 어려운 경우에 유용하며, 평가 기준일 이전에 수행되어야 한다.
- 사전적 설계 검증 강화: 통제 설계 자체가 충분히 정교하고, 통제 실행을 뒷받침할 수 있는 시스템적 기반이 마련되어 있는 경우에는 설계 평가를 중심으로 보완하되, 운영 평가 시점까지 문서 증빙 확보에 중점을 두도록 한다.

기말보고일 이후에 통제를 새로 설계하거나 수정하는 것은 기말 시점의 운영 효과성을 확보하는 데 아무런 도움이 되지 않으며, 해당 변경은 다음 회계연도부터 적용되는 통제로 간주되어야 한다.

따라서 경영진은 평가기준일 이전에 미비점을 식별하고 수정하였다면, 반드시 다음의 두 가지 조건을 충족시켜야만 내부회계관리제도가 효과적으로 운영되고 있다고 평가할 수 있는 것이다.

- 설계의 적정성이 확보되었는지에 대한 합리적 평가
- 운영의 효과성을 입증할 수 있는 충분하고 적절한 증거 확보

이러한 절차는 외부감사인의 내부회계관리제도 감사 대응, 감사위원회 보고, 기업지배구조 공시 등을 위해서도 매우 중요한 근거자료가 된다.

평가기준일 전에 경영진이 변경하였거나 신설한 통제(이하 '개선된 통제')는 어느 기간 이상 운영되어야 충분한 기간 동안 운영된 것인지요(감사 FAQ, 9)?

경영진이 개선된 통제를 운영한 기간이 감사인이 운영 효과성 테스트를 하는 데 필요한 최소 표본을 추출할 수 있는 기간 이상이라면 개선된 통제가 '충분한 기간' 동안 운영되었다고 결정할 수 있습니다. 예를 들어 연간 일 단위로 운영되는 통제의 운영 효과성 테스트를 위한 최소 표본 수가 25개라면 개선된 통제가 25일 이상 운영된 경우 충분한 기간 동안 운영되었다고 볼 수 있습니다.

다만 개선된 통제의 운영 기간이나 횟수가 최소 표본 수를 충족하지 못하더라도, 감사인이 '평가기준일 현재' 통제가 효과적으로 운영되고 있다는 데에 높은 수준의 확신을 얻을 수 있다면, 감사인은 개선된 통제가 효과적으로 운영되고 있다고 판단하기에 충분한 증거를 입수할 수 있다고 결정할 수도 있습니다.

예를 들어 분기별 통제의 최소 표본 수가 2개라고 가정했을 때, 3분기말 테스트 수행 결과 분기별로 수행되는 통제에서 미비점을 식별하였고 경영진이 4분기에 미비점을 개선한 상황에서 감사인은 개선된 통제의 설계와 운영 방식을 철저히 이해하여 4분기 표본 1개를 테스트하는 것으로 충분한 증거를 입수할 수 있다고 결정할 수도 있습니다.

위와 같은 판단을 할 때 감사인은 다음과 같은 사항을 각각 고려하여야 합니다.

미비점의 성격과 심각성 (예: 통제 미비점이 개선되지 않았다면 유의적 미비점이나 중요한 취약점에 해당하는지?)

통제의 성격 (예: 자동통제인지 수동통제인지?)

통제 개선의 시점과 성격 (예: 미비점의 발견이 늦은 것인지? 경영진의 시정 조치가 늦은 것인지?)

▣ 관련 기준: 감사기준서 1100 문단 43, A63~A66

Chapter 09

미비점의 평가 및 평가결론

9 미비점의 평가 및 평가결론

제1절 내부회계관리제도 미비점

경영진은 회계연도 말 시점을 기준으로 각 미비점이 개별적으로 또는 결합하여 중요한 취약점인지 고려한다(평가 및 보고 기준, 19).

내부회계관리제도의 효과성에 대한 의견을 형성할 목적으로, 감사인은 내부회계관리제도 미비점이, 개별적으로 혹은 결합하여, 평가기준일 현재 중요한 취약점인지 여부를 결정하기 위하여 내부회계관리제도 미비점 각각의 심각성을 평가하여야 한다(감사기준서, 48).

경영진의 평가 및 보고 기준과 감사기준서 모두, 내부회계관리제도 평가는 전체 보고기간을 기준으로 수행 하는 것이 아니라, 회계연도 말 또는 특정 평가기준일 현재를 기준으로 수행된다. 이는 회계연도 전체 기간을 기준으로 통제의 설계 및 운영 효과성을 평가할 경우, 경영진과 외부감사인 모두에게 과도한 시간과 자원이 소요되고, 평가 범위가 확대됨에 따라 관련 리스크와 책임이 과도하게 커질 수 있기 때문이다. 따라서, 내부회계관리제도 평가는 평가기준일 현재 통제가 적절하게 설계되고 효과적으로 운영되고 있는지를 중심으로 수행된다. 이러한 기준에 따라, 회계연도 중에 통제 미비점이 발생하였더라도, 해당 미비점이 개선되어 일정 기간 이상 효과적으로 운영되었고, 그 기간이 감사인이 운영 효과성 테스트를 위해 필요한 최소 표본을 확보할 수 있을 정도라면, 개선된 통제가 충분한 기간 동안 운영되었다고 판단할 수 있게 되는 것이며, 이는 평가가 전체 기간이 아닌 평가기준일을 기준으로 수행되기 때문이다.

내부회계관리제도와 관련된 통제상 미비점은 경영진과 종업원이 담당 업무를 수행하는 정상적인 과정에서 적시에 재무제표 왜곡표시를 예방하거나 적발할 수 없을 때 발생한다(평가 및 보고 가이드라인, 50).

경영진은 발견된 미비점이 내부회계관리제도의 5가지 구성요소와 17가지 원칙에 미치는 영향을 고려한다. 내부회계관리제도의 미비점은 경영진의 모니터링 활동, 내부감사업무, 외부감사, 규제 기관의 감독업무 등 다양한 경로를 통하여 발견될 수 있으며, 평가 대상 미비점을 취합 시에는 다양한 경로로 확인된 재무보고상의 문제점과 관련된 미비점이 존재하는지 확인하여야 한다. 이미 효과적이라고 판단한 통제라 하더라도 관련된 재무보고에 오류나 부정이 확인되는 경우에는 해당 효과성 평가 결과가 적절한 것인지 재검토하여야 한다(평가 및 보고 가이드라인, 51).

미비점은 설계상 미비점과 운영상 미비점으로 구분된다(평가 및 보고 가이드라인, 50).

- 설계상 미비점: 내부회계관리제도의 목적을 달성하기 위하여 필요한 통제가 존재하지 않거나 수립된 통제가 적절하게 설계되지 않아 설계된 대로 운영되더라도 통제목적이 충족되지 못하는 경우에 발생한다.
- 운영상 미비점: 적절하게 설계된 내부회계관리제도가 설계된 대로 운영되지 못하거나 통제 업무 수행자가 통제를 효과적으로 수행하기 위한 자격요건이나 권한을 갖추고 있지 않아 통제의 목적이 충족되지 못하는 경우에 발생한다.

1 미비점의 시정

경영진은 운영실태평가 또는 감사(또는 감사위원회) 평가 결과 확인된 내부회계관리제도의 미비점이 적시에 시정될 수 있도록 하는 체계를 마련한다(평가 및 보고 기준, 23).

- 경영진은 평가를 통해 확인된 중요한 취약점과 유의한 미비점 및 개선방안을 감사(또는 감사위원회)에게 보고한다.
- 경영진은 감사(또는 감사위원회)의 권고사항을 고려하여 평가 결과에 따른 필요한 조치를 결정한다.
- 경영진은 시정 또는 개선을 요하는 사항들에 대해 계획된 기간 내에 필요한 조치가 완료될 수 있도록 하며 사후 이행 여부에 대해 확인하여 보고한다.

발견된 미비점을 경영진의 효과성 평가기준일 이전에 시정 (Remediation)되어야 한다. 미비점의 시정은 효과성과 효율성을 동시 고려하는 것이 바람직하며, 일반적인 미비점의 시정절차는 다음과 같다.

- 시정조치 계획의 수립
- 시정조치 계획의 우선순위 결정
- 시정조치의 실행
- 시정조치 후 효과성의 재평가
- 시정조치 결과 취합 및 관리

(1) 시정조치 계획의 수립

미비점 시정조치 계획에는 일반적으로 시정조치의 책임자, 시정조치의 세부적 내용 및 예상 효익, 시정조치 실행을 위한 소요자원, 시정일정, 효과성 재평가계획 등이 포함된다. 미비점 시정조치 계획은 해당 통제 및 관련 위험에 대한 충분한 이해를 통해 미비점이 효과적으로 시정될 수 있도록 수립하며, 내부회계관리제도에 관한 전문지식을 갖춘 외부감사인, 내부감사부서 등과 협의하여 결정하는 것이 바람직하다.

(2) 시정조치 계획의 우선순위 결정

발견된 미비점은 모두 개선되어야 하나, 제한된 자원과 제약된 시간 내에서 다수의 미비점이 존재할 경우 미비점의 중요성과 업무의 효율성 등을 고려하여 시정조치의 우선순위를 결정해야 한다. 회사가 우선순위를 결정할 수 있는 체계적인 기법을 갖고 있지 않은 경우, 반드시 외부감사인, 내부감사부서 등과 협의를 거쳐 우선순위를 결정해야 한다.

(3) 시정조치의 실행

미비점 시정조치 계획이 확정된 후, 또는 우선순위가 결정된 후에는 시정조치 계획에 따라 미비점을 시정한다. 미비점 시정과 관련하여 미비점을 **평가기준일** 이전에 시정조치하고, 재평가할 수 있는 충분한 기간을 확보할 수 있도록 계획에 따른 철저한 일정관리가 요구된다.

(4) 시정조치 후 효과성 재평가의 실행

미비점의 시정조치가 완료된 통제에 대해서는 효과성을 재평가한다. 시정된 미비점의 설계 및 운영의 효과성을 평가할 수 있는 전문성과 객관성을 갖춘 재평가 수행주체를 지정하여 미비점이 효과적으로 시정되었음을 확인하고 그 결과를 문서화한다.

시정조치가 완료된 미비점에 대해 운영의 효과성을 평가하기 위해서는 운영의 효과성을 입증할 수 있는 충분한 기간이 필요하다. 즉, 최소한 외부감사인이 운영의 효과성에 대해 합리적인 확신을 얻을 수 있는 수준의 표본이 생성되기에 충분한 기간이 확보되어야 하며, 따라서, 이와 관련하여 외부감사인과 사전에 협의해야 한다.

(5) 시정조치 결과 취합 및 관리

미비점 시정조치 계획에 따라 시정 또는 미시정된 미비점에 대해 주기적으로 이사회 등에 보고하고, 외부감사인과 협의한다. 미비점 시정조치 계획이 원활하게 실행되지 못한 미비점에 대해 원인을 분석하고 향후 추가 시정조치 계획을 수립하여 관리한다.

2 미비점의 분류

내부회계관리제도의 미비점은 재무제표 왜곡표시의 발생가능성 및 금액적 중요도에 따라 단순한 미비점, 유의한 미비점, 중요한 취약점으로 구분하며, 중요한 취약점이 발견된 경우 경영진은 회사의 내부회계관리제도가 효과적이라고 결론을 내릴 수 없다. 경영진은 발견된 모든 미비점을 개별적으로 그리고 다른 미비점과 결합하여 평가하여 회사의 내부회계관리제도에 유의한 미비점 또는 중요한 취약점이 존재하는지 여부를 평가한다(평가 및 보고 가이드라인, 51).

미비점을 분류하기 위해서는 해당 미비점의 발생가능성(Likelihood), 금액적 크기(Magnitude), 보완통제(Compensating Controls) 등의 존재 여부, 회계와 내부회계관리제도에 충분한 전문지식을 갖춘 객관적인 관리자(Prudent Officials)의 관점 등을 고려하여야 한다. 미비점의 분류는 객관적인 기준의 적용뿐만 아니라 높은 수준의 판단을 필요로 하므로 경영진은 지속적으로 외부감사인과 충분한 협의를 거치는 것이 바람직하다(평가 및 보고 가이드라인, 51).

유의한 미비점이란 감사인의 전문가적 판단에 따라 지배기구가 주의를 기울일 만큼 충분히 중요하다고 판단되는 내부통제의 미비점 또는 미비점들의 결합이다(감사기준서 265, 6). 중요한 취약점으로 분류될 수준은 아니지만 이러한 감독기구가 주목할 만큼 중요하다면 해당 미비점은 유의한 미비점으로 분류되어야 한다(보고 및 평가 가이드라인, 57 가).

중요한 취약점은 내부회계관리제도 미비점 또는 미비점들의 결합으로, 기업의 연차재무제표 또는 중간재무제표의 중요한 왜곡표시가 적시에 예방되거나 적발 수정되지 못할 가능성이 낮지 않은(more than remote) 경우 존재한다(감사기준서 1100, 6).

경영진은 다음 상황이 발생하는 경우에는 해당 내부회계관리제도의 미비점이 중요한 취약점인지를 평가하여야 한다(평가 및 보고 기준, 22).

- 금액이 중요한지와 관계없이 고위 경영진에 의한 부정이 발견된 경우
- 중요한 왜곡표시의 수정을 반영하기 위하여 기존 재무제표를 재작성하는 경우
- 회사의 내부회계관리제도에 의해 파악하지 못한 중요한 당기 수정사항으로써 외부감사인에 의하여 파악된 경우(최종 재무제표에 동 수정사항을 반영하였는지 여부는 관계없음)
- 회사의 외부 재무보고와 내부회계관리제도에 대한 감사(또는 감사위원회)의 감독기능이 효과적이지 않은 경우
- 합리적인 근거 없이 외부감사법 제8조에서 정한 사항이 내부회계관리규정에 포함되지 않거나 준수되지 않은 경우

제2절 미비점 평가시 고려사항

미비점의 심각성 평가 시에는 재무제표 왜곡표시의 발생가능성과 잠재적 왜곡표시의 금액적 크기 등 양적 요소와 질적 요소를 모두 고려하여 미비점의 심각성을 평가하여야 한다(평가 및 보고 기준, 19).

1 발생가능성

발생가능성이란 재무제표 왜곡표시가 방지되거나 발견되지 못하는 경우가 발생할 잠재적 가능성을 말하는 것으로 재무제표의 왜곡표시가 실제로 발생하였는가 여부를 고려하는 것은 아니다(평가 및 보고 가이드라인, 53).

재무제표 금액 또는 공시사항의 왜곡표시가 발생할 가능성에 영향을 미치는 위험 요소는 다음 사항을 포함하며 이에 한정되지 않는다(보고 및 평가 기준, 19 가).

- 특수관계자 거래 등 관련된 재무보고요소의 성격
- 관련된 자산 및 부채의 손실 또는 부정에 노출된 민감도
- 금액 결정에 요구되는 주관성, 복잡성 및 판단의 정도
- 통제들의 상호 의존성 및 중복 여부를 포함한 통제와 다른 통제들간의 연관 관계
- 둘 이상의 연관된 미비점에 대한 평가 시 미비점들의 상호작용으로 인하여 동일한 재무제표 금액 또는 공시사항에 영향을 줄 수 있는지 여부
- 미비점으로 인하여 발생 가능한 미래의 결과

발생가능성을 평가함에 있어서는 재무제표의 왜곡표시를 발생시키는 다음의 원인들을 고려한다(평가 및 보고 가이드라인, 53).

- 예외사항의 근본적 발생원인 및 발생빈도

• 예외사항의 영향을 받는 계정과목, 공시사항 및 경영자 주장의 내용
• 계정과목, 공시사항에 내재된 주관성, 복잡성 및 판단요소의 성격
• 관련 자산이나 부채상의 손실, 또는 부정에 관련될 수 있는 민감도
• 통제미비점이 장래에 미칠 수 있는 영향의 결과
• 통제의 상호의존성 또는 중복성(redundancy)의 정도

일반적으로 발생가능성은 (i) 낮은(remote)[96], (ii) 합리적으로 발생가능한(reasonably possible), (iii) 높은(probable)의 세단계로 구분되는데, 여기에서 (ii) 합리적으로 발생 가능한(reasonably possible) 또는 (iii) 높은(probable) 가능성의 경우는 '가능성이 낮지 않은(reasonable possibility) 경우'에 해당한다. 해당 미비점의 발생가능성이 낮지 않다면(Reasonable Possibility) 유의한 미비점이나 중요한 취약점으로 분류할 수 있다(평가 및 보고 가이드라인, 53).

가능성이 낮지 않다면(reasonable possibility)에 대한 용어 관련해서 국내 내부회계관리제도 감사기준을 PCAOB AS 2201[97](미국 내부회계관리제도 감사기준)를 기반으로 번역 및 제정하고 있는 상황에서, AS2201내 일부 용어가 FAS 5(충당/우발부채 관련 미국회계기준)의 정의를 준용하고 있으나, 이 용어가 IAS 37(충당부채, 우발부채 및 우발자산 관련 국제회계기준)에서 언급하는 정의와 다른 측면이 있다.

AS2201의 문단 A7에서 "reasonable possibility"의 정의에 대해 사건 발생가능성이 FAS 5에서 사용된 "reasonably possible" 하거나 "probable" 한 경우라고 언급하고 있다. IAS 37 및 K-IFRS 1037의 probable은 50%이상을 의미하는 반면 FAS 5에서는 그 이상(higher threshold than "more likely than not")을 나타낸다고 해석된다. FAS 5의 reasonably possible은 probable보다 낮으며 remote보다 높은 경우로 해석된다(more than remote but less than likely). 각각의 가능성을 도표로 나타내면 아래와 같다.

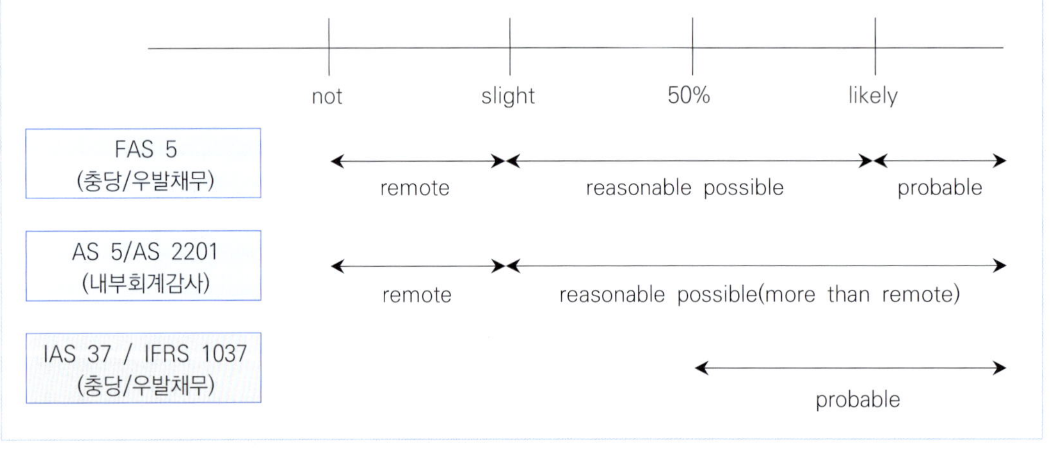

96) 낮은(remote) 분류에 해당하지 않는 경우 '가능성이 낮지 않은 (reasonable possibility)' 경우에 해당하며, 이에 따라 실무적으로는 이를 'more than remote(낮지 않은 발생가능성)'이라고 표현하기도 함.
97) 기존의 AS 5를 PCAOB의 감사기준 번호 체계 재정비에 따라 재분류한 것으로, 실질적인 내용은 동일함

미국 PCAOB 재무보고 내부통제 감사기준서인 AS2201은 용어의 정의에서 중요한 취약점은 내부회계관리제도의 미비점으로 인해 중요한 왜곡표시가 적시에 예방되거나 발견 · 수정되지 못할 '합리적 가능성(reasonable possibility)'이 있는 경우에 존재한다고 규정하고 있다. 그리고 '합리적 가능성'은 미국 회계기준에서 사용되는 "reasonably possible"이거나 "probable"일 가능성을 나타내며, 결국 '가능성인 낮지 않은(more than remote)"을 의미한다고 설명하고 있다. '합리적 가능성'은 한국채택국제회계기준에서 사용되는 '가능성이 어느 정도 있는(reasonably possible)'과 혼동되고 어감상 발생가능성이 50% 이상임을 나타낸다고 인식되는 경우가 많다(감사기준서 제정개요 1100, 40).

회계감사기준위원회에는 현행 내부회계관리제도 검토기준에서도 사용되고 있고 AS2201이 정한 의미를 가장 정확하게 표현하는 '가능성이 낮지 않은'이 가장 적절한 용어라고 판단하고, 의미를 명확히 전달하기 위해 'more than remote'를 병기하기로 하였다. 이와 관련하여 '가능성이 낮지 않은'의 부정을 나타내는 경우에는 '가능성이 낮은'으로 표현하고 'remote'를 병기할 것으로 결정하였다(감사기준서 제정 개요 1100, 41).

미비점의 심각성은 왜곡표시가 실제로 발생하였는지 여부가 아니라, 오히려 기업의 통제가 왜곡표시를 예방 또는 발견 · 수정에 실패할 가능성이 낮지 않은 지(more than remote) 여부로 결정된다. 감사인이 통합감사를 수행하는 동안에 왜곡표시를 식별하지 않았다고 하더라도 중요한 취약점은 존재할 수 있다(감사기준서 1100, A74).

내부회계관리제도 미비점이 왜곡표시의 가능성이 낮지 않음을 나타내는지 여부에 대한 평가는 발생확률을 특정 비율이나 범위로 정량화하지 않고 수행될 수 있다. 또한, 많은 경우에, 작은 규모의 왜곡표시가 규모가 큰 왜곡표시보다 발생 확률이 더 크다(감사기준서 1100, A78).

최근 회계감사기준위원회(2024)는 ISA 315 (2019 Revised)를 도입하여 감사기준서 315[98])를 개정할 계획이다. 감사기준서 1100에서는 '중요왜곡표시가 발생할 가능성이 낮지 않은(more than remote) 경영진 주장'으로 정의하고 있다. 개정 감사기준서 315는 '관련경영진주장'을 '식별된 중요왜곡표시위험이 있는 경영진주장'으로 정의하고 그 기준을 중요왜곡표시가 발생할 '합리적 가능성'(reasonable possibility)이 있는 경우로 설명하고 있다. 회계감사기준위원회 논의 결과, 국내 기준과 국제 기준 간 중요왜곡표시위험의 식별 기준이 달라질 수 없으므로 개정 감사기준서 315에 맞추어 기준서 1100의 정의를 수정하기로 결정하고, '가능성이 낮지 않은(more than remote)'이라는 표현은 모두 '합리적 가능성이 있는'으로 변경하였다.

② 금액적 크기

금액적 크기란 발생할 수 있는 잠재적 재무제표 왜곡표시의 크기(magnitude of the potential misstatement)를 말한다. 따라서 실제로 발생한 재무제표의 왜곡표시 금액이 아닌 발생 가능한 왜곡표시의 예상치이다. 미비점으로 인한 잠재적 재무제표 왜곡표시의 크기가 중요한 수준 미만이라고 확신할 수 있다면 중요한 취약점으로 구분하지는 않으며, 금액적 크기를 평가하기 위하여는 다음의 요소들을 고려한다(평가 및 보고 가이드라인, 54).

98) 동 개정 기준은 2026년 1월 1일 이후 개시하는 보고기간의 재무제표 감사부터 적용하되, 2025년 1월 1일 이후 개시하는 보고기간의 재무제표 감사에 조기적용을 허용할 예정이다.

- 미비점에 따라 영향을 받는 재무제표 금액 또는 거래총액
- 당기에 이미 발생되었거나 향후 발생될 것으로 예상되는 미비점에 따라 영향을 받는 거래의 계정잔액 및 거래금액의 크기
- 보완통제의 영향으로 감소되는 발생가능한 왜곡표시의 예상치

"잠재적 재무제표 왜곡표시 크기의 유의한 수준"이란 회사의 재무보고를 감독할 책임이 있는 이사회, 감사(위원회) 등이 주목할 만한 수준으로서, 중요성 금액기준의 일정비율을 의미하며 유의한 미비점과 단순한 미비점을 구분할 수 있는 하나의 기준이 된다(평가 및 보고 가이드라인, 54).

잠재적 왜곡표시의 금액적 크기를 평가할 때 과대계상될 수 있는 계정잔액 또는 거래금액 합계의 최대값은 일반적으로는 기록된 금액이지만 과소계상의 경우에는 더 큰 금액으로 평가될 수 있다. 또한, 대부분의 경우에는 소액의 왜곡표시 가능성이 거액의 왜곡표시 가능성보다 더 높다(평가 및 보고 가이드라인, 54).

실제 왜곡표시는 왜곡표시의 하한일 뿐이며 잠재적 왜곡표시는 실제 왜곡표시보다 훨씬 더 클 수 있다. 잠재적 왜곡표시의 규모를 평가하는 데에는 어려움이 많으며 다음과 같은 사항에 유의할 필요가 있다.

- 미비점의 규모를 결정하는 데 핵심은 실제 왜곡표시가 아닌 잠재적인 왜곡표시이다.
- 중요한 취약점은 왜곡표시가 없어도 존재할 수 있다.
- 중요하지 않은 왜곡표시도 중요한 취약점을 야기할 수 있다.
- 실제 왜곡표시는 발생할 수 있는 왜곡표시의 최소치이다.
- 계정 잔액이나 거래 총액이 과소계상될 수 있는 최대치는 장부상금액보다 더 클 수 있다(감사기준서 1100 A76).
- 계정잔액 또는 거래 총액이 과대표시될 수 있는 최대금액은 일반적으로 장부상금액이다(감사기준서 1100 A76).

잠재적 왜곡표시의 규모를 평가하는 것은 미비점으로 인해 왜곡표시가 계속 적발되지 않는다면 미래에 무슨 일이 벌어질지 추정하는 것을 수반한다. 예를 들어 미비점의 영향을 받는 계정잔액이 기업이 성장함에 따라 매년 증가한 경우, 미비점의 잠재적 규모가 중요한지 평가할 때 현재 예측되는 미래 계정잔액의 지속적인 증가를 고려하여야 한다. 이러한 평가를 하는 데에는 객관적이고 검증 가능한 과거 경험과 주관적일 수밖에 없는 미래 추정치 각각에 어느 정도 비중을 둘지를 포함한 판단이 요구된다.

3 보완통제의 고려

경영진은 하나의 미비점 또는 미비점들의 결합이 중요한 취약점인지 결정할 때 보완통제의 영향을 평가하여야 한다. 보완통제는 중요한 왜곡표시를 예방 또는 적발할 수 있는 정교한 수준으로 운영되어야 하며, 재무제표 왜곡표시 위험을 경감시킨다고 결론짓기 위해서는 관련 보완통제가 효과적이어야 한다(평가 및 보고기준, 20).

보완통제란 본래의 통제에서 미비점이 발견되었다 하더라도 그 미비점으로 인해 발생할 수 있는 유의한 재무제표 왜곡표시 위험을 경감시켜 줄 수 있는 통제를 말한다. 효과적인 보완통제의 존재가 미비점으로 인한 재무제표 왜곡표시 위험을 경감시켜 주기 때문에 발견된 미비점이 유의한 미비점 또는 중요한 취약점인지를 결정할 때 보완통제를 고려하는 것이 필요하다(평가 및 보고 가이드라인, 55).

보완통제가 재무제표 왜곡표시 위험을 경감시킨다고 결론짓기 위해서는 해당 보완통제의 설계 및 운영의 효과성 평가 결과가 효과적이어야 하며, 특정 미비점이 효과적인 보완통제의 존재로 인해 유의한 미비점이나 중요한 취약점으로 분류되지 않았다고 하더라도 다른 미비점을 종합적으로 고려하여 유의한 미비점 또는 중요한 취약점에 해당하는지 여부에 대해서도 판단하여야 한다(평가 및 보고 가이드라인, 55).

보완통제가 내부회계관리제도 미비점의 효과를 완화할 수 있다 하더라도, 보완통제가 미비점을 제거할 수는 없다(감사기준서 1100, A81).

보완통제가 잠재적 왜곡표시의 규모와 발생가능성을 줄여주는지 평가할 때 다음 사항을 고려한다.

- 보완통제가 효과적이려면 미비점이 있는 통제와 동일한 목적을 달성할 필요가 있다. 즉, 보완통제는 원래의 통제가 대처하려는 것과 동일한 왜곡표시원천에 대처하여야 한다.
- 미비점의 심각성을 평가할 때, 보완통제가 실제 알려진 왜곡표시 이하로 잠재적 왜곡표시를 낮출 수는 없다.
- 보완통제가 운영되는 정밀함의 수준이 중요한 요소이다.
- 상위 수준의 분석적 절차와 다른 모니터링 통제가 보완통제에 해당하려면 중요한 왜곡표시를 예방하거나 적발할 만큼 충분히 정밀하게 설계되어야 한다.

4 회계와 내부회계관리제도에 충분한 전문지식을 갖춘 객관적인 관리자의 판단

경영진은 미비점의 중요도를 판단할 때 회계와 내부회계관리제도에 충분한 전문지식을 갖춘 객관적인 관리자의 기준에서 정보이용자의 입장을 고려하여 판단하여야 한다. 즉, 규정에 따라 업무처리를 수행하는 관리자가 그들의 업무수행 과정에서 발생하는 거래가 회계처리기준에 따라 적정하게 재무제표에 기록되고 있다고 합리적 확신(Reasonable Assurance)을 가질 수 있어야 한다. 만일 발견된 문제점에 대해 회계와 내부회계관리제도에 충분한 전문지식을 갖춘 객관적인 관리자가 그러한 합리적 확신을 가지지 못한다면 해당 미비점은 유의한 미비점 또는 중요한 취약점으로 분류되어야 한다(평가 및 보고 가이드라인, 56).

미국 PCAOB 재무보고 내부통제 감사기준서인 AS2201은 감사인이 내부회계관리제도 미비점의 심각성을 평가하고 중요한 취약점인지 여부를 결정할 때 'prudent official'이 자신의 직무를 수행함에 있어서 재무제표가 해당 재무보고체계에 따라 작성될 수 있도록 거래가 기록된다는 합리적인 확신을 가질 수 있는지 여부를 결정하도록 요구하고 있다(감사기준서 재정개요 1100, 42).

'prudent official'은 미국 판례법 등에서 사용되는 용어로 우리나라 법률 또는 기준에서 이에 상응하는 용어를 찾을 수가 없다. 미국 SEC FAQ, 글로벌 회계법인의 내부 설명자료, AICPA 지침서 등 문헌에서 'prudent official'을 다양하게 설명하고 있다. 이들 문헌에서 공통적으로 설명하는 'prudent official'의 특징은 '객관적이고 회계와 내부회계관리제도에 대한 전문성과 적격성을 갖추고 있으며 정보이용자의 입장에서 업무를 수행하고 판단을 내릴 수 있는 사람'이다. 회계감사기준위원회는 이러한 공통 특징을 고려하여, 'prudent official'을 "회계와 내부회계관리제도에 충분한 전문지식을 갖춘 객관적인 사람"으로 표현할 것으로 결정하였다(감사기준서 재정개요 1100, 43).

감사기준서 1100 문단 50에 따르면, 감사인은 내부회계관리제도 미비점 혹은 미비점들의 결합이 중요한 취약점이 아니라고 결정하는 경우, 동일한 사실과 상황에 대한 지식을 가진, 회계와 내부회계관리제도에 충분한 전문지식을 갖춘 객관적인 사람이 동일한 결론에 도달할 것인지 여부를 고려하여야 한다. 만약 감사인이 하나의 미비점 혹은 미비점들의 결합으로 인해, 회계와 내부회계관리제도에 충분한 전문지식을 갖춘 객관적인 사람이 직무수행에 있어서 해당 재무보고체계에 따라 재무제표가 작성될 수 있도록 필요에 맞게 거래가 기록된다는 합리적인 확신을 가지고 있다는 결론을 내릴 수가 없다고 결정한다면, 이 경우 감사인은 해당 미비점 혹은 미비점들의 결합을 중요한 취약점의 지표로 다루어야 한다(감사기준서 1100, A82 참조).

내부회계관리제도의 중요한 취약점을 나타내는 지표는 다음을 포함한다(감사기준서 1100, A82)
- 고위 경영진이 저지른 부정을 식별함(부정이 중요한지 여부는 관계없음). 여기서 고위 경영진은 대표이사, 재무담당 임원, 그밖에 기업의 재무보고프로세스에 유의적인 역할을 하는 다른 고위 경영진을 포함한다
- 부정이나 오류로 인한 중요한 왜곡표시의 수정을 반영하기 위해 이전에 발행된 재무제표를 재작성함
- 재무제표의 중요한 왜곡표시가 기업의 내부회계관리제도에 의해 발견 · 수정되지 못하였을 상황에서 감사 중 감사인에 의해 해당 왜곡표시가 식별됨
- 기업의 재무보고 및 내부회계관리제도에 대한 지배기구의 감시가 효과적이지 않음

감사기준서에서 언급하고 있는 중요한 취약점 지표는 내부회계관리제도 평가 및 보고 기준 22에서 언급하는 내용과 같은 맥을 유지하고 있다.

(중요한 취약점의 징후) 경영진은 다음 상황이 발생하는 경우에는 해당 내부회계관리제도의 미비점이 중요한 취약점인지를 평가하여야 한다(평가 및 보고 기준, 22).
- 금액이 중요한지와 관계 없이 고위 경영진에 의한 부정이 발견된 경우
- 중요한 왜곡표시의 수정을 반영하기 위하여 기존 재무제표를 재작성하는 경우
- 회사의 내부회계관리제도에 의해 파악하지 못한 중요한 당기 수정사항으로써 외부감사인에 의하여 파악된 경우(최종 재무제표에 동 수정사항을 반영하였는지 여부는 관계 없음)
- 회사의 외부 재무보고와 내부회계관리제도에 대한 감사(또는 감사위원회)의 감독기능이 효과적이지 않은 경우
- 합리적인 근거 없이 외부감사법 제8조에서 정한 사항이 내부회계관리규정에 포함되지 않거나 준수되지 않은 경우

Prudent official의 판단은 해당 통제 미비점이 감사기준서 제100호 A82항에서 언급된 '중요한 취약점의 지표'에 해당하는지를 함께 검토하는 것으로 해석할 수 있다. 발견한 왜곡표시 전체의 절대값이 재무제표 전체 중요성 금액에 근접하는 경우가 있을 수 있다. 실제 차이가 중요성 금액에 근접하고 왜곡표시의 잠재적 규모는 거의 확실히 실제 차이보다 클 것이므로, 이러한 상황에서는 Prudent official test를 포함한 적절한 집합적 분석이 특히 중요하다. 강력한 반증이 없다면 왜곡표시 전체의 절대값이 중요성

금액에 근접하는 상황에서 prudent official은 중요한 취약점이 존재하지 않는다고 결론 내리기가 어렵다고 볼 것이다.

5 재무보고 감독기구의 판단

경영진은 미비점의 중요도를 판단할 때 내부회계관리제도와 재무보고를 감독할 책임이 있는 이사회, 감사(또는 감사위원회) 등의 시각도 함께 고려하여야 한다. 즉, 중요한 취약점으로 분류될 수준은 아니지만 이러한 감독기구가 주목할 만큼 중요하다면 해당 미비점은 유의한 미비점으로 분류되어야 한다(평가 및 보고 가이드라인, 57).

발생한 미비점으로 인하여 5가지 구성요소와 17가지 원칙이 존재하지 않거나 기능하지 않는 경우에는 감사(또는 감사위원회)가 주목하는 항목으로 유의한 미비점이나 중요한 취약점으로 분류되어야 한다(평가 및 보고 가이드라인, 57).

감사기준서에 따르면, 내부회계관리제도 미비점이 개별적으로 또는 결합하여 유의적 미비점이 되는지 여부를 결정하기 위하여 각각의 미비점의 심각성을 평가하는 것은, 통합감사 과정에서 식별된 유의적 미비점들을 경영진 및 지배기구에 서면으로 커뮤니케이션하기 위한 목적이다. 커뮤니케이션 요구사항은 문단 63-67(내부회계관리제도 관한 사항의 커뮤니케이션)에 기술되어 있다(감사기준서 1100 문단 A84).

6 미비점의 타미비점과의 종합적인 고려(aggregation of deficiencies)

미비점을 분류할 때에는 개별적인 미비점의 중요성뿐만 아니라 다른 미비점들과 종합적으로 고려하였을 경우의 효과에 대해서도 판단하여야 하며 이러한 종합적 고려는 유의한 계정과목별로 하도록 한다(평가 및 보고 가이드라인, 58).

예를 들어, 충분히 정교하게 설계 및 운영되는 직접 전사 통제와 업무프로세스 수준의 통제는 통제목적 달성에 직접적인 영향을 미치므로 해당 미비점이 유의한 미비점으로 분류되지 않더라도 다른 미비점과의 결합효과를 고려하여 유의한 미비점 및 중요한 취약점으로 구분될 수 있다 (평가 및 보고 가이드라인, 58).

한편, 간접 전사통제와 정보기술 일반통제는 통제 성격상 회사의 내부회계관리제도 전반에 걸쳐 중요한 영향을 미치나 특정 계정과목과 관련한 경영자 주장에는 간접적인 영향을 미친다. 따라서, 간접적인 영향을 미치는 통제의 미비점이 발견될 경우 그 자체로 미비점의 수준을 판단하기보다는 관련된 업무프로세스 수준의 통제가 효과적인지 여부를 고려하여 종합적으로 판단한다(발생가능성, 금액적 크기 등)(평가 및 보고 가이드라인, 58).

간접 전사통제나 정보기술 일반통제와 같은 전반적인 통제(Pervasive control)의 미비점을 평가할 때는 그 미비점이 어떤 경영진 주장에 영향을 미치는지를 명확히 식별하고, 그 주장과 연결되는 거래수준 통제를 구체적으로 파악해야 한다. 이 과정을 통해 전반적 통제 미비점이 단순히 시스템이나 환경 차원의 문제가 아닌, 재무제표 왜곡 가능성과 어떤 식으로 연결되는지를 구조적으로 이해할 수 있게 된다.

거래수준에서 발견된 미비점 평가는 개별적으로 또는 여러 개를 묶어서 중요성(중요한 취약점 여부)을 판단하는 절차와 유사하다. 하지만 전반적 통제 미비점의 경우, 그 영향 범위가 광범위하고 재무보고 전반에 영향을 미칠 수 있기 때문에, 그 미비점이 야기할 수 있는 잠재적인 재무제표 왜곡의 규모가 상당히 클 수 있다는 점을 고려해야 한다. 따라서 전반적인 통제의 미비점이 영향을 미치는 각 경영진 주장별로, 그 위험을 완화할 수 있는 적절한 보완통제가 실제로 존재하고 있는지, 그리고 그 보완통제가 적정한 수준의 정밀성을 가지고 제대로 작동하고 있는지를 충분히 이해하고 평가해야 한다.

설계 · 운영 개념체계에서 제시하는 17가지 원칙이 존재하지 않거나 기능하지 않는 경우에는 유의한 미비점이나 중요한 취약점으로 구분되는 것이 일반적이며, 감사(또는 감사위원회) 및 부정방지와 관련된 원칙은 중요한 취약점으로 고려할 수 있는 항목으로 간주된다(평가 및 보고 가이드라인, 22).

간접 전사통제에서 미비점이 식별되면 유의적 미비점이나 중요한 취약점에 해당하는지요?(감사 FAQ,7)

간접 전사통제에서 미비점이 식별되더라도 거래 수준 통제와 같이 중요한 왜곡표시를 직접적으로 예방, 발견 · 수정할 수 있는 다른 통제가 효과적으로 설계 · 운영된다면 일반적으로 간접 전사통제의 미비점이 그 자체로 유의적 미비점이나 중요한 취약점에 해당하지는 않습니다.

다만 간접 전사통제의 미비점이 감사기준서 1100 문단 A82에서 제시한 중요한 취약점의 지표나 감사기준서 265 문단 A7에서 제시한 유의적 미비점의 징후에 해당한다면 간접 전사통제의 미비점 자체로도 중요한 취약점이나 유의적 미비점에 해당할 수 있으므로 감사인은 해당 미비점을 신중하게 평가하여야 합니다.

▣ 관련 기준 : 감사기준서 1100 문단 24~25, 39, A30~A34, A53, A82, 감사기준서 265 문단 A7

A7. 유의적 내부통제 미비점들에 대한 징후에는 예를 들어 다음과 같은 것이 포함된다(감사기준서 265, A7).

- 통제환경에 있어 다음과 같이 비효과적인 측면의 증거
  - 경영진이 재무적 이해관계를 갖고 있는 유의적 거래에 대하여 지배기구가 적절하게 조사하고 있지 않다는 징후
  - 그 중요성과 관계없이, 기업의 내부통제가 예방하지 못했던 경영진부정을 식별함
  - 이전에 커뮤니케이션 된 유의적 미비점들에 대하여 경영진이 적합한 시정조치를 이행하지 않음.
- 일반적으로 수립이 기대되는 위험평가절차가 해당 기업에는 없음
- 기업의 위험평가절차가 비효과적이라는 증거(예, 기업의 위험평가절차가 식별하였어야 할 중요왜곡표시위험을 경영진이 식별하지 못한 경우)
- 식별된 유의적 위험에 대한 비효과적인 대응의 증거(즉, 그러한 위험에 대한 통제의 부재)
- 기업의 내부통제에 의하여 예방 또는 발견 및 수정되지 않고, 감사인의 감사절차에 의하여 발견된 왜곡표시
- 오류나 부정으로 인한 중요한 왜곡표시를 수정하기 위해 이전에 발행된 재무제표를 재작성함
- 재무제표 작성을 감시할 경영진의 능력이 부재하다는 증거

감사기준서에 따르면, 내부회계관리제도의 효과성에 대한 의견을 형성할 목적으로, 감사인은 내부회계관리제도 미비점이, **개별적으로 혹은 결합하여**, 평가기준일 현재 중요한 취약점인지 여부를 결정하기 위하여 내부회계관리제도 미비점 각각의 심각성을 평가하여야 한다. 감사인은 내부회계관리제도 미비점의 심각성을 평가할 때, 동일한 유의적인 거래유형 · 계정잔액 · 공시, 관련경영진주장, 또는 내부회계관리제도 구성요소에 영향을 미치는 미비점들이 집합적으로 중요한 취약점이 되는지 여부를 결정하여야 한다(감사기준서 1100, 48).

즉, 개별 통제미비점은 각각의 심각성을 평가하지만, 유의한 거래유형, 계정과목, 내부회계관리제도 구성요소별로 미치는 미비점들이 집합적으로 평가하여 중요한 취약점 여부를 결정해야 한다.

7 정보기술 일반통제 미비점 평가 시 고려 사항

정보기술 일반통제는 정보처리통제(자동통제 및 IT의존 수동통제)가 신뢰성 있게 작동하기 위한 기반 조건이다. 정보기술 일반통제만으로 재무보고 위험을 적절하게 처리할 수는 없지만, 적절하고 지속적으로 설계 · 운영되는 자동통제 또는 IT의존 수동통제는 효과적인 정보기술 일반통제에 기반하고 있다. 즉, 정보기술 일반통제가 취약하면 그 위에 존재하는 자동통제 및 IT의존 수동통제도 신뢰할 수 없게 됨을 의미한다(제7장 제1절 2. 정보처리통제와 정보기술 일반통제와 관계 참조).

따라서, 정보기술 일반통제에 미비점이 존재하고, 이와 관련되거나 그로 인해 영향을 받는 정보처리통제(자동통제 및 IT의존 수동통제)에서도 미비점이 식별된다면, 해당 정보기술 일반통제의 미비점은 정보처리통제의 미비점과 결합하여 평가되어야 하며, 일반적으로 정보처리통제의 미비점 수준에 따라 분류된다. 예를 들어, 정보기술 일반통제의 미비점과 관계가 있거나 원인이 되는 정보처리통제 안에 중요한 취약점이 존재한다면, 정보기술 일반통제의 미비점도 중요한 취약점으로 정의된다.

다음의 사항들을 고려하여 정보기술 일반통제의 미비점에 대해 추가적으로 평가한다.

- 미비점의 성격과 중요성(예: 미비점이 프로그램 개발 프로세스에서의 단일의 영역에만 관련되는지 또는 전체 프로세스와 관련되는지의 여부)
- 응용 통제와 데이터에 대한 미비점이 전산환경 전반에 영향을 미치는 정도
  - 중요한 계정과목과 주요한 업무 프로세스에 정보기술 일반통제의 미비점이 영향을 주는 정도
  - 정보기술 일반통제 미비점과 관련된 정보처리통제의 수
  - 정보기술 일반통제 미비점과 관련되거나 원인이 되는 응용 통제에서 발견된 미비점 수
- 회사의 시스템 환경의 복잡성과 미비점이 정보처리통제에 영향을 미칠 수 있는 정도
- 응용 프로그램과 데이터에 대한 통제의 상대적 근접성
- 손실 또는 부정에 취약한 계정과목 또는 주석사항에 영향을 주는 응용 프로그램 및 데이터와 정보기술 일반통제의 미비점이 관련되는지 여부
- 정보기술 일반통제의 운영의 유효성 테스트 결과 발견된 예외사항의 원인과 빈도
  - 정보기술 일반 통제에서 당초 기대했던 효과적인 운영과 일치하지 않는 예외사항
  - 고의적으로 통제를 진행하지 않을 때
- 정보기술 일반통제의 미비점에 의해 영향을 받는 재무제표 왜곡표시 등 응용 프로그램과 관련된 오류 또는 왜곡 이력

정보기술 일반통제에서 미비점을 식별하는 경우, 감사인은 어떠한 대응 절차를 수행할 수 있는지요(감사 FAQ, 21)?

정보기술 일반통제에서 미비점이 식별된 경우, 감사인은 회사의 검토 및 영향 분석과 별도로 정보기술 일반통제의 미비점에 영향을 받는 응용통제를 결정하고 정보기술 일반통제의 미비점이 각 관련 응용통제에 미치는 잠재적 영향을 평가하여 문서화한 후 다음과 같은 대응 절차를 수행할 수 있습니다.

(1) 보완통제를 고려함

- 동일한 위험에 대처하는 다른 정보기술 일반통제

  상황에 따라 감사인은 정보기술 일반통제에서 미비점이 식별된 경우 미비점이 있는 정보기술 일반통제가 대응하고자 했던 위험을 충분히 감소시키는 다른 정보기술 일반통제가 있는지, 즉 정보기술 일반통제의 보완통제가 있는지 고려합니다. 예를 들어 프로그램 접근 통제에서 미비점이 식별되었으며 이러한 미비점 때문에 프로그램 개발자가 응용프로그램에 접속하여 프로그램을 무단 변경할 수 있는 경우에 시스템에서 변경 불가능한 프로그램 변경 로그 리포트가 생성되고 프로그램 개발자와 독립적인 경영진이 매주 로그 리포트와 프로그램 변경 승인 리스트를 비교하는 적발통제를 수행한다면 이러한 적발통제는 프로그램 접근 통제의 미비점을 보완할 수 있습니다.

  보완통제가 미비점이 있는 정보기술 일반통제가 대처하고자 했던 위험을 충분히 경감시키고 감사인이 보완통제를 테스트한 결과 효과적으로 설계, 운영된다면 감사인은 정보기술 일반통제의 지원을 받는 프로세스 수준 응용통제에 의존할 수 있습니다.

- 정보기술 일반통제 미비점에 영향을 받지 않는 응용통제

  상황에 따라 감사인은 정보기술 일반통제의 미비점에 영향을 받는 응용통제와 동일한 위험에 대처하면서 정보기술 일반통제 미비점의 영향을 받지 않는 다른 프로세스 수준 통제, 즉 응용통제의 보완통제를 고려합니다. 예를 들어, 전표를 기표하는 총계정원장 시스템의 로그인 패스워드가 패스워드 정책을 준수하여 설정되지 않은 경우 해당 전표가 적절한 사람에 의해 승인받는 통제가 있을 경우 보완이 되는 것으로 판단할 수 있습니다. 감사인은 정보기술 일반통제 또는 응용통제의 보완통제가 위험을 충분히 경감시킬 수 있는지 유의하여야 합니다. 또한 감사인은 보완통제가 정보기술 일반통제의 미비점 때문에 신뢰성이 훼손된 시스템에서 생성된 정보를 사용하는 경우처럼 보완통제가 미비점이 있는 정보기술 일반통제에 의존하지는 않는지 유의하여야 합니다.

(2) 정보기술 일반통제의 미비점이 응용통제에 미친 영향이 제한적임을 확인하는 경영진의 대체적 통제를 고려함

정보기술 일반통제에서 미비점이 식별되었으나 보완통제가 식별되지 않거나 비효과적인 경우, 경영진은 운영실태 평가 등 모니터링 통제의 일환이나 개선 계획에 따른 신규 통제로 미비점이 있는 정보기술 일반통제가 감사 대상 기간 동안 응용통제에 실제로 영향을 미쳤는지 확인하는 대체적인 통제를 설계 · 운영할 수 있습니다. 예를 들어 자동 통제가 운영되는 응용프로그램의 프로그램 변경 권한에 대한 통제에서 미비점이 식별된 경우, 경영진은 감사 대상 기간 중 해당 응용프로그램에 변경이 없었는지 또는 모두 적절한 근거에 따라 임의 변경되지 않았는지 확인하는 대체적인 통제를 설계 · 운영할 수 있습니다.

이처럼 경영진이 대체적인 통제를 설계 · 운영하여 정보기술 일반통제 미비점이 응용통제에 영향을 미치지 않았음을 확인하였고 감사인이 대체적인 통제를 테스트한 결과 효과적으로 운영된다고 결론 내렸다면, 감사인은 정보기술 일반통제의 지원을 받는 응용통제에 의존할 수 있습니다. 또한 감사인은 정보기술 일반통제의 미비점을 평가할 때 이러한 대체적인 통제를 미비점의 심각성을 완화하는 보완통제로 고려할 수도 있습니다.

(3) 프로세스 수준 자동통제(IT의존 수동통제포함)가 일관성 있게 운영되었다는 직접적인 증거를 입수하는 절차를 수행함

정보기술 일반통제가 효과적이지 않은 상황에서 감사인은 정보기술 일반통제의 영향을 받는 자동통제가 일관성 있게 운영되었다는 직접적인 증거를 입수할 수 있습니다. 이러한 방법은 프로그램 변경 요청/테스트 승인 통제에 미비점이 있을 때만 적용 가능하며, 데이터 직접 변경 등 프로그램 변경 이력 추적만으로는 확신을 얻을 수 없는 다른 정보기술 일반통제에서 미비점이 발생한 경우에는 적용이 불가할 수 있습니다. 이러한 직접적인 증거를 입수하는 절차의 예는 다음과 같으며, 미비점이 발생한 정보기술 일반통제의 성격에 따라 적절한 절차를 수행하여야 합니다.

- 자동통제가 운영되는 응용프로그램이 마지막으로 테스트된 이후 변경되지 않았다는 증거를 입수함
- 감사 대상 기간에 걸쳐 자동통제를 수동통제와 유사한 빈도로 테스트함. 다만, 감사대상기간에 걸쳐 해당 자동통제를 수동통제와 유사한빈도로 테스트할지 여부를 결정하기 위해서는 아래 요소를 종합적으로 고려하여 판단하여야 함.
  - IT 환경의 복잡성
  - 유의적 위험에 대응하는 자동통제인지 여부
  - 자동통제의 복잡성 및 운영빈도 (예: 운영 빈도가 빈번하여 감사인이 테스트하는 간격의 길이가 매우 짧은 경우에는 적용하기 어려움)
  - 관련 IT시스템 변경의 빈도
  - 자동통제와 관련된 위험의 유의성
  - 자동통제와 관련된 정보기술 일반통제 미비점의 평가수준 (예: 관련 미비점이 유의적 미비점으로 식별되는 경우에는 적용하기 어려움)

감사인이 직접적인 증거를 입수한 결과 응용통제가 일관성 있게 운영되었다고 결정하였다면 감사인은 해당 응용통제에 의존할 수 있습니다.

상기 (1)~(3)의 절차를 수행한 결과 효과적인 보완통제나 대체적인 통제가 설계 · 운영되지 않고 응용통제가 일관성 있게 운영되었다는 증거를 입수하지 못하였다면 감사인은 정보기술 일반통제의 영향을 받는 프로세스 수준 응용통제에 의존할 수 없으며 응용통제 관련 사항도 미비점으로 식별하고 심각성 평가를 수행하여야 합니다.

제3절 내부회계관리제도의 미비점 평가 절차

내부회계관리제도 상의 미비점은 그 심각성에 따라 단순한 미비점, 유의한 미비점, 중요한 취약점으로 구분하며 아래의 단계를 이용할 수 있다(평가 및 보고 가이드라인, 59).

[그림 9-1] 미비점 평가 절차

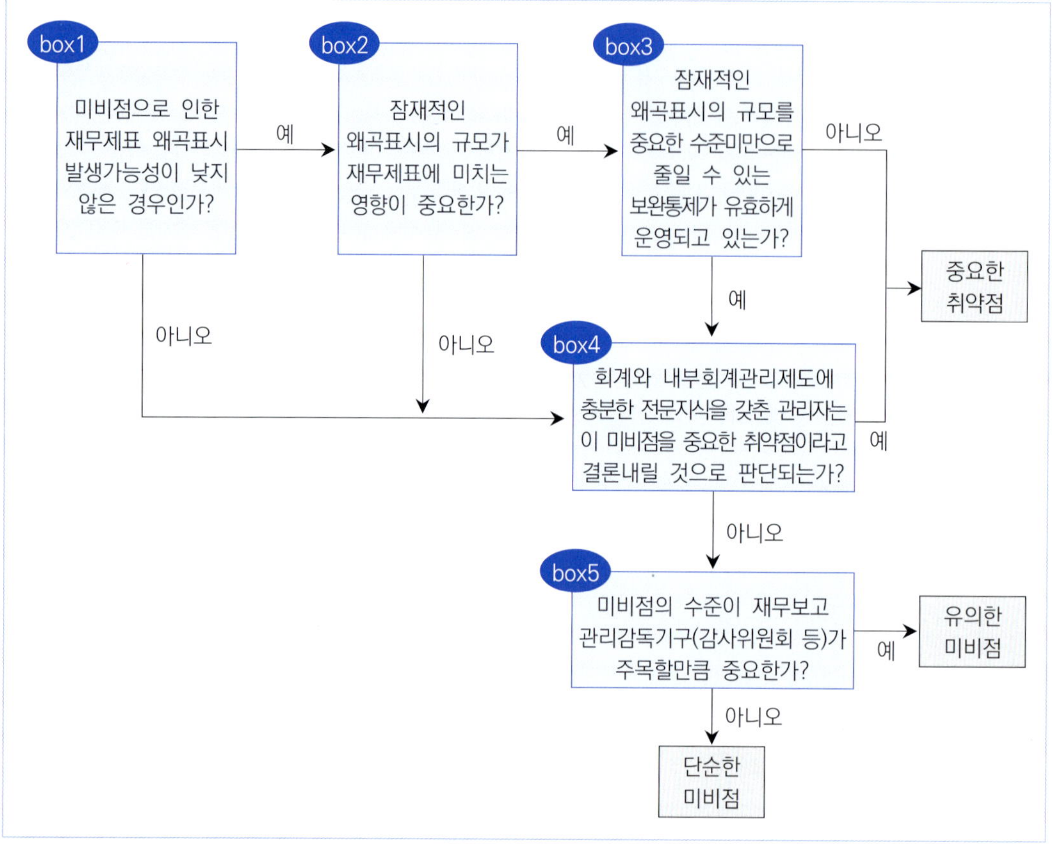

내부회계관리제도의 미비점을 분류할 때에는 일반적으로 재무제표에 미치는 영향의 크기와 같은 양적 요소와 함께 질적인 특성을 고려하도록 한다.

미비점 평가 표에 따르면, 특정 통제의 미비점에 대해 '발생 가능성'이 낮다고 판단되면, BOX2의 금액적 크기 평가 절차를 생략하고, 곧바로 BOX4의 조치 결정 절차로 넘어가게 된다. 즉, 발생 가능성이 낮은지 여부를 판단하는 것이 금액적 크기(잠재적 영향)를 따로 계산할 필요가 있는지 없는지를 결정짓는 중요한 기준이 된다.

일반적으로 거래수준 통제를 평가하지 않고 전사적 수준 통제에 미비점이 존재한다는 이유만으로 내부회계관리제도가 효과적이지 않다고 결론 내리지 않는다. 단, 내부회계관리제도와 관련하여 외부감사법규 등에서 강조되는 감사(또는 감사위원회)의 기능이 미흡하거나 내부회계관리규정을 위반한 경영진의 지시사항에 대응하는 절차에 단순하지 않은 미비점이 존재하는 등의 경우에는 중요한 취약점의 징후로 고려되어야 한다(감사 FAQ, 7 참고).

또한, 위험평가 과정에서 중요한 누락이 발생하는 미비점이 존재하는 경우, 예를 들어 중요한 주석 항목이나 현금흐름표의 영업현금 관련 항목이 평가에서 제외되는 경우 경영진은 해당 부분의 내부통제의 평가를 수행하지 않고 내부회계관리제도의 설계와 운영이 적정하다고 결론 내릴 수 없을 것이다.

관련법규에서 강조하는 사항이나 회사가 선택한 내부통제체계에서 정의한 사항이 효과적인 내부회계관리제도에 부합하지 않는 경우에는 이는 적어도 유의한 미비점 이상으로 간주되어야 한다.

미비점을 중요한 취약점이나 유의한 미비점으로 분류할 때에는 미비점을 계정과목별, 공시항목별 또는 내부회계관리제도의 5가지 구성요소와 17가지 원칙별로 집계하여 다른 미비점과의 결합효과를 고려하여야 한다. 특정 계정과목이나 공시항목과 관련된 통제에 다수의 미비점이 존재하게 되면 재무제표의 왜곡표시가 발생할 가능성이 높아지기 때문에 유의한 계정과목이나 공시항목별로 통제의 미비점을 집계하는 것이 필요하다. 내부회계관리제도의 5가지 구성요소와 17가지 원칙별로 통제의 미비점을 집계하는 것은 계정과목별, 공시항목별 집계방식보다 어렵고 더 많은 판단을 필요로 한다.

1 미비점 평가 사례

사례 1 거래수준 통제(재고자산 평가 관련 통제 설계 미비)

감사인은 재고자산 및 매출원가에 대한 이해 절차의 일환으로, 회사의 내부통제 문서를 입수하고 관찰 및 질문을 수행하였다. 그 결과, 재고자산이 취득원가와 순실현가능가치 중 낮은 금액으로 평가(저가평가)되고 있는지를 검증하기 위한 경영진의 통제가 존재하지 않음을 확인하였다. 이러한 통제의 부재로 인해, 회사는 재고자산 관련 0.6억 원의 평가손실을 식별하지 못하였으며, 감사인은 해당 금액을 수정사항 집계표에 포함시켰다. 당기 말 기준 회사의 재고자산 잔액은 32억 원이며, 감사인의 중요성 기준은 2억 원, 관련 수행 중요성은 그 75%인 1.5억 원이다.

해당 통제미비점에 대해서 미비점 평가를 수행하면 다음과 같다.

Box1	미비점으로 인한 재무제표 왜곡표시 발생가능성이 낮지 않은 경우인가?	다음 사항을 고려해서 왜곡표시 발생가능성이 낮지 않다고 판단함 ⓐ 회사는 재고자산이 취득원가나 시장가격보다 낮은 금액으로 평가되고 있는지 검증하기 위한 통제를 설계/운영하지 않았고, 그로 인해 잠재적인 왜곡표시가 존재하나 식별하지 못하였음. ⓑ 재고자산 가격은 소비자 수요에 따라 영향을 받는데 회사가 영업하는 대부분 국가의 경기 둔화에 따라 전년동기 대비 당기말 소비자 수요가 감소함에 따라 시장가격이 낮게 형성이 되고 있음.
Box2	잠재적인 왜곡표시의 규모가 재무제표에 미치는 영향이 중요한가?	당기 말 현재 재고자산 금액은 32억원이지만, 회사가 속한 산업(소매 및 소비 자제품)에 대한 이해와 경험에 기초하여 당기 경제적 상황을 고려하면, 감사인은 재고 평가 조정사항으로 인식될 잠재적 왜곡표시 최대 금액은 재고자산 금액의 5%를 초과하지 않을 것이라고 예상함(즉, 기말 재고자산 32억*5%= 1.6억, 수행중요성 이상이나 중요성보다는 작음). 따라서 해당 통제미비점으로 인한 잠재적 왜곡표시의 금액은 중요하지는 않음.
Box3	잠재적인 왜곡표시의 규모를 중요한 수준미만으로 줄일 수 있는 보완통제가 유효하게 운영되고 있는가?	통제미비점이 중요하지 않음으로 보완통제 평가는 생략함.
Box4	회계와 내부회계관리제도에 충분한 전문지식을 갖춘 객관적인 관리자는 이 미비점이 중요한 취약점이라고 결론내릴 것으로 판단되는가?	회계와 내부회계관리제도에 충분한 전문지식을 갖춘 객관적인 관리자의 판단은 해당 통제미비점이 중요한 취약점이라고 판단할 근거는 없음.
Box5	미비점의 수준이 재무보고 관리감독 기구(감사위원회 등)가 주목할 만큼 중요한가?	해당 통제미비점은 수행중요성보다는 잠재적 왜곡표시금액이 높으므로 재무보고 관리감독기구가 주목할만한 중요한 사항이므로 유의한 미비점으로 판단됨.
평가 결론		유의한 미비점으로 판단함.

사례 2 거래수준 통제(영업권 손상검토 관련 통제 설계 미비)

회사 재무담당자 및 상위 검토자는 회계정책에 따라 A부문의 영업권에 대한 손상 여부를 분기 단위로 평가하였다. 그러나 감사인은 회사의 손상검토 과정에서 사용된 주요 가정 중 매출성장률 및 할인율이 경영진의 검토 대상에 포함되지 않았음을 확인하였다. 이에 따라 경영진이 수행한 평가는 중요 왜곡표시를 식별할 수 있을 만큼 충분히 민감하거나 상세한 수준에서 이루어지지 않았다고 판단하였다.

감사인은 재무담당자에 대한 직접 질의, 10월 8일 회의 관찰, 관련 문서검토 등의 절차를 통해 이러한 사실을 식별하였으며, 주요 가정이 경영진의 검토 통제 과정에서 충분히 반영되지 않은 점을 고려할 때, 해당 검토 통제는 설계상 미비점이 존재하는 것으로 평가하였다.
본 감사에서 적용된 중요성은 20억 원이며, 수행중요성은 그 75%인 15억 원이다.

해당 통제미비점에 대해서 미비점 평가를 수행하면 다음과 같다.

Box1	미비점으로 인한 재무제표 왜곡표시 발생가능성이 낮지 않은 경우인가?	감사인은 다음과 같은 고려 사항에 근거하여 잠재적인 왜곡표시의 가능성이 낮지 않다고 결론 내림. ⓐ 전년도 마지막 분기부터 경제 하락 추세였으며, 이는 자산이 손상에 더 취약하도록 만들었음. ⓑ 손상 지표의 분석은 매우 주관적이고 복잡하므로 전문적인 판단의 문제임.
Box2	잠재적인 왜곡표시의 규모가 재무제표에 미치는 영향이 중요한가?	당기말 현재 A부문의 영업권은 474백만원이지만 해당 계정 잔액은 71백만 (잔액의 15 %)까지 과대평가될 수 있다고 평가하였음. 회사의 유사한 영업 부문에서 기록된 손상금액에 대한 검토, 업계에 대한 지식과 경험, 실제 경제 상황에 대한 이해를 바탕으로 총계정 잔액의 15%인, 71백만이 계정의 잠재적인 최대 과대계상 추정치로 합리적이라고 판단함. 따라서 해당 통제미비점으로 인한 잠재적왜곡표시의 금액은 중요하지는 않음.
Box3	잠재적인 왜곡표시의 규모를 중요한 수준미만으로 줄일 수 있는 보완통제가 유효하게 운영되고 있는가?	통제미비점이 중요하지 않음으로 보완통제 평가는 생략함.
Box4	회계와 내부회계관리제도에 충분한 전문지식을 갖춘 객관적인 관리자는 이 미비점이 중요한 취약점이라고 결론내릴 것으로 판단되는가?	회계와 내부회계관리제도에 충분한 전문지식을 갖춘 객관적인 관리자의 판단은 해당 통제미비점이 중요한 취약점이라고 판단할 근거는 없음.
Box5	미비점의 수준이 재무보고 관리감독기구(감사위원회 등)가 주목할 만큼 중요한가?	해당 통제미비점은 수행중요성보다는 잠재적 왜곡표시금액이 낮음으로 재무보고 관리감독기구가 주목할만한 중요한 사항은 아니므로 단순한 미비점으로 평가함.
평가 결론		단순한 미비점으로 판단함.

사례 3 통제미비점들의 결합 평가

감사인은 다음과 같은 통제미비점들을 식별하여 개별적으로 미비점 평가하였다. 해당 회사의 중요성은 50억이며, 수행중요성은 중요성의 75%인 35억이다.

통제미비점	발생가능성	잠재적 왜곡표시	보완통제	Prudent Official	지배기구 주목여부	개별미비점 평가결론
A	낮지 않음	16.7억	N/A	중요하지 않음	경영진 관련사항이므로 주목할 만한 사항	유의한 미비점
B	낮지 않음	2.55억	N/A	중요하지 않음	경영진 관련사항이므로 주목할 만한 사항	유의한 미비점
C	낮음	N/A	N/A	중요하지 않음	주목할 만한 사항이 아님	단순한 미비점
D	낮지 않음	12억	N/A	중요하지 않음	주목할 만한 사항이 아님	단순한 미비점
E	낮지 않음	8억	N/A	중요하지 않음	주목할 만한 사항이 아님	단순한 미비점
합계		39.25억				

개별 미비점들의 잠재적 왜곡표시 규모(39.225억)가 중요성(50억)보다는 낮고, 수행중요성(35억)보다는 높음으로 개별 미비점을 결합하여 최종적으로 유의한 미비점으로 평가한다.

2 중요한 취약점 사례 분석

2019년부터 2021년까지 내부회계관리제도 감사에서 식별된 중요한 취약점을 유형별로 정리하면 다음과 같다. 대상 기업들은 별도 기준 자산 5,000억 원 이상을 보유한 대기업이다.

〈표 9-1〉 중요한 취약점 사례[99]

구분	중요 취약점 내용	대분류	중분류
유형자산 손상평가	외부 평가 보고서 가정 검토 통제 미비	재무보고	손상, 평가
현금창출단위 회수가능액	회수가능가액 산정 통제 미비	재무보고	손상, 평가
정비비용 및 리스	정비비용 인식, 리스 기준 검토 통제 미비	재무보고	회계처리
계약상 약정	종업원과 체결한 약정사항 식별 검토 통제 미비	재무보고	약정
금융상품	금융상품 회계처리 검토 통제 미비	재무보고	회계처리

99) 황근식, 내부회계관리제도 감사기준 적용·이슈(2024)의 발표자료를 재정리함

구분	중요 취약점 내용	대분류	중분류
소송충당부채	최선의 추정치로 인식하기 위한 통제 미비	재무보고	평가
종속기업 투자	외부 전문가 가정 검토 통제 미비	재무보고	손상, 평가
재고 및 원가	원가계산 적정성 검토 통제 미운영	재무보고	재고, 원가
재무제표 작성	재무제표 작성과정 정확성 검토 통제활동 미비	재무보고	공시, 작성절차
현금창출단위 회수가능액	손상 인식 검토 통제 미운영	재무보고	손상, 평가
손상평가	평가보고서 가정 반영 통제 미운영	재무보고	손상, 평가
통제환경 전반	통제환경 미비(윤리 강령 미공유, 회계정책서 적시 수정안됨)	전사적수준통제	통제환경
재고자산	미착품의 완전성 및 재고자산 수량 확인 통제 미비	재무보고	재고
재무제표 작성	주석 검토 통제 미비	재무보고	공시
투자부동산	투자부동산 검토 통제 미비	재무보고	회계처리
특정계약	특정계약 회계처리 및 자금차입을 적시에 인식하기 위한 통제 미설계	재무보고	회계처리
유형자산 손상	손상평가 통제 미설계	재무보고	손상, 평가
차입금 유동성 분류	차입금의 유동/비유동 분류 통제 미설계	재무보고	분류
원가 인식	일부 원가 인식 통제 미설계	재무보고	원가
매출채권	매출채권 실재성 검토 통제 미설계	재무보고	채권의 실재성
지분법	지분법 적용 대상 회사를 식별하기 위한 통제 미설계	재무보고	회계처리
리스회계	리스회계처리 검토하기 위한 통제 미설계	재무보고	회계처리
자산손상	손상 인식 통제활동 미비	재무보고	손상, 평가
관계기업	관계기업 관련 복잡한 회계처리 검토 통제 미비	재무보고	회계처리
자금 통제 미비	자금일보 통제 미비, 법인인감 관리 미비, 인증서 및 OTP 관리미비	자금부정통제	자금부정

대분류별로 살펴보면, 대부분의 중요 취약점은 재무보고와 관련된 통제에서 식별되었으며, 일부는 전사적 수준 통제 및 자금부정통제 영역에서 발생하였다. 재무보고 통제 내에서는 특히 자산손상 및 평가 관련 통제, 복잡한 회계처리 검토 통제, 공시 통제, 자산 실재성 검토 통제, 그리고 자산의 유동·비유동 분류 통제 순으로 취약점 발생 빈도가 높았다.

내부회계관리제도 감사는 실무적으로 내부통제의 미비점이 재무제표상 왜곡표시로 즉시 연결되지 않는 경우, 이를 중요한 취약점으로 판단하는 데 어려움이 있다.

이에 따라 감사인은 다음과 같은 상황에서 통제 미비점을 중요한 취약점으로 평가하는 사례가 실무적으로 빈번하게 발생하고 있다.

• 부정이나 오류로 인해 중요한 왜곡표시가 수정되었으며, 그 수정이 내부통제 절차가 아닌 감사인의 감사절차에 의해 이루어진 경우

• 기발행 재무제표를 재작성해야 할 정도의 중요한 왜곡표시가 존재하였으나, 해당 왜곡표시가 내부회계관리제도 내 통제 활동에 의해 사전에 식별·수정되지 못한 경우

이러한 경우 해당 통제 미비점은 그 중요성이 기준을 초과하면 중요한 취약점으로 평가되고 있다.

별도 기준 자산 1,000억 원 이상 기업까지 감사 대상이 확대된 2022년에는, 중요한 취약점의 유형이 한층 다양해지는 양상을 보였다.

〈표 9-2〉 2022년 중요한 취약점 유형[100]

유형	중요한 취약점 수 (건)
재무보고 통제활동 미비	13건
재무제표 작성에 또는 중요한 추정사항에 대한 통제 미비	7건
통제환경, 위험평가, 모니터링 등 전사적 수준 통제 미비	6건
법인인감 통제 등 자금 통제 미비	4건
부정	3건
적격성 있는 인력 부족	1건

자산손상과 관련된 회계추정 검토통제 미비는 여전히 빈번하게 식별되고 있으며, 다수의 중요한 취약점이 감사인에 의한 재무제표 수정사항에서 비롯된 것으로 추정된다. 그러나 자산 규모가 1,000억 원에서 5,000억 원 사이에 해당하는 기업들이 감사 대상에 포함되면서, 재무보고 외에도 일상적인 거래 통제나 전사적 통제환경 등 다양한 영역에서 통제 미비점이 나타나는 확대되는 경향이 보였다.

미국의 경우에도 Kinney & Shepardson(2011)[101]의 연구에 따르면, 중요한 취약점을 보고한 기업의 약 50~80%는 감사인이 발견한 수정분개가 있었다고 보고되었다. 또한 감사파트너들을 대상으로 한 인터뷰에 따르면, SOX 404 감사 시행 2년 차에 발견된 내부통제 취약점의 약 80% 이상이 재무제표감사 과정에서 감사인이 제시한 수정분개를 통해 확인된 것으로 나타났다.

즉, 재무제표감사 과정 중 감사인이 수정분개를 요구하는 경우, 이는 그 자체로 내부통제의 중요한 취약점으로 연결될 가능성이 높다는 것을 시사한다. 따라서 실무적으로는 감사인이 제시한 수정분개를 중심으로 그 발생 배경과 원인을 분석하고, 해당 오류가 내부통제의 미비로 인해 발생했는지 파악하는 것이 중요한 취약점을 식별하는 데 가장 효율적인 접근이라는 점을 시사한다.

그럼에도 불구하고 미국에서 내부회계관리제도(SOX 404 감사) 감사를 수행한 사례들을 보면, 업무분장 및 정보기술 일반통제 영역에서 중요한 취약점이 다수 보고되고 있다. 이는 업무분장과 정보기술 일반통제가 내부통제의 기초 인프라로 간주되기 때문에, 이 영역의 미비점은 구조적이고 중대한 문제로 취급되고 있다.

---

100) 황근식, 내부회계관리제도 감사기준 적용이슈(2024)의 발표자료

101) William R. Kinney, Jr., Roger D. Martin, and Marcy L. Shepardson, 2013, Reflections on a Decade of SOX 404(b) Audit Production and Alternatives, Accounting Horizons Vol. 27, No. 4: 799-813

제4절 내부회계관리제도 효과성 평가 결론 : 대표자

1 대표자의 내부회계관리제도 효과성 평가 결론

(1) 평가 및 보고기준, 24

대표자는 회사가 설정한 내부회계관리제도 효과성 점검을 위한 성과지표 및 평가결과 발견된 취약점을 고려하여 내부회계관리제도의 효과성에 대한 결론을 내려야 한다.

대표자는 내부회계관리제도의 효과성에 대한 평가 결과를 명확하게 표시하여야 하며, 회사의 내부회계관리제도가 특정 중요한 취약점을 제외하거나 특정 사업부 등을 제외하는 등 특정 제약조건 하에서 효과적이라는 결론을 내릴 수 없다.

재무제표를 재작성하는 경우 경영진은 내부회계관리제도의 효과성과 관련된 과거의 결론이 여전히 적절한지 여부와 기존 공시내용의 추가 또는 수정 필요성을 고려하여야 한다. 그러나, 재무제표를 재작성하였다는 사실만으로 내부회계관리제도의 효과성과 관련된 과거의 결론을 반드시 수정하여야 하는 것은 아니다.

내부회계관리제도의 특정 영역에 대한 평가가 불가능한 경우, 경영진은 통제 평가가 불가능한 특정 프로세스가 내부회계관리제도 전반에 미치는 중요성을 고려하여 내부회계관리제도의 효과성에 대해 결론을 내려야 하며 '특정 부분을 제외하고는 효과적이다' 등의 한정적인 표현을 사용할 수 없다.

(2) 평가 및 보고 가이드라인, 60

경영진은 회사의 내부회계관리제도의 효과성에 대한 평가를 수행하고 내부회계관리제도에 대한 효과성 평가 절차를 통해 얻은 자료, 감사(또는 감사위원회) 및 외부감사인과의 논의 내용 등을 고려하여 내부회계관리제도의 효과성에 대한 평가 결론을 도출한다. 경영진은 평가기준일 현재 내부회계관리제도가 효과적으로 설계 및 운영되고 있는지 여부에 대해 경영진 스스로 합리적인 수준의 확신을 가지고 내린 종합 결론을 '내부회계관리제도 운영실태보고서'에 반영한다.

대표자의 운영실태보고서에는 회사의 내부회계관리제도가 효과적인지 비효과적인지에 대한 결론을 명확한 문구를 사용하여 표명한다. 즉, 중요한 취약점이 없는 경우 '중요성의 관점에서 효과적으로 설계되어 운영되고 있다고 판단됩니다.' 중요한 취약점이 있는 경우 '중요성의 관점에서 효과적으로 설계되어 운영되고 있지 않다고 판단됩니다.'라는 문구를 운영실태보고서에 사용한다.

내부회계관리자의 운영실태보고서에는 '식별된 특정 중요한 취약점을 제외하고는 효과적이다' 또는 '특정 부분을 제외하고는 효과적이다'는 식의 한정적 표현이나 '효과적이지 않다는 것을 나타내는 특별한 사항을 인지하지 못하였다'는 식의 소극적 확신(Negative Assurance)을 통한 결론표명을 할 수 없다.

2 대표자의 운영실태보고서

내부회계관리제도 운영실태보고서에는 평가 및 보고 기준 문단 25의 내용을 포함하여야 하며, 내부회계관리제도 운영실태보고서 예시를 참고하여 작성할 수 있다(평가 및 보고 가이드라인, 62).

〈표 9-3〉 대표자의 운영실태보고서 포함 내용[102)]

가. 수신인이 주주총회, 이사회 및 감사(또는 감사위원회)임을 기술 나. 평가기준일에 평가 대상 기간에 대하여 내부회계관리제도의 설계 및 운영의 효과성에 대하여 평가하였다는 사실 다. 경영진이 선택한 내부통제체계와 이에 따른 내부회계관리제도의 설계 및 운영의 책임은 대표이사 및 내부회계관리자를 포함한 회사의 경영진에 있다는 사실 라. 내부회계관리제도의 설계 및 운영의 평가기준으로 평가 · 보고기준을 사용하였다는 사실 마. 중요성의 관점에서 평가 · 보고기준에 따른 내부회계관리제도 평가 결론 바. 중요한 취약점이 있는 경우 내부회계관리제도의 설계와 운영상의 중요한 취약점에 대한 설명 (1) 중요한 취약점을 발생시킨 통제 미비점의 원인을 이해하고 각각의 중요한 취약점의 잠재적인 영향을 평가할 수 있는 정보를 공시하는 것을 고려한다. (2) 중요한 취약점과 관련하여 내부회계관리규정을 위반한 임직원의 징계 내용 등을 포함한다. 사. 중요한 취약점에 대한 시정조치 계획. 단, 내부회계관리제도에 대하여 외부감사법 시행령 제29조에 따른 감리를 받은 경우에는 그 감리에 따른 시정조치계획을 포함한다. 아. 직전 사업연도에 보고한 중요한 취약점에 대한 시정조치 계획의 이행결과 자. 다음 (1)~(3)의 사항을 확인하고 서명하여 보고 내용에 첨부하였다는 사실 (1) 보고 내용이 거짓으로 기재되거나 표시되지 아니하였고, 기재하거나 표시하여야 할 사항을 빠뜨리고 있지 아니하다는 사실 (2) 보고 내용에 중대한 오해를 일으키는 내용이 기재되거나 표시되지 아니하였다는 사실 (3) 충분한 주의를 다하여 보고 내용의 기재 사항을 직접 확인 · 검토하였다는 사실 차. 횡령 등 자금 관련 부정위험에 대응하기 위해 회사가 수행한 내부통제 활동 카. 보고서 일자 타. 대표이사 및 내부회계관리자의 서명 날인

102) 내부회계관리제도 평가 및 보고기준, 25

제5절 내부회계관리제도 효과성 평가 결론 : 감사(위원회)

1 감사(또는 감사위원회)의 평가

(1) 평가 및 보고 기준, 26

감사(또는 감사위원회)는 경영진과 독립적인 입장에서 내부회계관리제도가 실질적으로 운영되는지 그 실태를 평가하고 그 결과를 이사회에 보고하여 미비점이나 취약점을 시정하게 하는 역할을 수행한다. 감사(또는 감사위원회)의 평가 수행시에는 다음의 업무를 포함하여야 한다.

- 평가기간의 위험평가 결과를 포함한 평가 계획의 적정성 검토(당기 조치 계획 및 결과, 평가 기간, 평가자, 평가 대상과 방식의 적정성 포함)
- 회사의 경영진(회사의 경영에 사실상 영향력을 미칠 수 있는 자 포함)이 회계정보의 작성 · 공시과정에 부당하게 개입할 수 없도록 내부회계관리제도가 설계 · 운영되는지 평가
- 대표자의 내부회계관리제도 운영실태보고서 작성에 관한 기준 및 절차 준수 여부에 대한 평가
  - 운영실태보고서에 모든 중요한 취약점이 포함되었는지 확인(인지하거나 보고 받은 회계처리 이슈와 관련된 내부회계관리제도 적정성 평가)
  - 운영실태보고서상 미비점 평가, 개선조치의 적정성 및 이행 현황 확인
  - 운영실태보고서상 기타 항목의 적정성 확인과 내부회계관리제도 관리감독을 위한 검토
- 내부회계관리규정 위반이나 운영실태보고서상 미비점으로 인한 성과평가 반영 계획이나 결과의 적정성 확인
- 외부감사인의 내부회계관리제도 감사 계획 및 결과의 적정성 확인
- 내부회계관리제도에 대한 독립적 평가 결과의 이사회 보고
- 내부회계관리제도와 관련된 내부고발 사항의 검토 및 내부회계관리제도에 미치는 영향 확인

(2) 평가 및 보고 가이드라인, 63

감사(또는 감사위원회)는 경영진이 실시한 평가 절차와 운영실태 평가 결과의 적정성을 감독자의 관점에서 독립적으로 평가하는 과정에서 필요에 따라 경영진의 평가와 관련된 자료를 근거로 평가 절차를 수행할 수 있다.

감사(또는 감사위원회)는 경영진이 수행한 평가가 충분하지 않다고 판단하거나 추가 테스트가 필요하다고 판단하는 경우 별도 테스트를 추가할 수 있다. 또한, 별도 테스트 수행을 위해 내부감사 등의 지원이 필요한 경우 대표자에게 이를 요청할 수 있다. 이러한 추가 절차는 중복적인 작업이 될 가능성이 높으므로 감사(또는 감사위원회)는 경영진의 평가 과정이 충분하지 않다고 판단되는 경우에 국한해서 진행할 수 있다.

감사(또는 감사위원회)의 평가 방식은 회사의 상황에 따라 외부감사법규 등의 요구사항을 고려하여 감사(또는 감사위원회)가 결정하고 내부회계관리규정에 포함하는 것이 바람직하다.

동일한 내부평가조직이 경영진의 내부회계관리제도 운영실태보고를 위한 통제 설계 및 운영 평가를 수행한 경우, 감사(또는 감사위원회)가 해당 내부평가조직이 작성한 평가 계획과 수행한 절차 및 결과 등을 충분히 관리 · 감독하였다면 감사(또는 감사위원회)가 내부회계관리제도의 운영실태를 독립적으로 평가한 것으로 판단할 수 있다. 다만, 감사(또는 감사위원회)가 경영진과는 독립적으로 내부회계관리제도를 평가하도록 한 취지를 고려할 때 평가조직의 독립성을 확보할 수 있는 방안(예 : 감사(또는 감사위원회)의 내부감사 책임자의 임면권, 성과평가 권한 등)을 마련하거나 내부평가조직 내에서 경영진의 평가에 참여한 인원과 감사(또는 감사위원회)의 독립적인 평가에 참여한 인원을 분리하는 등의 방안을 마련할 필요가 있다.

중소기업의 경우에는 감사(또는 감사위원회)는 내부회계관리제도 운영실태 평가는 경영진이 보고하는 위험평가 결과에 기반한 평가 계획, 경영진이 보고하는 중간 · 기말평가 절차 및 결과를 포함하여 경영진이 운영실태 보고를 위해 작성한 자료를 검토하는 절차를 위주로 이루어진다.

2 감사(또는 감사위원회)의 평가방법 및 평가 결론

(1) 평가 및 보고 기준, 27

감사(또는 감사위원회)의 내부회계관리제도 평가시 경영진의 평가와 관련된 자료를 주로 활용하고, 경영진의 평가 절차가 적절하지 않거나 충분하지 않은 경우 추가적인 테스트를 수행한다.

감사(또는 감사위원회)는 전문가를 활용하여 독자적으로 평가하거나 회사의 내부감사기능을 활용하여 추가적인 테스트를 수행할 수 있으며 평가 절차 및 그 결과를 문서화하여 충분한 근거자료를 마련한다.

감사(또는 감사위원회)는 대표자의 내부회계관리제도 운영실태보고서와 관련 자료, 외부감사인의 내부회계관리제도 평가 자료 등을 고려하여 내부회계관리제도의 효과성에 대한 평가 결론을 도출하고 평가 결과를 명확하게 표시하여야 한다.

(2) 평가 및 보고 가이드라인, 64

감사(또는 감사위원회)의 평가보고서에는 경영진의 경우와 동일하게 회사의 내부회계관리제도가 효과적인지 비효과적인지에 대한 결론을 명확한 문구를 사용하여 표명한다. 감사(또는 감사위원회)는 회사의 내부회계관리제도의 효과성에 대해 감사(또는 감사위원회) 스스로 합리적인 수준의 확신을 가지고 효과성 평가에 대한 결론을 내린다.

감사(또는 감사위원회)는 내부회계관리제도의 효과성 평가 절차를 통해 발견된 미비점들에 대해 중요도를 구분하여 평가 결론의 근거로 활용하며, 평가기준일 현재 존재하는 미비점은 단순한 미비점, 유의한 미비점, 중요한 취약점으로 구분한다. 감사(또는 감사위원회)는 평가기준일의 내부회계관리제도에 대한 효과성 평가의 결과로 하나 이상의 중요한 취약점이 발견된 경우에는 회사의 내부회계관리제도가 효과적이라고 결론을 내릴 수 없다.

❸ 내부회계관리제도 평가보고서

내부회계관리제도 평가보고서에는 평가 및 보고 기준 문단 28의 내용을 포함하여야 하며, 내부회계관리제도 평가보고서 예시를 참고하여 작성할 수 있다(평가 및 보고 가이드라인, 65).

〈표 9-4〉 감사(위원회) 내부회계관리제도 평가보고서 내용[103)]

내부회계관리제도 평가보고서에는 다음의 내용을 포함한다. 가. 수신인이 이사회임을 기술 나. 평가기준일에 평가 대상 기간에 대하여 내부회계관리제도가 신뢰성 있는 회계정보의 작성 및 공시에 실질적으로 기여하는지를 평가한 결과 및 시정의견 다. 경영진이 선택한 내부통제체계와 이에 따른 내부회계관리제도의 설계 및 운영의 책임은 대표이사 및 내부회계관리자를 포함한 회사의 경영진에 있으며 감사(또는 감사위원회)는 관리감독 책임이 있다는 사실 라. 내부회계관리제도의 설계 및 운영의 평가 기준으로 평가 · 보고기준을 사용하였다는 사실 마. 중요성의 관점에서 평가 · 보고기준에 따른 내부회계관리제도 평가 결론 바. 중요한 취약점이 있는 경우 내부회계관리제도의 설계 및 운영상의 중요한 취약점에 대한 설명 사. 중요한 취약점이 있는 경우 중요한 취약점에 대한 시정조치 계획 또는 이미 수행 중인 절차 아. 감사(또는 감사위원회)는 내부회계관리제도 운영실태보고서를 참고하여 평가하였다는 사실, 추가적인 검토절차를 수행한 경우 해당 사실 자. 내부회계관리제도 운영실태보고서에 거짓으로 기재되거나 표시된 사항이 있거나, 기재하거나 표시하여야 할 사항을 빠뜨리고 있는지를 점검한 결과 및 조치 내용 차. 내부회계관리제도 운영실태보고서의 시정 계획이 회사의 내부회계관리제도 개선에 실질적으로 기여할 수 있는지를 검토한 결과 및 대안 카. 내부회계관리제도 운영실태 평가를 위한 경영진과의 대면 협의 및 자금 관련 부정위험에 대한 감사인과의 의사소통 내역 타. 보고서 일자 파. 감사(위원회)의 서명 날인

103) 내부회계관리제도 평가 및 보고기준, 28

제6절 보고서 예시

1 내부회계관리제도 운영실태보고서 예시

(1) 중요한 취약점이 없는 경우

××주식회사 주주, 이사회 및 감사(위원회) 귀중

본 대표이사 및 내부회계관리자는 20××년 ×월 ×일 현재 동일자로 종료하는 회계연도에 대한 당사의 (연결)내부회계관리제도의 설계 및 운영실태를 평가하였습니다.

(연결)내부회계관리제도의 설계 및 운영에 대한 책임은 본 대표이사 및 내부회계관리자를 포함한 회사의 경영진에 있습니다.
본 대표이사 및 내부회계관리자는 회사의 (연결)내부회계관리제도가 신뢰할 수 있는 (연결)재무제표의 작성 및 공시를 위하여 (연결)재무제표의 왜곡을 초래할 수 있는 오류나 부정행위를 예방하고 적발할 수 있도록 효과적으로 설계 및 운영되고 있는지의 여부에 대하여 평가하였습니다.
본 대표이사 및 내부회계관리자는 (연결)내부회계관리제도의 설계 및 운영을 위해 내부회계관리제도운영위원회에서 발표한 '내부회계관리제도 설계 및 운영 개념체계(다른 체계를 사용한 경우 그 체계의 명칭)'를 준거기준으로 사용하였습니다. 또한 (연결)내부회계관리제도의 설계 및 운영실태를 평가함에 있어「외부감사 및 회계 등에 관한 규정 시행세칙」별표O '내부회계관리제도 평가 및 보고기준'을 평가기준으로 사용하였습니다.

본 대표이사 및 내부회계관리자의 (연결)내부회계관리제도 운영실태 평가결과, 20××년 ×월 ×일 현재 당사의 (연결)내부회계관리제도는 '내부회계관리제도 설계 및 운영 개념체계(다른 체계를 사용한 경우 그 체계의 명칭)'에 근거하여 볼 때, 중요성의 관점에서 효과적으로 설계되어 운영되고 있다고 판단됩니다.

본 대표이사 및 내부회계관리자는 보고내용이 거짓으로 기재되거나 표시되지 아니하였고, 기재하거나 표시하여야 할 사항을 빠뜨리고 있지 아니함을 확인하였습니다.
또한 본 대표이사 및 내부회계관리자는 보고내용에 중대한 오해를 일으키는 내용이 기재되거나 표시되지 아니하였다는 사실을 확인하였으며, 충분한 주의를 다하여 직접 확인 · 검토하였습니다.

(붙임)
- 직전 사업연도에 보고한 중요한 취약점의 시정조치 계획 이행결과
- 횡령 등 자금 관련 부정위험에 대응하기 위해 회사가 수행한 내부통제 활동

20××년 × 월 × 일
대 표 이 사 × × × (인)
내부회계관리자 × × × (인)

(붙임)

- 직전 사업연도에 보고한 중요한 취약점의 시정조치 계획 이행결과
- 횡령 등 자금 관련 부정위험에 대응하기 위해 회사가 수행한 내부통제 활동

구 분[*1]	회사가 수행한 통제활동[*2]	평가 대상 여부[*3]	테스트 수행 내역[*4] (수행부서, 수행 시기 등)
자금 관련 부정위험 평가 관련 (부정에 대한 유인과 압력, 실행기회, 합리화에 대한 평가 등)	(예) 부정위험 발생가능성이 높은 부서에 대해 유인과 압력으로 인한 위험평가 내역을 확인하는 절차가 내부 감사계획서에 포함되었는지 확인함		
자금통제 (입출금 계좌관리, 입출금 관리 등)	(예) 자금팀 담당자로부터 계좌해지 리스트를 수령하여 적절한 승인권자의 승인여부를 확인함		
	(예) 특정일자의 자금일보 및 자금집행리스트를 징구하여 적절한 상위권자의 승인을 득하였는지 확인함		
자금통제 (기타- 재고자산, 법인카드, 금융상품, IT통제 등 관련)	(예) 법인카드 등록, 해지, 한도변경 품의서를 확인하여 적절한 승인권자의 승인을 받았는지 확인함		
기타			

*1. 자금횡령 방지를 위한 내부회계관리제도 업무 체크포인트('22.12월, 한국공인회계사회, 한국상장회사협의회, 코스닥협회)에서 제시한 자금통제의 항목 구분을 예시로 사용하였으며, 회사의 규모 등 상황에 따라 회사의 통제활동을 적절하게 구분할 수 있다.

*2. 회사가 설계한 통제활동에 대해 기술

*3. 내부회계관리제도 설계 및 효과성 평가 대상으로 선정하였는지 여부 표기

*4. 해당 통제에 대한 효과성 테스트 수행 내역을 기술

(2) 중요한 취약점이 있는 경우

××주식회사 주주, 이사회 및 감사(위원회) 귀중

본 대표이사 및 내부회계관리자는 20××년 ×월 ×일 현재 동일자로 종료하는 회계연도에 대한 당사의 (연결)내부회계관리제도의 설계 및 운영실태를 평가하였습니다.

(연결)내부회계관리제도의 설계 및 운영에 대한 책임은 본 대표이사 및 내부회계관리자를 포함한 회사의 경영진에 있습니다.
본 대표이사 및 내부회계관리자는 회사의 (연결)내부회계관리제도가 신뢰할 수 있는 (연결)재무제표의 작성 및 공시를 위하여 (연결)재무제표의 왜곡을 초래할 수 있는 오류나 부정행위를 예방하고 적발할 수 있도록 효과적으로 설계 및 운영되고 있는지의 여부에 대하여 평가하였습니다.
본 대표이사 및 내부회계관리자는 (연결)내부회계관리제도의 설계 및 운영을 위해 내부회계관리제도운영위원회에서 발표한 '내부회계관리제도 설계 및 운영 개념체계(다른 체계를 사용한 경우 그 체계의 명칭)'를 준거기준으로 사용하였습니다. 또한 (연결)내부회계관리제도의 설계 및 운영실태를 평가함에 있어「외부감사 및 회계 등에 관한 규정 시행세칙」별표O '내부회계관리제도 평가 및 보고기준'을 평가기준으로 사용하였습니다.

본 대표이사 및 내부회계관리자의 (연결)내부회계관리제도 운영실태 평가결과, 20××년 ×월 ×일 현재 당사의 (연결)내부회계관리제도는 다음과 같은 중요한 취약점으로 인해 '내부회계관리제도 설계 및 운영 개념체계(다른 체계를 사용한 경우 그 체계의 명칭)'에 근거하여 볼 때, 중요성의 관점에서 효과적으로 설계되어 운영되고 있지 않다고 판단됩니다.

〈중요한 취약점의 내용〉
〈중요한 취약점에 대한 시정조치 계획
(내부회계관리제도에 대한 감리를 받은 경우에는 그 감리에 따른 시정조치 계획을 포함)〉

본 대표이사 및 내부회계관리자는 보고내용이 거짓으로 기재되거나 표시되지 아니하였고, 기재하거나 표시하여야 할 사항을 빠뜨리고 있지 아니함을 확인하였습니다.
또한 본 대표이사 및 내부회계관리자는 보고내용에 중대한 오해를 일으키는 내용이 기재되거나 표시되지 아니하였다는 사실을 확인하였으며, 충분한 주의를 다하여 보고 내용의 기재사항을 직접 확인· 검토하였습니다.

(붙임)
- 중요한 취약점에 대한 상세평가내용
  - 중요한 취약점을 발생시킨 통제 미비점의 원인을 이해하고 각각의 중요한 취약점의 잠재적인 영향을 평가할 수 있는 정보
  - 중요한 취약점과 관련하여 내부회계관리규정을 위반한 임직원의 징계 내용 등을 포함
- 직전 사업연도에 보고한 중요한 취약점의 시정조치 계획 이행결과
- 횡령 등 자금부정 위험에 대응하기 위해 회사가 수행한 내부통제 활동

20××년 × 월 × 일
대 표 이 사 × × × (인)
내부회계관리자 × × × (인)

(붙임)

- 중요한 취약점에 대한 상세평가내용
- 직전 사업연도에 보고한 중요한 취약점의 시정조치 계획 이행결과
- 횡령 등 자금 관련 부정위험에 대응하기 위해 회사가 수행한 내부통제 활동

구 분*1	회사가 수행한 통제활동*2	평가 대상 여부*3	테스트 수행 내역*4 (수행부서, 수행 시기 등)
자금 관련 부정위험 평가 관련 (부정에 대한 유인과 압력, 실행 기회, 합리화에 대한 평가 등)	(예) 부정위험 발생가능성이 높은 부서에 대해 유인과 압력으로 인한 위험평가 내역을 확인하는 절차가 내부 감사계획서에 포함되었는지 확인함		
자금통제 (입출금 계좌관리, 입출금 관리 등)	(예) 자금팀 담당자로부터 계좌해지 리스트를 수령하여 적절한 승인권자의 승인여부를 확인함		
	(예) 특정일자의 자금일보 및 자금집행리스트를 징구하여 적절한 상위권자의 승인을 득하였는지 확인함		
자금통제 (기타- 재고자산, 법인카드, 금융상품, IT통제 등 관련)	(예) 법인카드 등록, 해지, 한도변경 품의서를 확인하여 적절한 승인권자의 승인을 받았는지 확인함		
기타			

*1. 자금횡령 방지를 위한 내부회계관리제도 업무 체크포인트('22.12월, 한국공인회계사회, 한국상장회사협의회, 코스닥협회)에서 제시한 자금통제의 항목 구분을 예시로 사용하였으며, 회사의 규모 등 상황에 따라 회사의 통제활동을 적절하게 구분할 수 있다.

*2. 회사가 설계한 통제활동에 대해 기술

*3. 내부회계관리제도 설계 및 효과성 평가 대상으로 선정하였는지 여부 표기

*4. 해당 통제에 대한 효과성 테스트 수행 내역을 기술

(3) 평가· 보고기준 14. 다.에 따라 일부 사업단위를 평가대상에서 제외한 경우

중요한 취약점이 없는 경우의 운영실태보고서 예시이며, 중요한 취약점이 있는 경우에도 동일 방식으로 적용

××주식회사 주주, 이사회 및 감사(위원회) 귀중

본 대표이사 및 내부회계관리자는 20××년 ×월 ×일 현재 동일자로 종료하는 회계연도에 대한 당사의 (연결)내부회계관리제도의 설계 및 운영실태를 평가하였습니다.

(연결)내부회계관리제도의 설계 및 운영에 대한 책임은 본 대표이사 및 내부회계관리자를 포함한 회사의 경영진에 있습니다.
본 대표이사 및 내부회계관리자는 회사의 (연결)내부회계관리제도가 신뢰할 수 있는 (연결)재무제표의 작성 및 공시를 위하여 (연결)재무제표의 왜곡을 초래할 수 있는 오류나 부정행위를 예방하고 적발할 수 있도록 효과적으로 설계 및 운영되고 있는지의 여부에 대하여 평가하였습니다.
본 대표이사 및 내부회계관리자는 (연결)내부회계관리제도의 설계 및 운영을 위해 내부회계관리제도운영위원회에서 발표한 '내부회계관리제도 설계 및 운영 개념체계(다른 체계를 사용한 경우 그 체계의 명칭)'를 준거기준으로 사용하였습니다. 또한 (연결)내부회계관리제도의 설계 및 운영실태를 평가함에 있어「외부감사 및 회계 등에 관한 규정 시행세칙」별표O '내부회계관리제도 평가 및 보고기준'을 평가기준으로 사용하였습니다.

본 대표이사 및 내부회계관리자의 (연결)내부회계관리제도 운영실태 평가결과, 20××년 ×월 ×일 현재 당사의 (연결)내부회계관리제도는 '내부회계관리제도 설계 및 운영 개념체계(다른 체계를 사용한 경우 그 체계의 명칭)'에 근거하여 볼 때, 중요성의 관점에서 효과적으로 설계되어 운영되고 있다고 판단됩니다.

당사는 (평가 제외 사유 공시 : *평가기준일 현재 합병일로부터 1년이 경과하지 않아 내부회계관리제도 평가를 현실적으로 수행하기 어려운*) 피합병부문인 ××주식회사 부문(합병기준일 20××년 ×월 ×일, 평가기준일 현재 자산총액 및 매출액은 ×원 및 ×원, 합병 후 자산총액 및 매출액의 ×% 및 ×%에 해당)을 내부회계관리제도 평가대상에서 제외하였습니다.

본 대표이사 및 내부회계관리자는 보고내용이 거짓으로 기재되거나 표시되지 아니하였고, 기재하거나 표시하여야 할 사항을 빠뜨리고 있지 아니함을 확인하였습니다.
또한 본 대표이사 및 내부회계관리자는 보고내용에 중대한 오해를 일으키는 내용이 기재되거나 표시되지 아니하였다는 사실을 확인하였으며, 충분한 주의를 다하여 직접 확인 · 검토하였습니다.

(붙임)
- 직전 사업연도에 보고한 중요한 취약점의 시정조치 계획 이행결과
- 횡령 등 자금부정 위험에 대응하기 위해 회사가 수행한 내부통제 활동

20××년 × 월 × 일
대 표 이 사 × × × (인)
내부회계관리자 × × × (인)

(붙임)

- 직전 사업연도에 보고한 중요한 취약점의 시정조치 계획 이행결과
- 횡령 등 자금 관련 부정위험에 대응하기 위해 회사가 수행한 내부통제 활동

구 분*1	회사가 수행한 통제활동*2	평가 대상 여부*3	테스트 수행 내역*4 (수행부서, 수행 시기 등)
자금 관련 부정위험 평가 관련 (부정에 대한 유인과 압력, 실행 기회, 합리화에 대한 평가 등)	(예) 부정위험 발생가능성이 높은 부서에 대해 유인과 압력으로 인한 위험평가 내역을 확인하는 절차가 내부 감사계획서에 포함되었는지 확인함		
자금통제 (입출금 계좌관리, 입출금 관리 등)	(예) 자금팀 담당자로부터 계좌해지 리스트를 수령하여 적절한 승인권자의 승인 여부를 확인함		
	(예) 특정일자의 자금일보 및 자금집행리스트를 징구하여 적절한 상위권자의 승인을 득하였는지 확인함		
자금통제 (기타- 재고자산, 법인카드, 금융상품, IT통제 등 관련)	(예) 법인카드 등록, 해지, 한도변경 품의서를 확인하여 적절한 승인권자의 승인을 받았는지 확인함		
기타			

*1. 자금횡령 방지를 위한 내부회계관리제도 업무 체크포인트('22.12월, 한국공인회계사회, 한국상장회사협의회, 코스닥협회)에서 제시한 자금통제의 항목 구분을 예시로 사용하였으며, 회사의 규모 등 상황에 따라 회사의 통제활동을 적절하게 구분할 수 있다.

*2. 회사가 설계한 통제활동에 대해 기술

*3. 내부회계관리제도 설계 및 효과성 평가 대상으로 선정하였는지 여부 표기

*4. 해당 통제에 대한 효과성 테스트 수행 내역을 기술

2 내부회계관리제도 평가보고서 예시

(1) 중요한 취약점이 없는 경우

×× 주식회사 이사회 귀중

본 감사(위원회)는 20××년 ×월 ×일 현재 동일자로 종료하는 회계연도에 대한 당사의 (연결)내부회계관리제도의 설계 및 운영실태를 평가하였습니다.

내부회계관리제도의 설계 및 운영에 대한 책임은 대표이사 및 내부회계관리자를 포함한 회사의 경영진에 있으며 본 감사(위원회)는 관리감독 책임이 있습니다.
본 감사(위원회)는 대표이사 및 내부회계관리자가 본 감사(위원회)에게 제출한 내(연결)부회계관리제도 운영실태보고서를 참고로, 회사의 (연결)내부회계관리제도가 신뢰할 수 있는 (연결)재무제표의 작성 및 공시를 위하여 (연결)재무제표의 왜곡을 초래할 수 있는 오류나 부정행위를 예방하고 적발할 수 있도록 효과적으로 설계 및 운영되고 있는지 여부에 대하여 평가하였으며, (연결)내부회계관리제도가 신뢰성있는 회계정보의 작성 및 공시에 실질적으로 기여하는지를 평가하였습니다.
또한 본 감사(위원회)는 (연결)내부회계관리제도 운영실태보고서에 거짓으로 기재되거나 또는 표시된 사항이 있거나, 기재하거나 표시하여야 할 사항을 빠뜨리고 있는지를 점검하였으며, (연결)내부회계관리제도 운영실태보고서의 시정계획이 해당 회사의 (연결)내부회계관리제도 개선에 실질적으로 기여할 수 있는지를 검토하였습니다.
회사는 (연결)내부회계관리제도의 설계 및 운영을 위해 내부회계관리제도운영위원회에서 발표한 '내부회계관리제도 설계 및 운영 개념체계(다른 체계를 사용한 경우 그 체계의 명칭)'를 준거기준으로 사용하였습니다.

본 감사(위원회)는 (연결)내부회계관리제도의 설계 및 운영실태를 평가함에 있어 「외부감사 및 회계 등에 관한 규정 시행세칙」별표O '내부회계관리제도 평가 및 보고기준'을 평가기준으로 사용하였습니다.

본 감사(위원회)의 의견으로는, 20××년 ×월 ×일 현재 당사의 (연결)내부회계관리제도는 '내부회계관리제도 설계 및 운영 개념체계(다른 체계를 사용한 경우 그 체계의 명칭)'에 근거하여 볼 때, 중요성의 관점에서 효과적으로 설계되어 운영되고 있다고 판단됩니다.

(붙임)
- 권고사항
- (연결) 내부회계관리제도가 신뢰성있는 회계정보의 작성 및 공시에 실질적으로 기여하지 못하고 있다고 판단한 경우 그 시정 의견
- (연결) 내부회계관리제도 운영실태보고서에 거짓으로 기재되거나 표시된 사항이 있거나, 기재하거나 표시하여야 할 사항을 빠뜨리고 있는지를 점검한 결과에 대한 조치내용
- (연결) 내부회계관리제도 운영실태보고서의 시정 계획이 해당 회사의 (연결)내부회계관리제도를 개선하는데 실질적으로 기여하지 못하고 있다고 판단한 경우 대안
- (연결) 내부회계관리제도 운영실태 평가를 위한 경영진과의 대면 협의 및 자금관련 부정위험에 대한 감사인과의 의사소통 내역

구 분	일자	참석자	주요 논의내용*
경영진(대표자, 내부회계관리자 등)			
외부감사인			

* 이전 연도 발견된 미비점에 대한 시정계획의 이행결과 검토, 자금관련 부정위험 통제를 위한 회사의 통제활동에 대한 평가, 경영진과 감사인의 내부회계관리제도에 대한 평가 내역 차이 등

20××년 × 월 × 일

(감사 설치 회사) 감사 × × × (인)

(감사위원회 설치 회사) 감사위원회 위원장 × × × (인)

(2) 중요한 취약점이 있는 경우

×× 주식회사 이사회 귀중

본 감사(위원회)는 20××년 ×월 ×일 현재 동일자로 종료하는 회계연도에 대한 당사의 내부회계관리제도의 설계 및 운영실태를 평가하였습니다.

내부회계관리제도의 설계 및 운영에 대한 책임은 대표이사 및 내부회계관리자를 포함한 회사의 경영진에 있으며 본 감사(위원회)는 관리감독 책임이 있습니다.
본 감사(위원회)는 대표이사 및 내부회계관리자가 본 감사(위원회)에게 제출한 내부회계관리제도 운영실태보고서를 참고로, 회사의 내부회계관리제도가 신뢰할 수 있는 재무제표의 작성 및 공시를 위하여 재무제표의 왜곡을 초래할 수 있는 오류나 부정행위를 예방하고 적발할 수 있도록 효과적으로 설계 및 운영되고 있는지의 여부에 대하여 평가하였으며, 내부회계관리제도가 신뢰성 있는 회계정보의 작성 및 공시에 실질적으로 기여하는지를 평가하였습니다.
또한 본 감사(위원회)는 내부회계관리제도 운영실태보고서에 거짓으로 기재되거나 표시된 사항이 있거나, 기재하여야 할 사항을 빠뜨리고 있는지를 점검하였으며, 내부회계관리제도 운영실태보고서의 시정 계획이 해당 회사의 내부회계관리제도를 개선에 실질적으로 기여할 수 있는지를 검토하였습니다.
회사는 내부회계관리제도의 설계 및 운영을 위해 내부회계관리제도운영위원회에서 발표한 '내부회계관리제도 설계 및 운영 개념체계(다른 체계를 사용한 경우 그 체계의 명칭)'를 준거기준으로 사용하였습니다.

본 감사(위원회)는 내부회계관리제도의 설계 및 운영실태를 평가함에 있어 「외부감사 및 회계 등에 관한 규정 시행세칙」 별표O '내부회계관리제도 평가 및 보고기준'을 평가기준으로 사용하였습니다.

본 감사(위원회)의 의견으로는, 20××년 ×월 ×일 현재 당사의 내부회계관리제도는 다음과 같은 중요한 취약점으로 인해 '내부회계관리제도 설계 및 운영 개념체계(다른 체계를 사용한 경우 그 체계의 명칭)'에 근거하여 볼 때, 중요성의 관점에서 효과적으로 설계되어 운영되고 있지 않다고 판단됩니다.

〈중요한 취약점 및 시정조치 계획〉

(붙임)

- 운영실태보고서에 보고한 중요한 취약점 요약
- 권고사항
- 내부회계관리제도가 신뢰성있는 회계정보의 작성 및 공시에 실질적으로 기여하지 못하고 있다고 판단한 경우 그 시정 의견
- 내부회계관리제도 운영실태보고서에 거짓으로 기재되거나 표시된 사항이 있거나, 기재하거나 표시하여야 할 사항을 빠뜨리고 있는지를 점검한 결과에 대한 조치내용
- 내부회계관리제도 운영실태보고서의 시정 계획이 해당 회사의 내부회계관리제도를 개선하는데 실질적으로 기여하지 못하고 있다고 판단한 경우 대안
- (연결) 내부회계관리제도 운영실태 평가를 위한 경영진과의 대면 협의 및 자금관련 부정위험에 대한 감사인과의 의사소통 내역

구 분	일자	참석자	주요 논의내용*
경영진(대표자, 내부회계관리자 등)			
외부감사인			

* 이전 연도 발견된 미비점에 대한 시정계획의 이행결과 검토, 자금관련 부정위험 통제를 위한 회사의 통제활동에 대한 평가, 경영진과 감사인의 내부회계관리제도에 대한 평가 내역 차이 등

20××년 × 월 × 일

(감사 설치 회사) 감사 × × × (인)

(감사위원회 설치 회사) 감사위원회 위원장 × × × (인)

저/자/소/개

김이배

현 재

- 덕성여자대학교 회계학전공 교수

경 력

- 서울대학교 경영학과 졸업
  서울대학교 대학원 경영학과 졸업
  숭실대학교 대학원 졸업(경영학 박사, 회계학 전공)

- (전)
  - 금융위원회 금융발전심의회 위원, 자본시장분과위원장
  - 금융위원회 회계제도심의위원회 위원
  - 한국회계기준원 회계기준자문위원회 위원
  - 한국회계정책학회 회장, 한국정부회계학회 회장
  - 삼정KPMG Distinguished Professor
  - 한국방위산업진흥회 내부통제제도 운영위원회 위원장

- (현)
  - 한국상장회사협의회 내부회계관리제도 운영위원회 위원
  - 금융위원회 회계 · 감사 지배구조 평가위원회 위원
  - 국민연금공단 지배구조개선자문위원회 위원, 지배구조개선분과위원장, ESG 경영위원회 위원
  - 한국지속가능성기준위원회 자문위원회 위원
  - 네이버 감사위원장
  - 포스코경영연구원 지속가능경영포럼 자문위원
  - LG에너지솔루션 ESG자문단 위원
  - 한국회계학회 부회장

정운섭

현 재

- 삼덕회계법인 파트너

경 력

- 연세대학교 경영학과 졸업
  연세대학교 경영대학원 졸업(경영정보 전공)
  가천대학교 대학원 졸업(경영박 박사, 회계학 전공)
  한국공인회계사, 세무사, CISA, CFE, USCPA 시험합격

- (전)
  - 삼일회계법인 파트너(상무)
  - PwC 호주 파견근무(Computer Assurance Service)
  - 한국자산관리공사 감사자문위원
  - 기획재정부 예산성과금 심사위원
  - 공공기관 예비타당성 자문위원
  - 공공기관 경영평가위원
  - 금융위원회 회계제도심의위원회 위원
  - 한국공인회계사회 이사
  - 어린이집안전공제회 감사
  - 서울과학종합대학원 초빙교수
  - 성균관대학교 경영대학 겸임교수
  - 한국회계학회 미래회계위원회 위원장

- (현)
  - 한국회계정책학회 부회장
  - (사) XBRL 이사
  - (사)감사협회 감사위원
  - 한국상장회사협의회 내부회계관리제도운영위원회 실무위원
  - (주)한솔아이원스 감사위원장

저/자/소/개

유석원

현 재

- 삼덕회계법인 이사

경 력

- 한국외국어대학교 대학원 경영정보학 졸업
- 가톨릭대학교 대학원(경영학 박사과정 수료, 회계학 전공)
- (전)
  - 삼일회계법인 이사
- (현)
  - 덕성여자대학교 회계학전공 겸임교수
  - 한국회계정책학회 이사

내부회계관리제도

발행일 • 2025년 8월 29일

지은이 • 김이배, 정운섭, 유석원
펴낸이 • 김대명
펴낸곳 • 나우퍼블리셔
등록번호 • 2020년 1월 20일 (제2020-000005호)
주소 • 서울특별시 성동구 한림말5길 11 덕성빌딩
전화 • 010-9133-5272 | 팩스 02-6305-3639
전자우편 • nowpublisher@daum.net
홈페이지 • www.nowpublisher.co.kr
ISBN • 979-11-7102-126-0 93320
가격 • 25,000원